中国专业学位研究生教育质量研究

Research on the Quality of Postgraduate Education of Professional Degree in China

马永红 于苗苗 等 著

教育部学位管理与研究生教育司、北京市哲学社会科学研究生教育改革与发展研究基地支持

科学出版社
北京

内 容 简 介

我国自 2009 年起，正式启动了以应届本科毕业生为核心的全日制专业学位研究生教育体系。经过快速发展，2022 年专业学位授予人数已经超过学术学位。为了提升这一重要学位类型的教育质量，教育部积极行动，相继推行了专业学位教育综合改革和深化改革试点项目，以及推进分类发展的系列举措。本书秉承多元教育质量观，以多学科知识为基石，特别聚焦学生视角，深入剖析专业学位研究生教育的质量状况。通过持续的调研工作，本书细致描绘了包括课程教学、实习实践、导师指导、合作培养单位及学位论文等在内的教育环境关键要素的演变轨迹，并基于多元质量观，进一步探讨了教育质量的评价体系及如何促进专业学位研究生的高质量就业。

基于扎实的实证研究，本书提出了针对性的建议与策略，旨在为专业学位研究生教育的相关管理部门、培养单位、教师群体及研究人员提供参考。本书既是一本学术著作，也可作为教育学和公共管理学科本科生及研究生重要参考书、辅助用书。

图书在版编目（CIP）数据

中国专业学位研究生教育质量研究 / 马永红等著. -- 北京：科学出版社，2024.9. -- ISBN 978-7-03-079182-5

Ⅰ．G643

中国国家版本馆 CIP 数据核字第 2024LB2611 号

责任编辑：崔文燕 / 责任校对：何艳萍
责任印制：赵 博 / 封面设计：润一文化

科学出版社 出版
北京东黄城根北街 16 号
邮政编码：100717
http://www.sciencep.com
北京建宏印刷有限公司印刷
科学出版社发行　各地新华书店经销
*
2024 年 9 月第 一 版　开本：720×1000　1/16
2024 年 9 月第一次印刷　印张：19 1/2
字数：360 000
定价：128.00 元
（如有印装质量问题，我社负责调换）

作 者 简 介

马永红 北京航空航天大学人文社会科学学院（公共管理学院）教授，博士生导师，校学术委员会副秘书长。北京市哲学社会科学研究生教育改革与发展研究基地主任、首席专家，教育部全国大学生职业发展教育研发基地首席专家。中国学位与研究生教育学会个人理事，研究生教育学专业委员会副主任委员，中国教育发展战略学会教育政策与规划专业委员会副理事长。2009年入选教育部新世纪优秀人才计划，主要研究方向为研究生教育。

于苗苗 北京科技大学文法学院教育经济与管理研究所党支部书记、副所长、副教授，硕士研究生导师。2019年毕业于北京航空航天大学人文社会科学学院（公共管理学院）教育经济与管理专业，国家公派美国得克萨斯大学奥斯汀分校联合培养博士。2023年入选中国科协"科技智库青年人才计划"，主要研究方向为研究生教育、科技与教育管理。

编 委 会

马永红　于苗苗　刘润泽　马万里　张　乐
张飞龙　束金龙　侯东云　王　雯　李　娟
廖　珅　阿力米热·阿不都热西提　王新悦
马亚秋

序 Preface

2009年以来，我国专业学位研究生教育进入改革、探索、创新发展的快车道，实现了主要以全日制教育方式自主培养高层次应用型人才的目标，在研究生教育体系中形成了学术型与应用型人才培养并重的格局。专业学位研究生教育要勇担时代使命，努力培养高层次应用型人才，为提高国家自主创新能力、服务经济社会发展做出应有的贡献。

专业学位与学术学位人才培养目标不同，两者的培养过程和质量评价必须与各自的培养目标相匹配。保证专业学位研究生教育质量的重点和难点就在于，如何确保专业学位与学术学位研究生的分类培养，重点是如何实现专业学位研究生教育的教产融合。

长期以来，研究生教育学研究一直是我国高等教育研究的一个薄弱环节，特别是针对专业学位研究生教育的研究成果还不多。专业学位研究生教育的高质量发展离不开广泛深入的理论研究和实践探索，新时期专业学位研究生教育的改革发展应建立在更加理性和实证的基础之上。

欣闻《中国专业学位研究生教育质量研究》即将出版，该书为研究专业学位研究生教育质量提供了较为科学的依据，以教育质量为切入点提出的专业学位研究生教育环境关键要素、基于多元质量观的专业学位研究生教育质量评价、高质量就业等观点和成果，有助于专业学位研究生教育研究者和实践者系统认识专业学位研究生教育当前的发展水平，并加深对专业学位研究生教育规律的认识。

该书为新时期专业学位研究生教育的内涵式发展和实现研究生教育强国提供了有益的参考，特此作序。

中国工程院院士

教育部原副部长

中国学位与研究生教育学会原会长

2024年教师节

前言 Foreword

专业学位制度是世界上主要发达国家比较通行的高层次应用型人才的有效培养途径，发展专业学位研究生教育是经济社会进入高质量发展阶段的必然选择。我国从2009年开始启动以应届本科毕业生为主的全日制专业学位研究生教育，专业学位研究生教育日益成为我国研究生教育的主体，因此开展专业学位研究生教育质量相关研究非常必要。

中国专业学位研究生教育质量课题研究组依托北京航空航天大学高等教育研究院研究生教育研究中心，早在2011年就组织开展了全国全日制专业学位硕士研究生教育质量研究，迅速跟踪第一批毕业的全日制硕士研究生，当时共72所高校参加调研，并开展了64所综合改革试点校调研。2014年，研究组分别针对有重要影响力的9所重点高校，以及北京在职人员攻读非全日制专业学位的情况开展调研。以前期工作为基础，研究组在合作高校和北京、上海等地区学位办的支持下，于2015年、2017年和2019年先后进行了全国专业学位硕士研究生教育质量调研，并荣幸地获得了国务院学位办的认可，全面开展了问卷调研、重点访谈和案例征集等调研活动。受教育部委托开展的"专业学位研究生教育10

年回顾研究"项目研究已于 2020 年 3 月完成结题。在以上研究的基础上，通过多次专家咨询讨论，调研组将研究成果整理形成本书，力求全面展示我国专业学位尤其是硕士专业学位研究生教育的成就和质量状况，以迎接未来专业学位研究生教育的发展与改革。

2010 年，全日制专业学位研究生全面开始招生。在国务院学位办的支持下，调研组从 2011 年起，与北京、上海、广东、天津、山西、重庆、江苏、安徽、陕西、云南、浙江、四川、黑龙江、辽宁 14 个省份进行了全面合作，开展了一系列面向学生、教师、专业学位点负责人、管理人员，以及教育指导委员会成员、行业学会成员、用人单位等各类专业学位教育评价主体的全国性、大规模、持续性追踪调研，累计回收专业学位应届毕业生问卷有效样本 4 万余份，参与调研的培养单位最多时达到 175 家，研究样本具有较高的代表性。

调研组先后于 2015 年、2017 年、2019 年的 5—7 月开展了全国大规模正式问卷调研。2015 年正式调研以专业学位硕士应届毕业生、专业学位校友、专业学位校内外导师、管理人员和学位点负责人、用人单位及合作培养单位、学术学位硕士应届毕业生为对象，共 175 所高校参与调研，覆盖了 32 种专业学位类型。调研期间，调研组重点走访了上海、黑龙江、北京、山西、重庆、江苏、安徽、陕西高校，并召开调研会，访谈高校 91 所，累计访谈管理人员、专业学位点负责人、应届毕业生等 244 人，形成 20 余万字的一手文本访谈资料。通过 2017 年和 2019 年开展的连续性调研分别回收全国专业学位硕士应届毕业生有效样本数据 9424 份和 9839 份，基于大量的有效样本为本书的编写提供了有力的数据支持。

本书基于多元教育质量观，重点从学生视角展开对专业学位研究生教育质量的研究，提出了理论分析框架，开展了基于文献、政策及培养方案手册等质性研究。运用SPSS对学生教育体验各要素进行描述性统计分析，采用聚类分析、逻辑回归分析、结构方程模型等方法，多角度展示了全国专业学位硕士研究生教育质量现状，以及专业学位研究生教育质量发展水平。另外，系统考察了专业学位研究生教育的内涵发展特征，关切专业学位研究生教育的健康发展，同时基于利益相关者视角，全方位深化了对专业学位研究生培养模式的认知。

本书所选取的国外数据和调研数据虽然在时间上存在一定的滞后性，但这些数据提供了宝贵的历史视角，有助于我国高等教育体系在全球竞争中占据更加有利的位置。此外，本土化和国际化的教育经验所揭示的发展规律往往具有一定的稳定性和延续性，有助于我们理解新时代专业学位研究生教育的发展趋势和模式，并进一步上升为理论思考：一方面能够发现教育实践中存在的问题和不足，另一方面也为改进和优化专业学位研究生教育提供了有力的数据支持和决策依据。且在这些数据收集、整理和论证分析过程中，我们秉持严谨的态度和科学的方法，因此具有较高的可信度。通过深入挖掘这些数据的内涵，我们可以发现其中蕴含的深刻洞见和中国经验，为进一步促进研究生教育分类发展、培育新质生产力，努力实现中国式现代化提供有益借鉴。

本书共八章。

第一、二章主要介绍专业学位研究生教育质量的内涵、理论和发展概况，对

"专业学位""教育质量""教育质量关键要素"进行了清晰界定，选取人力资本、信号和筛选、实践活动、教育发展链、高质量就业等多学科知识作为研究的基础理论，并从发展历程、发展规模与种类、专业学位授予、与职业资格认证的关系、教育特点等方面，对国内外专业学位研究生教育的发展状况进行系统梳理。

第三章至第七章为实证研究部分，从教育环境关键要素、教育质量评价、高质量就业等方面对专业学位硕士研究生教育质量进行了系统研究。第三章针对专业学位研究生教育综合改革，对试点高校的实施方案和后续的深化综合改革试点效果进行研究分析，掌握试点高校的教育环境关键要素情况，以及试点高校、试点省份和专业学位教育指导委员会发挥的作用。第四章和第五章通过问卷调查对专业学位研究生教育环境关键要素和教育质量评价进行系统研究。对于非全日制教育，第六章进一步从上述两个方面，并针对在职人员攻读专业硕士学位的情况进行详细的教育质量分析。第七章通过就业去向测量、高质量就业现状评价以及实现高质量就业的路径依赖，详细刻画了以职业为导向的专业学位研究生高质量就业现状。

第八章为本书的结语部分，为进一步提高专业学位研究生教育质量，要明确教育定位、加强质量保障体系、推进产教融合培养、建立动态反馈机制和改革评价机制等。

目录 Catalog

序（赵沁平）

前言

第一章　专业学位研究生教育质量的内涵与理论　/1

第一节　专业学位研究生教育质量内涵界定　/2
第二节　专业学位研究生教育质量相关理论基础　/12
第三节　专业学位研究生教育质量理论扩展　/14
小结　/29

第二章　专业学位研究生教育发展概况　/31

第一节　我国专业学位研究生教育发展概况　/32
第二节　国外专业学位研究生教育发展概况　/76
小结　/107

第三章　专业学位研究生教育综合改革试点高校调研　/109

第一节　研究设计　/110
第二节　综合改革试点高校实施方案调研　/116
第三节　深化综合改革试点效果分析　/131
小结　/143

第四章　专业学位研究生教育环境关键要素分析　/145

第一节　总体教育环境关键要素分析　/146
第二节　按院校层次划分的教育环境关键要素分析　/167
第三节　专业型与学术型教育环境关键要素对比　/175
小结　/178

第五章　基于多元质量观的专业学位研究生教育质量评价　/183

第一节　专业学位教育质量评价的结构　/184
第二节　不同划分方式下的专业学位教育质量评价　/195
第三节　专业学位教育质量的结构关系分析　/203
小结　/217

第六章　非全日制专业学位教育发展分析　/219

第一节　非全日制专业学位教育关键环境要素　/220
第二节　非全日制专业学位教育质量评价　/224
第三节　在职人员攻读专业硕士学位　/231
小结　/239

第七章　专业学位研究生高质量就业研究　/241

第一节　就业去向测量　/242
第二节　高质量就业现状评价　/258
第三节　实现高质量就业的路径依赖　/268
小结　/277

第八章　总结与建议　/281

第一节　研究结论　/282
第二节　发展建议　/288

第一章

专业学位研究生教育质量的内涵与理论

专业学位作为一种培养非学术研究领域人才的学位类型，在世界范围内经历了长期的历史演进过程，以培养满足社会经济发展需求的人才为目标。专业学位被定义为满足社会经济发展需求的学位类型，由专业学位授予机构培养具有实践能力的人才，主要从事非学术研究工作。专业学位具有一些重要特征：①开放性。根据经济运行和产业发展进行实时调整。②外适性。注重与社会、行业和企业人才需求对接，提高人才培养质量。③探索性。通过创新性设置项目来评估产业和行业发展，探索创造新职业、孵化新学科。在教育质量方面，专业学位的评价是根据培养对象的质量和对教育体验的感知评价进行的。本书采用学界普遍认同的要素性评价方法，并根据我国专业学位的培养特点，提倡在分类的基础上进行评价。这种多元质量观能够从多个角度重新审视专业学位研究生教育质量，为提升教育水平和效果提供指导。专业学位的理论基础包括人力资本理论、信号筛选理论。专业学位作为满足社会经济发展需求的一种学位类型，在培养实践能力、与社会需求对接、探索新领域等方面具有自己的特点。通过多元质量观和相关理论基础的支持，专业学位教育可以不断提升质量，为培养适应现代社会需要的人才做出积极贡献。

第一节 专业学位研究生教育质量内涵界定

一、专业学位

（一）专业的内涵

"专业"一词的英文为"profession"，表示声明或者宣誓的行为与事实，它意味着职业的从业者声称对某些事务具有较他人更多的知识[①]。对于专业核心或属性，国外已有许多研究，代表性观点如表1-1所示。

通过对上述文献的梳理和研究，可以从知识、社会地位、组织、道德和最终目的5个层面概括专业的特征，如表1-2所示。

---

① Hughes E C, Coser L A. On Work, Race, and the Sociological Imagination. Chicago: University of Chicago Press, 1994: 5.

表 1-1　国外部分著名机构或学者对专业核心或属性的界定

研究机构或学者	专业核心或属性
卡尔-桑德斯（Carr-Saunders）[1]	长期的、专门的和智力上的培训，需要专业技能，提供专业服务但不以营利为目的，有水平高低之分，有其伦理规章等
美国教育协会（National Education Association）[2]	应具备基本的心智活动、专门化的知识体系、长时间的专业训练、持续的专业成长等 8 条标准
贝克尔（Becker）[3]	基于专业知识而不只是常规知识的学习，信奉利他主义，并且有严格的内部组织等
格林纳达（Greenwood）[4]	理论知识的系统性，专业的权威性，伦理规章的严格性以及有正式专业协会维持专业文化等
班克斯（Banks）[5]	持续的专业训练，专业的知识领域，超越利益的专业服务，具有伦理规范和专业资格的限制
弗莱克斯纳（Flexner）[6]	专业还要有客观的、理智的、利他的目的，专业是一种等级、一种地位

表 1-2　专业的层面及特征

层面	特征
知识	系统性、专门性
社会地位	标准权威性、等级、地位的象征
组织	专业协会
道德	伦理规章
最终目的	社会服务

（二）专业学位的内涵

以 "professional degree"（专业学位）作为主题或关键词在 Web of Science 对 1985—2020 年的文献进行检索，发现已有文献主要针对美国第一职业学位（the first professional degree）和专业学位项目（professional degree program）进行研究，而将专业学位教育整体作为一种学位类型而进行的研究寥寥无几。再加入 "Master"（硕士）进行检索，文献则以专业学位项目居多，如工程项目、医学、

---

[1] Carr-Saunders A M，Wilson P A. The Profession. Oxford：The Clarendon Press，1933：284-289.

[2] National Education Association. Division of Field Service：The Yardstick of a Profession. Washington D.C.：Institutes on Professional and Public Relations，1948：8.

[3] Becker S H. The nature of profession. In B.H. Nelson（Ed.）. Education for the Professions（p. 28）. Chicago：University of Chicago Press，1962.

[4] Greenwood E. The elements of professionalization. In H. Vollmer，D. Mills（Eds.）. Professionalization（pp. 10-17）. New Jersey：Prentice-Hall Incorporated，1966.

[5] Banks O. The Sociology of Education. London：Batsford，1968：157.

[6] 亚伯纳罕·弗莱克斯纳. 现代大学论——美英德大学研究. 徐辉，陈晓菲译. 杭州：杭州教育出版社，2001：25.

工商管理硕士（Master of Business Administration，MBA）等，检索出现的文章多涉及"professional identity"（职业认同）、"professional development"（专业发展）、"professional behavior"（职业行为）、"professional fields"（专业领域）、"professional practice"（专业实践）、"professional curriculum"（专业课程）、"professional education"（专业教育）等。这种现象的产生原因可能是：①学者在研究的时候并没有将专业学位作为一种独立的教育类型和其他学位类型区别开来，国外"专业学位"与我国专业学位不可相提并论、同日而语；②不同学科背景的研究学者大多站在本学科领域的角度研究相应学科的专业学位问题。

国外机构和学者从宏观层面研究专业学位问题的相对较少，多数研究都偏向某一具体的学科专业学位。国内对于"专业学位"的概念或定义，最具代表性的则属《学位与研究生教育大词典》中的解释，即"专业学位是学位类型之一，也称职业学位。专业学位在培养目标、教学方法、授予要求及标准等方面与学术性学位均有所区别，对所授予的专业学位学生进行高水平的专业训练，使之掌握扎实的专业理论知识，并具有从事某种专门职业业务工作的能力"[1]。2010年，国务院学位委员会印发的《硕士、博士专业学位研究生教育发展总体方案》提出，专业学位"是随着现代科技与社会的快速发展，针对社会特定职业领域的需要，培养具有较强的专业能力和职业素养、能够创造性地从事实际工作的高层次应用型专门人才而设置的一种学位类型"。因此，专业学位教育的核心任务就是根据经济社会特定职业或岗位的需要，培养能够胜任实际工作需要的高层次应用型、复合型人才。从实际情况看，学术研究型学位的学生也不是完全脱离实际去研究理论，在许多高校的培养方案中，学术研究型学生也需要实习实践（包括社会实践），具有一定的应用性。因此，将应用型作为专业学位人才培养目标的这一提法值得探讨和商榷。所谓"应用型"，其实是学生在就业时面向非学术职业领域，不做学术研究而已。

根据对国内外专业学位历史演进的归纳，国外"专业学位"与我国专业学位的相同之处在于，以培养社会经济发展需要的人才为主要目标，学生就业主要面向非学术研究职业领域，培养过程普遍重视和强调实践。研究生层次学位类型都可以分为学术研究和非学术研究两类。本书将专业学位定义为：为满足经济社会发展需求，由专业学位授予机构培养具有较强实践能力的人才，具有非学术职业导向，学生未来主要从事非学术研究工作的一种学位类型。将专业学位与学术型

---

[1] 秦惠民.学位与研究生教育大词典.北京：北京理工大学出版社，1994：14.

学位进行对比，可更深入地阐释专业学位的内涵，如表 1-3 所示。

表 1-3　专业学位与学术型学位对比

学位类型	培养理念	职业导向	能力侧重
专业学位	服务社会需求	非学术职业导向	实践能力
学术型学位	追求知识和真理	学术职业导向	学术研究能力

1）在培养理念方面，专业学位主要服务社会需求，学术型学位主要追求知识和真理。专业学位设立的出发点是培养能够解决经济社会发展现实问题的高层次应用型人才。基于这个出发点，随着经济的科技化水平不断提高，科技革命对经济和产业发展的作用日益显著，社会从业人员运用科技知识解决实际问题的职业能力的重要性不断加强。社会需要具有实际经验的高级经理人才、具有临床经验和动手能力的高素质医生、具有实际财务管理能力的高级会计人员等各行各业的人才。学术型学位强调大学学术价值，大学通过进行科学研究和培养学术精英实现社会服务[1]。

2）在职业导向方面，专业学位具有非学术职业导向性，学术型学位具有学术职业导向性。专业学位是为特定的职业或岗位培养高层次应用型人才的，从我国目前设置的专业硕士学位来看，具有明显职业导向性的学科，如管理学、医学、农学等都设立了相应的专业学位，而那些学术性较强的学科如哲学、历史学、理学等就没有设立专业学位。因此，只有那些具有强烈的职业指向性的专业，方可依托相关学科的知识体系开展专业学位教育，培养具有良好的专业理论修养和在专业技术方面受到高水平训练的高层次人才。只有那些社会要求较高的职业才有设置的必要，并不是所有的职业性教育都可被纳入专业教育范畴。因此，就像不能把专业等同于一般职业，也不能把专业学位等同于职业性学位，或者直接称之为职业学位。学术型学位旨在培养未来的学术研究精英。

3）在能力侧重方面，专业学位侧重实践能力，学术型学位侧重学术研究能力。无论是政府、各类专业学位教育指导委员会还是培养单位，均重视实践环节，对实践环节有明确要求。比如临床医学专业学位，全国医学专业学位教育指导委员会要求不少于 33 个月的部门轮岗实践。学术型学位主要注重培养学生理论创新、独立从事科研工作的能力。

---

[1] 安心. 高等教育质量保证体系研究. 兰州：甘肃教育出版社，1999：61-78.

（三）专业学位的特征

1. 开放性

专业学位需要服务社会经济发展。由于经济发展具有周期性，不同行业发展此消彼长，因此专业学位也应该是根据经济运行、产业发展而自动调整。这使得专业学位具有开放性，必然经历调整的过程。比如哈佛大学对教育博士的取消与重塑，1920年，哈佛大学创设了世界上首个教育博士学位，2009年对其学位体系进行了重构，一是取消教育博士项目，二是创设教育领导博士（Ed.L.D.）与教育学博士项目。专业学位所对应的很多职业正在朝着国际流动趋势发展，我国工程教育正式加入《华盛顿协议》，得到国际工程教育的高度认可。北京师范大学硕士双学位培养+海外当地教师资格证书的合作项目，拓展了学生的海外就业空间。此外，我国学生海外实践项目、中外高校双学位项目、专业学位全英文项目等体现了我国专业学位国际交流与合作日益繁荣。

2. 外适性

专业学位体现外适性质量观，外适性质量观注重实效和实用。高校办学理念和方针正在或已经转向密切联系社会需求，分析和把握行业的发展方向，面向实际开放办学，探索和思考实践引发的科学和技术前沿问题，与国家重大需求对接，与企业人才需求对接，坚持与企业优势互补，互利共赢，提高人才培养质量。这种质量观表现在一些高校专业学位设置紧密围绕着国家的发展战略与规划。如中国人民大学经济学院在"一带一路"倡议后成立了国际商务专业硕士"一带一路"方向，仅招收留学生，着重培养具备良好的政治思想素质和职业道德素养、通晓现代商务基础理论和现代国际商务实践技能、服务于国家"一带一路"的国际化人才；培养能够胜任经济全球化背景下从事国际商务经营运作与管理工作的应用型、复合型的高级国际化商务人才。

3. 探索性

专业学位有创造新职业、孵化新学科的作用。近年各类专业学位项目的创新性设置都是对产业和行业发展的预判与评估，是一种探索和尝试。从服务需求这个角度来说，专业学位教育不仅需要符合社会的需求，更可以走在企业的前面，引领产业行业发展。教育是一个长周期行为，布局的时候要考虑到当前和未来的人才需求。清华大学电机工程与应用电子技术系（简称"电机系"）基于能源与互联网行业，与学科前沿发展紧密结合，服务于国家的战略大局，与四川能源互联网研究院合作开发能源互联网专业硕士项目，还开展了诸多面向发展中国家重要政府部门的国际合作培养项目等，吸引了大批高质量国际生源，强化了校园国际化培养氛围，增强了清华大学的国际影响力。北京大学努力探索扩展特色的医学专业领域研究生教育，探索建立了与国际接轨、符合社会需求的医学复合型高级应用人才培养结构，设立了医学技术硕士专业学位，以及行业急需的学科高层次医学专业人才，如公共卫生博士专业学位。

4. 复合性

复合专业的设置不仅实现了优质教育资源共享，更能满足学生自主、高效和便捷学习的需求，实现线上与线下相结合，名校强强合作，使学生掌握多学科、多领域的知识，为成为复合型人才提供了重要途径。专业学位的复合性体现了学生对于跨学科知识的需求，也体现了用人单位对复合型人才的需求。美国专业学位的复合性显著。美国国家科学基金会启动了多项针对本科生和研究生的教育与科研训练项目，对学生的跨学科跨专业培养持之以恒[1]。美国国家科学基金会的各类项目，尤其是科学、技术、工程、数学（science, technology, engineering, mathematics, STEM）项目，体现了鼓励高校通过多种方式培养创新人才的理念。创新可以是技术性的，也可以是管理性的。工程类、管理类专业是美国专业硕士学位中最为普遍的组合。如伊利诺斯大学的工商管理专业型硕士研究生专业可与化学、建筑学等11个专业进行组合，而建筑专业除MBA外，又可与土木工程、计算机科学、城市规划等专业进行组合[2]。密歇根大学强调的是一个科学学位与一个专业学位的复合，规定复合专业可以是以下两类专业的组合：一类是科学学位，如应用物理、环境可持续、全球化动作和大分子科学与工程；另一类是专业学位，如金融工程、生产工程、制药工程等[3]。

目前，国内部分高校积极探索专业学位双学位项目。如清华大学经济管理学院于2012年与工程物理系、美术学院、医学院共同签署合作培养协议，管理专业与工程、艺术、医学等专业融合——MBA+X双学位项目合作培养正式启动[4]。北京大学探索交叉学科人才培养，以新闻与传播硕士为试点，开展辅修证

---

[1] 杨晓波, 马永红, 任秀华. 美国国家科学基金资助青少年科技教育模式研究. 比较教育研究, 2011 (7): 87-91.

[2] The Graduate College Handbook of Policy and Requirements for Students, Faculty and Staff. https://grad.illinois.edu/gradhandbook. [2024-03-30].

[3] University of Michigan's Ross School of Business. Dual Degrees（Undergraduate）. http://www.bus.umich.edu/Academics/SpecialPrograms/DualDegrees. [2024-03-30].

[4] 清华正式启动MBA+X双学位 突出教育融合. http://finance.people.com.cn/n/2013/0107/c70846-20116744.html.（2013-01-07）[2024-03-04].

书项目，旨在培养通晓经济管理类专业知识，又具有新闻传播专业素养的国际型、高层次应用人才。复合专业的发展不仅在高校内部不同专业间进行融合，也扩展到高校之间的联合。2015 年，清华大学与复旦大学开始设置国内首个基于混合式教育——金融学辅修专业/第二专业项目①，面向两校非金融专业学生进行招生，学生在规定时间内修满规定学分，可获得金融学辅修或第二专业证书。2023 年，江苏省学位委员会公布了普通高校双学士学位复合型人才培养项目名单，东南大学申报的"日语+电子科学与技术""能源与动力工程+经济学""会计学+人工智能""网络空间安全+法学""生物科学+计算机科学与技术"等 5 个双学士学位复合型人才培养项目获批②。自 2023 年起，国家推动"双一流"高校选拔优秀且适合教学的学生参与"国优计划"。在强化学科学习的同时，这些学生将系统学习教师教育课程并实践，以培养有情怀、专业素养高、教学基本功扎实的优秀教师，为中小学输送人才③。在"国优计划"的支持下，包括北京大学、北京师范大学、北京航空航天大学在内的 30 所试点高校已经启动了"国优计划"招生培养工作。例如，北京航空航天大学"国优计划"研究生招生专业为045105 学科教学（物理），学位类型为专业学位，所属类别为教育硕士，且目前就读专业属于理工类的在读研究生，学业优异，学有余力，并经第一学位导师同意，也可申请攻读教育硕士专业第二学位④。

二、教育质量

教育质量，是指对教育水平高低和效果优劣的评价，最终体现在培养对象的质量和培养对象对教育体验的感知评价上。对专业学位研究生教育质量进行衡量时，应综合多元质量观（即利益相关者的视角多元化）、需求质量观（即目标对象的需求响应）以及进化质量观（静态质量和动态质量）的理念，力求得出一个更客观全面的结果。2013 年印发的《教育部 人力资源和社会保障部关于深入推进专业学位研究生培养模式改革的意见》同样强调，"充分调动学生积极性和主

---

① 清华复旦强强合作——国内首个基于混合式教育的金融学辅修专业/第二专业项目启动. https://www.pbcsf.tsinghua.edu.cn/info/1154/4203.htm.（2015-05-19）[2024-03-04］．

② 江苏最多！东南大学新增 5 个双学士学位，招生总人数百人以上.https://news.seu.edu.cn/2023/0605/c5541a447524/page.htm.（2023-06-02）[2024-03-04］．

③ 教育部实施"国优计划"！30 所"双一流"高校首批试点. https://www.thepaper.cn/newsDetail_forward_24045269.（2023-07-30）[2024-03-04］．

④ 2023 年北京航空航天大学"国优计划"报名通知.https://graduate.buaa.edu.cn/info/1058/8911.htm.（2023-09-14）[2024-03-04］．

动性……创造有利于研究生成长成才的氛围"。2023年印发的《教育部关于深入推进学术学位与专业学位研究生教育分类发展的意见》进一步提出,"到2027年,培养单位内部有利于两类学位研究生教育分类发展、融通创新的长效机制更加完善,两类教育各具特色、齐头并进的格局全面形成,学术创新型人才和实践创新型人才的培养质量进一步提高,学位与研究生教育的治理体系持续完善、治理能力显著提升,推动教育强国建设取得重大进展"的总体目标。因此,在专业学位研究生教育实践中,不仅要强调"以学生为中心"的教育理念,还要关注专业学位研究生教育中教育机构与利益相关者高度依存的特征。以利益相关者理论为指导,丰富了申请人所提出的专业学位研究生教育发展链理论框架,从主要受益主体(即学生的立场)考察全日制专业学位研究生教育的质量是一个重要的视角,关注学生的教育体验评价和培养目标达成的感知评价,是教育质量评价的重要来源。

本书采用学界普遍认同的要素性评价进行教育体验评价,并根据我国专业学位的培养特点提倡在分类的基础上进行要素性评价。专业学位研究生的教育体验评价是对学生在接受专业学位教育中获得的认识和情感,以及高等教育机构所提供的教育环境进行的主观感知性评价。学生对于培养过程的满意度,就是学生作为培养对象对于学校所施加的关键要素的直接性感知。而与国外相比,我国专业学位的培养特点在于,全日制专业学位培养方案里还具有对学生的独特、明确的实践要求,该环节必然涉及校外导师和合作培养单位的参与。

同时,专业学位研究生教育质量评价应贯穿多元质量观,关注专业学位研究生教育的内涵发展。在指标设计过程中,既有学习过程的静态描述,又有成长幅度的动态描述;既考虑教育机构的内部环节,又考虑外部利益相关者对教育过程的参与,还要考虑学生的二元性特征,即学生既是受教育者,又是自教育成长者;既要关注培养过程,又要关注教育的产出。由于专业学位培养目标的基本设定,毕业生将基本进入非学术职业领域,其就业的高质量问题是重要的产出指标。

综上,秉持专业学位研究生教育的多元质量观,可从多个角度重新审视专业学位研究生教育质量。一是存在静态质量和动态质量。二是采用单一教育机构的质量观或利益相关者的质量观,其中作为主要的利益相关者——学生的体验质量观将深刻影响对教育质量的全面看法。三是从教育整体的输入-产出来观察教育内部的过程质量(学校能直接控制的)和专业学位教育不可分割的教育外部的过程质量(实践基地等学校难以直接控制的)。本书以学生体验为主体,对学校内外部过程进行质量整体观察，实现静动态质量的融合。首先高等教育机构要自身"向内看"，构建内部的质量保障体系，自觉接受和正视利益相关者的外部教育质量保障体系的响应。专业学位的外部质量观注重实效和实用。高校办学理念和方针正在或已经转向密切联系社会需求，分析和把握行业的发展方向，探索和思考实践引发的科学和技术前沿问题，与国家重大需求对接，与企业人才需求对接，提高人才培养质量。这种质量观表现在一些高校专业学位设置紧密围绕着国家的发展战略与规划。同样重要的是，要突破发展环境中存在的制度性障碍，要理解专业学位研究生教育的开放性和跨界性，理解实现专业学位的学术性、实践性、职业导向性的三合一，不仅要依靠教育机构本身，还要依靠校外机构来共同营造教育-社会大环境，以保证专业学位研究生教育的实施。本书从下列角度对专业学位研究生的培养目标达成感知进行衡量：一是学习收获的自我满意度，包括自身的知识、素质、技能等能力提升的自我收获的提升程度；二是对专业学位的认同；三是职业发展感知，其中就包含高质量就业，构建基于利益相关者理论的专业学位研究生的高质量就业体系。

三、教育环境关键要素

（一）人才培养模式构成要素

至今，对于人才培养模式还没有一个统一定义，但是不难发现，几乎所有对人才培养模式的定义中都包含教育理念、培养目标、培养方式、评价方式等。要正确理解人才培养模式的概念，还需要区分其与办学模式、教学模式等概念的差别（表1-4）。

表1-4 三类模式对比

类别	内涵	构成要素
培养模式	针对人才培养活动的整个过程	教育理念、培养目标、培养方式、评价方式
办学模式	针对办学活动	教学结构、办学层次、办学体制、培养方式和途径、管理体制、招生和就业制度、学校与社会联系
教学模式	概括人才培养活动的某一方面	教学主体、教学环境和教学过程的构成要素、师生关系和地位、学校的校风和学风、教与学的关系、教学计划和组织、教学内容选择

1. 广义的培养模式的构成要素

在广义的培养模式构成要素方面，主要存在几种代表性的学说：一是"两要素说",它聚焦培养目标和培养方法;二是"三要素说",它将范围扩大到培养目标、培养过程、培养方法;三是"四要素说",它涵盖培养目标、培养过程、培养制度、培养评价;四是"多要素说",它包括培养目标、选拔制度、专业结构、课程结构与学科设置、教学制度、教学模式、校园文化、日常教学管理等多个要素。其中,"两要素说"和"三要素说"虽各有侧重,但均未包含人才培养模式的所有关键要素,而"多要素说"虽详尽,却在一定程度上对部分要素进行了细分处理。因此,近年来,"四要素说"以其较为全面且精练的框架,逐渐赢得广大研究者的认同(表1-5)。

表 1-5 培养模式构成的"四要素说"

要素	具体内容
培养目标	人才根本特征、培养方向、培养规格、业务培养要求
培养过程	专业设置、课程体系、培养途径、培养方案
培养制度	基本制度:学年制和学分制; 组合制度:双学位制度、主辅修制、本硕连读、硕博连读制度等; 日常管理制度:教考分离制度、其他奖惩制度
培养评价	考试制度、淘汰制度

2. 狭义的人才培养模式要素

对于狭义的人才培养模式要素,不同高校在特定人才培养活动的实施过程中有不同理解,以北京航空航天大学全日制专业学位硕士研究生培养方案为例,其规定的专业学位人才培养模式的要素包括:①课程设置(课程安排、课程学习时间、课程实践教学);②校外实习实践(实践形式、实践时间、实习实践基地);③学位论文(选题来源、论文指导);④导师(导师制度、导师来源);⑤合作培养单位参与。

(二)专业学位研究生教育环境关键要素

在各专业学位研究生培养中,不少高校自觉不自觉地存在沿袭学术学位研究生培养模式的倾向,本书通过全国范围问卷调研和重点访谈,力图通过对课程、实践、导师、论文、合作培养单位参与等主要培养环节的分析研究,归纳专业学位研究生教育培养模式关键要素的特征,总结出重点高校与非重点高校、不同专业以及与相应学术型比较下的专业学位研究生教育环境关键要素的共性特征与基本规律。

第二节 专业学位研究生教育质量相关理论基础

一、人力资本理论

诺贝尔经济学奖获得者、被誉为"人力资本之父"的舒尔茨（Schultz）开创了人力资本理论研究的先河。他认为，人们的知识和技能是资本的一种形态，他将其称为"人力资本"，并进一步提出人力资本的形成与获得可以通过投资得以实现[①]。

学者对于人力资本的内涵进行了广泛而深入的研究和探讨，归纳起来，人力资本就是通过投资活动在人自身中形成的各种知识与技能的总和。学者根据不同的研究目的，基于收入的人力资本、能力的人力资本和成本的人力资本提出了不同的人力资本概念。其中，基于能力的人力资本的定义被多数研究者认可和推崇，它有以下特征：人力资本需要通过后天的教育、培训、迁移等投资形式逐渐积累形成，有别于其他自然形成的活动，例如，没有接受任何形式培训就有一副好嗓子是天生的，而不是通过人力资本形成的；人力资本以人为载体，不可转让和继承；人力资本难以进行精确的测量；人力资本的产出与其拥有者自身的努力程度相关。

有关人力资本与高等教育的研究文献已有很多。Winters 研究了美国当地人力资本水平与大城市高等教育机构存在的关系，他通过本科学历人群的比例衡量当地人力资本水平，通过衡量大学入学学生的比例来衡量高等教育机构的重要性，得出生活质量受到当地人力资本存量和高等教育机构的显著影响[②]。Morgan 通过研究发现，近30年来人力资本的投资对个人有益且是中国发展的重要引擎[③]。有学者研究发现研究生教育对于工资的正面影响，硕士学位获得者的工资水平普遍高于本科，博士学位获得者的工资水平普遍高于硕士[④]。

人力资本具有将知识、教育与经济增长紧密联系的桥梁作用，其中，高等教

---

① 西奥多·W. 舒尔茨. 论人力资本投资. 吴珠华, 等译. 北京：北京经济学院出版社, 1990: 1.
② Winters J V. Human capital, higher education institutions, and quality of life. Regional Science and Urban Economics, 2011, 41 (5): 446-454.
③ Morgan W J. Human capital, social policy and education incontemporary China: Areview article. International Journal of Educational Development, 2013, 33 (2): 217-220.
④ Masayuki M. Postgraduate Education and Human Capital Productivity in Japan. Discussion papers, 2012.

育是提供知识和技能的重要途径，构成了人力资本形成的不可或缺的基石。人力资本的形成，是知识、技能通过实践与物质资本深度融合的结果。这一过程不仅促进了人力资本自身的积累，还显著地推动了经济的增长。基于此，人力资本理论为专业学位研究生教育如何促进经济增长提供了坚实的理论基础，揭示了高等教育与经济增长之间内在的、通过人力资本实现的联系机制。

二、信号和筛选理论

筛选理论的起源可追溯至 Akerlof[1]，其核心观点是市场中的信息并非充分流通的，而是呈现不对称的特征[2]。例如，在二手车市场中，卖主比买方更清楚汽车的质量，即更清楚它的价值；可是买方却很难只凭借车子外观等有效信息来推断出该车的质量和理论价值。例如，假定车的质量从最好到最差呈现均匀分布，因为买方不清楚车的质量，只能用预期价值（也就是市场中的平均价格）来报价。这样50%的好车卖主就不会接受，因为他会有损失，而质量差的车的卖主将会欣然接受。这样好车的主人因为发现无法在市场中卖到一个合理价，便会退出市场。如此经过几次相似循环，留在二手车市场的都是质量最差的车了。上述事例表明市场运行可能是无效率的，由于在买主和卖主之间存在着信息不对称，而价格这个被当作"灵丹妙药"的信息无法弥补这种信息不对称，因此将导致市场无法成立。

Akerlof 在自己的理论中阐述了教育的信号功能：一名没有受过教育的工人可能具有很强的能力让企业获利，但是公司在决定雇用他之前首先得通过教育系统的认证。真正详细阐述就业市场的教育信号传递的是斯宾塞，他在《劳动力市场的信号传递》一文中从信号传递等角度论述在信息不对称的就业市场中，需要通过主动投资去获得信号，才能避免被"劣币"驱逐[3]。在就业市场上，求职者为劳动力卖方，清楚知道自己的能力水平，而雇主作为劳动力买方却不了解求职者的真实劳动力状况，因此雇佣这个行为是一种风险投资。在面临雇佣的不确定性时，雇主必须在决定是否雇佣之前能迅速了解应聘者具有的某些重要特征和能力，进而确定某个应聘者能否胜任工作的要求，最终决定是否该雇佣该求职者。

---

[1] Akerlof G A. The market for "lemons": Quality uncertainty and the market mechanism. The Quarterly Journal of Economics, 1970, 84 (3): 488-500.

[2] 李锋亮. 教育的筛选功能. 世界教育信息, 2005 (9): 54-55.

[3] Spence M. Job market signaling. Quarterly Journal of Economics, 1973, 87: 355-374.

因此由于信息不对称给雇佣带来了不确定性，应聘者需要积极提供能力证明的信息，以增进雇主对求职者的了解，降低由此产生的风险。由于信号可通过后天努力塑造，求职者若预知雇主评估的关键标识和信号，就有动力去匹配雇主的选择偏好。然而，此调整过程需要投入成本，即信号成本。

教育信号模型具有四个基本假设：①个人的潜在能力并不会因为接受教育多寡而增强或减弱；②个人能力与改变自身受教育状况需要付出的信号成本呈负相关，能力强的个体更容易改变自身受教育状况的信号，这个假设决定了受教育状况可以作为一种有效的信号；③在雇佣过程中确实存在着信息不对称；④雇主可以免费观察求职者的受教育状况。上述四个基本假定表明，在就业市场中，受教育程度、学业成绩、学校质量等一系列因素可以成为雇主与求职者之间很好的信号纽带。

信号和标识存在区别：每个应聘者都具有一套可被雇主观测到的特征，其中有些特征能够较容易被雇主获得，比如性别、年龄、受教育状况等；而有些是不容易观察到的，比如个体的性格、能力等。对这些不易观察到的特征，雇主通常会采用其他一些易观察的特征组合来代替它们。斯宾塞将雇主容易获知的信息进行了进一步的细分，其中一些信息或特征是与生俱来的，比如年龄、性别、种族等，它们很难被改变，就像记号一样，我们称这样的特征为"标识"；另一部分特征是通过后天的努力可以改善和变化的，比如受教育程度、性格等，这部分特征被称为"信号"。

第三节　专业学位研究生教育质量理论扩展

一、实践活动理论框架

国内外对实践的含义有着不同的解读。国外实践的含义主要有：技术实践，或称行动实践，这种实践使人们感受到物质世界真实的改变，代表人物有培根、黑格尔；道德实践，这种实践是人精神层面的实践，塑造人的意志、品德，代表人物有古希腊的亚里士多德、德国的康德、近代德国哈贝马斯；最后是生活实践，指出社会生活本质上都是实践的，代表人物有黑格尔、阿奎那、马克思和杜威，见表1-6。

表 1-6　国外主要的实践思想含义及代表人物

实践思想	主要含义	代表人物
技术实践	科学的技术化、技术性的生产活动	培根、黑格尔
道德实践	追求正义、善良等美德的行动	亚里士多德、康德、哈贝马斯
生活实践	人们在生存进程中所进行的各种行为活动，包括社会实践、生产实践等	黑格尔、阿奎那、马克思、杜威

在国内，在不同的时代，实践的含义也有所不同。但多数研究学者认为"知"和"行"密切相关，虽然"知"和"行"的含义和范畴都在变化，但"行"不能脱离"知"而存在。"知"，其内容从孔子时代的文化典籍到现代的自然科学技术知识，"知"的来源从感觉、经验到行动。"行"，其含义主要集中在两个方面：一是没有超出主观认识范围的纯粹观念的活动；二是为了实现某种先验的理性原则或道德原则的活动。到了近代，"行"的范围由抽象变为具体，并广泛渗透到生产活动、科学实验以及社会实际生活的各个领域。我国的实践也强调"做"，类似于国外的技术实践，也强调生活实践，但与国外的区别在于多了一个认知过程，认知也是一种实践。

通过对实践历史演进梳理和国内外专业学位教育的实践活动研究，本书对实践的内涵进行总结：首先，人是实践的主体。其次，实践要在一定的环境里进行，实践是人与外部环境的作用，这种作用既可以是单向的（如人对环境的作用或环境对人的影响），也可以是人与环境之间的相互作用和影响。实践是行动，不是空想。对于这个环境，没有准确的定义。重要的是在环境里产生的行为，以及行为对人的影响。

由于实践涉及的范围广泛，且内涵极为丰富，本书将实践分为狭义的实践和广义的实践。现在普遍提及的实践均属于狭义的实践范畴，主要指技术实践，即科学理论的应用。广义的实践则包括国内外教育家和哲学家提出的技术实践、道德实践、交往实践、工具实践，乃至社会实践等（图1-1）。

图 1-1　实践的划分

专业学位研究生教育的实践活动应作为一个整体进行研究,从国外、国内实践内涵的演变过程出发,结合专业学位教育的特性,本书将专业学位研究生教育的实践活动定义为:在特定的情境下通过载体进行的、以学生为主体的、体现研究性和批判性思维教育活动,不是简单的从理论到应用的单向过程,而是在问题与解决之间、理论与应用之间反复交替的过程。

本书认为专业学位研究生教育的实践活动,充分体现了知识生产模式新理论中知识生产模式 II 的特征,具体表现在应用情境问题处理,跨学科性,出现了范围更广的、临时性的参与者,实践的场地范围从校内走向广阔的知识生产情境(工作场所),组织形式异质性,质量控制与评价从单一知识共同体内部评价扩展到多方利益相关者共同评价六个方面。

1)应用情境问题处理。传统的知识生产按照某个学科的操作规则进行问题处理,知识生产的目的主要是追求真理、培养学术精英,实用目的欠缺,知识生产模式 II 是在一定的应用情境下处理问题。专业学位的设置是为了满足经济社会发展的现实需求,其知识的运用就是来自现实需要。学生在实践基地中参与的课题就是实际的现实需求,且能够产生直接或间接的经济价值。我国评选的第一届"全国示范性工程专业学位研究生联合培养基地"全部都有可供学生参与实践的技术与工程类题目。

2)跨学科性。知识生产与实际应用情境的关联越来越紧密,鉴于应用情境通常展现出综合性、复杂性,问题的最终解决方案通常不限于单一学科范畴,而呈现鲜明的跨学科特征。在知识生产模式 II 框架下,知识成果的传播不再仅限于体制内部或学科间的传统渠道,而是更加广泛地流向那些直接参与知识生产过程的多领域参与者。

3)范围更广的、临时性的参与者。随着产学研融合理念在专业学位研究生教育中的推广,校外导师已成为行业参与的重要角色,专业学位导师队伍也正在发生重大转变。由校内导师的单独指导,转变为校内导师和行业专家、骨干、现场实习师傅相结合的双导师或导师团队。校外导师为学生提供专业知识、专业技能、工作方法、解决问题的技巧等指导,帮助其顺利适应角色定位和工作要求,校外导师角色日益重要,甚至超过校内导师。

4)实践场地转向工作场所。知识生产的场所和主体呈现出社会分布及异质特性是知识生产模式 II 的显著特征之一,各类校外实践基地便是场地范围拓展的典型形式。

5)组织形式异质性。在知识生产模式 II 中,政府部门、研究院所、实验室都出于自身需要参与知识的生产过程。同时，随着新问题的不断出现，背景各异的知识生产者开始汇聚、合作，新组建的知识生产团队展现出很强的异质性。专业学位参与者的多元表现出组织形式异质性，他们之间的联系方式有紧密的，有松散的，有稳定组织制度保障的，也有临时的，十分灵活。

6）多元主体共同参与质量控制与评价。专业学位外适性的质量观决定其培养的人才必然要受到社会的检验和认可，校外导师逐步参与到培养过程中，也自然地参与到最后培养结果的评价中来。对于学生的评价也是与多方利益相关者协商一致的。

质量评价主体已由一元化向多元化发展。在评价内容上，要从单一的理论知识考核扩展到知识应用能力、实际问题解决能力以及跨学科综合思维能力等方面；在评价过程上，要从单一课程考试的终结性评价扩展到教学过程性评价，加强教学过程中的实践性评价[1][2]。学者普遍认为，质量评价与专业学位教育利益相关者（如政府机构、用人单位、高校、学生）紧密相关[3]。由此，实践质量评价的参与者、异质性与质量评价多元主体应由现场师傅，校内导师，校外导师，行业学会、协会，社会共同组成，如图1-2所示。

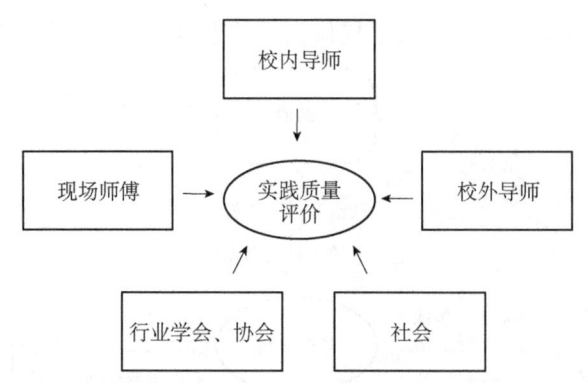

图1-2 实践质量评价的参与者、异质性与质量评价多元主体

知识生产模式Ⅲ在实践活动中也有体现。知识生产模式Ⅲ的主要特点是"集群"，包括地域（空间）集群、部门集群和知识集群，指的是各种地域、部门和知识的联合体，知识在这些联合体之间交流。对专业学位研究生教育而言，

---

[1] 李成明，王晓阳. 针对职业领域的专业学位研究生教育：内在逻辑与知识. 学位与研究生教育，2015（2）：23-27.
[2] 廖湘阳. 非学术型硕士生教育质量特质与培养过程架构. 中国高教研究，2010，（2）：37-41.
[3] Watty K，Freeman M，Howieson B，et al. Social moderation，assessment and assuring standards for accounting graduates. Assessment & Evaluation in Higher Education，2014，39（4）：461-478.

"联盟"是这些联合体的最主要体现形式。比如：①地区之间的区域联盟：辽宁省在沈阳、大连两个区域，依托东北大学、大连理工大学两所部属高校，组建了两个区域研究生教育联盟，促进了省内优质专业学位研究生教育教学资源的共享，开启了院校、行业、优质企业携手共建专业学位研究生教育教学资源库的新局面。②行业特色型高校联盟：南方医科大学、重庆医科大学、首都医科大学、南京医科大学、天津医科大学、哈尔滨医科大学、第四军医大学7所医科大学牵头成立"全国独立设置医科大学研究生院联盟"。③产学研战略联盟：长客股份公司组建了"城市轨道客车产业技术创新战略联盟"。

专业学位多元的参与者、拓展的场地范围、多种沟通形式等构成了专业学位学生实践的网络。在这个网络中，以学生实践为中心，高校为学生的实践提供导师指导、校内实践场地（实验室）、实践的评价。政府提供各种政策、人才、监管、经费支持等。教育指导委员会对实践进行整体规划、行业与教育协同指导。相关行业产业不仅提供校外导师、场地，还初步参与到评价中，并起到行业变革导向的作用。政府、高校、相关行业产业、教育指导委员会之间通过正式、非正式合作协议等形式的合作，为学生提供组织制度、管理规范的保障，通过联盟实现资源的合理配置，为学生的实践提供更好的平台和条件（图1-3）。

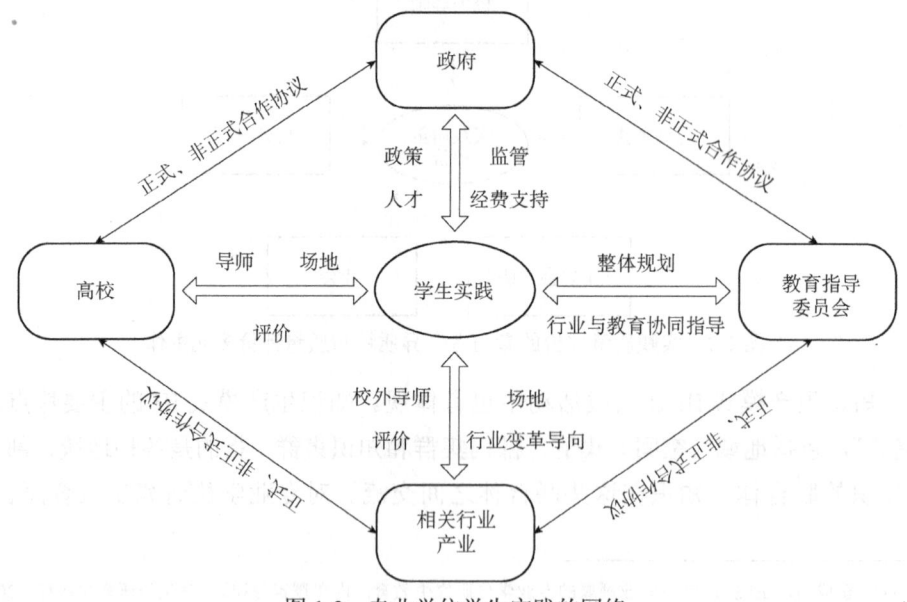

图1-3 专业学位学生实践的网络

知识的弥散、传播、应用、反思与问责在实践中亦有体现，具体表现在以下几个方面。

1）知识的弥散。知识生产扩展至不同的应用情境与广泛的潜在使用场所，由社会各界的个人和团体共同共享并分享。这一过程在多元化的社会机构中展开，涵盖不同关系网络中的众多个人和组织。随着一体化、全球化进程的加速，知识与科技的扩散已经超出了行业、领域、地域乃至国家界限，弥散范围越广，涉及领域越多，知识的边际成本就越低，边际效益就越明显。这种广泛的知识弥散对整个社会产生了强大的辐射和正向推动作用。

2）知识传播多元形式。传统知识的传播通过正式体制传播，如课堂上知识的教授、在专业期刊发表论文等。知识生产模式的转变使知识传播有了新的形式和渠道。课堂传播的新形式包括在线课堂、移动课堂、实践基地教学，非正式的渠道包括参观访问、海外游学、暑期学校、国内外竞赛等。如此丰富多元的形式使知识的传播超越了时空的限制。

3）知识的应用。知识生产模式的转变更加重视知识的应用，不是"为追求知识而创造知识"，而是"需要什么样的知识就生产什么样的知识"，知识一定要运用到生产、实际生活中。重视学生实践成果的运用情况，是否适合现场运用、有没有解决实际问题、产生了多大的经济效益等。

4）知识的反思与问责。知识生产模式Ⅱ中的所有参与者变得更加自我反思。反思存在于整个实践过程中，实践产生的作业、报告、总结、学位论文、专利等都可以看作学生对所学知识的反思。对知识产生的影响也在反思，如职业伦理教育不仅仅考虑技术上是否可行、资源上是否充足，还考虑伦理、道德及法律问题。

5）实践的价值通过人力资本的增值体现。人力资本增值的过程，是学生知识增长和能力提升的过程，也是重塑人的道德品格、精神品质，促进人的全面发展的过程，意味着人与社会的关系更加和谐、有序，意味着经济和社会的各个层面持续、全面地发展。通过认知实践、操作实践与反思实践形成人力资本，形成的人力资本又必须与物质资本结合，在实践过程中，实现自身潜能的充分释放，最终达到人力资本的保值增值。传统认为人力资本增值包括知识的增长和能力的提升，笔者认为还应该将职业发展包含在内，因为专业学位教育对学生来说最直接的作用就是有利于就业，知识增长和能力提升在就业时得到体现。

如图1-4所示，在知识生产模式的转变下，知识生产条件发生了变化。在此条件下，知识的传播、应用、创造都在实践中得到体现，实践的价值最终实现了人力资本的提升，即知识的增长、能力的提升和职业发展[①]。

---

① 张乐. 我国专业学位研究生教育研究——基于实践的视角. 北京航空航天大学，2018.

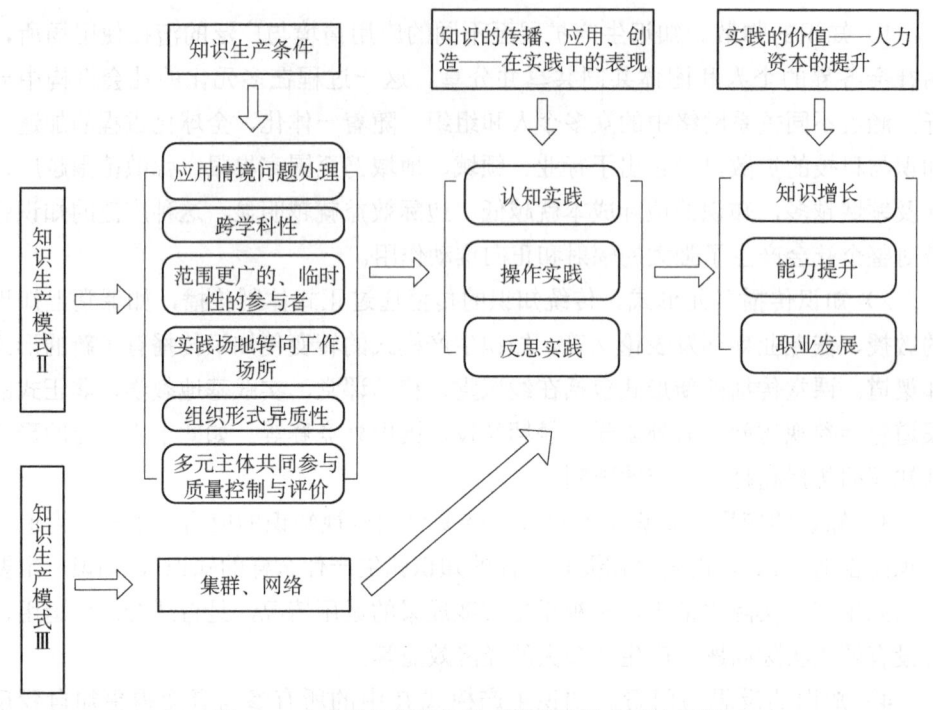

图 1-4 专业学位研究生教育的实践活动理论框架

二、专业学位研究生教育发展链理论框架

专业学位教育的发展首先具有社会适应性，随着社会经济发展的要求，专业学位教育应运而生。同时也有探索/尝试和转移性引领的特性，通过自调整和多项选择能够自由进退和筛选、创造新职业/孵化新学科，比如哈佛 EDD 教育博士的率先设立和毅然退出。

专业学位教育与专业/行业有着紧密联系，培养对象具备特定的学习动机，专业学位教育拥有特定的知识体系，实践是专业学位培养模式中的最大特征。其中，专业学位教育在运行机理上有别于学术学位教育的一个最大特点体现在专业学位具有强烈的动态性，动态性是专业学位教育的最基本特征。专业学位是应用型的，是基于社会经济发展需求而进行项目设计。专业学位动态调整的目的有 4 个：①达到满足社会经济发展需求的规模和质量，规模是指从数量上满足社会和国家的需求，质量在职业招聘中体现为，对应的职业岗位能够吸引到与用人单位特定岗位需求相匹配的人才。②能够为满足国家产业结构调整提供足够支撑产业结构调整的人力资源储备，这就要求在进行专业学位类型设置时考量符合国家产业结构调整的需要。③企教共生模式，专业学位教育和企业共成长。④考虑到学生个体的成长、发展需求。因此，使用高等教育发展链的理念分析专业学位教育质量比较合适。

2004年，马永红等在国内首先提出了"高等教育供需链（发展链）"的概念（图1-5），认为与一般企业的供应链相比，高等教育供需链既有共性特征也具有特殊性[①]。研究者认为其共性特征表现在供应产品的单向流程上具有与一般企业供应链相对应的5个基本节点，分别是高等教育需求群体（供应节点）—招生选拔（采购节点）—知识技能培养和训练（生产节点）—就业服务与支持（分销节点）—用人单位（销售节点），这保证了企业供应链在高等教育领域的可借鉴性和可操作性。而高等教育供需链的特点在于目标与需求的动态性和多样性、目标的前瞻性、生产过程的不可逆性以及目标的可延续性4个方面。

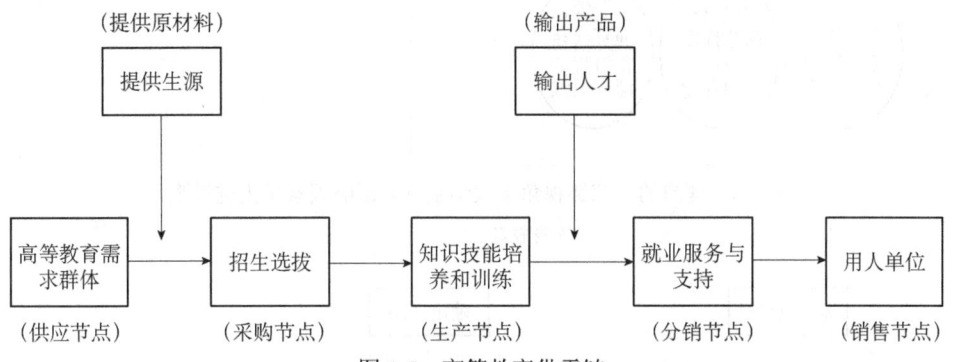

图1-5 高等教育供需链

马永红等在前期研究中提出，教育培训节点包括学生受教育和自教育两条分链，就业输出节点既是供应、采购、教育培训的输出节点，也是其相对需求点，社会需求既是前面节点的输出节点，也是相对需求点。在上述分析的基础上，研究者从就业输出的节点分析高等教育供需链各节点如何影响学生的就业需求，提出理想的供应链视角下大学生就业影响因素供需链模型（图1-6）[②]。对该模型的进一步研究表明，各节点对学生就业需求响应明显不一致，但就业需求响应沿着高等教育供需链加工方向逐渐增长，加工节点中学生分链的自我建构能力对就业需求产生直接影响，家庭因素、个人因素和社会因素等环境因素对学生就业需求有正向影响，并在此基础上进一步提出多链结构（图1-

---

① 马永红, 刘态, 郑晓齐. 高等教育供应链形态的特殊性初探. 清华大学教育研究, 2004（3）: 93-96, 115.
② 汪航, 马永红, 张婕, 等. 供应链视角: 大学生就业影响因素研究. 国家教育行政学院学报, 2009（5）: 62-69.

7）[①]。马永红和郑晓齐还对工程硕士专业学位的教育供需链节点的主要状态因子进行了分类，进一步分析了当前存在的几种形态的工程硕士教育供需链[②]。

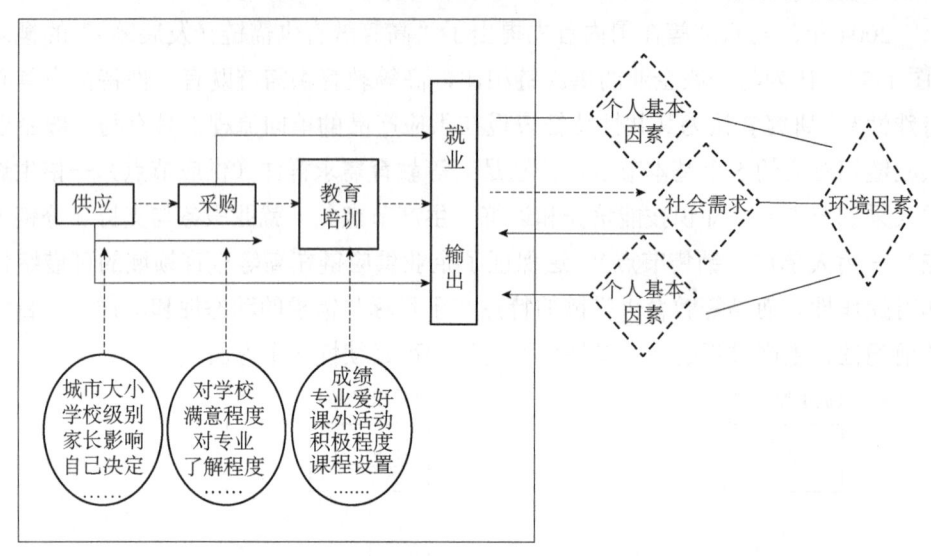

图1-6 理想的供应链视角下大学生就业影响因素供需链模型

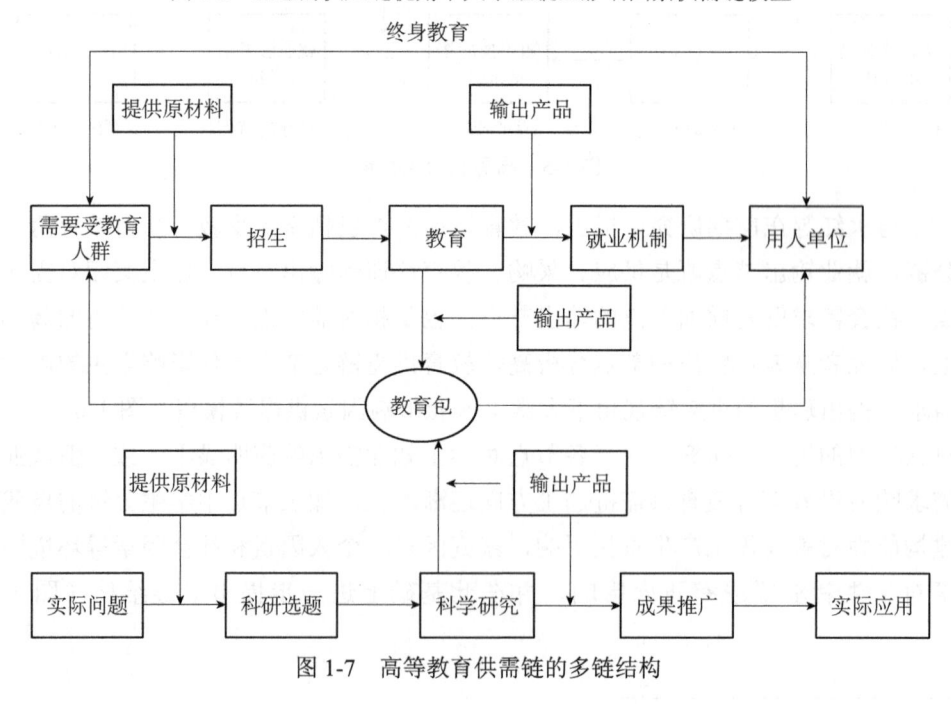

图1-7 高等教育供需链的多链结构

---

① 马永红，刘恋，郑晓齐.高等教育供应链形态的特殊性初探.清华大学教育研究，2004（3）：93-96，115.
② 马永红，郑晓齐.工程硕士专业学位教育供应链的形态表征研究.管理世界，2009（2）：165-166.

由于供应链是市场导向的，根据不同的最终市场需求可以建立相应的企业供应链体系，而专业学位是职业导向的，在以专业学位研究生人才培养为核心的专业学位发展链中，用人单位为需求方，学校为教育培训方，所以它们都是高等教育供需链上的其中一个环节，那么人才培养的质量与需求方的要求的符合程度便是高等教育需要重点考虑的。专业学位教育发展链的直接需求是实现专业学位人才的高质量就业，根据就业质量倒逼教育质量。从高等教育供需链理论可知，在就业输出节点上，人才培养质量与供应方、采购方、培训方和环境因素有关，同时也与第五个节点用人单位有关。基于最终面向市场需求原则，市场的需求是不断变化、更新、调整的，因此要保障专业学位教育项目对市场需求的及时响应性，如采用模块化的课程设置，及时进行动态调整。企业供应链代表了从供给到需求，从投入到产出的过程，企业供应链上从供给方到需求方的各方需要协调共享，因此要关注教育投入-培养-产出的协调匹配和信息与资源的共享。

本书引入企业供应链管理理论，结合知识生产和知识管理相关研究基础，构建专业学位研究生教育发展链理论框架，将发展链界定为知识生产模式Ⅱ基于应用情境的人才、知识、资源要素流动的集成链。专业学位教育必须引入校外资源的参与，培养学生实践能力需要高校外部主体的介入才能实现，培养过程高度情境化，参与主体具有自我反思性，个体通过实践将学习到的显性知识用于指导实践，并进一步在具体的组织和情境中进行知识创新，获得新的隐性知识。知识在专业学位教育发展链中动态穿梭，以螺旋式成长的方式交互于高校内外知识生产主体间，形成动态的知识创造与流动机制。因此，发展链由人才链、资源链和知识链构成，三条发展链注重协调（图1-8）[1]。

人才链是人才的能力不断被激发、被储存，不断从流量变成存量的价值增值链条。在专业学位教育人才链当中，专业学位项目是高校人才培养的基本单元，人才链既是人才成长的链条，也是一个专业学位项目运作的过程。资源链是一条辅助链，主要随着人才链的推进实现资源的配置和供给，可指人力资源、物质和机会资源的配给、消耗、变化与资源增值。知识链既传播已有的知识，又生产新的知识，从而形成了良性循环。

---

[1] 于苗苗. 基于多元需求的专业学位研究生教育发展链研究. 北京航空航天大学，2019.

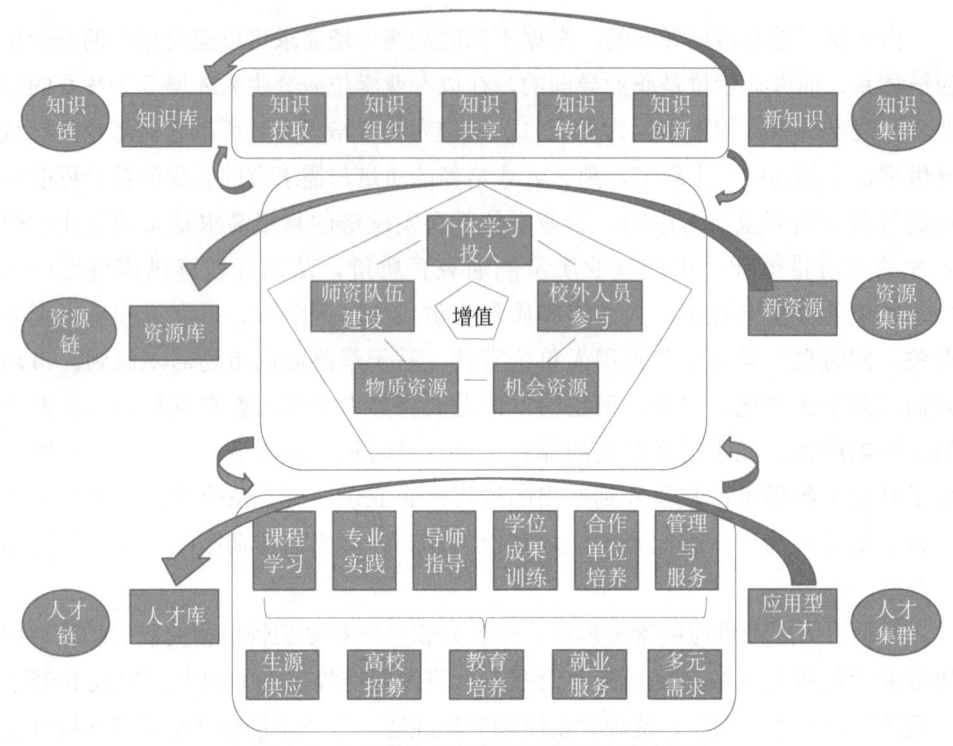

图 1-8　专业学位研究生教育发展链理论框架

三、高质量就业理论框架

1. 就业质量

就业质量是评价高校教育培养结构改革成效的关键指标。在以往的就业研究中，对专业学位研究生的研究不足。专业学位具有明确的职业导向，其教育任务是根据岗位需要，为其输送具有较强专业能力和创造性的高层次应用型人才。近年来，对专业学位研究生教育的研究主题囿于培养目标、招生指标和培养过程环节的研究，而对就业问题关注不足。专业硕士毕业生的就业质量在一定程度上反映了目前专业学位教育的培养成效，提出了结合国家、社会、用人单位、高校和学生5个视角认识高质量就业（图1-9）：在实现高就业率的基础上，各利益相关者的利益达到均衡满足的状态，研究者据此构建了多元目标导向、可量化、便于比较的毕业生高质量就业多塔结构理论框架[①]。

---

① 马永红，于苗苗，袁文婧，等. 基于多塔结构的专业硕士高质量就业研究. 国家教育行政学院学报，2018（8）：33-40.

第一章 专业学位研究生教育质量的内涵与理论 | 25

金字塔结构（从顶到底）：

- **实现个人价值匹配**
  学生视角：较高的就业满意度、职业与期望符合度、收入期望达成度、工作对未来职业发展重要性、个人职业期望得到充分满足、就业实现个人价值与社会经济发展的匹配

- **学生忠诚度**
  高校视角：较高的高校忠诚度和专业学科忠诚度，毕业生再次选择时仍然会选择本校或本专业学科

- **人职匹配**
  用人单位视角：较高的学历匹配度、能力匹配度与专业匹配度，能胜任工作、满足单位的用人需求

- **实现高校人才培养目标满足社会需求**
  社会视角：社会需求符合度较高，高校人才培养目标与社会需求相匹配

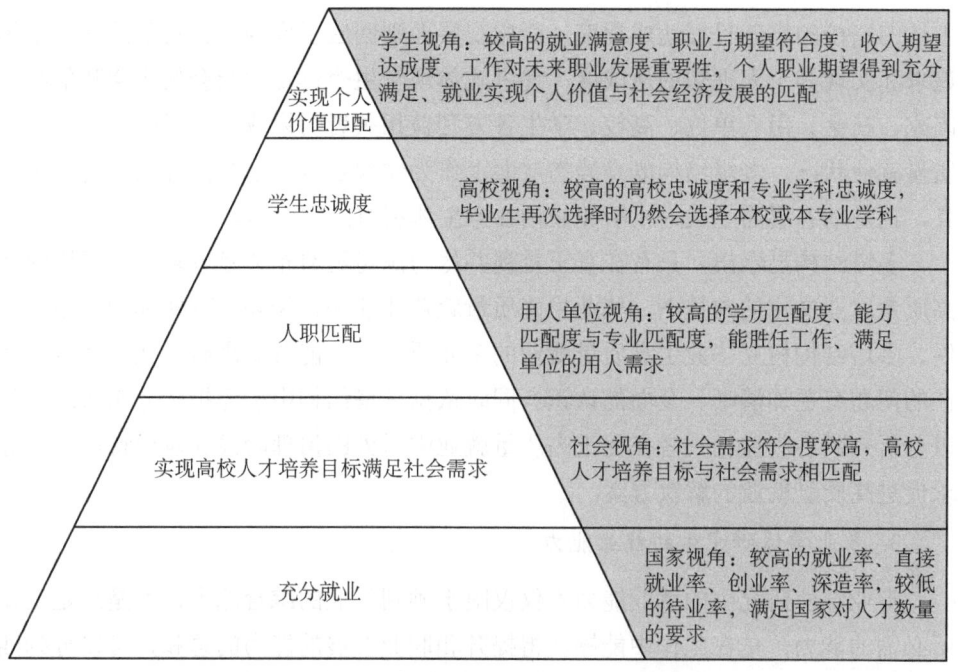

- **充分就业**
  国家视角：较高的就业率、直接就业率、创业率、深造率，较低的待业率，满足国家对人才数量的要求

图 1-9 毕业生高质量就业的多塔结构理论框架

2. 毕业生高质量就业

毕业生高质量就业多塔结构的内涵是：综合展示各利益相关者对毕业生就业的期待、诉求得以实现的状态，以简洁的方式体现高校毕业生是否实现了高质量就业，力图在实现充分就业、满足国家对人才数量要求的基础上，实现高校的人才培养目标与社会需求匹配，同时毕业生既能够满足用人单位的需求、达到个人与职位匹配，又对高校和专业学位有良好的评价，体现较高的学生忠诚度。最后，对毕业生个体而言，高质量就业能够使学生的职业预期得到充分满足，并且实现个人价值与社会经济发展的匹配。多塔结构可以分为宏观、中观到微观的三个层面。在宏观层面，从国家视角考察就业率、直接就业率、待业率、创业率、深造率，从社会视角考察社会需求符合度。社会需求符合度即毕业生经历求职过程，其所学专业学位满足社会需求的程度，隐含着就业市场对学科设置的拷问。在中观层面，从用人单位视角考察学历匹配度、能力匹配度、专业匹配度，从高校视角考察学校忠诚度和专业学科忠诚度。在微观层面上，从学生视角考察就业满意度、职业与预期符合度、收入与预期符合度、工作对未来职业发展重要性。

五大不同利益相关者视角之间有交叉和递进的关系，多塔结构的宏观和中观层面既反映了不同利益相关者的响应，同时也以各指标累积方式回应了作为培养

主体的高校的培养目标达成程度，而微观层面则回应了作为培养对象的学生个体追求和实现其个人理想的达成度，递进式体现学生个体走向社会的愿望和信心。国家、社会、用人单位、高校、学生各方利益相关者约束或控制了高校毕业生高质量就业状况，多塔结构既是静态层面上作为体现各方诉求和博弈结果的评价工具，也是动态层面上成为权衡和兼顾各方主体利益的调节器。

多塔结构显示出，只有在真正重视并尽力满足利益相关者诉求、形成协同性高质量就业文化的前提下，毕业生高质量就业才能获得长期、可持续的维系和发展。多塔结构树立毕业生高质量就业的多元质量观，能够对高质量就业现状和存在的问题有更加清晰、全面的认识。同时依据多塔结构中多元指标分布状况，可以分析判断各利益相关者在促进高质量就业中所处的治理阶段和表现特征，以寻求促进高质量就业的解决方案。

3. 专业学位研究生的就业能力

专业学位研究生的就业能力不仅仅限于顺利就业的综合能力，而是满足工作所必需的能力，是在工作中能够获得提升和职业发展的能力的总和，可以分为四大类，分别是工具型能力、逻辑思维能力、人际交往能力和综合素质。①工具型能力是指能胜任工作的专业能力，包括所必需的专业知识，知识迁移能力，职业素养，职业实践能力以及动手操作能力，这部分能力决定了求职者能否快速上岗，满足工作要求。②逻辑思维能力考查学生的独立思考解决问题及设计新项目的能力，包括创新能力、分析能力、适应和反应能力、反思和批判性思维、信息感知和采集能力，该部分能力决定了学生未来是否能得到更好的职业生涯发展。③人际交往能力包括与领导同事之间的沟通交流能力、在团队合作时非常关键的团队协作能力以及组织领导力，这部分能力决定了求职者能否快速适应工作，给工作团队带来帮助。④综合素质体现求职者的全面性和综合能力是否可以胜任其他或更多的工作，包括人文素质、发展潜力和国际视野。此外，学生获得的就业能力和企业需求之间的距离（即就业能力距离）是评估学生能否实现高质量就业的重要因素。

4. 就业能力距离

对学生就业能力与企业需求的距离的计算主要参考泰黑罗（Teijeiro）等的研究[①]。设每个专业学位工程硕士学生通过学习发展所获得的就业能力集合

---

① Teijeiro M，Rungo P，Freire M J. Graduate competencies and employability: The impact of matching firms' needs and personal attainments. Economics of Education Review，2013，34：286-295.

$C_i = \{c_1, c_2, \cdots, c_n\}$。其中，$C_i$ 的每个元素达到的水平取决于学生的个性差异和大学的培养方法。个人在就业能力培养上的偏好、专业学位的培养方案特色和学校自身品牌设施等因素，使得每个学生的就业能力具有显著的个体差异。因此，每个学生在进入劳动市场时都具有自己独特的就业能力集合 C_i。[①]

在劳动力市场中，每个企业的目标是选取最优秀的毕业生，因此它需要识别求职者是否满足他们的全部需求。假设所有企业对每个能力最优的发展程度有一个共识。换句话说，存在一个唯一的最优解，我们称其为"最优就业能力"：$C_F = \{\overline{c_1}, \overline{c_2}, \cdots, \overline{c_n}\}$，该集合描述了最受欢迎的求职者应该具有怎样的能力组合。最优就业能力对所有招收工程硕士的单位应具有一个统一的共识，从过去的文献中我们看到，当前做这样的假设是非常合理的，并注意到 c_j 和 $\overline{c_j}$ 分别表示同一就业能力 j 在学生和企业之间的重要程度。从企业的角度来看，应届毕业生所具有的能力集合 C_i 如果越接近于集合 C_F，那么该毕业生获得就业的概率就越高。设 Γ 为向量 C_i 和 C_F 的"距离"的度量；被雇佣的可能性，或是雇佣力 E_i 被假设为 Γ 的函数，并包含其他解释变量：

$$E_i = \alpha + \varphi\Gamma + \beta'x - \varepsilon_i \tag{1.1}$$

其中，φ 和 β 为参数的 K 维向量，x 为解释变量的向量，ε_i 为一个随机变量。需要强调的是，企业需求和学生获得的就业能力之间的距离 Γ 为评估学生能否实现就业的重要因素。由于企业在评估工程硕士专业学位研究生的就业能力时，很容易观察到当一个人的雇佣力大于 0 时，该个体是可被雇佣的，即是说 $E_i > 0$；反之当 $E_i \leq 0$ 时，该名研究生不被雇佣。换句话说，当

$$W_i = \begin{cases} 0, \text{当} E_i \leq 0 \\ 1, \text{当} E_i > 0 \end{cases} \tag{1.2}$$

其中，W_i 等于 1 表明个体 i 被雇佣（能够获得就业），等于 0 表示个体 i 未被雇佣（无法获得就业）。采用这些方程我们可以得到被雇佣的概率：

$$\begin{aligned}\pi_i &\equiv \Pr(W_i = 1) = \Pr(E_i > 0) \\ &= \Pr(\alpha + \varphi\Gamma + \beta'x - \varepsilon_i > 0) \\ &= \Pr(\varepsilon_i < \alpha + \varphi\Gamma + \beta'x)\end{aligned} \tag{1.3}$$

如果误差满足独立正态分布 $\varepsilon \sim N(0;1)$，则：

$$\pi_i = \Pr(\varepsilon_i < \alpha + \varphi\Gamma + \beta'x) = \Phi(\alpha + \varphi\Gamma + \beta'x) \tag{1.4}$$

式（1.4）即本文就业结果的 probit（多元概率比回归）模型，利用该模型可

---

① 李开宇. 工程硕士就业能力与企业需求的匹配性研究——基于距离的视角. 北京航空航天大学，2016.

得出工程硕士专业学位应届毕业生的就业概率（就业结果）与他的就业能力匹配性的关系。

事实上，上面讨论的基本框架中，我们假设向量 C_i 和 C_F 都是可以观察到的，同时我们可以测量每种就业能力当前的实现水平。然而这个就业能力集合可能包括非客观可测的部分，因此很难建立起一个非常客观的、针对每个个体的就业能力水平集合。此外，C_i 和 C_F 之间的直接比较所得结果将会产生误差，因为绝对的值无法衡量个人和企业在自我评价上的差异。换句话说，一些毕业生在填写问卷时表明他们的能力水平非常高，但事实可能并非如此。也就是说，个体之间会使用不同的标准来衡量自己的能力水平。这个问题可以通过使用能力排序而不是直接的问卷填写值来进行规避。我们只需要提取他们对自身就业能力评价的排序，并用这个排序来进行比较。

因此，我们采用能力的排序之间的距离来衡量工程硕士的就业能力与企业需求的匹配性。具体来说，这种排序是可以由企业或毕业生能力的相对水平/成就的重要性来进行推断。一旦取得了能力的有序列表，我们就可以得出由企业和求职者来衡量的排名的相似性。毕业生的排序结果可以反映出哪些能力已经在学校培养中被更多地开发，如果用学生自我评价来反映的话很可能出现非客观的现象。因此，对于任何给定的影响工作效率的能力水平、技能或因素，排名之间的相似性暗示了企业需求与求职者技能和能力的紧密匹配。

企业的就业能力选择由向量 $A = (a_1, a_2, \cdots, a_n)$ 来反映，其中 a_j 表示能力 j 的排序或者优先级。它是尝试和测验"标记方法"的基础，之后也被用于肯德尔评分方法之中。此外，这种弱排序允许将相同的值分配给不同的选择。比如说，在四维向量 a、b、c、d 中，如果 a 在第二位，b 在第一位，c 在第四位，d 在第三位，这个向量可以用 A1=（1，1，4，3）来表示；另一种情况，如果 a 在第一位，b 在第四位，c 和 d 分别在第二位和第三位，这个向量可以用 A2=（1，3，2，2）表示，这表明 c 和 d 在第二位这个排名上是等价的。假设 $P_i = \{p_1, \cdots, p_{n-1}, p_n\}$ 和 $P^F = \{\overline{p_1}, \cdots, \overline{p_{n-1}}, \overline{p_n}\}$ 分别为独立个体 i 的排序向量和企业整体的排序向量。其中 p_j 和 $\overline{p_j}$ 代表独立个体和企业的第 j 种能力的排序。我们称能力 j 对于个人和企业的排序是等价的，如果：

$$\left| p_j - \overline{p_j} \right| \leq \delta \tag{1.5}$$

其中，$\delta \geq 0$ 为一个近似参数。特别的，$\delta = 0$，暗示了我们在它们的排序完全一致时，竞争力 j 对于个人和企业是一致的。若 $\delta > 0$，表明一种弱等价关系，即当它们的排序近似相同时竞争力 j 对于个人和企业等价（这时参数 δ 为允许近似的测量）。显然地，当 $\delta \geqslant n$ 时，所有的竞争力被认为是等价的。近似等价在处理弱次序时是等价的，当结果依赖于 δ 的值时，我们将讨论主要结果在参数值发生变化时的敏感性。

从式（1.5）中我们得到了变量 γ_j，这是一个二分变量，值为 1 表示能力 j 对于企业和个人而言排位是不同的：

$$\gamma_j = \begin{cases} 0, \text{当} |p_j - \overline{p_j}| \leqslant \delta \\ 1, \text{当} |p_j - \overline{p_j}| > \delta \end{cases} \quad (1.6)$$

于是，我们得到了企业需求的最优就业能力排序和个人能力的自我评估排序之间的一个近似性测量：

$$\Gamma = \sum_{j=1}^{n} \gamma_j \quad (1.7)$$

最后，我们获得了最优就业能力和个人能力的自我评估之间的相似性。我们接着用式（1.6）和式（1.7）来得到排序之间的相似性。测量 Γ 时，可以利用式（1.1）来获得就业能力的大小，并代入式（1.4）中计算被雇佣的可能性。

另一种测量企业需求和个人能力的相似性的方法是计算两个排序向量之间的距离，例如，$d = \sum_{j=1}^{n} |p_j - \overline{p_j}|$。我们将其视为一个可选方案，以此来验证结果的一致性。然而在当前环境中，我们发现用变量 Γ 来测量更为准确。事实上，能力的次序来源于范围为 1—5 的能力重要性的评估，所以产生了大量排名顺序的关系。因此，用距离变量 d 来衡量近似性，将无法考虑整个人工距离造成的弱排序，不能准确评估排名之间的相似性。而用式（1.7）得到的结果与距离 d 有高度的相关性，同时引入等价概念的弹性，从而更准确地表达出两种距离之间的差异性。

小　　结

通过对专业学位、教育质量、教育环境关键要素的研究，进而明确专业学位研究生教育质量具体内涵。人力资本理论、信号和筛选理论作为专业学位研究生教育的理论基础，本章还拓展出实践活动理论、专业学位研究生教育发展链理论、高质量就业理论。实践活动理论将质量评价主体逐渐多元化，与政府机构、用人单位、高校和学生等利益相关者密切相关。专业学位研究生教育发展链理论探讨了人才链、资源链和知识链的相互关系。人才链实现能力的激发和储存，促进人才的增值；资源链作为辅助链，配合人才链推进资源的配置和供给；知识链不仅传播已有知识，还进行新知识的生产，形成良性循环。高质量就业理论关注高校教育培养结构改革的成效，将就业质量作为重要指标。毕业生高质量就业不仅满足国家对人才数量的需求，还实现高校人才培养目标与社会需求的匹配，确保毕业生满足用人单位的需求，与个人职位匹配，并对高校和专业学位有良好评价。专业学位研究生的就业能力包括工具型能力、逻辑思维能力、人际交往能力和综合素质，这些能力是获得职业发展和提升的关键。

总体而言，本章从专业学位、教育质量和教育环境等关键要素出发，研究了专业学位研究生教育质量的具体内涵；在理论基础上，拓展了实践活动理论、专业学位研究生教育发展链理论和高质量就业理论。这些理论深化了我们对专业学位研究生教育质量的认识，并为提升教育质量和就业能力提供了重要参考。

第二章

专业学位研究生教育发展概况

专业学位和学术型学位代表了研究生教育中的不同学位类型。我国从2009年开始启动以应届本科毕业生为主实施的全日制硕士专业学位研究生教育，有利于优化研究生教育类型结构，同时又缓解了就业压力。我国专业学位研究生教育的发展经历了五个阶段，即应用型高层次专门人才培养试点阶段（1981—1989年），专业学位教育初步发展阶段（1990—1996年），专业学位教育快速发展阶段（1997—2008年），全日制专业学位教育快速发展、规范发展阶段（2009—2018年），深化专业学位教育产教融合发展阶段（2019年至今）。我国自2009年起大力开展全日制硕士专业学位研究生教育，表明了中国专业学位研究生教育进入了一个新的历史阶段。

随着本科毕业生读研率逐渐提高，研究生已成为就业主体。专业学位教育的培养目标是学生毕业后直接进入非学术职业领域就业，成为高级应用型人才，就业工作从重视"率"到重视"质"的一步步转变。专业学位研究生的培养与企业需求是否匹配、是否有效支持了"一带一路"倡议、《中国制造2025》行动纲领等的发展始终是学界和社会热切关注的问题之一。

第一节　我国专业学位研究生教育发展概况

专业学位教育是高等教育体系中一个相对独立完整的教育体系。实践证明，专业学位制度是世界上主要国家比较通行的培养高层次应用型人才的有效途径，已经成为发达国家迎接新科技革命挑战，发展知识经济的重大举措。

专业学位教育的任务，是根据社会特定职业或岗位的需要，培养适应这些职业或岗位实际工作需要的应用型、复合型高层次人才。因此，职业性作为专业学位的基本属性，是专业学位区别于其他学位类型的本质特征。在国家的设立方案中就明确指出，专业学位具有相对独立的教育体系和教育模式，具有特定的职业指向性，是职业性和学术性的高度统一。专业学位教育是培养具有较强专业能力和职业素质、能够创造性地从事实际工作的高层次应用型专门人才的一种学位类型。

一、专业学位研究生教育的发展历程

我国专业学位的发展经历了五个阶段，即应用型高层次专门人才培养试点阶

段，专业学位教育初步发展阶段，专业学位教育快速发展阶段，全日制专业学位教育快速发展、规范发展阶段，以及深化专业学位教育产教融合发展阶段。

（一）应用型高层次专门人才培养试点阶段（1981—1989年）

1984年12月，《教育部研究生司发出转发清华大学、西安交通大学等十一所高等工科院校〈关于培养工程类型硕士生的建议〉的通知》提出，改革研究生培养方式和管理办法，在工学硕士生中招收工学硕士（工程类型）学位研究生（也称工程硕士生），以培养大批适应工矿企业和应用研究单位需要的高级工程技术人才。

1985年7月，教育部批准北京钢铁学院等24所高校在1985年对有实践经验的优秀在职人员组织单独入学考试、择优录取并开始进行培养工程类型硕士生的试点工作。

1986年1月，国务院学位委员会、国家教育委员会、卫生部下达《培养医学博士（临床医学）研究生的试行办法》的通知，提出对医学研究生教育进行改革，以突出临床医学特点，培养更多、更好的高层次临床医学专门人才。其将医学门类博士分为两类：一类以培养科学研究能力为主，授予医学博士学位；另一类以培养临床实际工作能力为主，授予医学博士学位（临床医学）。

1988年9月，国务院学位委员会办公室、国家教委研究生司、中国人民银行总行教育司下达《"货币银行学"、"国际金融"两专业硕士生（应用类）参考性培养方案》的通知，尝试培养应用类金融硕士，要求"以培养实际工作者为主"，培养"能够胜任中级专业技术职务并作为高级专业技术职务后备力量的金融专门人才"。同时，国务院学位委员会、国家教育委员会、最高人民法院教育厅、最高人民检察院干部教育局、司法部教育司下达《"刑法"、"民法"、"国际经济法"三专业硕士生（应用类）参考性培养方案》的通知，重在培养能胜任政法部门中级专业技术职务、具备将来担任高级专业技术职务基础的人才，以提高和改善法律专门人才的素质。

1989年3月，国务院学位委员会办公室、国家教委研究生司批准成立"培养中国式MBA研究小组"；同年5月，组建"医学职业学位研究小组"。

1989年6月，国家教育委员会发出《关于加强培养工程类型工学硕士研究生工作的通知》，进一步明确了培养工程类型工学硕士研究生的指导思想、培养目标、培养规格和相关要求，积极地有步骤地开展培养工程类型硕士生的工作；同年批准了135所高校对有实践经验的优秀在职人员组织单独入学考试，招收和培养工程类型硕士生。

在这一阶段,有关试点单位在招生对象、培养方法、教学要点和论文标准等各方面,制定了不同于传统学术型的人才培养方案,但总体上尚未形成一个完整的体系。

(二)专业学位教育初步发展阶段(1990—1996年)

在这一阶段,我国正式设立了专业学位,对专业学位设置目的、特点、审批、培养和管理等方面做了制度化的规定,开展了相关领域的试点工作,为专业学位教育的发展奠定了坚实的基础。

1990年10月,国务院学位委员会第九次会议讨论了《关于设置专业学位调研工作的情况汇报》《关于设置医学专业学位的初步设想》《关于设置和试办工商管理硕士学位的几点意见》等。会议决定在我国开始专业学位的试点工作,通过了《关于设置和试办工商管理硕士学位的几点意见》,审批了中国第一个专业学位——工商管理硕士,自此开启了专业学位教育的先河。1991年,工商管理硕士开始首次招生培养工作,标志着中国专业学位教育制度正式开始实行。

1992年,国务院学位委员会同意在确定设置的专业学位中,按专业学位本身而不是学科门类授予学位,解决了学位授予的一个关键问题。1992年11月,国务院学位委员会第十一次会议原则通过了《建筑学专业学位设置方案》等文件。

1996年5月印发的《国务院学位委员会办公室、国家教委研究生工作办公室关于在部分高等学校试点按工程领域培养工程硕士的通知》提出,14个高等学校试点按工程领域培养工程硕士。同年11月,国务院学位委员会办公室发出《关于同意开展在职攻读工程硕士学位试点工作的通知》,同意在冶金、航空、兵器等行业开展试点工作。

1996年4月,国务院学位委员会第十四次会议审议通过了《专业学位设置审批暂行办法》,专业学位分为学士、硕士和博士三级,但一般只设置硕士一级;批准设置和试办教育硕士专业学位。

1996年11月,国务院学位委员会发布《关于同意开展在职人员攻读工程硕士学位试点工作的通知》,同意在冶金、航空、兵器等行业开展在职人员攻读工程硕士学位试点工作,并公布了《关于在部分行业开展在职人员攻读工程硕士学位试点工作的方案》,要求开展在职人员攻读工程硕士学位试点工作的行业,应尽快建立协调领导小组和工程硕士教育指导委员会,研究制订有关方针、政策和保证培养质量的具体措施，在深入调查研究的基础上拟订本行业工程硕士培养规划。

从这一阶段的招生情况看，专业学位教育都是以全日制的方式开展，学生毕业之后获得毕业证和学位证。招生的专业学位类型只有建筑学学士和硕士、工商管理硕士。

（三）专业学位教育快速发展阶段（1997—2008年）

在这一阶段，专业学位类别、培养规模、授权点和招生单位快速增长，专业学位教育的社会影响力和贡献度显著增加，专业学位教育进入了快速发展期。1997年，我国开始招收在职人员攻读专业硕士学位，当年招生的专业学位类别有法律硕士、工程硕士、建筑学硕士、工商管理硕士，招生对象的扩展丰富了专业学位教育主体。在这个时期，攻读专业硕士学位人员以在职人员为主，毕业之后获得学位证书，没有毕业证书。

1997年4月，国务院学位委员会第十五次会议审议通过了《工程硕士专业学位设置方案》，决定设置工程硕士专业学位。同年10月，国务院学位委员会、国家教委发出关于实施《工程硕士专业学位设置方案》的通知。同年11月，国务院学位委员会办公室发布《关于批准部分高等学校开展工程硕士培养工作的通知》，批准54所高等学校开展工程硕士培养工作，并行使工程硕士专业学位授予权。

1997年4月，国务院学位委员会第十五次会议审议通过了《临床医学专业学位试行办法》，决定设置临床医学专业学位，分为临床医学硕士专业学位和临床医学博士专业学位两级，同时还审议通过了《关于调整医学学位类型和设置医学专业学位的几点意见》，以培养高级临床医师、口腔医师、卫生防疫和新药研制与开发的应用型人才为目标，根据不同学科及其职业背景特点，将医学专业学位分为"临床医学专业学位""口腔医学专业学位""预防医学专业学位""药学专业学位"等。

1997年11月，受国务院学位委员会办公室的委托，教育硕士专业学位专家指导小组秘书处下发了《关于1998年在职攻读教育硕士专业学位全国统一（联合）考试的通知》。从1998年起开展基础教育教学和管理人员在职攻读教育硕士专业学位工作。

1998年12月，国务院学位委员会、教育部联合印发《关于成立全国工程硕士专业学位教育指导委员会的通知》，全国工程硕士专业学位教育指导委员会正式成立①。清华大学校长、中国科学院院士王大中教授任主任委员，秘书处挂靠在清华大学。全国有工程硕士专业学位授予权的培养单位54所，招收4181名工程硕士研究生②。

1999年5月，国务院学位委员会第十七次会议审议通过了《兽医专业学位设置方案》《农业推广（暂用名）硕士专业学位设置方案》《公共管理硕士专业学位设置方案》，专业学位研究生教育增设兽医硕士和博士、农业推广硕士、公共管理硕士。

1999年1月，国务院学位委员会办公室、教育部研究生工作办公室发布《关于转发〈关于制订在职攻读工程硕士专业学位研究生培养方案的指导意见〉的通知》。同年3月，国务院学位委员会、教育部发布《关于全国工程硕士教育指导委员会章程的批复》。

2000年10月，国务院学位委员会按照发布的《口腔医学专业学位试行办法》批准了第一批19所口腔医学专业试点单位，口腔医学正式开始进行招生和培养。口腔医学专业学位的设立，旨在紧密围绕我国社会主义医疗卫生事业现代化建设的需要和实践，培养具有较强口腔临床能力的人才，口腔医学报考要求条件比较多，不允许非医学专业学生跨考。次年4月，国务院学位委员会印发《关于下达〈公共卫生硕士专业学位试行办法〉的通知》，提出了增设公共卫生硕士的相关意见办法。设置和试办公共卫生硕士专业学位成为我国医学学位与研究生教育改革的又一重要举措。

2001年，国家改革工程硕士招生录取办法，采取全国数学、外语联考与培养单位自行组织专业考试相结合的方式，由培养单位根据领域、行业、区域特点自定联考分数线，并结合培养单位组织的专业考试和面试成绩确定录取；此外，改革培养单位招生规模的确定方式，将以往的由培养单位申报，国家下达招生限额的办法，逐步转为招生质量好、自律性强的培养单位可根据自身实力、学科优势以及人才市场需要自主确定招生规模。同年4月，国务院学位委员会办公室发布《关于2001年在职攻读硕士学位招收工作的通知》，规定"从2001年始，在职攻读硕士学位入学考试全部实行全国统一联考。在职攻读硕士学位类别有工商管理硕士（MBA）专业学位、公共管理硕士（MPA）专业学位、法律硕士

---

① 2013年12月更名为全国工程专业学位研究生教育指导委员会，本书均简称为"工程教指委"。其他专业学位研究生教育委员会同，如会计教指委、法律教指委等。

② 全国工程专业学位研究生教育网. 工程专业学位研究生教育大事记（1984—2019）. https://meng.tsinghua.edu.cn/ztqk/dsj/474.htm.（2017-07-17）[2024-04-07].

（JM）专业学位、教育硕士专业学位、高等学校'两课'教师在职攻读硕士学位、中等职业学校教师在职攻读硕士学位、工程硕士专业学位、农业推广硕士专业学位、兽医硕士专业学位"。同年11月，全国专业学位教育工作会议召开，讨论《关于改进和加强专业学位教育工作的若干意见》，同时总结交流各个专业学位教育工作经验。

2002年1月，国务院学位委员会、教育部下发《关于加强和改进专业学位教育工作的若干意见》，针对专业学位教育在发展过程中存在的一些问题，如对专业学位教育重要性的认识有待进一步提高、专业学位教育规模偏小、优秀教材与案例比较缺乏、师资总体水平有待提高、专业学位与职业或岗位任职资格之间的衔接不够紧密、质量保证措施尚需完善等问题，提出了"充分认识发展专业学位教育的重要性"、"统筹规划专业学位教育，积极、主动适应社会经济发展需要"、"深化专业学位教育制度改革，提高培养质量"、"充分发挥专业学位教育指导委员会的作用"、"建立和完善专业学位教育评估制度"和"加强国际交流与合作"等明确意见要求。该文件的出台对于促进专业学位教育的健康发展发挥了重要作用。

2002年5月，国务院学位委员会第十九次会议审议通过了《军事学硕士专业学位设置方案》，决定设置和试办军事学硕士专业学位，标志着军队高层次应用型专门人才的培养迈上了一个新的台阶。

2003年6月印发的《国务院学位委员会办公室关于2003年招收在职人员攻读硕士学位工作的通知》规定，工程硕士研究生入学考试采取两段制考试方式。第一阶段，所有考生参加国家统一组织的全国工程硕士专业学位研究生入学资格考试（Graduate Candidate Test for Master of Engineering，GCT-ME）。该阶段主要测试考生的综合素质。第二阶段的综合测试工作由各培养单位自行组织，各培养单位根据考生的GCT-ME成绩和综合测试结果决定是否录取。

2004年3月，在国务院学位委员会、教育部、人力资源和社会保障部的指导下，正式设立中国会计硕士（MPAcc）专业学位，全国会计硕士专业学位教育指导委员会成立大会上通过了《会计硕士专业学位指导性培养方案》等规范性文件。同年4月，国务院学位委员会办公室批准中国人民大学等21个研究生培养单位开展会计硕士专业学位教育试点工作，同意北京国家会计学院、上海国家会计学院、厦门国家会计学院分别与清华大学、上海财经大学、厦门大学按联合培养方式开展会计硕士专业学位教育试点工作。同年10月，首次会计硕士专业学位入学考试全国联考工作全面启动。

2005年1月，国务院学位委员会第二十一次会议审议通过了《体育硕士、艺术硕士、风景园林硕士专业学位设置方案》。

2007年1月，国务院学位委员会第二十三次会议审议通过了《国际汉语硕士专业学位设置方案》《翻译硕士专业学位设置方案》，决定设置国际汉语硕士和翻译硕士专业学位。

2008年12月，国务院学位委员会第二十六次会议审议通过了《教育博士专业学位设置方案》《社会工作硕士专业学位设置方案》，决定增设教育博士和社会工作硕士专业学位。

（四）全日制专业学位教育快速发展、规范发展阶段（2009—2018年）

2009年是面向应届本科毕业生招收全日制攻读硕士专业学位研究生的第一年，与以往的专业硕士不同，它是我国为了更好地适应国家经济社会发展对高层次应用型人才的迫切需要，调整优化研究生教育类型结构，进一步完善研究生教育培养体系，推动硕士研究生教育从以培养学术型人才为主的模式向以培养应用型人才为主的模式转变而诞生的。2009年印发的《教育部关于做好2009年全日制专业学位硕士研究生招生计划安排工作的通知》，决定在已下达的研究生招生计划基础上，增加全日制专业学位研究生招生计划5万名。2010年，国家又进一步进行了结构调整，在2009年总硕士研究生招生人数不变的基础上，减少学术型硕士3.8万名，增加全日制专业型硕士3.8万名[①]。

自2009年3月教育部发布《教育部关于做好全日制硕士专业学位研究生培养工作的若干意见》至2011年5月教育部、国务院学位委员会、《国家中长期教育改革和发展教育规划纲要（2010—2020年）》工作小组办公室、国务院办公厅等部门陆续下发了与全日制专业学位研究生教育相关的12个政策文件，内容覆盖了专业学位教育招生、培养过程、专业学位研究生资助、学位授权与审核办法、就业服务体系建设等方面。专业学位研究生教育质量保障的重要环节就是培养。对于全日制专业学位研究生培养，政策文件强调的核心是培养模式的创新和改革、管理体制的完善、师资队伍建设等方面。

2009年5月，国务院学委办公室发布《关于转发全日制硕士专业学位研究生指导性培养方案的通知》，对法律硕士、全日制工程硕士、全日制农业推广硕士、全日制会计硕士专业学位从培养目标、培养方向、招生对象、学习方式及年

---

① 中国学位与研究生教育信息网：全日制攻读专业学位. https://yz.chsi.com.cn/kyzx/zyss/201006/20100602/94523337-1.html.（2010-06-02）[2024-03-07]..

限、培养方式、课程设置和实践环节以及学位论文、学位授予八个方面制定全日制硕士专业学位研究生培养方案实施细则进行指导。其培养目标为培养各专业高层次应用型人才。招生对象为具有国民教育序列大学本科学历（或本科同等学力）的相关专业毕业生。学习方式及年限：采用全日制学习方式，学习年限一般为2年。培养方式：采用课程学习、实践教学和学位论文相结合的培养方式。课程设置和实践环节：实践课程占一定学分，在学期间必须保证不少于半年的实习实践，可采用集中实践与分段实践相结合的方式。课程设置技能和实践相结合。学位论文内容须来源于实践，鼓励实行双导师制，论文需要在导师指导下完成。

2010年1月，国务院学位委员会第二十七次会议审批了19种硕士专业学位的设置方案，并审议通过了《硕士、博士专业学位研究生教育发展总体方案》（简称"总体方案"）和《硕士、博士专业学位设置与授权审核办法》，以推进并完善专业学位研究生教育工作。总体方案提出专业学位研究生教育发展的目标，"到2015年，实现硕士研究生教育从以培养学术型人才为主向以培养应用型人才为主的战略性转变；硕士层次的专业学位类别增加一倍左右；稳步发展博士层次专业学位教育，本着'成熟一个、发展一个'精神，深入论证，有序推进。专业学位研究生教育质量不断提高，社会适应能力日益增强。到2020年，实现我国研究生教育从以培养学术型人才为主转变为学术型人才和应用型人才培养并重，专业学位教育体系基本完善，研究生教育结构和布局进一步优化，培养质量明显提高，研究生教育能够更好地适应经济社会发展需要和满足人民群众接受研究生教育的需求"[1]。总体方案中提出，政府应加快创造和完善有利于专业学位教育发展的宏观环境，通过制定有关政策，引导并鼓励行业、企业与社会团体、专业组织积极介入专业学位教育，指导教学过程，参与教学评估，设立见习岗位，提供实习条件，把校企（行业）联合培养专业学位人才作为重要社会责任[2]；并指出应对专业学位研究生人才选拔、专业学位设置与授权审核制度改革加大力度和提高速度，推进专业学位教育与职业资格考试的衔接以及建立和完善高校自主办学、中央和省级政府宏观调控、行业组织积极参与的宏观管理体系和质量保障制度。对高校提出创新人才培养模式、构建"双师型"的师资队伍，探索专业学位

---

[1] 黄宝印：我国专业学位研究生教育30年. https://www.cdgdc.edu.cn/info/1027/2387.htm.（2021-11-24）[2024-03-07].

[2] 关于印发《硕士、博士专业学位研究生教育发展总体方案》、《硕士、博士专业学位设置与授权审核办法》的通知. https://mvesc.cufe.edu.cn/info/1021/1119.htm.（2010-11-26）[2024-03-07].

研究生教育管理新机制等要求。

2010年3月，国务院学位委员会印发了金融硕士等19种新增专业学位设置方案，决定新增金融、应用统计、税务、国际商务、保险、资产评估、警务、应用心理、新闻与传播、出版、文物与博物馆、城市规划、林业、护理、药学、中药学、旅游管理、图书情报、工程管理等硕士专业学位。

2010年3月印发的《教育部办公厅关于构建全日制专业学位硕士研究生就业服务体系有关工作的通知》提出，"从专业学位教育特点出发，在培养过程中大力加强与相关行业企业的合作，通过校企合作办学、订单定向培养、鼓励企业参与教学等方式，强化实习实训教学环节，着力建立培养与就业互相促进的长效机制"；通过改革人才培养模式，拓展专业学位硕士研究生的就业渠道；同时提出"各省级主管部门和高等学校要积极探索建立针对全日制专业学位硕士研究生的就业指导和职业发展课程体系，加强分类指导，有针对性地开展就业指导和服务"。

2010年3月印发的《教育部办公厅关于切实做好普通高校全日制硕士专业学位研究生资助工作的通知》提出，"将家庭经济困难的全日制硕士专业学位研究生的资助纳入全校资助工作范围，在政策措施、经费投入、条件保障等方面与普通研究生一视同仁，使家庭经济困难的全日制硕士专业学位研究生获得相应的资助"。

2010年4月印发的《教育部关于开展研究生专业学位教育综合改革试点工作的通知》提出，开展试点工作"通过支持部分高等学校先行试点，创造具有推广价值的好经验、好做法，进而发挥典型引路、示范带动的作用，逐步构建和完善与经济社会发展需要相适应的研究生专业学位教育体系"[①]。其主要内容包括培养模式创新方面、管理机制创新。

2010年5月，国务院学位委员会下发《关于开展新增硕士专业学位授权点审核工作的通知》，对金融、国际商务、应用统计、税务、保险、资产评估、法律、教育、汉语国际教育、翻译、体育、艺术、应用心理、警务、社会工作、新闻与传播、出版、文物与博物馆、工程、林业、农业推广、风景园林、兽医、临床医学、口腔医学、公共卫生、药学、中药学、护理、工商管理、会计、公共管理、工程管理、旅游管理、图书情报35种硕士专业学位类别从学科条件、师资条件、教学条件、实践条件、培养模式等方面对专业学位授权点提出要求，建筑

---

① 教育部关于开展研究生专业学位教育综合改革试点工作的通知. http://www.moe.gov.cn/srcsite/A22/moe_826/201005/t20100507_91987.html.（2010-05-07）[2024-03-07].

学、城市规划和军事三类硕士专业学位授权点不在此次新增范围之内。就师资条件而言，都要求有一定数量的来自实践部门的专家作为兼职指导教师，并参与到指导专业学位硕士学位论文的现场工作中，并对专业学位任课教师具有相关专业实践经验做出基本要求。就实践条件而言，对培养单位提出了相关要求：①要求与相关实践部门在教学、科研及人才培养等方面有较稳定的合作关系，能为培养专业学位人才提供较好的社会实践与教学场所。②实践基地须有丰富实践经验、较高学术水平或技术专长的专家，能够讲授专业课程，指导专业学位研究生。在培养模式环节，理论学习和实践相结合，根据各专业的差异保障半年、一年不等的实践时间。

2010年8月印发的《教育部关于做好2011年招收攻读硕士学位研究生工作的通知》明确提出，要"以提高人才选拔质量为核心，深入推进研究生招生体制机制创新"。

2010年10月印发的《教育部关于批准有关高等学校开展专业学位研究生教育综合改革试点工作的通知》提出，综合改革试点单位面临的主要任务包括改革专业学位研究生选拔制度、完善专业学位研究生培养方案、积极探索和创新培养模式、改革专业学位研究生的考核与评价方法、大力加强师资队伍建设、建立和完善奖、助、贷体系和就业服务体系以及完善校内管理体制与机制。并于次年1月召开了全国专业学位研究生教育综合改革试点工作会议。综合改革试点涉及64所高校，其中部委高校和地方院校各32所，涉及的硕士专业学位有法律、教育、体育、汉语国际教育、艺术、翻译、建筑学、工程、农业推广、兽医、风景园林、公共卫生、工商管理、公共管理、会计共计15种，为区别全日制专业学位研究生、非全日制专业学位研究生和全日制学术学位研究生，本书整理了在综合改革试点工作开始时政策要求的差异（表2-1）。

表2-1　综合改革试点工作开始时政策要求的差异比较

指标	全日制专业学位研究生	非全日制专业学位研究生	全日制学术学位研究生
招生对象	具有国民教育序列大学本科学历（或本科同等学力）的相关专业毕业生	国民教育序列大学本科或本科以上毕业并取得毕业证书（或本科同等学力）的在职工作人员，一般对本科毕业后的工作年限有一定要求（3年左右）	具有国民教育序列大学本科学历（或本科同等学力）的相关专业毕业生
培养目标	具有较强解决实际问题的能力、能够承担专业技术或管理工作、具有良好职业素养的高层次应用型专门人才（招生简章）	高层次应用型专门人才	具有创新精神和从事科学研究、教学、管理等工作能力的高层次学术型专门人才（招生简章）

续表

指标		全日制专业学位研究生	非全日制专业学位研究生	全日制学术学位研究生
培养模式	学制或学习年限、课程学习方式	采用全日制脱产学习方式,学习年限一般为2年	采取入校不离岗的形式,进行不脱产或半脱产学习。学习年限一般为3年,最长不超过5年	全日制脱产学习,学习年限一般为3年
	教学内容的要求	以工程硕士为例:厚基础理论、重实际应用、博前沿知识,着重突出专业实践类课程和工程实践类课程	课程内容体现厚基础理论、重实际应用、博前沿知识,着重突出专业实践类课程和工程实践类课程	体现学科特点,国家无具体要求
	论文课题来源的要求	来源于工程实际或具有明确的工程技术背景,可以是新技术、新工艺、新设备、新材料、新产品的研制与开发	来源于工程实际或具有明确的工程技术背景,可以是新技术、新工艺、新设备、新材料、新产品的研制与开发	参照《学位条例》要求,但国家无明确要求,学校一般掌握要求论文有理论价值或者实际价值即可
	对实习、实践的要求	实践要求上,工程硕士研究生在学期间,必须保证不少于半年的实践教学,应届本科毕业生的实践教学时间原则上不少于1年	在职工程硕士研究生在学期间,必须保证不少于半年的在校学习时间	国家无明确规定,但各校现逐步增加实习实践要求
学位标准	论文形式	学位论文选题应来源于应用课题或现实问题,必须要有明确的职业背景和应用价值。学位论文形式可以多种多样,可采用调研报告、应用基础研究、规划设计、产品开发、案例分析、项目管理、文学艺术作品等形式。学位论文须独立完成,要体现研究生综合运用科学理论、方法和技术解决实际问题的能力	学位论文形式可以多种多样,可采用调研报告、应用基础研究、规划设计、产品开发、案例分析、项目管理、文学艺术作品等形式。以是否解决实际问题为标准	学位论文形式以毕业论文或者设计为主
	在学期间取得科研成果的要求	无明确要求	一般不要求	一般要求在学期间发表论文,作为答辩资格或学位审查条件之一
奖助贷体系		有,并要求与全日制学术学位研究生一视同仁	无	有
就业指导与职业规划		有,并特别要求加强与相关行业企业的合作,通过校企合作办学、订单定向培养、鼓励企业参与教学等方式,着力建立培养与就业互相促进的长效机制	无	有
导师队伍建设		双导师制 双师型导师队伍	双导师制	校内导师
管理机制		要求建立专门的管理机构;分类管理、指导,制定单独的评价标准;招生结构调整、招生方式改革;加大投入,加强与行业、企业合作;建立健全专业学位教师的教学科研评价体系	无明确要求	比较成熟的管理机制

2011年1月，国务院学位委员会、教育部、人力资源和社会保障部联合发出通知，决定成立17个专业学位教指委，同时对11个专业学位教指委进行换届。

2011年2月，国务院学位委员会第二十八次会议审议通过《工程博士专业学位设置方案》，决定设置工程博士专业学位。同时，为适应我国经济社会发展对审计专门人才的迫切需求，应完善审计人才培养体系，创新审计人才培养模式，提高审计人才培养质量，会议审议通过《审计硕士专业学位设置方案》，决定设置审计硕士专业学位。

2011年3月，国务院学位委员会、教育部新修订并发布《学位授予和人才培养学科目录（2011年）》，包含了新增的"艺术学"门类在内共13个学科门类、110个一级学科，同时学科目录附有《专业学位授予和人才培养目录》。

2012年2月，国务院学位委员会第二十九次会议公布了《服务国家特殊需求博士人才培养项目名单》。

2013年7月，全国研究生教育工作会议暨国务院学位委员会第三十次会议审议通过了《关于开展博士、硕士学位授权学科和专业学位授权类别动态调整试点工作的意见》，建立了学位授权点"总量不变，有上有下"的动态调整制度，并于2014年启动了试点工作。

2013年8月印发的《教育部 国家发展改革委 财政部关于深化研究生教育改革的意见》提出，要"积极发展硕士专业学位研究生教育，稳步发展博士专业学位研究生教育，重视发展非全日制研究生教育"。

2014年5月印发的《国务院学位委员会关于下达2014年学位授权点专项评估结果及处理意见的通知》下达了2014年审核增列的硕士专业学位授权点及经动态调整撤销的硕士学位授权点名单，共新增1209个专业学位授权点，撤销136个专业学位授权点。

2014年6月，教育部等六部门联合印发《关于医教协同深化临床医学人才培养改革的意见》，提出积极推动临床医学专业学位研究生教育与相关产业融合。

2014年11月，全国研究生教育质量工作会议暨国务院学位委员会第三十一次会议召开，提出要加快推进研究生培养模式改革，质量保障体系逐步建立，全面提高研究生教育质量。会议审议《中医专业学位设置方案》《关于将"农业推广（暂用名）硕士"定名为"农业硕士"的报告》，讨论《关于加强专业学位研究生联合培养基地建设的意见》《关于加强专业学位研究生案例教学的意见》《关于加强学术学位研究生课程建设的意见》等文件。

2014年11月，由国务院学位委员会办公室、教育部、文化部主导，新闻与传播、旅游管理、体育、艺术等7个全国专业学位研究生教育指导委员会主办的"专业学位教育与文化产业发展对话"在北京大学举行，以此搭建沟通交流平台，加强专业学位研究生培养院校与文化行业、企业间合作，培养高层次、应用型文化行业专业人才。

2014年12月，《教育部关于改进和加强研究生课程建设的意见》印发。为了更好地发挥课程学习在研究生培养中的作用，提高研究生培养质量，该意见提出进一步明确加强研究生课程建设的重要意义和总体要求，强化研究生培养单位的课程建设责任，构建符合培养需要的课程体系，建立规范、严格的课程审查机制，加强研究生选课管理，改进研究生课程教学，完善课程考核制度，提高教师教学能力和水平，加强课程教学管理与监督，强化政策和条件保障的要求。

2015年1月，国务院学位委员会第三十一次会议审议决定，为服务我国中医药事业发展对中医专门人才的迫切需求，完善中医人才培养体系，创新中医人才培养模式，设置中医硕士和中医博士。

2015年4月，国务院学位委员会印发了修订后的《教育硕士专业学位设置方案（2015年修订）》。该方案将教育硕士的培养目标扩展到了中等职业技术教育教学及管理人员。

2015年6月，教育部学位管理与研究生教育司发出《关于开展深化专业学位研究生教育综合改革工作的通知》，决定在原有改革试点工作基础上，批准北京大学、广东省教育厅、工程教育指导委员会等共19个单位作为试点单位，开展深化专业学位研究生教育综合改革试点工作。

2015年11月印发的《国务院学位委员会关于开展博士、硕士学位授权学科和专业学位授权类别动态调整工作的通知》《博士、硕士学位授权学科和专业学位授权类别动态调整办法》，决定自2016年起，将博士、硕士学位授权学科和专业学位授权类别动态调整工作的实施范围扩大到全国。

2016年3月印发的《国务院教育督导委员会办公室关于开展专业学位水平评估试点工作的通知》，决定选取设置时间较早、社会关注度较高的法律、教育、临床医学（不含中医）、口腔医学、工商管理、公共管理、会计、艺术（音乐）8个专业类别进行试点，委托教育部学位与研究生教育发展中心负责具体实施。

为推进全日制和非全日制研究生教育协调发展，促进全日制和非全日制研究生教育规范管理，2016 年 9 月印发《教育部办公厅关于统筹全日制和非全日制研究生管理工作的通知》，准确界定全日制与非全日制研究生的概念，规定 2016 年 12 月 1 日后录取的研究生从培养方式上按全日制和非全日制形式区分。从 2017 年起，教育部会同国家发展改革委按全日制和非全日制两类分别编制和下达全国博士、硕士研究生招生计划。全日制和非全日制研究生考试招生依据国家统一要求，执行相同的政策和标准。研究生培养单位根据社会需求自主确定不同学科、类别研究生教育形式，根据培养要求分别制定培养方案，统筹全日制与非全日制研究生教育协调发展，坚持同一标准，保证同等质量。

2017 年 1 月，教育部、国务院学位委员会印发《学位与研究生教育发展"十三五"规划》，提出要保持研究生培养规模适度增长，专业学位硕士研究生招生占比达到 60% 左右，主动适应需求，动态调整优化结构。

2017 年 1 月，教育部联合财政部、国家发展改革委联合印发《统筹推进世界一流大学和一流学科建设实施办法（暂行）》，其中深化了产教融合培养人才的内涵，提出"面向国家重大战略需求，面向经济社会主战场，面向世界科技发展前沿，要求多主体协同创新，突出与产业发展、社会需求、科技前沿紧密衔接"。三部门于同年 9 月公布了世界一流大学和一流学科（简称"双一流"）建设高校及建设学科名单，其中一流大学建设高校 42 所，含 36 所 A 类高校和 6 所 B 类高校，一流学科建设高校共 95 所，同时该名单还列出 465 个"双一流"建设学科。

2017 年 10 月，党的十九大报告提出"产教融合，校企合作"，凸显产教融合人才培养的重要性。

2017 年 12 月印发的《国务院办公厅关于深化产教融合的若干意见》明确提出，"深化产教融合，促进教育链、人才链与产业链、创新链有机衔接，是当前推进人力资源供给侧结构性改革的迫切要求"。

2018 年 3 月印发的《国务院学位委员会、教育部关于对工程专业学位类别进行调整的通知》，决定对工程专业学位类别进行调整，由原来的 40 个工程领域调整为 8 个专业学位类别，从 2020 年起按调整后的专业学位类别进行招生。

2018 年 4 月，国务院学位委员会、教育部发布《学位授予和人才培养学科目录（2018 年 4 月更新）》，更新了具体学科门类下的对应学科，还公布了学位授权自主审核单位名单，允许北京大学、清华大学等 20 家单位开展学位授权自主审核工作。

随着中国特色社会主义进入新时代，专业学位研究生教育在这一阶段以发展全日制专业学位研究生教育为主，实现了规模快速增长和制度规范化发展。

（五）深化专业学位教育产教融合发展阶段（2019年至今）

我国专业学位研究生教育自1991年开展以来，历经近30年的发展，取得了巨大成就，2019年后专业学位研究生教育进入大发展时期。在新阶段，为加快推进教育现代化专业学位研究生教育不断探索完善产教融合的培养模式，深化内涵发展、分类发展，在适应经济社会发展需求、完善人才培养体系、服务教育强国战略等方面发挥着重要作用。

2019年2月，中共中央办公厅、国务院办公厅印发《加快推进教育现代化实施方案（2018—2022年）》，提出推进专业学位研究生教育现代化的重点任务为：推进高等教育内涵发展，完善产教融合的专业学位研究生培养模式、科教融合的学术学位研究生培养模式；深化重点领域教育综合改革，进一步推进学术学位与专业学位硕士研究生分类考试。

2020年2月，教育部公布硕士研究生扩招政策，2020年扩招硕士研究生18.9万人[①]。教育部下发通知，要求各部门切实做好2020年上半年毕业研究生学位授予相关工作，并根据教育部疫情防控工作安排，进行了具体部署。

2020年5月，国务院学位委员会下发《关于2020届临床医学、口腔医学、中医硕士专业学位研究生学位授予有关事项的通知》。由于受到新冠肺炎疫情影响，学位授予单位可不将"完成住院医师规范化培训并取得《住院医师规范化培训合格证书》"作为2020届临床医学、口腔医学、中医硕士专业学位研究生学位授予的必要条件。

2020年7月，国务院学位委员会办公室下发通知，进一步强调了学位授权点专项评估工作纪律。2020年学位授权点专项评估工作已委托学科评议组、专业学位教指委实施。

2020年7月，召开了新中国成立以来的首次全国研究生教育会议，这在我国研究生教育的发展历程中具有划时代的里程碑意义，标志着研究生教育迈入了一个新的发展时代，内涵发展、高质量发展成为研究生教育大国向强国转型的主旋律。党中央对研究生教育高度重视，习近平总书记就研究生教育工作作出重要指示，指出"中国特色社会主义进入新时代，即将在决胜全面建成小康社会、决战脱贫攻坚的基础上迈向建设社会主义现代化国家新征程，党和国家事业发展迫

---

① 硕士、"专升本"同步扩招51.1万人 第二学士学位扩招正在推进 扩招是"应时"，也为"谋远". http://www.moe.gov.cn/jyb_xwfb/s5147/202005/t20200525_458547.html.（2020-05-25）[2024-04-07].

切需要培养造就大批德才兼备的高层次人才"，同时强调"各级党委和政府要高度重视研究生教育，推动研究生教育适应党和国家事业发展需要，坚持'四为'方针，瞄准科技前沿和关键领域，深入推进学科专业调整，提升导师队伍水平，完善人才培养体系，加快培养国家急需的高层次人才，为坚持和发展中国特色社会主义、实现中华民族伟大复兴的中国梦作出贡献"[1]。李克强总理作出批示："改革开放以来，我国研究生教育实现了历史性跨越，培养了一批又一批优秀人才，为党和国家事业发展作出了突出贡献"，并提出"深化研究生培养模式改革，进一步优化考试招生制度、学科课程设置，促进科教融合和产教融合，加强国际合作，着力增强研究生实践能力、创新能力，为建设社会主义现代化强国提供更坚实的人才支撑。"[2]全国研究生教育会议还就研究生教育评价工作提出要求，要加强外部质量监督，严格规范管理，统筹运用学位授权点合格评估、质量专项检查、学位论文抽检等手段，强化对培养制度及其执行的评价诊断。

2020年9月印发的《教育部 国家发展改革委 财政部关于加快新时代研究生教育改革发展的意见》，明确了"立德树人、服务需求、提高质量、追求卓越"的工作主线，明确提出要大力发展专业学位研究生教育；到2025年，基本建成规模结构更加优化、体制机制更加完善、培养质量显著提升、服务需求贡献卓著、国际影响力不断扩大的高水平研究生教育体系。为了确保文件顺利落实，教育部提出"落实全国研究生教育会议精神 加快高层次人才培养十大专项行动"，重点推进四类工作：一是着眼服务经济社会发展需求，优化学科设置和人才培养的行动，包括学科专业建设改革行动、交叉学科高质量发展行动、产教融合建设行动；二是着眼于战略支撑和高端引领的相关行动，包括一流学科培优行动和关键领域核心技术高层次人才培养行动；三是着眼于夯实基础，培育核心竞争力的相关行动，包括基础学科深化建设行动和博士生教育提质行动；四是着眼于固本培元，深化研究生培养体系建设的相关行动，包括导师指导能力提升行动、课程教材建设质量提升行动和质量提升与管理行动。

2020年9月，国务院学位委员会、教育部印发《专业学位研究生教育发展方案（2020—2025年）》，指出发展专业学位是学位与研究生教育改革发展的战

---

[1] 习近平对研究生教育工作作出重要指示强调 适应党和国家事业发展需要 培养造就大批德才兼备的高层次人才 李克强作出批示. http://www.xinhuanet.com//politics/leaders/2020-07/29/c_1126301069.htm.（2020-07-29）[2024-03-07].

[2] 习近平对研究生教育工作作出重要指示强调 适应党和国家事业发展需要 培养造就大批德才兼备的高层次人才 李克强作出批示. http://www.xinhuanet.com//politics/leaders/2020-07/29/c_1126301069.htm.（2020-07-29）[2024-03-07].

略重点。明确提出专业学位研究生教育进入了新的发展阶段，发展目标是"到 2025 年，以国家重大战略、关键领域和社会重大需求为重点，增设一批硕士、博士专业学位类别，将硕士专业学位研究生招生规模扩大到硕士研究生招生总规模的三分之二左右，大幅增加博士专业学位研究生招生数量，进一步创新专业学位研究生培养模式，产教融合培养机制更加健全，专业学位与职业资格衔接更加紧密，发展机制和环境更加优化，教育质量水平显著提升，建成灵活规范、产教融合、优质高效、符合规律的专业学位研究生教育体系"。该方案还提出着力优化硕士专业学位研究生教育结构、加快发展博士专业学位研究生教育、大力提升专业学位研究生教育质量以及组织实施方面的改革要求。

2020 年 11 月，国务院学位委员会、教育部发文启动 2020—2025 年学位授权点周期性合格评估工作。周期性合格评估面向学术学位授权点和专业学位授权点，每 6 年进行一轮次，获得学位授权满 6 年的学位授权点和专项合格评估结果达到合格的学位授权点，均应当接受评估，本轮次参与评估的是 2013 年及以前获得授权的学位授权点、2013—2015 年专项合格评估结果合格的学位授权点。评估工作分为学位授予单位自评和教育行政部门抽评两个阶段，根据评估结果，国务院学位委员会将分别做出继续授权、限期整改或撤销学位授权的处理决定。

2020 年 11 月，国务院教育督导委员会办公室印发《全国专业学位水平评估实施方案》，决定全面启动全国专业学位水平评估工作，重点对金融、应用统计、税务、国际商务、保险、资产评估、审计、社会工作等 30 个专业学位类别开展评估，推动高校落实立德树人根本任务、产教融合和特色发展。本次评估打造"教学—学习—职业发展"三维评价体系，开放性"留白"，体现了对学生成长的重视。评估体系将评估中心直接采集的量化指标和参评点提供典型案例等文本和声誉调查相结合，使用不同的信息源可以较好展示专业学位研究生的个体质量和整体质量，通过在校生反馈满意度、毕业生反馈成长度、用人单位反馈匹配度，行业专家反馈声誉度。

2020 年 11 月，国务院学位委员会、教育部修订印发《学位授权点合格评估办法》，对学位授权点合格评估制度做出进一步规范和完善。

2020 年 12 月，教育部、财政部、国家发展改革委制定并印发《"双一流"建设成效评价办法（试行）》，提出了针对人才培养评价、教师队伍建设评价、科学研究评价、社会服务评价、文化传承创新评价和国际交流合作评价六个方面"双一流"建设评价的具体要求。该成效评价体系设置了整体发展水平、成长提升程度及可持续发展能力的评价角度，重视对成长性、特色性发展的评价，引导高校和学科关注长远发展。

2021年1月，中共中央、国务院印发《深化新时代教育评价改革总体方案》，要求强化过程评价，强调坚持把立德树人成效作为根本标准，健全学校内部质量保障制度。

2021年9月，中央人才工作会议召开，习近平总书记在会议上发表重要讲话，强调"坚持面向世界科技前沿、面向经济主战场、面向国家重大需求、面向人民生命健康，深入实施新时代人才强国战略，全方位培养、引进、用好人才，加快建设世界重要人才中心和创新高地"，"到2025年，全社会研发经费投入大幅增长，科技创新主力军队伍建设取得重要进展，顶尖科学家集聚水平明显提高，人才自主培养能力不断增强，在关键核心技术领域拥有一大批战略科技人才、一流科技领军人才和创新团队；到2030年，适应高质量发展的人才制度体系基本形成，创新人才自主培养能力显著提升，对世界优秀人才的吸引力明显增强，在主要科技领域有一批领跑者，在新兴前沿交叉领域有一批开拓者；到2035年，形成我国在诸多领域人才竞争比较优势，国家战略科技力量和高水平人才队伍位居世界前列"[①]。中央人才工作会议为专业学位研究生教育人才培养做出了重要的方向性指引。

2021年9月，中国专业学位案例建设专家咨询委员会秘书处公布《中国专业学位精品案例库建设方案》。中国专业学位精品案例库建设以"中国特色、示范引领、共建共享、公益开放"为原则，力争到2025年能够收录精品案例5000篇，在库案例编写、研究、使用、评价和推广水平显著提升，中外合作不断扩大，基本建成具有中国特色、国际影响的案例建设新模式、新品牌、新高地。

2021年12月，中央全面深化改革委员会第二十三次会议审议通过《关于深入推进世界一流大学和一流学科建设的若干意见》，就"十四五"时期深入推进"双一流"建设提出指导意见，着力解决"双一流"建设中仍然存在的高层次创新人才供给能力不足、服务国家战略需求不够精准、资源配置亟待优化等问题。突出培养一流人才、服务国家战略需求、争创世界一流的导向，深化体制机制改革，统筹推进、分类建设一流大学和一流学科。办好世界一流大学和一流学科，必须扎根中国大地，办出中国特色。

2022年2月，教育部、财政部、国家发展改革委公布《第二轮"双一流"建设高校及建设学科名单》，标志着新一轮"双一流"建设正式启动。

---

① 习近平出席中央人才工作会议并发表重要讲话. https://www.gov.cn/xinwen/2021-09/28/content_5639868.htm.（2021-09-28）[2024-03-24].

2022年6月，国务院学位委员会第三十七次会议审议通过《研究生教育学科专业目录（2022年）》和《研究生教育学科专业目录管理办法》，在2022年版目录共有14个门类，117个一级学科，博士专业学位类别36个，硕士专业学位类别31个。本次修订新增"交叉学科"门类，且所有门类下均设置了专业学位，新设了气象、文物、应用伦理、数字经济、知识产权、国际事务、密码、医学技术等一批博士或硕士专业学位类别，将法律、应用心理、出版、风景园林、公共卫生、会计、审计等一批专业学位类别调整到博士层次，在加强对弘扬中华优秀传统文化的专业支撑方面设置了音乐、舞蹈、戏剧与影视、戏曲与曲艺、美术与书法、设计等6个博士专业学位类别。总体而言，本次修订在统筹一级学科和专业学位类别设置方面取得了重要进展，强化了对学术型和应用型两类高层次人才培养的基础支撑，进一步夯实分类培养、分类发展，彰显了优先推进专业学位发展的战略导向，以支持行业产业实现更高质量发展的目标。

2022年9月，教育部、国资委联合召开卓越工程师培养工作推进会，清华大学、北京航空航天大学、北京理工大学、浙江大学、哈尔滨工业大学、上海交通大学、东南大学、华中科技大学、重庆大学、西北工业大学、中国航天科工集团有限公司、中国航空工业集团有限公司、中国船舶集团有限公司、中国兵器工业集团有限公司、中国电子科技集团有限公司、中国石油天然气集团有限公司、中国宝武钢铁集团有限公司、中国信息通信科技集团有限公司等18家首批国家卓越工程师学院建设单位联合发布了《卓越工程师培养北京宣言》。宣言倡议要始终坚持需求导向，服务世界重要人才中心和创新高地建设，培养造就党和国家事业发展需要的大批卓越工程师，在世界工程教育界响亮中国声音、贡献中国方案。

2022年10月，党的二十大报告提出，"一个国家的高等教育体系需要有一流大学群体的有力支撑，一流大学群体的水平和质量决定了高等教育体系的水平和质量"，"教育、科技、人才是全面建设社会主义现代化国家的基础性、战略性支撑"。在服务中国式现代化的进程中，专业学位研究生教育正在探索一条教育与科技、人才三位一体的中国高等教育高质量发展之路。

2023年9月，卓越工程师产教融合培养工作推进会在北京召开，会上成立了中国卓越工程师培养联合体，发布了卓越工程师培养核心课程、能力标准、工作指南，并就深化工程硕博士培养改革、构建卓越工程师产教融合培养体系进行了深入研讨。教育部部长怀进鹏强调，"要强化责任，不断完善中国特色卓越工程师培养标准体系。一是要不断完善招生工作标准……二是不断加强师资队伍建设……三是不断加强核心课程建设……四是不断深化评价制度改革……五是不断强化联合体建设……六是不断完善政策制度保障体系"[①]。

2023年11月印发的《教育部办公厅关于开展第二批国家卓越工程师学院建设工作的通知》中，北京科技大学、北京邮电大学、天津大学、大连理工大学、哈尔滨工程大学、同济大学、南京航空航天大学、南京理工大学、华南理工大学、电子科技大学、西安交通大学、西安电子科技大学、中国石油大学（北京）、南方科技大学等14所高校入选第二批国家卓越工程师学院建设高校名单。

2023年11月印发的《教育部关于深入推进学术学位与专业学位研究生教育分类发展的意见》，强调"坚持学术学位与专业学位研究生教育两种类型同等地位、同样重要"，进一步提出"以卓越工程师培养为牵引深化专业学位研究生教育改革。瞄准国家战略布局和急需领域，完善高校、科研机构工程专业学位硕士、博士学位授权点布局；创新高校与国家实验室、科研机构、科技企业、产业园区的联合培养机制，纳入符合条件的企业、国家实验室、科研机构、科技园区课程并认定学分，探索开展全日制专业学位研究生订单式培养、项目制培养；打造实践能力导向型的工程专业学位硕士、博士培养'样板间'，大力推动工程专业学位硕博士培养改革试点，全面推进卓越工程师培养改革。布局部分高校和中央企业共建一批'国家卓越工程师学院'，探索人才培养体系重构、流程再造、能力重塑、评价重建；依托学院、校企联合建设配套的工程师技术中心，打造类企业级别的仿真环境和工程技术实践平台；完善校企导师选聘、考核和激励机制，重构校企双导师队伍；强化突出实践能力培养的核心课程建设，推进工学交替培养机制，实施有组织的科研和人才培养，全面推动各专业学位结合自身特点深化改革创新"。

2024年4月，第十四届全国人民代表大会常务委员会第九次会议通过了《中华人民共和国学位法》，其中对专业学位的学位授予条件做了相应的规定："专业学位申请人应当具有承担专业实践工作的能力，专业学位申请人应当具有独立承担专业实践工作的能力，专业学位申请人应当在专业实践领域做出创新性成果。"学位法的颁布对专业学位的发展意义深远，不仅使得专业学位的地位和作用在法律层面得以确立，而且通过允许实践成果答辩、不将学位论文作为学位申请的必要条件等措施，在巩固专业学位教育经验和成果的基础上，推动了专业学位教育与经济社会发展的深度融合，引导其特色发展，为我国培养更多适应市场需求的高层次应用型专门人才、全面推进教育强国建设奠定了坚实的基础。

---

① 卓越工程师产教融合培养工作推进会召开. http://www.moe.gov.cn/jyb_xwfb/gzdt_gzdt/moe_1485/202309/t20230927_1083052.html.（2023-09-27）[2024-03-24].

二、专业学位研究生教育的结构

（一）规模结构

全国硕士研究生招生规模持续扩大，结构也呈现出多元化的趋势。从历年的招生数据看，全国硕士研究生招生人数呈现出稳步增长的态势，见表2-2。

从硕士研究生的招生规模来看，除2016年有明显降低外，其余年份硕士研究生招生数量呈现出增长的趋势。至2020年，全国硕士研究生招生总规模已经达到了99.1万人。同时，专业学位硕士研究生（以下简称"专业硕士"）在硕士研究生中占比越来越高，从2009年的190 941人增长到2020年的602 495人。从博士研究生的招生规模来看，博士研究生的招生人数呈现稳步增长趋势。至2020年，全国博士研究生招生数量已达116 047人。专业学位研究生的招生数量明显增长，且在专业学位博士研究生（以下简称"专业博士"）招生总人数也逐渐提升。

表2-2　2009—2020年研究生招生规模

年份	合计/人	硕士研究生/人	学术硕士/人	专业硕士/人	博士研究生/人	学术博士/人	专业博士/人	专业学位研究生占比/%
2009	642 988	580 997	390 056	190 941	61 991	—	—	—
2010	646 432	583 327	—	—	63 105	—	—	—
2011	671 066	605 578	336 868	268 710	65 488	64 044	1 444	40.3
2012	714 496	645 715	326 244	319 471	68 781	66 596	2 185	45.0
2013	737 225	666 805	318 427	348 378	70 420	68 709	1 711	47.5
2014	736 225	663 629	309 759	353 870	72 596	70 593	2 003	48.3
2015	764 490	690 101	381 329	308 772	74 389	72 464	1 925	40.6
2016	667 064	589 656	310 039	279 617	77 223	74 714	2 509	42.3
2017	806 103	722 225	320 121	402 104	83 878	81 178	2 700	50.2
2018	857 966	762 464	322 660	439 804	95 502	88 718	6 784	52.1
2019	916 503	811 334	337 061	474 273	105 169	94 783	10 386	52.9
2020	1 106 551	990 504	388 009	602 495	116 047	102 328	13 719	55.7

注：从表2-2开始及之后的表格，"—"均代表数据缺失。数据缺失的主要原因为资料来源中数据不全。
资料来源：根据《中国学位与研究生教育发展年度报告》（2009—2020）中提供的数据整理所得。

在校硕士人数呈明显增长趋势，且2014年以来在校专业硕士的数量逐渐增多，在校硕士中专业硕士的占比逐渐增高。2018年起，专业硕士在校人数开始高于学术硕士在校人数。2020年，专业硕博士在校生人数占在校全体硕博士人数的50.63%。虽然专业博士在校人数逐年增长，但专业学位博士研究生人数明显少于学术学位博士研究生，在校博士研究生总数中专业学位博士研究生占比非常低，见表2-3。

表 2-3　2009—2020 年在校研究生规模　　　　　　单位：人

年份	合计/人	硕士研究生/人	学术硕士/人	专业硕士/人	博士研究生/人	学术博士/人	专业博士/人	专业学位研究生占比/%
2009	1 404 179	1 161 183	—	—	242 996	—	—	—
2010	1 537 652	1 278 850	—	—	258 802	—	—	—
2011	1 644 991	1 373 936	—	—	271 055	—	—	—
2012	1 718 948	1 435 333	—	—	283 615	—	—	—
2013	1 792 788	1 494 960	—	—	297 828	—	—	—
2014	1 846 930	1 534 460	929 319	605 141	312 470	304 799	7 671	33.2
2015	1 910 707	1 584 196	918 741	665 455	326 511	318 977	7 534	35.2
2016	1 980 388	1 638 529	911 715	726 814	341 859	332 908	8 951	37.2
2017	2 175 675	1 813 678	926 455	887 223	361 997	352 437	9 560	45.4
2018	2 390 107	2 000 589	937 646	1 062 943	389 518	375 344	14 174	45.1
2019	2 863 712	2 439 530	965 526	1 474 004	424 182	401 425	22 757	52.3
2020	2 973 891	2 507 342	1 036 466	1 470 876	466 549	431 884	34 665	50.6

资料来源：根据《中国学位与研究生教育发展年度报告》(2009—2020)中提供的数据整理所得。

2009—2020 年，授予硕士学位研究生人数逐年递增，专业硕士授予学位人数明显增长。2016 年起，专业硕士授予学位人数开始多于学术硕士授予学位人数。与硕士授予学位情况相同，博士授予学位人数也呈现增长趋势，尤其 2012 年授予博士学位的人数明显多于 2011 年。被授予博士学位的研究生中，专业博士人数的占比较低。2020 年，专业硕博士授予学位人数占授予学位总数的 52.7%，见表 2-4。

表 2-4　2009—2020 年研究生授予学位规模　　　　　　单位：人

年份	合计/人	硕士研究生/人	学术硕士/人	专业硕士/人	博士研究生/人	学术博士/人	专业博士/人	专业学位研究生占比/%
2009	488 531	439 253	319 983	119 270	49 278	47 036	2 242	24.9
2010	508 949	458 214	334 712	123 502	50 735	48 414	2 321	24.7
2011	551 398	500 621	345 625	154 996	50 777	48 679	2 098	28.5
2012	621 549	565 211	367 165	198 046	56 338	53 011	3 327	32.4
2013	640 144	583 631	348 877	234 754	56 513	53 132	3 381	37.2
2014	666 225	609 522	330 430	279 092	56 703	52 995	3 708	42.5
2015	690 839	632 726	320 525	312 201	58 113	53 615	4 498	45.8
2016	702 754	643 105	312 044	331 061	59 649	54 397	5 252	47.9
2017	712 893	650 156	306 731	343 425	62 737	57 629	5 108	48.9
2018	731 328	665 949	304 042	361 907	65 379	59 947	5 432	50.2
2019	754 804	685 395	304 413	380 982	69 409	63 870	5 539	51.2
2020	801 932	729 676	312 272	417 404	72 256	66 661	5 595	52.7

资料来源：根据《中国学位与研究生教育发展年度报告》(2009—2020)中提供的数据整理所得。

（二）类别结构

在我国专业学位的类别结构部分，本节主要选取了法律、教育、工程、临床医学、工商管理、公共管理这几个更具有代表性的专业学位，工商管理与公共管理仅可授硕士专业学位。2009—2020年，所统计的几个类别的专业学位硕士招生人数基本呈现增长趋势（表2-5）。其中，2020年工商管理硕士与教育硕士招生数量较为占据优势，分别为49 359、43 949人。而对于专业博士而言，本身招生类别划分较少，临床医学博士招生数量更占据优势，2020年的招生人数为5235人（表2-6）。工程专业学位研究生招生规模在2020年的大幅减少，是由于国务院学位委员会、教育部对工程专业学位类别进行调整所致。

表2-5 2009—2020年我国分类别的专业硕士招生规模　　　　单位：人

年份	法律	教育	工程	临床医学	工商管理	公共管理
2009	18 877	16 820	90 033	4 681	26 066	10 484
2010	18 120	15 153	97 137	14 708	34 057	10 205
2011	16 802	16 613	112 551	18 682	35 731	13 369
2012	18 296	22 093	135 896	23 258	33 619	15 776
2013	18 356	21 620	150 112	25 272	35 527	17 878
2014	18 847	24 516	137 605	27 719	34 271	18 854
2015	17 828	22 141	143 224	32 583	33 426	18 518
2016	12 640	15 839	89 408	34 150	29 289	12 665
2017	—	—	—	—	—	—
2018	18 843	34 331	141 901	32 780	46 057	24 593
2019	20 453	35 440	155 890	33 647	45 517	23 567
2020	23 957	43 949	15 425	42 453	49 359	25 925

资料来源：根据《中国学位与研究生教育发展年度报告》（2009—2020）中提供的数据整理所得。

表2-6 2009—2020年我国分类别的专业博士招生规模　　　　单位：人

年份	教育	工程	临床医学
2009	—	—	—
2010	162	—	889
2011	158	—	1 204
2012	165	178	1 645
2013	160	178	1 278
2014	158	189	1 513
2015	140	217	1 433
2016	160	228	1 928
2017	—	—	—
2018	445	2 118	3 398
2019	639	4 226	4 232
2020	893	84	5 235

资料来源：根据《中国学位与研究生教育发展年度报告》（2009—2020）中提供的数据整理所得。

2009—2020年所统计的6个专业硕博士在校生人数整体呈现增长趋势，2020年的在校生人数有轻微的减少（表2-7）。2020年，专业硕士在校生人数中，工程专业的人数位居6个专业之首，有266 227人；法律的在校生人数最少，只有59 203人。与招生规模情况类似，专业博士在校生人数仍然是临床医学专业的最多（表2-8）。

表2-7　2009—2020年我国分类别的专业硕士在校生规模　　　单位：人

年份	法律	教育	工程	临床医学	工商管理	公共管理
2009	—	—	—	—	—	—
2010	27 627	11 377	57 410	31 546	63 681	3 523
2011	29 732	14 078	92 826	45 980	82 393	9 825
2012	30 265	19 321	131 559	57 692	92 152	17 739
2013	30 450	25 926	169 629	68 740	96 350	24 414
2014	30 617	28 259	198 347	75 801	96 050	29 612
2015	31 201	31 085	216 677	85 540	96 807	33 189
2016	32 758	35 398	234 577	93 693	97 297	37 074
2017	—	—	—	—	—	—
2018	46 334	69 362	344 815	90 761	127 279	63 155
2019	59 091	119 089	551 588	95 288	154 724	84 351
2020	59 203	111 016	266 227	106 540	148 468	81 513

资料来源：根据《中国学位与研究生教育发展年度报告》（2009—2020）中提供的数据整理所得。

表2-8　2009—2020年我国分类别的专业博士在校生规模　　　单位：人

年份	教育	工程	临床医学
2009	—	—	—
2010	146	—	3 841
2011	290	—	4 378
2012	475	198	4 465
2013	650	354	5 475
2014	756	585	5 905
2015	786	829	5 496
2016	888	1 041	6 506
2017	—	—	—
2018	1 315	3 295	7 965
2019	1 820	6 587	10 810
2020	2 582	6 309	14 853

资料来源：根据《中国学位与研究生教育发展年度报告》（2009—2020）中提供的数据整理所得。

2009—2020年，整体上专业硕士授予学位人数最多的是工程专业，2020年授予了 142 763 人此学位；授予学位人数最少的是公共管理专业（表 2-9），2020 年授予学位人数为 19 312 人。专业博士授予学位人数最多的专业依然是临床医学，2020 年授予学位人数为 4682 人（表 2-10）。

表 2-9　2009—2020 年我国分学科门类的专业硕士授予学位规模　　　单位：人

年份	法律	教育	工程	临床医学	工商管理	公共管理
2009	—	—	—	—	—	—
2010	10 361	9 479	44 896	15 542	23 468	8 181
2011	—	—	—	—	—	—
2012	17 493	15 877	74 865	20 717	33 081	8 775
2013	17 540	15 576	87 788	22 589	36 758	10 717
2014	16 374	17 941	109 568	26 589	37 237	11 671
2015	16 558	21 119	129 478	28 397	36 984	12 731
2016	16 558	21 119	—	28 397	36 984	12 731
2017	16 960	26 473	134 643	30 204	34 895	14 994
2018	17 484	30 135	135 462	30 147	36 121	15 773
2019	17 400	32 678	136 030	27 320	38 662	15 897
2020	19 752	34 803	142 763	29 755	42 187	19 312

资料来源：根据《中国学位与研究生教育发展年度报告》（2009—2020）中提供的数据整理所得。

表 2-10　2009—2020 年我国分学科门类的专业博士授予学位规模　　　单位：人

年份	教育	工程	临床医学
2009	—	—	—
2010	—	—	2 173
2011	—	—	—
2012	—	—	3 103
2013	2	—	3 197
2014	30	—	3 460
2015	71	5	4 198
2016	71	—	4 198
2017	85	52	4 600
2018	82	86	4 958
2019	104	99	4 804
2020	122	129	4 682

资料来源：根据《中国学位与研究生教育发展年度报告》（2009—2020）中提供的数据整理所得。

截至 2018 年，针对行业需求共设置了 47 个专业学位类别，共有硕士专业学位授权点 5912 个，博士专业学位授权点 270 个，基本覆盖了我国主要行业产业，部分专业学位类别实现了与职业资格的紧密衔接。2022 年，我国专业研究生教育体系不断完善，结构布局不断优化，在学科专业目录中，14个学科门类下涵盖了67个专业学位类别。

与此前相比，调整过后的研究生教育学科专业目录的专业学位硕士授予类别在哲学门类下新增了应用伦理，在经济学门类下新增了数字经济，在法学门类下新增了知识产权、国际事务，在理学门类下新增了气象，在工学门类下新增了风景园林，在农学门类下新增了食品与营养，在医学门类下新增了医学技术、针灸，在军事学门类下新增了联合作战指挥、军兵种作战指挥、作战指挥保障、战时政治工作、后勤与装备保障、军事训练与管理，在管理学门类下新增了审计，在艺术学门类下新增了音乐、舞蹈、戏剧与影视、戏曲与曲艺、美术与书法、设计，在交叉学科门类下新增了文物、密码（表2-11）。专业学位博士授予类别则在法学门类下新增了法律、社会工作，在理学门类下新增了气象，在工学门类下新增了风景园林，在农学门类下新增了农业、林业，在医学门类下新增了医学技术，在管理学门类下新增了会计，在艺术学门类下新增了音乐、舞蹈、戏剧与影视、戏曲与曲艺、美术与书法、设计，在交叉学科门类下新增了文物。

表2-11　2022年新增加的研究生教育专业学位授予类别

学科门类	研究生教育专业学位类别
哲学	应用伦理*
经济学	金融*、应用统计*、税务*、国际商务*、保险*、资产评估*、数字经济*
法学	法律、社会工作、警务*、知识产权*、国际事务*
教育学	教育、体育、国际中文教育、应用心理
文学	翻译、新闻与传播*、出版
历史学	博物馆*
理学	气象
工学	建筑*、城乡规划*、电子信息、机械、材料与化工、资源与环境、能源动力、土木水利、生物与医药、交通运输、风景园林
农学	农业、兽医、林业、食品与营养*
医学	临床医学、口腔医学、公共卫生、护理*、药学、中医、中药*、医学技术、针灸*
军事学	联合作战指挥*、军兵种作战指挥*、作战指挥保障*、战时政治工作*、后勤与装备保障*、军事训练与管理*
管理学	工商管理*、公共管理*、会计、旅游管理*、图书情报*、工程管理*、审计
艺术学	音乐、舞蹈、戏剧与影视、戏曲与曲艺、美术与书法、设计
交叉学科	文物、密码*

注：名称后加"*"的仅可授硕士专业学位，其他可授硕士、博士专业学位。与2018年相比新增的专业学位授予类别：应用伦理、数字经济、知识产权、国际事务、气象、食品与营养、医学技术、针灸、联合作战指挥、军兵种作战指挥、作战指挥保障、战时政治工作、后勤与装备保障、军事训练与管理、审计、音乐、舞蹈、戏剧与影视、戏曲与曲艺、美术与书法、设计、文物、密码；与2018年相比删去的专业学位类别：文物与博物馆、军事、艺术。

（三）层次结构

专业硕博士占总体的比例以及专业硕博比与博士比在一定程度上反映了我国专业学位结构的现状与特点。2009—2020 年，我国专业硕博士的招生占比大体呈现逐年上涨趋势（表2-12）。从 2017 年开始，专业硕士招生占比超过了 50%（55.7%），在 2020 年专业硕士招生占比超过了 60%（60.8%）。2018 年，专业博士招生占比明显提高，且势头良好。在此期间，专业硕博比不断缩小且博士比逐年增加（表2-13），侧面反映了专业博士的发展愈加受到重视，专业学位研究生教育逐步协调发展。

表 2-12　2009—2020 年研究生招生总体层次结构情况

年份	硕士研究生/人	学术硕士/人	专业硕士/人	专业硕士占比/%	博士研究生/人	学术博士/人	专业博士/人	专业博士占比/%
2009	580 997	390 056	190 941	32.9	61 991	—	—	—
2010	583 327	—	—	—	63 105	—	—	—
2011	605 578	336 868	268 710	44.4	65 488	64 044	1 444	2.2
2012	645 715	326 244	319 471	49.5	68 781	66 596	2 185	3.2
2013	666 805	318 427	348 378	52.3	70 420	68 709	1 711	2.4
2014	663 629	309 759	353 870	53.3	72 596	70 593	2 003	2.8
2015	690 101	381 329	308 772	44.7	74 389	72 464	1 925	2.6
2016	589 656	310 039	279 617	47.4	77 223	74 714	2 509	3.3
2017	722 225	320 121	402 104	55.7	83 878	81 178	2 700	3.2
2018	762 464	322 660	439 804	57.7	95 502	88 718	6 784	7.1
2019	811 334	337 061	474 273	58.5	105 169	94 783	10 386	9.9
2020	990 504	388 009	602 495	60.8	116 047	102 328	13 719	11.8

资料来源：根据《中国学位与研究生教育发展年度报告》（2009—2020）中提供的数据整理所得。

表 2-13　2009—2020 年专业学位研究生招生层次结构情况

年份	合计/人	专业硕士/人	专业博士/人	硕博比/%	专业博士占比/%
2009	190 941	190 941	—	—	—
2010	—	—	—	—	—
2011	270 154	268 710	1 444	18 608.7	0.5
2012	321 656	319 471	2 185	14 621.1	0.7
2013	350 089	348 378	1 711	20 361.1	0.5
2014	355 873	353 870	2 003	17 667.0	0.6
2015	310 697	308 772	1 925	16 040.1	0.6

续表

年份	合计/人	专业硕士/人	专业博士/人	硕博比/%	专业博士占比/%
2016	282 126	279 617	2 509	11 144.6	0.9
2017	404 804	402 104	2 700	14 892.7	0.7
2018	446 588	439 804	6 784	6 483.0	1.5
2019	484 659	474 273	10 386	4 566.5	2.1
2020	616 214	602 495	13 719	4 391.7	2.2

资料来源：根据《中国学位与研究生教育发展年度报告》（2009—2020）中提供的数据整理所得。

与专业硕博士招生比例变化趋势相同，2009—2020年，我国专业学位硕博士招生人数占总体硕博士的比例整体呈现逐年上涨的趋势（表2-14）。专业硕博士在校生人数差距进一步缩小，结构不断优化（表2-15）。根据《中国学位与研究生教育发展年度报告（2020）》显示，截至2020年底，专业学位硕士在校生共计1 470 876人，专业学位博士在校生共计34 665人，分别占硕士、博士总在校生的58.7%和7.4%。

表2-14　2009—2020年研究生在校生总体层次结构情况

年份	硕士研究生/人	学术硕士/人	专业硕士/人	专业硕士占比/%	博士研究生/人	学术博士/人	专业博士/人	专业博士占比/%
2009	1 161 183	—	—		242 996	—	—	
2010	1 278 850	—	—		258 802	—	—	
2011	1 373 936	—	—		271 055	—	—	
2012	1 435 333	—	—		283 615	—	—	
2013	1 494 960	—	—		297 828	—	—	
2014	1 534 460	929 319	605 141	—	312 470	304 799	7 671	2.5
2015	1 584 196	918 741	665 455	42.0	326 511	318 977	7 534	2.3
2016	1 638 529	911 715	726 814	44.4	341 859	332 908	8 951	2.6
2017	1 813 678	926 455	887 223	48.9	361 997	352 437	9 560	2.6
2018	2 000 589	937 646	1 062 943	53.1	389 518	375 344	14 174	3.6
2019	2 439 530	965 526	1 474 004	60.4	424 182	401 425	22 757	5.4
2020	2 507 342	1 036 466	1 470 876	58.7	466 549	431 884	34 665	7.4

资料来源：根据《中国学位与研究生教育发展年度报告》（2009—2020）中提供的数据整理所得。

表2-15　2009—2020年专业学位研究生在校生层次结构情况

年份	合计/人	专业硕士/人	专业博士/人	硕博比/%	专业博士占比/%
2009	—				
2010	—				

续表

年份	合计/人	专业硕士/人	专业博士/人	硕博比/%	专业博士占比/%
2011	—	—	—	—	—
2012	—	—	—	—	—
2013	—	—	—	—	—
2014	612 812	605 141	7 671	7 888.7	1.3
2015	672 989	665 455	7 534	8 832.7	1.1
2016	735 765	726 814	8 951	8 119.9	1.2
2017	896 783	887 223	9 560	9 280.6	1.1
2018	1 077 117	1 062 943	14 174	7 499.2	1.4
2019	1 496 761	1 474 004	22 757	6 477.1	1.5
2020	1 505 541	1 470 876	34 665	4 243.1	2.3

资料来源：根据《中国学位与研究生教育发展年度报告》（2009—2020）中提供的数据整理所得。

2009—2020年，专业硕士学位授予占比表现出较为平稳的增长趋势。2020年，全国授予硕士学位729 676人，授予博士学位72 256人。在硕士学位中，授予专业学位417 404人，专业学位占比为57.2%。专业博士学位授予占比变化较为平缓，整体表现为稳中有进（表2-16）。专业学位授予硕博比及博士比并没有呈现明显的规律增长变化（表2-17），一部分原因可能是专业博士的培养周期相对较长，且要求严格。博士教育注重培养学生的科研能力和创新精神，这需要长时间的积累和实践。

表2-16　2009—2020年研究生学位授予总体层次结构情况

年份	硕士研究生/人	学术硕士/人	专业硕士/人	博士研究生/人	学术博士/人	专业博士/人	专业硕士占比/%	专业博士占比/%
2009	439 253	319 983	119 270	49 278	47 036	2 242	27.2	4.5
2010	458 214	334 712	123 502	50 735	48 414	2 321	27.0	4.6
2011	500 621	345 625	154 996	50 777	48 679	2 098	31.0	4.1
2012	565 211	367 165	198 046	56 338	53 011	3 327	35.0	5.9
2013	583 631	348 877	234 754	56 513	53 132	3 381	40.2	6.0
2014	609 522	330 430	279 092	56 703	52 995	3 708	45.8	6.5
2015	632 726	320 525	312 201	58 113	53 615	4 498	49.3	7.7
2016	643 105	312 044	331 061	59 649	54 397	5 252	51.5	8.8
2017	650 156	306 731	343 425	62 737	57 629	5 108	52.8	8.1
2018	665 949	304 042	361 907	65 379	59 947	5 432	54.3	8.3
2019	685 395	304 413	380 982	69 409	63 870	5 539	55.6	8.0
2020	729 676	312 272	417 404	72 256	66 661	5 595	57.2	7.7

资料来源：根据《中国学位与研究生教育发展年度报告》（2009—2020）中提供的数据整理所得。

表 2-17　2009—2020 年研究生专业学位授予层次结构情况

年份	合计/人	专业硕士/人	专业博士/人	硕博比/%	专业博士占比/%
2009	121 512	119 270	2 242	5 319.8	1.8
2010	125 823	123 502	2 321	5 321.1	1.8
2011	157 094	154 996	2 098	7 387.8	1.3
2012	201 373	198 046	3 327	5 952.7	1.7
2013	238 135	234 754	3 381	6 943.3	1.4
2014	282 800	279 092	3 708	7 526.8	1.3
2015	316 699	312 201	4 498	6 940.9	1.4
2016	336 313	331 061	5 252	6 303.5	1.6
2017	348 533	343 425	5 108	6 723.3	1.5
2018	367 339	361 907	5 432	6 662.5	1.5
2019	386 521	380 982	5 539	6 878.2	1.4
2020	422 999	417 404	5 595	7 460.3	1.3

资料来源：根据《中国学位与研究生教育发展年度报告》（2009—2020）中提供的数据整理所得。

（四）区域结构

以北京、天津和河北为例，对 2009—2020 年专业硕博士招生、在校和被授予学位人数规模进行统计，分析专业硕博士区域结构。2009—2020 年，北京、天津和河北招收专业硕士招生人数如表 2-18 所示。从总体趋势来看，北京、天津和河北在此期间专业硕士招生人数均呈现上升趋势。其中，北京从 2009 年的 27 206 人增长到 2020 年的 65 287 人，招生人数大于天津和河北两地。天津和河北两地也呈现稳步增长趋势，且两地招生人数差异相对较小。

表 2-18　2009—2020 年京津冀专业硕士招生人数　　　　单位：人

年份	北京	天津	河北
2009	27 206	6 088	4 629
2010	31 044	6 636	6 567
2011	—	—	—
2012	—	—	—
2013	44 131	9 748	9 275
2014	44 629	10 308	9 245
2015	35 320	7 402	6 477
2016	37 589	7 942	7 045
2017	51 156	12 006	9 323

续表

年份	北京	天津	河北
2018	54 195	13 120	10 418
2019	58 839	13 054	11 592
2020	65 287	14 672	15 104

资料来源：根据《中国学位与研究生教育发展年度报告》（2009—2020）中提供的数据整理所得。

2009—2020年，北京、天津和河北专业博士招生人数如表2-19所示。北京的专业博士招生人数呈现显著增长趋势，从2010年的140人增长到2020年的2184人，增长了14.6倍。这表明北京在吸引和培养高层次专业人才方面取得了显著成果，也反映了北京作为首都和全国重要科研中心的地位。天津的专业博士招生人数也呈现出增长趋势，但增长速度相对较慢。其中，2017年的招生人数出现下降。河北的专业博士招生人数相对较少，且数据在某些年份存在缺失。但对比2010年与2020年的数据，不难发现河北省专业博士招生人数呈现缓慢增长趋势。

表2-19　2009—2020年京津冀专业博士招生人数　　　单位：人

年份	北京	天津	河北
2009	—	—	—
2010	140	43	45
2011	357	34	—
2012	478	75	—
2013	409	62	—
2014	633	58	—
2015	628	39	—
2016	840	44	3
2017	917	40	10
2018	1 336	134	71
2019	1 774	387	111
2020	2 184	554	146

资料来源：根据《中国学位与研究生教育发展年度报告》（2009—2020）中提供的数据整理所得。

2009—2020年北京、天津和河北专业硕士在校人数如表2-20所示。北京的专业硕士在校人数在这十二年间呈现明显的增长趋势。从2010年的32 675人增长到2020年的162 018人，增长幅度巨大。天津的专业硕士在校人数也呈现稳步增长的态势。河北的专业硕士在校人数同样呈现增长趋势，但比北京和天津的增长幅度小。2020年，河北与天津的专业硕士在校人数十分接近。

表 2-20　2009—2020 年京津冀专业硕士在校人数　　单位：人

年份	北京	天津	河北
2009	—	—	—
2010	32 675	5 663	3 068
2011	—	—	—
2012	—	—	—
2013	—	—	—
2014	80 449	17 667	13 453
2015	88 201	19 551	15 435
2016	—	—	—
2017	111 553	25 590	21 455
2018	129 473	31 350	25 305
2019	168 419	41 464	32 965
2020	162 018	38 578	36 072

资料来源：根据《中国学位与研究生教育发展年度报告》（2009—2020）中提供的数据整理所得。

表 2-21 展示了 2009—2020 年北京、天津和河北的专业博士在校人数的变化。与专业硕士在校人数的变化趋势相似，京津冀均呈现增长趋势。与天津相比河北的基数较小，但在 2018—2020 年，河北专业博士在校人数增长速度有所加快。

表 2-21　2009—2020 年京津冀专业博士在校人数　　单位：人

年份	北京	天津	河北
2009	—	—	—
2010	1 526	43	—
2011	1 456	103	—
2012	1 620	125	—
2013	1 780	151	—
2014	2 185	174	—
2015	2 275	163	—
2016	2 776	156	3
2017	2 985	161	15
2018	3 541	278	86
2019	4 700	629	192
2020	5 785	1 166	330

资料来源：根据《中国学位与研究生教育发展年度报告》（2009—2020）中提供的数据整理所得。

表 2-22 展示了 2009—2020 年北京、天津和河北硕士学位授予人数，虽然有部分数据缺失，但是对比 2009 年和 2020 年硕士学位授予人数，不难发现北京、天津和河北三个地区的硕士学位授予人数都呈现增长趋势。

表 2-22　2009—2020 年京津冀硕士学位授予人数　　　　　　　单位：人

年份	北京	天津	河北
2009	66 397	12 448	10 808
2010	70 147	13 330	12 255
2011	70 656	12 708	13 265
2012	—	—	—
2013	—	—	—
2014	—	—	—
2015	—	—	—
2016	—	—	—
2017	96 867	19 204	16 397
2018	97 346	19 593	16 839
2019	99 058	20 138	16 703
2020	100 181	22 498	17 678

资料来源：根据《中国学位与研究生教育发展年度报告》（2009—2020）中提供的数据整理所得。

最后是 2009—2020 年北京、天津和河北博士学位授予人数。北京的博士学位授予人数从 2009 年的 15 475 人增长到 2020 年的 20 133 人，增长了近 1/3。这表明北京在培养高层次人才方面取得了显著成效。天津的博士学位授予人数也呈现稳定的增长趋势，从 2009 年的 1 678 人增长到 2020 年的 2 234 人。虽然与北京对比，其增长幅度较小，但考虑到天津的教育资源和科研基础，这一增长趋势仍然是乐观的。河北的博士学位授予人数在整体上也呈现增长趋势，但与北京和天津相比，其增幅较小，增速较慢（表 2-23）。

表 2-23　2009—2020 年京津冀博士学位授予人数　　　　　　　单位：人

年份	北京	天津	河北
2009	15 475	1 678	458
2010	16 062	1 715	510
2011	16 243	1 823	398
2012	—	—	—
2013	—	—	—
2014	—	—	—
2015	—	—	—
2016	—	—	—

续表

年份	北京	天津	河北
2017	18 865	1 868	485
2018	19 453	1 896	47
2019	20 077	1 921	531
2020	20 133	2 234	563

资料来源：根据《中国学位与研究生教育发展年度报告》(2009—2020)中提供的数据整理所得。

三、专业学位与职业资格认证现状

（一）专业学位与职业资格认证的基本情况

专业学位作为一种针对社会特定职业领域需要的学位类型，具有"职业性与学术性相统一"的特点，也就是说，专业学位所面对的职业应当具有较强的行业或职业背景，有较为严格的从业标准，有明确的行业面向和职业岗位导向。例如，按照《国民经济行业分类》(GB/T 4754—2017)，在第一产业（农业）中，采矿业对应资源与环境硕（博）士。在第二产业（工业）中，制造业对应电子信息、机械、材料与化工、能源动力和生物与医药硕（博）士；电力、热力、燃气及水生产和供应业对应能源动力硕（博）士；建筑业对应建筑学学（硕）士；土木工程建筑业对应土木水利硕（博）士。

此外，在第三产业（服务业）中，农、林、牧、渔专业及辅助性活动对应农业硕（博）士和林业硕（博）士；交通运输、仓储和邮政业对应交通运输硕（博）士；软件和信息技术服务业对应电子信息硕（博）士；金融业对应金融硕士、应用统计硕士和审计硕（博）士；保险业对应保险硕士；房地产业对应资产评估硕士；商务服务业对应法律硕（博）士、翻译硕士、税务硕士、国际商务硕士、会计硕（博）士、旅游管理硕士和数字经济硕士；专业技术服务业对应资产评估硕士、城市规划硕士、兽医硕（博）士、工程管理硕士和知识产权硕士；生态保护和环境治理业对应资源与环境硕（博）士；公共设施管理业对应风景园林硕（博）士；土地管理业对应资产评估硕士；教育行业对应教育硕（博）士、汉语国际教育硕士和应用心理硕士；卫生行业对应临床医学硕（博）士、口腔医学硕（博）士、公共卫生硕士、护理硕士、药学硕士、中药学硕士、中医硕（博）士、医学技术硕士和针灸硕士；社会工作行业对应社会工作硕（博）士；新闻和出版业对应新闻与传播硕士和出版硕士；广播、电视、电影和录音制作业对应新闻与传播硕士；艺术行业对应音乐、舞蹈、戏剧与影视、戏曲与曲艺、美术与书法以及设计硕（博）士。为此，依据专业学位培养方案设置，将各专业硕士学位类别与其对应的职业领域及职业资格证书进行了比较，结果见表2-24。

表2-24　专业学位资格认证现状

序号	专业代码	获批年份	专业硕士学位类别	职业领域	对应的职业资格证书（举例）
1	0151	2022	应用伦理 Applied Ethics	主要致力于培养从事应用伦理研究的科研技术人员和职业伦理从业者，侧重培养新兴科技、医疗卫生、生态环境和企业管理等领域的高层次人才。服务领域主要有企业、医院、政府机关、高校、研究与开发机构、咨询机构、教育机构和社会组织等	未查询到
2	0251	2010	金融 Finance	金融行业，如银行、证券、基金、信托、期货、投资公司等，以及政府的金融管理部门、企业财务管理和资金运营部门等	水平类：银行业专业人员职业资格、证券期货业从业人员资格
3	0252	2010	应用统计 Applied Statistics	面向政府、企业、事业单位，在科学研究、经济、管理等部门，以及在自然科学、人文社会科学、工程技术、医学等行业从事统计和大数据应用研究和数据分析工作。相关的专门职业如经济师、统计师、数据工程师、数据分析师、数据科学家等，涉及的行业包括农业、制造业、建筑业、交通运输业、仓储和邮政业、金融业、信息传输、软件和信息技术服务业、教育、公共管理、社会保障、科学研究和技术服务业、租赁和商务服务业、房地产业、公共卫生等	水平类：统计专业技术资格
4	0253	2010	税务 Taxation	主要面向四个领域的市场需求，即税务、海关、司法等国家机关，企业事业单位，会计师事务所、税务师事务所、律师事务所等涉税专业服务社会组织以及国际组织，致力于培养胜任税务相关岗位所需的专业知识与技能的高层次、应用型、复合型、国际化税务专门人才	水平类：注册税务师
5	0254	2010	国际商务 International Business	从事传统的货物与服务贸易企业，从事新兴制造业、现代服务业、跨国直接投资和外包的企业，以及政府管理部门、行业协会、贸易与投资促进机构、教育科研机构、国际组织等	电子商务师、国际商务师
6	0255	2010	保险 Insurance	保险业所涵盖的各类机构，社会保险组织和相关机构，商业银行与相关金融机构的风险管理、财富管理与私人理财业务，涉及风险管理规划的各类政府、事业、文教机构和商业、外贸与大型企业集团，需要开展风险管理与保险市场研究的各类组织与机构	中国寿险管理师、中国寿险理财规划师、注册企业风险管理师、员工福利规划师、ANZIIF会员资格证书、CII会员资格证书、保险精算师FIA、北美精算师FSA
7	0256	2010	资产评估 Valuation	面向资产评估行业，人才的服务领域主要包括企业价值评估、房地产评估、机器设备评估、无形资产评估、资源资产评估、珠宝首饰评估、以财务报告为目的的评估、税基评估和其他经济权益的评估，以及与价值估算相关的业务	准入类：房地产估价师；水平类：资产评估师、土地登记代理专业人员职业资格、房地产经纪专业人员职业资格

续表

序号	专业代码	获批年份	专业硕士学位类别	职业领域	对应的职业资格证书（举例）
8	0258	2022	数字经济 Digital Economy	主要培养具有深厚经济学基础和熟练数字技能的数据分析与决策人才，以及产业数字化人才，帮助企事业单位更好完成数字化转型，提升管理运营效率	未查询到
9	0351	1995	法律 Law	主要面向司法机关、行政机关、市场主体以及律师事务所、公证机构、仲裁机构等法律服务机构，培养立法、司法、行政执法和法律服务以及各行业领域德才兼备的高层次的复合型、专门型、应用型法治人才	准入类：法律职业资格
10	0352	2009	社会工作 Social Work	培养能够从事社会工作领域专业服务、管理、教育和科研的高级应用型专门人才。培养方向包括：社会福利、社会政策、社会救助、公益和慈善事业、乡村振兴等	水平类：社会工作者职业资格
11	0353	2010	警务 Policing	主要面向全国公安机关、国家移民管理机构和特定行业部门培养高层次、应用型警务人才	司法警务师
12	0354	2022	知识产权 Intellectual Property	在行政机关、司法机关、咨询服务机构、律师事务所、知识产权代理机构及其他企事业单位从事知识产权行政管理、知识产权司法审判、知识产权法律服务和企业知识产权管理工作	未查询到
13	0355	2022	国际事务 International Affairs	主要职业行业包括：外交外事工作(含政党外交)、对外宣传工作、国际发展与经贸合作、国际公务员等	未查询到
14	0451	1996	教育 Education	基础教育学中等职业技术学校专任教师和管理人员	准入类：教师资格
15	0452	2005	体育 Sport	大中小学、运动队、体育场馆、健身场所、体育科研单位、康复医疗机构、政府体育行政部门等体育教学、运动训练、竞赛组织与管理、健身指导及运动伤害防护与康复等相关工作	体育国家职业资格证书、裁判证
16	0453	2007	国际中文教育 International Chinese Language Eucation	海外母语非汉语者的汉语教学工作	国际汉语教师证书
17	0454	2010	应用心理 Applied Psychology	人机交互、市场营销、心理测评、员工帮扶、消费者研究以及相关领域的咨询人员、技术专家或自由顾问，具有心理咨询师或心理治疗师技能的人员可就职于医疗卫生、教育、社会养老、康复等与心理健康维护与促进相关的岗位，还可参与心理工具的开发与施测等	心理咨询师
18	0551	2007	翻译 Translation and Interpreting	笔译方向毕业生为政府部门和企事业单位提供文本翻译、宣传材料翻译、学术著作翻译及其他语言文字工作，在新闻、出版、传媒等机构从事资料翻译和审校等工作；口译方向毕业生在外事外交活动、各类国际会议、展会等国际交流合作活动中从事口译工作	水平类：翻译（口译或笔译）专业资格
19	0552	2010	新闻与传播 Journalism and Communication	媒体行业；新闻出版、广播电视以及其他政府宣传部门；面向各类企业组织的宣传、广告、营销、公关、咨询等业务的新媒体产业	准入类：广播电视播音员、主持人资格、新闻记者职业资格

续表

序号	专业代码	获批年份	专业硕士学位类别	职业领域	对应的职业资格证书（举例）
20	0553	2010	出版 Publishing	就业岗位的核心领域包括图书出版、报刊出版、音像与电子出版物出版、数字出版、其他出版新业态等，涉及出版物的编辑加工、印刷复制、发行营销、进口出口、运营管理等岗位。非核心领域包括大型企业、社会组织等，涉及编辑策划、新媒体运营、行业管理等多个岗位	水平类：出版专业技术人员职业资格
21	0651	2022	博物馆 Museum	国家文物事业管理局主管的文物和博物馆。服务领域包括各类博物馆、纪念馆、美术馆、科技馆、展览展示馆，各级政府文物行政管理机构、文物保护单位管理机构、文博考古科学院所、古建筑科研院所、展示设计制作公司，各类新闻媒体、文物书刊音像出版机构、文物系统社团组织、文物商店、文物拍卖机构等	水平类：文物保护工程从业资格
22	0751	2022	气象 Meteorology	面向我国气象高质量发展，服务国家"双碳"计划、全球气候变化应对、生态文明建设、气象防灾减灾、人民生命健康、"一带一路"倡议、军民融合与国防安全等国家重大战略，在气象探测、气象信息与大数据、气象模式与预报预测、气象服务与应用、人工影响天气技术与工程、气象灾害与风险管理、气候变化应对技术与工程等领域	未查询到
23	0851	1992	建筑学 Architecture	主要职业面向包括建筑设计行业、建筑施工行业、房地产业、城乡规划建设与管理领域等，主要从事建筑设计师、城市设计师、城乡规划师、室内设计师以及建筑设计企业、建筑施工企业、房地产开发企业、工程建设咨询机构、行业行政管理部门的专业技术管理工作，以及建筑类教学科研单位的专业教学与科研工作	准入类：注册建筑师、监理工程师、建造师
24	0853	2011	城乡规划 Urban and Rural Planning	主要为国土空间规划设计、规划实施管理、城乡和区域治理、城市发展与建设管理等政府管理部门、院校和企事业单位，建筑设计、房地产开发和研究等机构培养具有综合职业技能的城乡规划应用型高层次专业人才	准入类：注册城市规划师
25	0854	2022	电子信息 Electronic and Information Engineering	主要包括广播电视设备、通信导航设备、雷达设备、电子计算机、电子元器件、电子仪器仪表、家用电器和其他电子专用设备等的制造、服务及应用软件的开发等行业产业	计算机技术与软件（初级、中级、高级）
26	0855	1997	机械 Mechanical Engineering	主要面向产品、工艺、装备及制造系统的设计行业，基于各种科学原理的制造工艺行业，支持不同制造工艺及满足专门需求的装备及其自动化行业；保证工艺实施及装备运行的控制行业，保证或改善工艺、产品及装备品质的检测、试验、诊断及质量控制行业，支持工艺过程、制造系统或制造企业的信息获取的管理行业，保证工艺装备的安装、维护、保养的综合运用行业等	准入类：注册机械工程师

续表

序号	专业代码	获批年份	专业硕士学位类别	职业领域	对应的职业资格证书（举例）
27	0856	2022	材料与化工 Materials and Chemical Engineering	主要服务于材料工业、化学与石油化学工业、信息产业、能源化工、金属冶金、纺织加工、林产品加工、轻化工产品制造、低碳化工、石油与天然气加工以及生产安全等行业领域	准入类：注册化工工程师、注册冶金工程师
28	0857	2022	资源与环境 Resources and Environment	主要面向生态环境、国土资源、工业、能源、安全、国防、航空航天等行业领域，与经济社会发展、科技进步、社会环境有着密切关系。研究生毕业后，可在相关行业企业、科研院所、管理部门等从事技术开发、工程设计、施工管理、环境治理、资源开发、管理与执法、国土规划等工作	准入类：注册采矿/矿物工程师、注册环保工程师
29	0858	2022	能源动力 Energy and Power Engineering	主要面向能源动力工程技术开发与应用、工程设计与实施、技术攻关与技术改造、新技术推广与应用、工程规划与管理等行业及相关工程部门等	准入类：注册电气工程师、注册石油天然气工程师
30	0859	2022	土木水利 Civil and Hydraulic Engineering	主要面向土木、水利、海洋、农业、市政、交通、能源、资源、环境、生态、土地、国防等诸多行业领域，从事上述行业领域内的工程规划、勘测、设计、施工、维护与管理等专门技术岗位工作。土木水利专业学位类别与土木水利行业任职资格紧密相连，毕业生具备从事土木工程、水利工程、海洋工程、农田水土工程、市政工程和人工环境工程等相关行业职业所必需的基础理论、专业知识和技术能力，可以通过学历认定、资格考试、专家评定和职业技能鉴定等方式，获得从事相关岗位的职业资格	准入类：注册土木工程师、注册结构工程师
31	0860	2022	生物与医药 Biological and Pharmaceutical Engineering	面向生物技术、医药、食品、发酵、能源、环保等相关行业主要服务领域，有工业生物技术、农业生物技术、医疗诊断、化学制药、生物制药、中药制药、天然药物、药物制剂、生物检测、食品加工、食品化学、发酵技术、生物安全与食品安全、生物质利用、生物能源、环境生物技术、生物材料、生物信息技术等	未查询到
32	0861	2022	交通运输 Transportation	铁道工程、道路工程、港口海岸航道工程、机场工程等相关领域	公路水运工程助理试验检测师、试验检测师
33	0862	2022	风景园林 Landscape Architecture	主要从事风景园林相关规划、设计、建设、保护、评价、管理等实践，教学、科研和组织管理等工作。面向风景园林相关行业主管部门、规划设计与园林工程建设企事业单位、高等院校、科研机构等覆盖风景园林全产业链的岗位	未查询到
34	0951	1999	农业推广 Agricultural	面向我国农业农村现代化、农业绿色发展、生态农业和乡村振兴战略，解决"三农"一线问题，服务农业行业和产业发展对人才的需求	未查询到
35	0952	1999	兽医 Veterinary Medicine	兽医行业，主要包括动物健康、动物疾病、人畜共患疾病、动物源食品安全、兽医公共卫生、环境保护、比较医学、实验动物学、医药产业等；也涉及生物反恐、实验室生物安全等	准入类：执业兽医

续表

序号	专业代码	获批年份	专业硕士学位类别	职业领域	对应的职业资格证书（举例）
36	0954	2010	林业 Forestry	就业岗位主要面向木材生产、乡村振兴、国土绿化、生态保护和修复、生物多样性保护、国家公园及自然保护地建设、"双碳"目标实现等生态文明建设领域的主战场，林业专业学位可与林业生产、林业技术研究和创新领域的职业资格衔接	林业职业认证
37	0955	2022	食品与营养 Food and Nutritional	主要包括食品产业、营养健康产业、电商物流业、金融业、教育、应急保障管理、媒体/出版业、工程设计等领域	未查询到
38	1051	1998	临床医学 Clinical Medicine	面向各级医疗机构、卫生行政部门、高校/科研院所、医疗保险机构等临床医学专业领域	准入类：医生资格
39	1052	2000	口腔医学 Stomatology	以各级医疗机构为主，包括口腔专科医院、综合医院口腔科、社区医院及口腔诊所等，还包括卫生行政部门、高校/科研院所、医疗保险机构等	准入类：医生资格
40	1053	2002	公共卫生 Public Health	面向卫生行政部门、疾病预防控制机构、各级医疗机构、医疗保险机构、高校/科研院所和社区等公共卫生专业领域，也涉及健康宣教、医防融合、社会协同等能力要求的其他行业岗位	公共卫生管理师
41	1054	2010	护理 Nursing	面向医疗卫生行业的临床护理、护理管理等岗位，毕业生可在医疗卫生机构及其他健康相关机构从事临床护理、护理教学、临床研究、护理管理等工作。与注册护士、专科护士职业资格相衔接	准入类：护士执业资格、母婴保健技术服务人员资格
42	1055	2010	药学 Pharmacy	工业药学(转化药学)领域主要面向医药业的药物研发机构和生产部门等岗位需求；临床药学领域主要面向医疗卫生系统药学推广相关岗位、医药商业部门药品供应相关岗位、药物临床研究机构相关岗位、药品监督管理部门相关岗位；管理药学领域主要面向药品安全监管、药品注册管理、药品生产管理、药品市场准入、医药知识产权等领域，可以胜任药品监管执法注册申报、质量管理、政府事务、市场管理、专利申报与管理等岗位	准入类：执业药师
43	1056	2010	中药学 Chinese Materia Medica	中药硕士专业学位培养是面向中药监管部门、中药检验分析部门、中药制剂企业、中药研发企业、中药饮片或配方颗粒企业、中药材生产企业、中药流通企业、中医院中药房等机构，基本涵盖了中药产业及社会服务等各个领域	水平类：卫生专业技术资格
44	1057	2015	中医 Chinese Medicine	服务对象主要为医疗卫生、康复保健领域，包括各级医疗单位、体检与康复中心、疗养与颐养机构、社区卫生服务站和中医药科研院所，执业人员可在上述机构从事医疗、科研、教学、保健、防疫、卫生行政管理等医疗活动	中医执业医师

续表

序号	专业代码	获批年份	专业硕士学位类别	职业领域	对应的职业资格证书（举例）
45	1058	2022	医学技术 Technology in Medicine	医学技术专业学位研究生就业主要面向各级医疗机构的相关医技及临床科室，此外，还包括卫生行政部门、高校、科研院所、医疗设备厂商或高新技术企业等	未查询到
46	1059	2022	针灸 Acupuncture	服务于卫生健康领域，为各级医疗机构、体检与康复中心、疗养与医养机构、社区卫生服务中心和高等医药院校、科研院所等培养所需人才，执业人员可在上述机构从事医疗、保健、预防、卫生行政管理、教学、科研等卫生与健康相关工作	未查询到
47	1152	2022	联合作战指挥 Joint Operations Command	军事领域	未查询到
48	1153	2022	军兵种作战指挥 Operations Command in the Armed Forces	军事领域	未查询到
49	1154	2022	作战指挥保障 Operational Command Support	军事领域	未查询到
50	1155	2022	战时政治工作 War Political Work	军事领域	未查询到
51	1156	2022	后勤与装备保障 Logistics and Equipment Support	军事领域	未查询到
52	1157	2022	军事训练与管理 Military Training and Management	军事领域	未查询到
53	1251	1990	工商管理 Business Administration	主要面向企业管理岗位，培养管理类综合型人才，侧重于企业发展战略、运营管理、市场、人力资源管理、财务分析、基于数据的商业分析、商业伦理与企业社会责任等方面，毕业生主要从事企业管理等相关工作	中高级工商管理职业资格
54	1252	1999	公共管理 Public Administration	面向政府部门及非政府公共机构，从事公共管理、公共事务和公共政策研究分析工作	人力资源管理师
55	1253	2004	会计 Accounting	会计职业。服务的行业领域广泛，涵盖政府部门，大中型企业、事业单位，银行、证券、投资、保险等金融机构，会计师事务所、咨询公司、资产评估公司及其他中介机构等各行各业	1) 准入类：注册会计师、会计从业资格 2) 水平类：会计专业技术资格
56	1254	2010	旅游管理 Tourism Administration	旅游业。服务对象包括酒店、旅行社、景区、会展等传统旅游企业；旅游地产、旅游金融、旅游信息技术、旅游休闲等产业融合下的新兴企业，以及旅游行业协会、旅游行业管理部门等组织	准入类：导游资格

续表

序号	专业代码	获批年份	专业硕士学位类别	职业领域	对应的职业资格证书（举例）
57	1255	2010	图书情报 Library and Information Studies	主要面向各级各类型图书馆、信息服务机构、科技情报机构、档案机构，教育、科技、农业、医疗卫生、企业、政府部门和其他信息管理机构的专业工作，包括图书情报与档案管理、信息资源管理、信息分析、信息咨询、信息主管、数据管理等岗位	未查询到
58	1256	2010	工程管理 Engineering Management	面向重大工程建设项目的实施；重要复杂的新产品、设备、装备的开发、制造、生产、运行、维护等；技术的创新、改造，企业的转型、转轨、接轨等；产业、工程和科技的重大布局与发展战略研究。可以对接的职业资格包括住房和城乡建设部、人力资源和社会保障部的职业资格	准入类：造价工程师 水平类：工程咨询（投资）专业技术人员职业资格
59	1257	2011	审计 Auditing	面向审计行业及一系列相关职业，主要包括：在审计机关从事国家审计工作；在国家机关、企事业单位、金融机构、社会组织等从事内部审计工作；在会计师事务所等中介机构从事社会审计和咨询服务工作；在国家机关、企事业单位、金融机构和社会组织等从事内部控制、风险管理、合规管理、纪检监察、财务会计、税务稽核、咨询、评估等工作	水平类：审计专业技术资格
60	1352	2022	音乐 Music	面向文化艺术团体、院校、艺术场馆、电视广播台站、文化馆站、各类媒体、文艺研究单位、政府文化行政部门等行业岗位	未查询到
61	1353	2022	舞蹈 Dance	面向文化艺术团体、高等(中职)院校、艺术场馆(剧院)、电视广播台站、文化馆站、各类媒体、文艺研究单位、政府文化行政部门等行业岗位	未查询到
62	1354	2022	戏剧与影视 Theatre, Film and Television	主要面向文化艺术团体、高等院校、艺术场馆、电视广播台站、文化馆站、各类媒体、文艺研究单位、政府文化行政部门等行业岗位	未查询到
63	1355	2022	戏曲与曲艺 Chinese Theatre and Quyi	面向文化艺术团体、院校、艺术场馆、电视广播台站、文化馆站、各类媒体、文艺研究单位、政府文化行政部门等行业岗位	未查询到
64	1356	2022	美术与书法 Fine Arts and Calligraphy	面向各类文化艺术场馆、艺术研究机构、艺术教育机构及相关艺术行业和产业，如美术馆、博物馆、艺术研究院、画院、画廊、学校、出版社等	未查询到
65	1357	2022	设计 Design	包括不限于机械装备、消费产品、电子信息、智能终端及机器人、信息交互与用户体验、航空航天、海洋工程、轨道交通、汽车、健康与医疗、应急防护；城市建设与更新、乡村振兴、公共空间与场景、住宅与社区、文化与遗产、可持续性与环境设计、商业与品牌策略设计、媒体与广告、数字娱乐产业、教育与培训、社会公益，以及创新创业等广泛行业领域	未查询到

续表

序号	专业代码	获批年份	专业硕士学位类别	职业领域	对应的职业资格证书（举例）
66	1451	2022	文物 Cultural Heritage	主要面向文化艺术业中的文物及非物质文化遗产保护传承机构、博物馆，以及国家行政机构和专业技术服务业等行业	文物保护工程从业资格
67	1452	2022	密码 Cryptology	就业单位主要包括：涉及密码技术管理、研发、生产、销售、服务的政府部门、科研院所、大型企业、外资企业、互联网企业、软硬件密码产品供应商、密码测评机构等。衔接的职业资格：密码技术应用员、密码工程技术人员等相关方向	未查询到

从表 2-24 可以看出，67 种专业学位类别在培养方案设置上大都与职业领域对应，也有与之对应的职业资格，说明专业学位的职业资格认证体系获得了很大改善，但也有少部分与新增的专业学位没有对应的职业资格，譬如图书情报硕士、农业推广硕士等。此外，不同专业学位对应的职业资格存在不均衡性，譬如金融硕士、保险硕士对应的职业资格相对较多。

（二）制约我国专业学位与职业资格认证对接的主要问题

1. 社会各界对"职业教育"的理解片面，导致高层次专业人才培养不足

从上述对职业教育、专业学位、职业资格认证等相关概念的分析中不难看出，联合国教科文组织认为"职业教育"是一个开放的概念，即职业教育并不是孤立存在的，而是与其他教育阶段融会贯通，共同体现终身教育的理念。对比之下可以看出，我国社会各界对"职业教育"概念的认识定位层次较低，尚未建立完整的、对应职业岗位各层次需求的职业教育体系，并且与其他教育阶段关联不够紧密。纵观我国近十年来下发的有关职业资格认证的政策文件，可以发现这些政策文件已经意识到将高校的学历教育与职业资格认证相联系能够达到双赢，对高校及各行业的发展都具有积极意义。但是这些政策所针对的对象大多为高职高专毕业生，起点较低，并未涉及更高层次的学历教育，而高等学校对高层次的职业教育也没有足够的重视，使得高素质高层次的应用型专门人才无法满足社会的需求。这与前文阐述的我国长时间来对职业教育的定位存在很大关联。

2009 年，我国全面展开全日制专业学位研究生教育，其生源大都从本科直接过渡而来，没有相应的职业背景，需要在专业学位教育中明确自身的职业方向，进而进行理论、实践能力的培养。如何体现专业学位以职业为导向的显著特点成为专业学位研究生教育面临的新的挑战。通过实现专业学位与职业资格认证的对接，一方面可以使专业学位研究生教育具有特定的职业性，对全日制专业学

位研究生未来的职业规划起到一定的导向作用，进一步满足社会和企业对多种类型、多种层次人才（特别是高级别岗位、高层次人才）的需求；另一方面也能够弥补我国职业教育的不足，达到西方最高层次的职业教育——以培养工程师或高级专业技术人员为目标的专业教育水平，从而形成联合国教科文组织所倡导的大职业教育体系。

2. 职业岗位体系设置不完善，不同层次之间的岗位与教育体系也缺乏对应关系

我国的职业资格认证制度尚未将职业教育、职业培训与普通教育作为一个整体进行全面规划，尚未制定出层级分明的、相互衔接的国家资格认证体系。在两种学位类型中，专业学位与职业资格之间的联系并不紧密，科学学位与职业资格之间的联系则更弱，因此，缺乏完整的针对不同层次、不同岗位的职业资格认证体系。从学生或劳动者个体来说，建立起职业岗位体系与教育体系之间的对应关系，有利于个体能够终身接受技能培训和职业教育；从教育体系来说，每一层级的教育包括初等教育和高等教育，乃至研究生教育，都应当有对应的类别与职业资格认证相联系。

3. 管理主体不明，政策落实不到位

目前，在我国职业资格认证管理中还存在管理主体不明、职责不清晰等问题。与国外相比，我国的政策法规还有待进一步完善，落实监督还不够到位，存在多头管理和政策相互矛盾的问题。2008年3月，劳动部在国务院机构改革中被撤销，与人事部的职权被整合划入新组建的人力资源和社会保障部。其中涉及职业资格认证方面的主要职责包括："组织拟定职业分类、职业技能国家标准，组织制定和颁布相关的行业标准；建立职业资格证书制度，制定职业技能鉴定政策；在国家教育工作方针、政策的指导下，制定技工学校的发展规划和管理规则"[1]。人力资源和社会保障部这一职责表明，其在对职业资格认证的理解上更加偏重技工学校，这在客观上造成职业教育人才培养的层次定位较低。另外，纵观涉及职业资格认证的相关政策法规可以发现，1994年发布的《中华人民共和国劳动法》强调国家的权力，规定由国家确定职业分类及职业技能标准，而随后实施的《中华人民共和国职业教育法》（1996年）和《中华人民共和国行政许可法》（简称《行政许可法》）（2004年）则鼓励事业组织、社会团体、其他社会组织及公民个人按照国家有关规定举办职业学校、职业培训机构。但究竟哪些职业

---

[1] 国务院办公厅关于印发劳动和社会保障部职能配置内设机构和人员编制规定的通知. https://www.gov.cn/zhengce/content/2010-11/17/content_7750.htm?trs=1.（2010-11-17）[2024-03-07］.

或岗位由国家确定、哪些由其他组织或团体确定却并不明确。此外,《行政许可法》明确规定实施职业资格认证的机构"不得组织强制性的考前辅导、不得指定教材或其他助考材料",但事实却并非如此,反映出政策的监督不力。这些政策法规对管理主体的规定不甚明晰,监督管理也不到位,以及政府相关部门的条块分割等,是造成当前我国职业资格认证制度在实施过程中比较混乱的原因之一。

(三)与工程职业衔接的研究生工程教育认证组织体系设计

构建工程教育认证体系是保障和提高工程教育质量的重要手段,世界大多数国家近年来均开始在本科层次工程教育专业认证基础上,制定研究生层次工程教育认证通用标准。以"博洛尼亚进程"为代表的"伊拉斯谟+"(Erasmus+)计划标志着世界高等教育改革向职业教育、就业能力提升、学徒培训或实习、教育与产业结盟、资格互认等方面迈进,为世界教育——职业互认体系、工程教育发展提供了建设意见和参照体系[1]。

为实现工程教育与工程职业衔接这个目标,我国正在逐步搭建研究生工程教育认证组织体系,从构建组织体系的科学性、高效性、严谨性出发,研究设计研究生工程教育认证组织体系框架,建立国内外同行评议独立的第三方研究生工程教育认证机构,以推进研究生工程教育专业认证和工程职业资格的紧密联系,形成有效的多方合作第三方认证组织架构,完善研究生工程教育质量保障体系。根据责任权利分配、利益相关者原则、管办评分离、社会公益和供需理念,我国研究生工程教育认证组织系统应包含"培养"、"监管"和"产出"三个功能群[2]。

1) 在"培养"功能群中,根据国际工程教育发展对工程人才的需求,培养单位在不同程度上需要国家职能部门以沟通连接形式参与培养过程。培养单位以政府为纽带加强与产业、行业的沟通,政府推动行业企业与工程教育相关部门加入国际工程教育合作,促进研究生工程教育和工程职业资格贯通互认。当研究生工程教育认证步入正轨、发展成熟,政府将从培养环节中撤出,实现"政府管,学校办,社会评"的管办评分离模式。

2) 在"监管"功能群中,专业学位教指委指导全国各类专业学位教育工

---

[1] 李国强. 欧盟增加对伊拉斯谟世界项目的投入. 世界教育信息, 2013, 26(18): 79-80.
[2] 黄瑶, 马永红, 王铭. 组织管理视域下我国研究生工程教育认证组织体系设计研究. 高等工程教育研究, 2016(3): 157-161, 200.

作。工程教指委为认证委员会提供政策支持和组织保障，通过缔结协议确立合作关系，帮助后者与职能部门、行业协会（学会）、企业、培养单位建立联系实现共同目标。便于与职能机关、行业协会（学会）、企业联系搭建桥梁，在国家机关建制的"组织-组织"天然认可基础上，以"协议"加强联系，以形成平等互利的组织关系。而认证委员会根据工程教指委与职能机关、行业协会（学会）、企业缔结的协议，邀请它们参与工程教育专业认证组织，保证自身第三方独立性和认证客观科学性，并获得认证效力。

3）"产出"功能群包含三大群体：行业协会、专业学会和用人单位。学术资格与职业资格结合是国际工程教育发展大势，高等教育给予基础能力、综合能力和专业能力的培养，专业技能、行业技术、实践经验的学习需要在职业教育、岗位教育中实现。"产出"群不仅起到了行业对教育的反哺作用，更起到了有效的评估作用：一方面，社会行业、企业及时反映各工程领域研究生专业和综合能力要求；另一方面，行业、企业在用人过程中能及时检验评估教育产出效果，检验培养质量。

第二节　国外专业学位研究生教育发展概况

一、各国专业学位发展历史沿革

在中国语境之下，专业学位强调应用性的同时还具有明确的职业导向，与国际上普遍认为的"非学术学位"相对标。"专业学位"一词被英译为"professional degree"，但在国外"professional degree"更多指的是像临床医学、教师、律师等与执业执照紧密相连的一种职业学位。随着研究生教育的国家化进程不断加快，各国对于专业学位、职业学位等译名逐渐适应与宽容，本节在介绍各国专业学位发展历程前，将概述各国与我国专业学位相对应的研究生学位类型。

（一）法国

高等教育国家主义色彩较浓，高等教育的社会功能较为被看重，专业学位教育发端较早。18世纪初，为了满足法国发展军力和经济能力的需求建立了从事职业教育的"大学校"。二战以后，法国在战争中深受重创，人才匮乏。在这样的背景下，国家为了振兴经济，非常重视高等教育，因此大力发展专业学位教育，培养实用性人才，于1982年开始创办专业学位教育。法国硕士学位类别分为专业硕士学位（也叫职业型硕士学位）、研究型硕士学位、未区分硕士学位（也叫综合硕士学位）三类，2020年后，不再有研究型硕士学位。法国有很多需要第三方机构参与认证的专业学位相关证书，如国家颁发的工程师证书、学校颁发的工商管理硕士证书，这些学位类型可被视为中国语境下的专业学位。2000—2006年，硕士教育的规模增长近70%，其中大部分为专业硕士教育，2006年专业硕士教育已经成为法国硕士教育的主体，专业硕士学位授予数量占授予硕士学位总数的比例已经高达69.0%。如图2-1所示，到2007年，法国的专业硕士学位授予人数达到了65 413人，几乎是研究型硕士学位授予人数的3倍。从2008年开始，法国的专业硕士和研究型硕士学位授予的人数均开始逐年递减，而综合型硕士的学位授予人数却在逐年递增，尤其是从2014年开始，法国综合硕士学位授予人数的增长幅度相较之前有了明显的提升。到2019年，法国综合硕士学位授予人数相对达到顶峰，与之相对的是专业硕士和研究型硕士的大幅度减少。

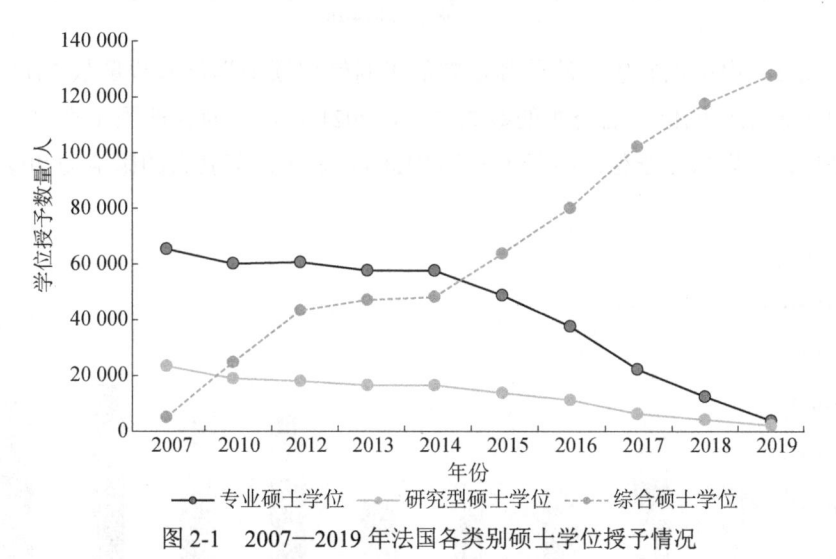

图2-1　2007—2019年法国各类别硕士学位授予情况

资料来源：Repères et références statistiques 2023. https://www.education.gouv.fr/reperes-et-references-statistiques-2023-378608. [2024-04-10].

图2-2主要描述了2010—2021年法国工程学院学位数量变化的情况，其间法国工程学院学位授予人数的数量整体呈现上涨趋势，仅在2011年与2016年表现为数量轻微减少。2021年法国工程学院的学位授予数量达到了46 461人，是2010年学位授予人数的1.4倍。

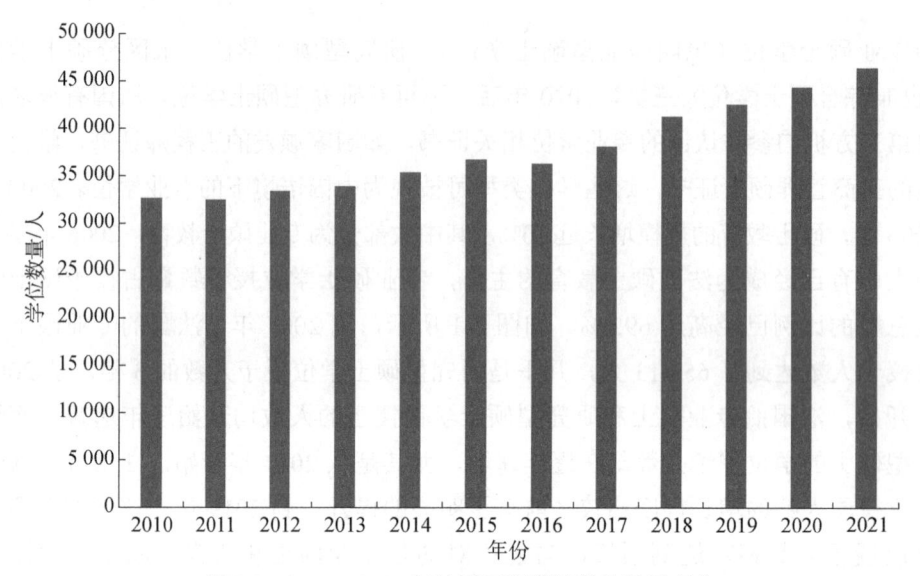

图 2-2　2010—2021 年法国工程学院学位数量变化

资料来源：Repères et références statistiques 2023. https://www.education.gouv.fr/reperes-et-references-statistiques-2023-378608.［2024-04-10］.

从图 2-3 中可以看出，法国商学院的工商管理硕士学位的数量从 2013 年起就一直占据主导地位。已公布的数据显示，2021 年，工商管理硕士学位授予人数占法国商学院硕士学位总授予人数的 71.8%，显示出其强大的影响力和受欢迎程度。

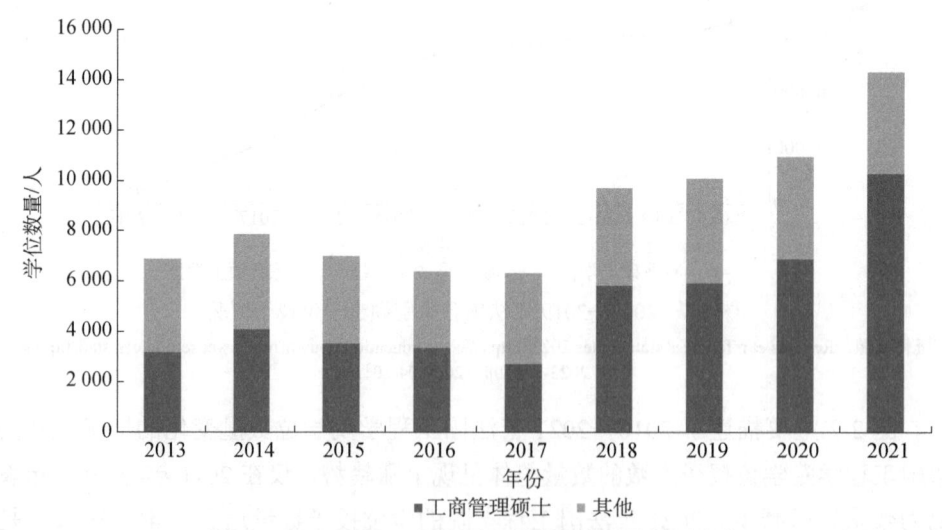

图 2-3　2013—2021 年法国商学院硕士学位数量变化

资料来源：Repères et références statistiques 2023. https://www.education.gouv.fr/reperes-et-references-statistiques-2023-378608.［2024-04-10］.

表 2-25 所整理统计的数据主要呈现了 2007—2019 年法国各学科领域的专业硕士学位授予人数的详细情况。受硕士学位授予类型变化的相关影响，各学科的专业学位授予人数均逐年减少，但还是可以看出以学位授予人数为主要优势的专业学位类型硕士主要集中在经济、管理，法律、政治，文学、语言与人文科学，理工科等领域，相比来说，医学、药学、牙科学领域的专业硕士学位授予人数一直较少。

表 2-25　2007—2019 年法国各学科领域专业硕士学位授予情况　单位：人

年份	法律、政治	经济、管理	经济与社会管理	文学、语言与人文科学	理工科	体育科学与技术	医学、药学、牙科学
2007	11 637	20 722	1 891	15 582	13 923	843	815
2010	10 982	20 127	1 212	15 184	10 915	1 046	689
2012	10 306	18 422	1 046	18 229	10 650	1 101	911
2013	9 646	17 957	1 087	17 178	9 898	1 090	848
2014	9 787	18 312	1 159	16 869	9 636	1 131	801
2015	9 446	17 289	1 175	10 651	8 773	717	805
2016	6 618	13 797	462	8 910	6 768	648	367
2017	3 679	7 971	393	5 723	3 784	397	256
2018	2 582	4 541	35	3 322	1 398	273	276
2019	868	989	—	1 534	402	54	53

资料来源：Repères et références statistiques 2023. https://www.education.gouv.fr/reperes-et-references-statistiques-2023-378608.［2024-04-10］.

（二）英国

英国的硕士学位类型分为授课型（taught postgraduate）与研究型（research postgraduate），授课型硕士和带专业名称后缀的学位的研究生可等同于我国的专业学位研究生。1963 年，《罗宾斯报告》建议研究生教育的重心应转向发展专业学位。20 世纪 90 年代，专业学位教育快速发展，高校开始大规模设置 MBA。1992 年，英国第一个专业博士学位——教育博士学位诞生于布里斯托尔大学。2003—2008 年，在校专业学位研究生人数占在校研究生总数保持在 84.0% 左右，授予专业学位研究生学位资格人数占研究生学位授予总数的 75.0% 左右。据最新数据整理所得的硕士学位授予情况，2019—2022 年，授课型硕士在学位授予人数方面一直占据着绝对优势，且三年内人数呈现出不断增长的良好态势。2021—2022 年英国授予 363 600 人授课型硕士学位，授予 26 980 人研究型硕士学位，授课型硕士学位授予人数是研究型硕士的 13.5 倍（图 2-4）。

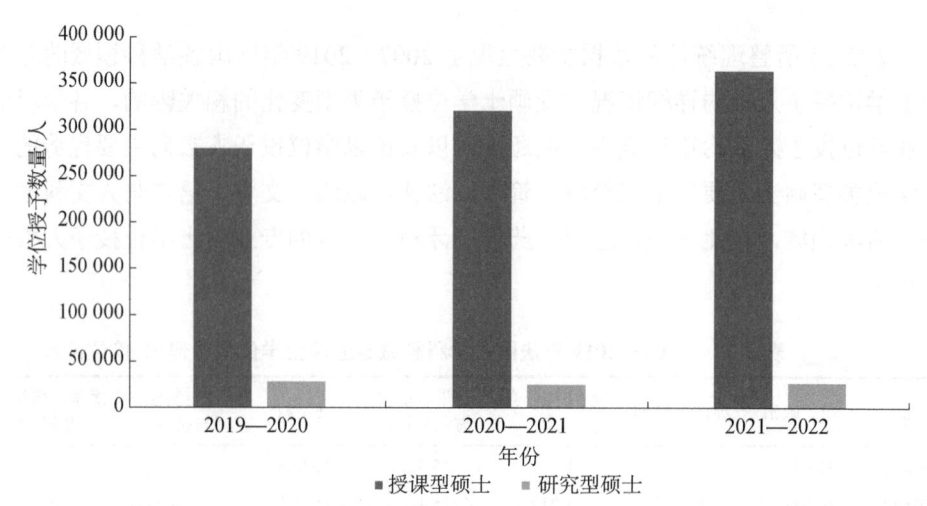

图 2-4　2019—2022 各学年英国授课型和研究型硕士学位授予情况

资料来源：HE qualifications obtained by level of qualification Academic years 2012/13 to 2021/22. https://www.hesa.ac.uk/data-and-analysis/students/outcomes. [2024-04-10].

在授课型硕士学位授予类别中，非科学类学科的授课型硕士学位授予人数占据着较大的优势。以 2021—2022 年最新的数据为例，科学类学科的授课型硕士有 129 980 人，非科学类学科的授课型硕士学位人数则有 233 615 人，是科学类学科的 1.8 倍。而研究型硕士学位授予类别则相反，2021—2022 年，科学类学科的研究型硕士有 18 360 人，非科学类学科的研究型硕士有 8625 人，科学类学科的学位授予人数要比非科学类学科更有优势（图 2-5）。

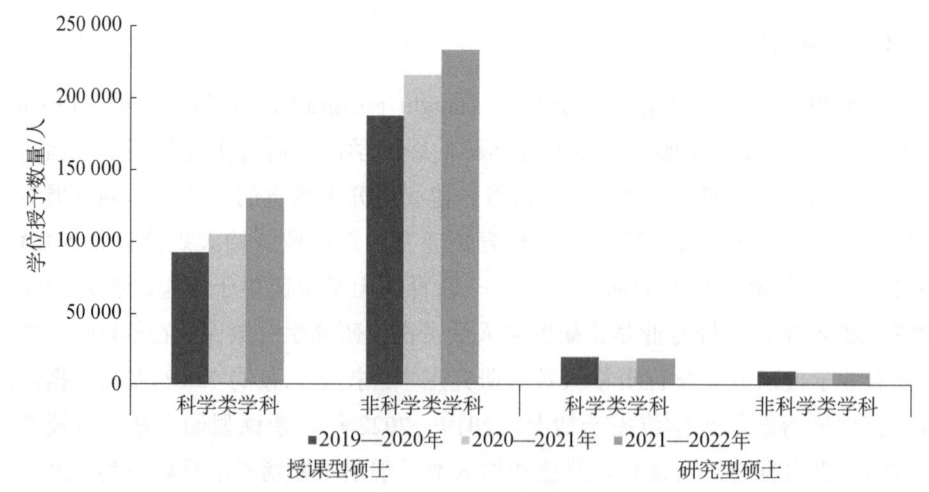

图 2-5　2019—2022 各学年英国各类学科授课型和研究型硕士学位授予情况

资料来源：HE qualifications obtained by CAH level 1 subject and sexAcademic years 2019/20 to 2021/22. https://www.hesa.ac.uk/data-and-analysis/students/outcomes. [2024-04-10].

从表 2-26 统计的 2019—2022 年各学年英国不同学科领域授课型硕士学位授予情况可以看出，各学科的学位授予人数基本都呈现出逐年递增的情况。其中，科学类学科授课型硕士学位授予人数最多的是 Subjects allied to medicine（其他医学）学科，最少的是 Veterinary sciences（兽医学）；非科学类学科授课型硕士学位授予人数最多的是 Business and management（商业和管理），最少的是 Geography, earth and environmental studies（social sciences）（地理、地球和环境研究）（社会科学）。

表 2-26　2019—2022 各学年英国不同学科领域授课型硕士学位授予情况 单位：人

学科分类	学科领域	2019—2020 年	2020—2021 年	2021—2022 年
科学类学科	01 Medicine and dentistry（医学，含牙医）	6 070	6 430	7 795
	02 Subjects allied to medicine（其他医学）	23 265	25 735	31 850
	03 Biological and sport sciences（生物与运动科学）	5 415	5 680	6 700
	04 Psychology（心理学）	11 445	13 445	15 160
	05 Veterinary sciences（兽医学）	360	620	445
	06 Agriculture, food and related studies（农业、食品及相关研究）	1 360	1 495	1 820
	07 Physical sciences（物理科学）	2 160	2 530	2 940
	09 Mathematical sciences（数学科学）	3 760	4 500	5 205
	10 Engineering and technology（工程与技术）	15 800	18 385	21 415
	11 Computing（计算机科学）	10 345	13 495	22 195
	13 Architecture, building and planning（建筑学）	8 865	9 315	10 885
	26 Geography, earth and environmental studies（natural sciences）（地理、地球和环境研究）（自然科学）	3 130	3 085	3 565
非科学类学科	15 Social sciences（社会科学）	26 505	29 965	32 860
	16 Law（法律）	16 220	22 320	20 740
	17 Business and management（商业和管理）	64 395	75 665	90 800
	19 Language and area studies（语言和区域研究）	8 175	8 330	8 365
	20 Historical, philosophical and religious studies（历史、哲学和宗教研究）	6 910	7 115	7 575

续表

学科分类	学科领域	2019—2020 年	2020—2021 年	2021—2022 年
非科学类学科	22 Education and teaching（教育与教学）	41 260	46 055	45 025
	23 Combined and general studies（综合交叉学科）	1 520	1 920	2 035
	24 Media，journalism and communications（媒体、新闻和传播）	7 990	8 525	8 745
	25 Design，and creative and performing arts（设计、创意和表演艺术）	13 265	14 470	15 550
	26 Geography，earth and environmental studies（social sciences）（地理、地球和环境研究）（社会科学）	1 330	1 515	1 930
	总计	279 545	320 595	363 600

资料来源：HE qualifications obtained by CAH level 1 subject and sexAcademic years 2019/20 to 2021/22. https://www.hesa.ac.uk/data-and-analysis/students/outcomes. [2024-04-10].

2021—2022 年，在授课型硕士中，商业和管理学科入学人数占绝对优势（图 2-6），多达 181 600 人，超过各学科领域总入学人数的 1/4，而兽医学的入学人数最少。在研究型硕士入学人数中，工程与技术学科入学人数最多，有 14 425 人，占总数的 12.7%，兽医学的入学人数最少，仅有 340 人，占总数的 0.03%。

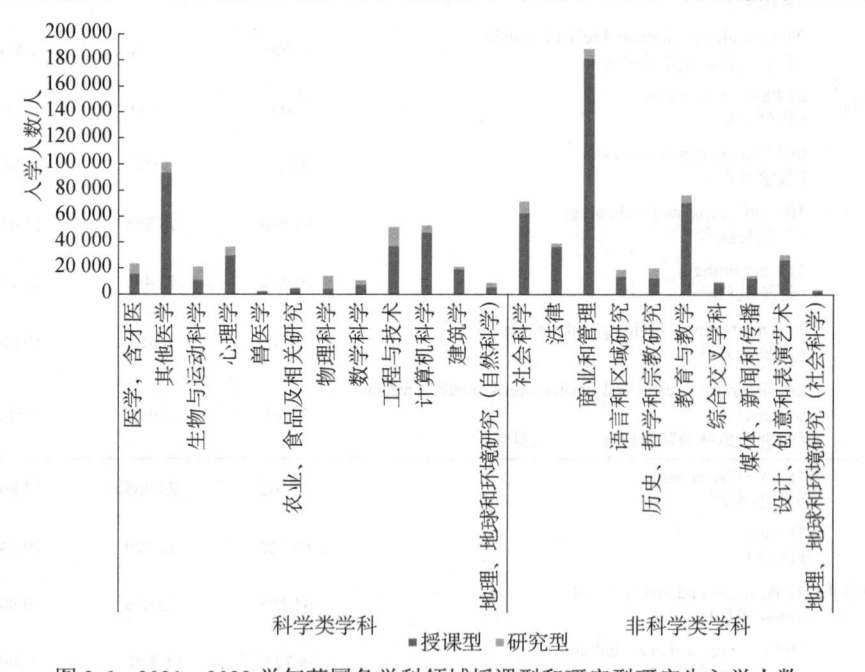

图 2-6　2021—2022 学年英国各学科领域授课型和研究型研究生入学人数

资料来源：HE student enrolments by subject of studyAcademic years 2019/20 to 2021/22. https://www.hesa.ac.uk/data-and-analysis/students/what-study. [2024-04-10].

（三）美国

美国在国家、州法律上并没有对专业学位的明确规定，但是有学会、协会等第三方机构对学术型和应用型、专业型学位进行了区分。依据美国教育部国家教育统计中心发布的学科分类系统（Classification of Instructional Programs，CIP），美国学位制度可被划分为学术型学位、应用型与专业型学位（如MBA或EdD）、职业技术型学位（如第一职业学位FPD）三类。美国是世界上专业学位研究生教育最发达的国家，1908年，哈佛大学授予第一个专业学位——MBA；1920年，哈佛大学设立第一个专业博士——教育博士。20世纪60年代，美国形成了学术教育与职业教育并举的研究生教育体系，专业学位硕士授予比例不断升高，已超过了学术学位所授予的硕士数量。从整体上看，美国专业学位研究生学位种类繁多，基本上各个学科群的专业都开设了不同层次的专业学位，且学位分化很细，专业性较强，但各个学科群的专业学位的授予量存在较大差异。学术型学位主要集中在传统学科领域，专业学位授予量多集中在教育、法律、工商管理、工学等学科，这些学科领域更加强调实践和应用，以适应社会发展的需要，同时这些学科领域下设的二级学科的数量也更多，学科规模较大。

专业博士基于特定的职业，以培养职业发展所需要的沟通合作、研究探讨、领导统筹等能力为目的，以解决实际问题为宗旨。从《美国教育统计年鉴2011》开始，美国国家教育统计中心对"博士学位"的定义进行了更新，特别指出专业（professional practice）博士学位是授予那些完成专业知识和技能教育的学生，以满足从事一些职业岗位的许可、资格或证书的要求。其中，部分此类博士学位过去曾归类为第一职业学位（first professional degree，FPD）。通常情况下美国的专业博士学位被分成两种类型：一种是研究实践型专业博士学位，如教育博士、工程博士等；另一种是FPD，是指在进入某一特定的专业领域开业之前，完成其所需课程学习的要求，并且具有高于一般学士学位所要求的专业技能水平而取得的一种学位。一般要求在校学习6年，目的是在相关职业领域获得执业许可。美国的FPD总计有10种，分别是牙医、医学、验光学、骨科、制药学、足部医疗、兽医、脊骨神经医学、法律、神学。美国第一种专业博士类型涵盖教育学、艺术学、医学等9个学科领域，设立了教育博士、工程博士、音乐博士等18个专业领域的专业博士。专业博士的学位授予由各个大学和学院自主确定，不受政府的直接管控。美国专业博士学位的学科群及专业领域如表2-27所示。

表 2-27　美国专业博士学位的学科群及专业领域

序号	学科群（美国）	学科门类（中国）	专业领域	简称
1	教育学	教育学	教育博士	EdD
2	工商管理学	管理学	工商管理博士	DBA
3	艺术学	艺术学	艺术博士	DA
			设计博士	DDes
			美术博士	DFA
			音乐艺术博士	DMA
			音乐教育博士	DME
4	外国语言文学	文学	希伯来文学博士	DHL
			现代语言博士	DML
5	医疗卫生与临床科学	医学	护理科学博士	DNSc
			公共卫生博士	DPH
6	法学与法律职业	法学	法学博士	JSD、SJD
7	神学	无对应	教会法规博士	JCD
			宗教神学博士	STD
			神学博士	ThD
8	工学	工学	工程或工程科学博士	Deng、DESc、DES
9	交叉学科	交叉学科	科学博士	DSc、ScD

资料来源：National Science Foundation，National Center for Science and Engineering Statistics，Survey of Earned Doctorates，2016. https://www.nsf.gov/statistics/2018/nsf18304/datatables/taba1.htm.[2024-03-30].

表 2-28 提供了 2012—2016 年美国各种专业博士学位授予数量和占比情况。专业博士学位授予总人数在此期间呈增长趋势，从 2012 年的 50 945 人增加到 2016 年的 54 904 人，表明美国专业博士学位的授予数量在逐年上升。其中，哲学博士是被授予数量最多的学位类型，每年的授予数量均超过总数量的 97%。其他类型的学位，如教育博士、工商管理博士等，虽然数量相对较少，但几乎每一年都占据着一定比例。

表 2-28　2012—2016 年美国各专业博士学位授予数量和占比情况

专业领域	2012 年 数量/人	2012 年 占比/%	2013 年 数量/人	2013 年 占比/%	2014 年 数量/人	2014 年 占比/%	2015 年 数量/人	2015 年 占比/%	2016 年 数量/人	2016 年 占比/%
哲学博士	49 880	97.9	51 497	97.7	52 949	98.1	53 825	98	53 874	98.1
教育博士	639	1.3	689	1.3	587	1.1	615	1.1	617	1.1
科学博士	116	0.2	127	0.2	106	0.2	105	0.2	103	0.2
工程或工程科学博士	23	—	19	—	32	0.1	36	0.1	33	0.1
艺术博士	2	—	7	—	6	—	4	—	7	—
工商管理博士	38	0.1	39	0.1	31	0.1	35	0.1	32	0.1

续表

专业领域	2012年		2013年		2014年		2015年		2016年	
	数量/人	占比/%	数量/人	占比/%	数量/人	占比/%	数量/人	占比/%	数量/人	占比/%
音乐艺术博士	156	0.3	204	0.4	168	0.3	178	0.3	141	0.3
设计博士	7	—	9	—	7	—	1	—	5	—
公共卫生博士	21	—	20	—	21	—	27	—	19	—
希伯来文学博士	1	—	0	0	3	—	0	0	1	—
音乐教育博士	0	0	1	—	0	0	2	—	0	0
现代语言博士	2	—	3	—	7	—	3	—	5	—
护理科学博士	5	—	1	—	5	—	2	—	2	—
神学博士	16	—	14	—	8	—	16	—	14	—
美术博士	1	—	4	—	1	—	0	0	2	—
法学博士	32	0.1	63	0.1	61	0.1	54	0.1	45	0.1
宗教神学博士	6	—	6	—	1	—	5	—	2	—
教会法规博士	0	0	0	0	1	—	1	—	2	—
其他	0	0	1	—	0	0	0	0	0	0

资料来源：National Science Foundation, National Center for Science and Engineering Statistics, Survey of Earned Doctorates, 2016. https://www.nsf.gov/statistics/2018/nsf18304/datatables/taba1.htm. [2024-03-30].

（四）日本

日本专业学位教育产生的原因在于其产业结构的深刻变革，这一变化极大地重塑了人才需求的格局。步入20世纪，随着全球经济的重新洗牌，日本将保持国际人才竞争优势视为研究生教育的重要导向，确立了培养高度专业职业能力人才的目标，并将其作为专业学位研究生教育的核心使命。在日本，专业学位作为与硕士学位、博士学位并驾齐驱的第三种研究生教育学位，涵盖了专业硕士学位、教职专业学位和法务博士专业学位等多个类别。为清晰界定，专业学位在命名上采用与传统学位不同的规范，例如传统学位常以"硕士（某学科）"形式命名，如"硕士（哲学）"，而专业学位则采用"某专业学位硕士（专门职）"的命名方式，如"学校教育硕士（专门职）"，以凸显其专业性与职业导向。

值得注意的是，日本的专业学位体系以硕士层次为主，博士层次仅设有"法科大学院"授予法务博士（专门职）专业学位。为响应高层次专门人才培养的需求，日本于1998年发布了《关于21世纪大学改革的咨询报告》，并于次年设立了旨在培养此类人才的"专门职大学院"。2003年，文部科学省正式颁布了《"专门职大学院"设置基准》，标志着专门职学位课程的正式启动，这一课程对应于我国语境下的专业学位研究生教育，为日本社会输送了大量专业人才。

数据显示，至 2012 年，日本专业学位研究生招生人数已占研究生招生总数的 7.7%，其中"法科大学院"与"教职大学院"的招生规模尤为显著，占比超过 60%。截至 2018 年，日本共有 119 所大学设立了专业研究生院，并授权了 169 个专业学位点[①]，覆盖了人文社科、理工及医学等三大领域，共 42 个具体专业，如会计、公共卫生、临床心理、艺术及护理等。2010 年以来，随着日本专业学位研究生在校人数逐年减少，毕业人数也受到影响，呈现下降趋势。通过统计（表 2-29），2014 年专业学位研究生毕业生总数为 7611 人，其中社会科学专业毕业生人数最多，达 5932 人，而卫生与健康专业毕业生人数相对较少，仅有 103 人。为了加强教育与产业的联系、顺应国际研究生教育发展趋势，日本于 2019 年开设了培养应用型人才的专门职大学和专门职短期大学，专门职大学的课程经过产教融合，职业化程度和与社会需求的匹配度均较高。

表 2-29　日本 2014—2020 年专业学位研究生毕业人数　　　　　单位：人

年份	人文科学	社会科学	工学	卫生与健康	教育	其他
2014	117	5 932	119	103	788	552
2015	126	5 455	134	115	772	550
2016	113	4 966	115	128	787	568
2017	101	4 962	169	109	878	539
2018	122	4 856	145	121	1 197	587
2019	115	4 657	176	127	1 284	615
2020	106	4 557	129	145	1 372	787

资料来源：根据《中国学位与研究生教育发展年度报告》（2020）中提供的数据整理所得。

（五）德国

德国的学术学位与专业学位没有明确的称谓区别，但从法律上对不同类型学校所培养的人才类型加以区别。所以，一般认为德国的专业学位特指应用科学大学和其他专门学校培养的学生所获学位，这些专门学校是培养应用型人才的专门高等教育机构。德国的应用科学大学更注重培养学生的实践和就业能力，在师资和学生培养方案上有明确的实践性要求，但应用科学大学在授予的学位上基本无异于其他普通的硕士学位，区别是其毕业生可自动获得实践工程师称号。在中国语境下，将应用科学大学这类专门学校涉及的学位项目视为专业学位，但同时也发现其大学系统开展现代的 MBA 或国际硕士等偏应用型的学位项目。

---

① 马永红，张飞龙. 专业学位研究生教育发展国际趋势及启示[J]. 北京航空航天大学学报（社会科学版），2021，34（3）：142-150.

德国专业学位覆盖经济学、法学、教育学、文学、管理学、理学、工学、医学等领域,目前共有 25 种。德国应用科学大学注重设置新兴学科和交叉学科,注重校企合作,也注重服务地方企业。德国的应用科学大学无论是地位还是规模较以往有了质的飞跃。1969 年,应用科学大学刚刚诞生时,是以教学为主的专科学校,往往给人"低人一等"的感觉,但如今已经是广受欢迎的培养高级应用人才的大学。2018—2019 年冬季学期,德国高等教育入学人数约 290 万,其中 36.6%的学生被应用科学大学录取,与 2008 年相比,应用科学大学的入学人数增长了 42.5%,远高于综合性大学。[1]

从 1967 年一些教育理念较为先进的州主动尝试建立新型高等教育机构开始,此种教育实践渐次在联邦德国其他州蔓延开来。1968 年,联邦各州议长会议签订了《联邦德国各州统一专科学校的协定》,该协定规定:各州可将基础较好的工程师学校、技术学校和经济管理学校等高等职业学校合并建立为德国应用科学大学,教学是其主要任务,同时培养学生的技术技能使之能够从事独立的职业活动。自此,应用科学大学在德国获得了合法地位。1976 年,《高等教育总纲法》规定应用科学大学是与综合大学具有相同地位的另一种高等教育类型,1985 年重新修订的《高等教育总纲法》再次明确了应用科学大学的高等教育地位。

(六)韩国

韩国的研究生院由普通研究生院、专门研究生院和特殊研究生院构成,其中专门研究生院与特殊研究生院培养高级职业技术人员,即在中国语境下的专业学位。韩国的专业学位与学术学位在招生、培养、学位授予、就业等方面有较大不同,同样是一种独立的学位类型,有专门的法令予以明确。

韩国研究生教育开展之初就体现了学术性和应用性并行的理念。1959 年,国立汉城大学(现更名为首尔大学)设置了开展专业性研究生教育的专门大学院——行政大学院和保健大学院,这被认为是专业研究生教育的萌芽[2]。1961 年朴正熙掌权后颁布的《韩国教育法》中对建立大学院或特殊(专门)大学院的审批做出规定,将开展专业教育与学术教育列入并行发展的轨道,并从法律上做出了具体规定。《韩国教育法》第四条规定,国立大学、私立大学建立研究生院或

---

[1] Staistisches Bundesamt,Bildung aus dem Datenreport 2021. https://www.destatis.de/DE/Service/Statistik-Campus/Datenreport/Downloads/datenreport-2021-kap-3.pdf?__blob=publicationFile.(2021-03-10)[2024-08-14].

[2] 研究生专业学位总体设计研究课题组. 开创我国专业学位研究生教育发展的新时代:研究生专业学位总体设计研究报告. 北京:中国人民大学出版社,2010:178-179.

特殊（专门）研究生院时，法人代表须依照宪法的规定，将所有相关文件递呈教育部部长批准。1995 年，韩国总统教育改革委员会进一步提出措施发展专门大学院，首次决定在大学普通研究生院的基础上，发展以培养法官、律师、医生、技师、教师等高级专门人才为主的机构——专门研究生院。根据该委员会的设想，每所大学设立 1 个普通研究生院和 1 个以上的专门研究生院。比如，韩国最早开设研究生教育的汉城国立大学、高丽大学、梨花女子大学、延世大学分别拥有 4 个、18 个、12 个、17 个专门研究生院[①]。直到 1996 年 2 月，"5·31"教育改革案第二次报告发布，提出要在此基础上继续设立其他类型的研究生院，以推进研究生教育的多样化与特色化发展，具体包括设立以法学、医学、神学、教育、信息通信、通商外交、设计等专业教育为主的"专门研究生院"和仅开设研究生课程（无本科课程）的"研究生院大学"[②]。专门研究生院制度从 1996 年开始正式实施，但大量专门研究生院的出现是在 2000 年之后。专门研究生院以具备较高素质和专业能力的相关专业的四年制大学本科毕业生为招生对象[③]。

2000 年以来，韩国普通研究生、专业研究生、特殊研究生三类研究生的学位授予情况如表 2-30 所示。2023 年，在全体硕士学位获得者中，普通研究生为 34 049 人（40.7%），专业研究生为 11 393 人（13.6%），特殊研究生为 38 238 人（45.7%）。在全体博士学位获得者中，专业研究生为 1450 人（8.2%），普通研究生为 16 223 人（91.8%），对于特殊研究生仅在硕士层次招生和授予学位。可见，韩国在硕博士不同层次的人才培养目标有明显差异。在硕士层次，专业研究生和特殊研究生授予人数总数已经超过普通研究生，特别是以职业的专业性为基础、以实践为教育目标，学制灵活、主要招收在职人员的特殊研究生占较大比例。而在博士层次则以培养学术型的普通研究生为主，占比高达九成左右。2010 年以前，韩国专业研究生学位授予人数包含特殊研究生进行统计，2011 年开始单独统计。以就业为导向、培养应用型和职业型专门人才为目标的专业研究生学位授予数量从 2011 年的 8052 人增长到 2023 年的 12 843 人，特殊研究生的学位授予数量从 40 281 人回落到 38 238 人，这反映出韩国全日制专业学位研究生教育发展较为缓慢，同时缩减非全日制专业学位研究生培养规模。

[①] 战红. 关于韩国研究生教育发展的探析. 黑龙江教育（高教研究与评估版），2006（1）：58-59.
[②] 宋冲彬. 对 1990 年代韩国高等教育政策的批判性考察. 教育发展论丛，2002，23（1）：111-134.
[③] 研究生专业学位总体设计研究课题组. 开创我国专业学位研究生教育发展的新时代：研究生专业学位总体设计研究报告. 北京：中国人民大学出版社，2010：179-180.

表 2-30 2000—2023 年韩国研究生学位授予人数　　　　单位：人

年份	普通研究生 合计	普通研究生 硕士	普通研究生 博士	专业研究生 合计	专业研究生 硕士	专业研究生 博士	特殊研究生 合计	特殊研究生 硕士	特殊研究生 博士
2000	31 559	25 407	6 152	21 820	21 819	1	—	—	—
2001	33 279	27 071	6 208	26 051	26 038	13	—	—	—
2002	33 659	26 974	6 685	30 090	30 017	73	—	—	—
2003	34 275	27 105	7 170	37 224	37 154	70	—	—	—
2004	35 755	27 822	7 933	38 973	38 898	75	—	—	—
2005	36 098	27 654	8 444	40 943	40 785	158	—	—	—
2006	34 875	26 223	8 652	43 868	43 611	257	—	—	—
2007	35 033	26 276	8 757	44 141	43 816	325	—	—	—
2008	36 158	27 208	8 950	46 135	45 716	419	—	—	—
2009	38 073	28 717	9 356	47 524	46 968	556	—	—	—
2010	39 397	29 514	9 883	48 473	47 814	659	—	—	—
2011	42 715	31 725	10 990	8 052	7 397	655	40 281	40 281	0
2012	44 489	33 036	11 453	10 821	10 031	790	39 698	39 698	0
2013	44 235	32 499	11 736	12 113	11 224	889	39 215	39 215	0
2014	44 652	32 611	12 041	12 743	11 853	890	38 341	39 341	0
2015	43 952	31 953	11 999	13 029	11 951	1 078	37 760	37 760	0
2016	44 749	31 947	12 802	13 341	12 261	1 080	37 252	37 252	0
2017	46 078	32 850	13 228	13 593	12 505	1 088	38 250	38 250	0
2018	45 004	31 489	13 515	13 663	12 504	1 159	38 865	38 865	0
2019	45 608	31 580	14 028	13 460	12 180	1 280	38 377	38 377	0
2020	46 974	32 049	14 925	13 182	11 968	1 214	39 029	39 029	0
2021	45 978	30 885	15 093	12 037	10 710	1 327	38 435	38 435	0
2022	48 788	32 466	16 322	12 738	11 300	1 438	40 103	40 103	0
2023	50 272	34 049	16 223	12 843	11 393	1 450	38 238	38 238	0

资料来源：韩国研究生院. 各年度取得学位的人数趋势. http://gradmap.co.kr/grad/html/data06.htm?ckattempt=1. [2024-04-10].

二、各国专业学位规模及种类

（一）专业学位规模

据法国教育部统计资料整理（表 2-31），2016 年法国专业硕士（含未区分硕士）学位授予比例为 91.3%。其中，经济与社会管理，经济、管理，体育科学与技术的专业硕士（含未区分硕士）学位授予比例相对较高，分别为 100%、98.2% 和 95.9%。2019 年，法国硕士学位授予人数为 133 842 人，与 2016 年相比，法国专业硕士占比提高了 7.1 个百分点，各专业类别的专业硕士占比均有所提升，且都保持在 90% 以上。相对来说，2019 年，文学、语言与人文科学，法律、政治，理工科，经济、管理，经济与社会管理的专业硕士学位授予人数较多，而医学、药学、牙科学，体育科学与技术的专业硕士学位授予人数较少。法国 2007—2019 年研究型硕士与专业硕士学位授予人数比则可以在一定程度上反映出法国高等教育对专业硕士的重视程度（表 2-32）。

表 2-31　2016 年与 2019 年法国硕士学位授予人数

年份	专业类别	专业硕士/人	研究型硕士/人	未区分硕士/人	总数/人	专业硕士（含未区分硕士）占比/%
2016	法律、政治	6 618	1 941	10 843	19 402	90.0
	经济、管理	13 797	521	14 799	29 177	98.0
	经济与社会管理	462	—	447	909	100
	文学、语言与人文科学	8 910	4 567	32 341	45 818	90.0
	理工科	6 768	3 759	19 593	30 120	87.5
	体育科学与技术	648	86	1 358	2 092	95.9
	医学、药学、牙科学	367	315	684	1 366	76.9
	总数	37 570	11 189	80 065	128 824	91.3
2019	法律、政治	868	425	17 947	19 240	97.8
	经济、管理	989	36	28 566	29 591	99.9
	经济与社会管理	—	—	422	422	100
	文学、语言与人文科学	1 534	1 230	48 165	50 929	97.6
	理工科	402	442	30 752	31 596	98.6
	体育科学与技术	54	—	1 817	1 871	100
	医学、药学、牙科学	53	13	127	193	93.3
	总数	3 900	2 146	127 796	133 842	98.4

资料来源：根据法国教育部发布的 Repères et références statistiques 2023 统计整理，法国教育部发布. https://www.education.gouv.fr/. [2024-04-10].

表 2-32　法国 2007—2019 年研究型硕士与专业硕士学位授予人数比

年份	法律、政治	经济、管理	经济与社会管理	文学、语言与人文科学	理工科	体育科学与技术	医学、药学、牙科学	总计
2007	0.36∶1	0.07∶1	0.03∶1	0.62∶1	0.54∶1	0.24∶1	0.50∶1	0.36∶1
2010	0.28∶1	0.05∶1	0.04∶1	0.57∶1	0.52∶1	0.15∶1	0.56∶1	0.31∶1
2012	0.28∶1	0.05∶1	—	0.47∶1	0.49∶1	0.16∶1	0.37∶1	0.30∶1
2013	0.28∶1	0.04∶1	—	0.46∶1	0.48∶1	0.13∶1	0.40∶1	0.29∶1

续表

年份	法律、政治	经济、管理	经济与社会管理	文学、语言与人文科学	理工科	体育科学与技术	医学、药学、牙科学	总计
2014	0.26∶1	0.04∶1	—	0.45∶1	0.53∶1	0.14∶1	0.47∶1	0.29∶1
2015	0.25∶1	0.03∶1	—	0.52∶1	0.54∶1	0.15∶1	0.44∶1	0.28∶1
2016	0.29∶1	0.04∶1	—	0.51∶1	0.56∶1	0.13∶1	0.86∶1	0.30∶1
2017	0.25∶1	0.03∶1	—	0.49∶1	0.53∶1	0.12∶1	1.17∶1	0.28∶1
2018	0.28∶1	0.03∶1	—	0.60∶1	0.71∶1	0.15∶1	1.10∶1	0.34∶1
2019	0.49∶1	0.04∶1	—	0.80∶1	1.10∶1	—	0.25∶1	0.55∶1

资料来源：Repères et références statistiques 2023. https://www.education.gouv.fr/reperes-et-references-statistiques-2023-378608. [2024-04-10].

韩国对专业学位每年招生规模有所限定，韩国教育部出台年度调整计划，具体规定各类研究生年度入学名额、增减名额、调整计划。根据韩国教育统计中心统计数据，从在校生数来看，2018 年韩国专业研究生在校数为 42 381 人，占研究生在校总人数的 13.2%。其中，专业硕士研究生在校数为 34 906 人，占硕士在校总人数的 65.6%，专业博士研究生在校数为 7475 人，占博士在校总人数的 10.0%。从学位授予人数来看，总体研究生教育规模增长较快，尤其是博士研究生教育。2023 年，韩国授予研究生学位总计 101 353 人；硕士学位获得者从 1981 年的 7940 人增加到 83 680 人，增长了 9.5 倍；博士学位获得者从 1981 年的 589 人增加到 17 673 人，增长了 29.0 倍。

日本对专业学位每年招生规模有所限定，日本文部省每年四月份公布本财政年度专业学位招生规模，学校可依据划分的定额进行招生。根据日本文部省专门职大学院历年统计数据，2003 年以来，日本专业学位在校生规模呈现先上升后下降的发展趋势，到 2009 年达到顶峰，为 23 381 人。2014 年以后的发展较为平稳，2017 年专业学位在校生数为 16 595 人，占比为 10.3%。受到严重的少子老龄化社会现象的影响，日本政府预测，到 2040 年，升入大学的人数将锐减至 2018 年的 80%，鉴于此，2018 年日本发布《面向 2040 年高等教育总体规划报告》，提出要改善高等教育体制，提高专门职大学在整个高等教育系统中的地位，由此预计专业学位规模将有回升趋势。

在德国专业学位教育方面，图 2-7 为冬季学期德国应用科学大学高等教育在校人数情况，可以看出德国应用科学大学教育规模稳中有升，冬季学期 2018/2019 应用科学大学高等教育在校人数占德国高等教育总在校人数的比例已达到 36.55%，在校生规模为 1 046 722 人。

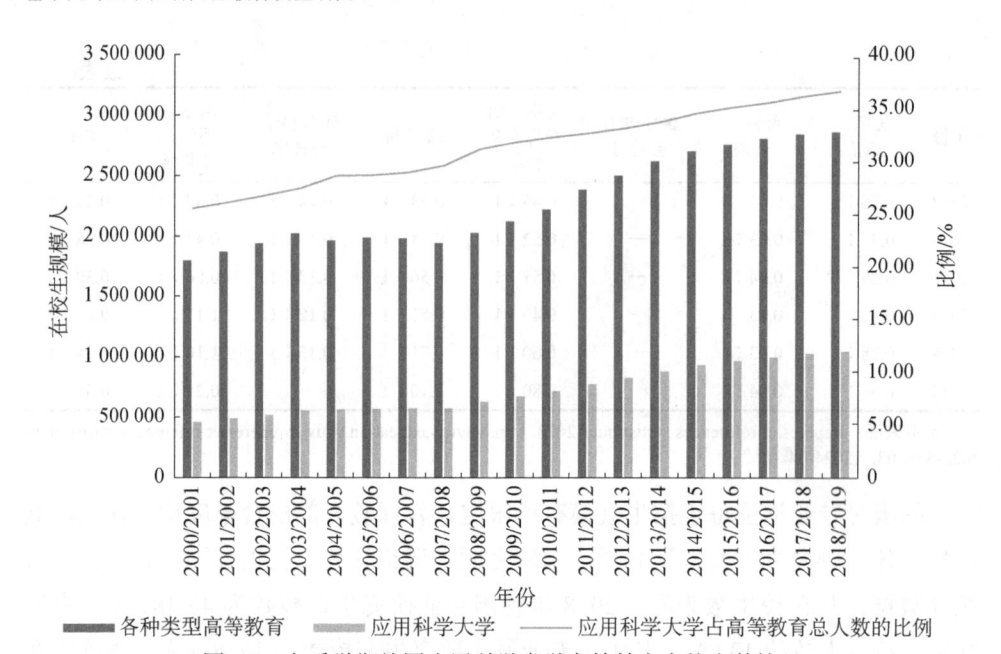

图 2-7　冬季学期德国应用科学大学高等教育在校人数情况

资料来源：德国联邦教育与科研部（BMBF）. http://www.datenportal.bmbf.de/portal/en/Table-2.5.23.html. [2024-04-10].

美国学科专业分类提供了一种专业分类方案，能够准确追踪、报告各个研究领域的项目和计划活动。专业硕士学位是美国专业学位中比重和规模最大的一部分。早在 20 世纪 70 年代，美国就为适应社会发展需要不断发展专业学位。据统计，1987 年，美国硕士学位达到 660 种，其中 85% 是专业硕士学位；20 世纪 90 年代末，美国专业硕士学位获得者占全部硕士学位获得者的 55% 以上[1]。2000 年以来，其专业硕士学位授予量稳步增长，根据美国 2000—2012 年研究生学位授予规模数据（表 2-33），专业硕士学位授予人数超过硕士学位授予总人数的 80%，第一学位授予人数占博士学位授予总人数的 60% 左右。

表 2-33　美国 2000—2012 年研究生学位授予规模

年份	硕士			博士		
	专业硕士/人	硕士总数/人	专业学位占比/%	第一专业学位/人	博士总数/人	第一专业学位占比/%
2000	381 988	463 185	82.5	80 057	124 865	64.1
2001	391 028	473 502	82.6	79 707	124 611	64.0
2002	404 732	487 313	83.1	80 698	124 858	64.6

[1] 秦春生, 戴继天, 孙平. 中美教育硕士比较研究. 学位与研究生教育, 2002（11）：35-38.

续表

年份	硕士			博士		
	专业硕士/人	硕士总数/人	专业学位占比/%	第一专业学位/人	博士总数/人	第一专业学位占比/%
2003	430 934	518 699	83.1	80 810	126 834	63.7
2004	470 474	564 272	83.4	83 041	131 419	63.2
2005	484 245	580 151	83.5	87 289	139 920	62.4
2006	501 667	599 731	83.6	87 655	143 722	61.0
2007	512 024	610 597	83.9	90 064	150 680	59.8
2008	527 494	630 666	83.6	91 309	155 021	58.9
2009	554 983	662 079	83.8	92 004	159 720	57.6
2010	582 125	69 3025	84.0	9 5100	158 558	60.0
2011	613 829	730 635	84.0	99 800	163 765	60.9
2012	629 767	754 229	83.5	103 200	170 062	60.7

资料来源：胡莉芳. 美国专业学位研究生教育规模变迁研究（1971—2012年）. 中国高教研究，2016（2）：80-86.

专业博士学位从学科类型上看比专业硕士学位少，涉及9个学科群。2020年，美国博士学位授予总量为187 881人，比2019年增长了2467人，其中专业实践型博士学位授予人数为114 376人，占总数的60.9%，授予学术型博士学位73 505人，占总数的39.1%（表2-34）。2011—2020年，美国的学术型博士授予总量总体呈现小幅增长趋势，专业实践型博士生教育在历经几十年的后发式弥补扩充，已进入大规模的平稳增长阶段。

表2-34 美国2011—2020年博士学位授予规模

年份	总数/人	学术型/人	学术型占比/%	专业实践型/人	专业实践型占比/%
2011	162 530	59 579	36.7	102 951	63.3
2012	168 923	62 051	36.7	106 872	63.3
2013	173 657	64 512	37.1	109 145	62.9
2014	175 829	67 186	38.2	108 643	61.8
2015	176 740	68 676	38.9	108 064	61.1
2016	176 162	69 586	39.5	106 576	60.5
2017	179 325	70 805	39.5	108 520	60.5
2018	181 341	72 089	39.8	109 252	60.2
2019	185 414	73 516	39.6	111 898	60.4
2020	187 881	73 505	39.1	114 376	60.9

资料来源：National Center for Education Statistics. https://nces.ed.gov/ipeds/SummaryTables/report/360?templateId=3600&year=2018&expand_by=0&tt=aggregate. [2024-04-10].

表 2-35 为英国 2013—2022 年研究生学位授予规模，其中，2021/2022 年研究生专业学位授予比例为 93.1%，专业学位授予人数达到了 363 600 人。

表 2-35　英国 2013—2022 年研究生学位授予规模

入学年份	研究生总数/人	专业学位/人	专业学位占比/%
2013/2014	257 935	233 235	90.4
2014/2015	261 630	234 965	89.8
2015/2016	262 170	234 805	89.6
2016/2017	268 710	240 555	89.5
2017/2018	291 575	262 070	89.9
2018/2019	314 690	285 330	90.7
2019/2020	308 020	279 545	90.8
2020/2021	345 700	320 595	92.7
2021/2022	390 585	363 600	93.1

资料来源：Qualifications Obtained by Level of Qualification Academic Years 2000/01 to 2021/22. https://www.hesa.ac.uk/data-and-analysis/students/outcomes.［2024-04-10］.

各国 2015—2019 年学术研究生与非学术研究生在学人数比见表 2-36。除了法国 2019 年的数据缺失以外，其余 6 个国家的这一比值整体呈现下降趋势，学术研究生与非学术研究生在学人数之间的差距正在逐年缩小。2019 年，学术研究生与非学术研究生在学人数比最大的国家是日本，高达 12.73∶1；该比值最小的国家是澳大利亚，仅为 0.19∶1。

表 2-36　各国 2015—2019 年学术研究生与非学术研究生在学人数比

年份	英国	澳大利亚	德国	法国	日本	韩国	中国
2015	0.27∶1	0.26∶1	3.60∶1	0.28∶1	12.16∶1	1.15∶1	1.84∶1
2016	0.27∶1	0.25∶1	3.44∶1	0.30∶1	13.00∶1	1.13∶1	1.69∶1
2017	0.26∶1	0.23∶1	3.26∶1	0.28∶1	12.80∶1	1.12∶1	0.95∶1
2018	0.25∶1	0.21∶1	3.10∶1	0.34∶1	12.39∶1	1.11∶1	0.94∶1
2019	0.24∶1	0.19∶1	2.97∶1	—	12.73∶1	1.08∶1	0.91∶1

资料来源：《中国学位与研究生教育发展年度报告》（2019）整理得出。

（二）各国专业学位种类

就学位种类、学位覆盖领域而言，各国专业硕士学位教育的差异较大，其中，英、美两国的专业学位数量相对较多，覆盖的学科领域也相对较广。北京航空航天大学大学课题组进行的国外研究生专业学位发展典型经验研究中显示，以博士层次的专业学位教育为例，英、美分别至少有 63 种和 67 种，覆盖工、农、商、教育、医学等领域，而日本只有法务博士1种，法国数量不详，且以医学、药学、牙科学为主。从专业学位的种类和覆盖领域来看，英、美两国的专业学位教育更能及时反映社会发展的需求，所开设学科大多集中于职业导向或应用性较强的法律、医学、工商管理、教育、工程技术等领域。

至2013年，法国共有7700种硕士证书，其中包含1841个学科，5806个专业。法国教育部认为这些学科与专业的定义过于宽泛，同时一些学科不能明确体现学科的培养内容，因此法国教育部决定将学科一级减少至原来的10%。2014年，法国政府出台新法案，规定学科一级由国家统一规定，共计253个。2003—2006年，学科领域是由学校自主定义的。但从2007年开始，据法国教育部所公布的信息，学校领域只能从4个学科领域中选择，这4个领域分别是艺术、文学、语言，法律、经济、管理，人文科学与社会科学，科学、技术、卫生。

德国非连续型和进修型硕士与我国的专业学位比较相似，主要覆盖经济学、工学、管理学、法学、教育学、文学、理学、医学等领域，截至2021年5月共列举了25种。根据德国联邦教育与科研部的相关介绍，德国专业学位的设置既注重新兴专业和交叉学科专业的设置，也注重校企合作，还注重服务地方企业。

美国专业型学位包括专业硕士学位、专业博士学位及第一专业学位。其专业学位种类、覆盖领域较为全面，包括经济学、法学、教育学、文学、历史学、工学、理学、医学等领域，基本覆盖我国13个学科门类。据美国教育统计中心相关数据显示，现阶段，美国共有12种第一专业（职业）学位、74种专业硕士学位和56种专业博士学位，涉及32个学科群，占CIP-2000中38个学科群的84.2%。美国专业学位作为一种独立存在的学位类型，体现了专业学位在人才培养中的价值不可替代性，也体现了美国对专业学位的高度重视。

根据英国高等教育统计署公布的信息，英国目前的专业学位领域覆盖广泛，涵盖医学、生物科学、农业、物化科学、数学科学、计算机科学、工程技术、建筑园林规划、社会研究学、法律、工商管理研究、大众传媒和档案、语言学、历史和哲学、创意艺术与设计、教育等领域，约有129个专业，16种门类，英国的专业学位注重与社会需求相匹配，注重与企业、雇主等合作培养人才，所设专业具有较强职业导向或较强应用性。

从日本文省部公开的相关数据可知，截至2018年4月，日本已在全国的119所大学设立专业研究生院，169个专业学位授权点。从设置的专业学位类型来看，按方向可以分为商学·技术管理（MOT）、会计、公共政策、公共卫生、知识产权、临床心理、教职学、艺术、教育·国际、护理和理工等11种方向，共批准授予42个硕士专业学位，大致可以划分为人文社科类、理工类以及医学类三大类型。从学位层次上，目前大多在硕士层次设置专业学位，博士层次只有"法科大学院"授予法务博士（专门职）专业学位。

韩国一级学科设置由国家控制，严格管理；二级学科设置灵活自由，实行动态管理学科专业和课程设置，随科学技术进步和市场经济发展而变化；各大学专门大学院可根据需要随时自由调整开设的专业硕士/博士学位。本节整理了截至2020年的370个专业名称。从韩国教育开发院设置的专业学位类型来看，按方向可以分为语言文学、人文、法律、社会科学、经营经济、教育、化学环境与生命科学、农林水产、生活科学、药学、保健、建筑、机械、电子电气与计算机、材料、化学高分子能源、产业安全、医疗、体育舞蹈、戏剧电影话剧与广播演艺、美术设计、音乐、应用美术、特定专业领域等24种。

三、各国专业学位授权

（一）授权主体及授权获取方式

美、英、德、法、日、韩六国的"专业学位学校授权"主体都是政府。在授权获取的方式上有两种：第一种以美国、德国、韩国、日本为代表，依据有关法律对高校的"专业学位学校授权"直接进行授权，授权又可分为自然沿袭式授权以及政府出台新的法律规定后自然获得授权两种方式。第二种为法国、英国（针对一部分学校）通过授权机构进行审核授权。例如，法国高校是否具有学位授权主要由政府部门或委托中间机构审核决定；对于英国的新设学校或未取得传统学术型学位授予权的高等教育机构，申请学位授权需要单独进行审核。专业学位项目授权又与学校的专业学位学校授权的覆盖权限有关，大体有4种形式：一是全覆盖模式，英国、美国大学获得的学位授予权均覆盖所有学术领域，也自然包含专业学位领域，因此一些著名的大学可自行设置审核和开展某类专业学位项目；二是特定覆盖模式，日本和德国规定大学只能获得某个特定领域的专业学位项目的授予权，如韩国设置专业大学院和特殊大学院，日本规定只有建立某类的专门职大学院才可以开展某特定专业学位项目，德国专业学位集中设置在非传统大学体系，如主要按类型由德国应用科学大学、艺术音乐专门学院、师范学院等专门学院所设置的各类学位视为专业学位；三是按照"申请—审核—批复"的程序进行无时限的单个专业学位项目审核，美国各州的新设专业学位项目目前均采用这种申报制度；四是按照"获自然授权—再评估—认证—延续授权"的模式对有时限的单个专业学位项目进行授权，德国在博洛尼亚进程中新调整或新增加的项目基本是按此模式进行的。

（二）授权审核方式

各国的专业学位授权审核方式主要有4种：①由政府主管部门直接进行审核授权，如法国高等教育评估署对高校的整体评估；②由政府委托中间机构进行审核，如英国政府枢密院委托高等教育质量保障署进行审核；③对于一些著名高校，延续历史惯例直接进行授权，不进行专门组织审核，如英国皇家授权的大学系统具有独立的学位授予权；④高等学校自授权自审，如巴黎高等商科学校设置和开展专业学位教育不需要经过政府或中间机构审核授权，而可以由学校自行根据社会和市场需求设置、调整专业学位项目。

关于专业学位授权的时限，近几年大多数国家对新设置的专业学位的授权时限进行了限定，例如，英国经枢密院审核授权的小学院或新设立的学院，其硕士专业学位的授权期限为6年；德国工科专业认证机构对于德国应用技术大学工程调整或增设的专业学位设置的授权时限为5年，再次授权时限为7年，现统一改为8年。

各国的专业学位授权过程均邀请专业团体参与，而专业团体参与授权审核主要有4种形式：一是一些学位项目直接交由专业团体进行授权审核，如法国工程师职衔委员会得到政府授权直接对工程师学位进行授权审核；二是参与学位授权审核过程的部分工作，如英国枢密院委托高等教育质量保障署进行新学院的申请的学位审核；三是专业团体参与已获得授权或依法设置的学位项目的后期评估；四是专业团体的代表作为授权审核的专家组成员来参与授权审核，如美国州政府授权审核活动，法国对学校及国家文凭（含专业学位）审核。

四、各国专业学位与职业资格认证的经验

（一）各国专业学位与职业资格认证的基本状况

职业资格认证制度作为目前国际上通行的一种专业技术人员管理制度，起源于欧美发达国家。18—19世纪，为适应工业高速发展的要求，促使专业技术人员素质与能力的提高，英、德、美、日、韩等国家相继以立法的形式建立了职业资格制度。

对于职业资格制度的管理，美国都是由政府和专业工程师协会共同承担的；同时，具有统一的国家标准。美国专业工程师协会制定有专业技术人员职业的规

定、守则、章程的指导性文件，并具有国家级的职业资格、职业化程序和执行实施的标准。

英国所建立的职业资格证书与学术证书相互等价的体系，使职业资格鉴定兼具就业与升学的双重作用，职业资格证书已成为沟通普通教育与职业教育的桥梁。

澳大利亚职业资格认证制度的一个突出特点就是打破传统意义上的职业教育与普通教育之间界限分明的两分法，将职业教育、职业培训与普通教育作为一个整体进行全面规划，制定出拥有八个层级分明的、相互衔接的国家资格认证体系。

韩国的职业资格认证是在严格的管理和监督下进行的，各职能部门均参与到职业资格认证体系的建设和完善中，制定了国家统一的具有科学性和开放性的职业资格标准，其职业资格认证具有科学性、可靠性和权威性。

国外发达国家对于职业资格认证的管理为我国专业学位与职业资格认证的对接提供了很多值得借鉴的成功经验。①国外发达国家的政策法规大都对职业资格认证主体的权责做出了明确的规定；②国外发达国家已建立较为完整的针对不同层次、不同岗位的职业资格认证体系，并对个体终身进行技能培训和职业道德教育；③国外的职业资格认证对象已经涉及本科、研究生层次；④韩国政府严格的管理和监督体系也值得我们学习与借鉴。

（二）各国开展注册工程师资格认证的状况[①]

现今发达国家大都实施注册工程师执业制度，如美国工程与技术鉴定委员会、英国工程理事会、德国工程师协会，以及德国工程、信息科学、自然科学和数学专业认证机构等。这些机构开展工程师资格认证及工程教育专业鉴定方面的工作历史较为久远。但由于国情不同，各国在注册条件、管理方式上也存在差异。各国注册工程师执业制度具有以下特征：①注册工程师制度得到立法或特许状等形式的国家授权。②注册和鉴定均属自愿而非强制性的。③美英两大体系代表着两个不同的管理模式。英国注册工程师和教育专业鉴定以行业协会为基础；美国则以政府直接成立的州注册局实施考试、注册管理为主，且委托各协会执行资格认证，工程教育专业鉴定由非政府机构美国工程与技术鉴定委员会负责。④执业注册必须通过一定程序来完成。具体由资格鉴定，笔试（基础教育知识、

---

① 马永红，杨晓波，郑晓齐. 研究生层次工程教育专业鉴定的国际比较研究. 高等工程教育研究，2010（4）：60-63.

工程相关基础知识和专业工程领域的特殊知识），一定的相关工程工作经验的积累，面试（能力测试为主），注册执业、持续的职业发展，信用管理等6个方面来构成。英美工程师注册与工程教育专业认证之间关系非常紧密。职业资格认证的基础是要先获得对提供工程师来源的高校的教育标准和水平的鉴定，由民间机构组织或中介性质的半官方机构等第三方机构承担此项任务。各国大多只进行本科阶段工程教育的院校和专业鉴定。如《华盛顿协议》所实行的实质等效的国际工程教育的鉴定互认，一般只针对各国的本科工程教育专业。

英国注册工程师分为三类：特许工程师、技术工程师（联合工程师）和工程技术员。英国在特许工程师的认证中，以往要求申请者具有荣誉学士学位或工程硕士学位，并对其有专门的认证标准要求。2006年后，特许工程师申请资格扩展到其他相应的硕士以上学位，但仅仅对荣誉学士学位和工程硕士学位的专业有专门的鉴定标准要求，而对综合型工程硕士专业以外的硕士学位，主要参考质量保障署制定的硕士学位资格要求和英国职业工程能力成果标准。

美国工程与技术鉴定委员会一直是进行本科阶段的工程教育院校和专业鉴定。注册体系中也只有通过工程基础（Fundamentals of Engineering，FE）考试的实习工程师和职业工程师（完成整个注册流程的）两种。2001年，美国各州注册局联合11个协会成立了一个专门的工程师职业资格特别工作组（Engineering Licensure Qualifications Task Force，ELQTF）[①]。2003年，工作组向美国国家工程与测量考试委员会（National Council of Examiners for Engineering and Surveying，NCEES）提交的调查报告指出：应提高工程师注册时的工程教育要求，要求硕士以上学位，并制定硕士以上学位的具体鉴定要求和标准；改革工程师头衔，设立学士工程师、副工程师、注册工程师、职业工程师有层次的注册体系；相对应地提出注册的新流程；要求增设工程职业实践考试；建议允许博士毕业生免去工程师申请的第一关FE笔试。

五、各国专业学位教育的特点

1. 法国专业学位特点

1）大学自治特色突出。专业学位的设置由学校根据本校、本地区的情况在国家学位大纲范围内自主决定，教育部备案。

2）选择职业型硕士的时间节点比较灵活。一般是入学时选择，也可以在第

---

① 韩晓燕，张彦通. 英美注册工程师制度的级别划分研究. 高等工程教育研究，2008（5）：39-42+56.

一年硕士学习之后再选择进入职业型硕士学习。

3）毕业要求严格。法国在学生完成课程学习和专业实践后，一般要求其完成一篇基于实践问题研究的专题学位论文或毕业设计，并参加集中举行的学位论文或毕业设计答辩。

4）校企合作实质性推进。近十年来，法国大学真正走进企业，了解企业所需，从而进行职业型教学，如法国工程师学校三阶段实习。企业为学校提供企业所需人才能力量化表。《法国企业法》推动企业提供实习岗的设置，提供实习成为企业的责任。

5）专业设置从原来的细化转向强调大门类，相近的专业名称合并，旨在提高辨识度；有利于企业选拔人才；有利于学生的宽口径就业；经济发展与企业发展变化过快时，防止学科过窄而与社会衔接不够进而使就业受限。

6）选拔严格。职业型硕士的含金量并不低于研究型硕士，在法国，这两种被认为是等值的，其区别在于就业方向及其对社会的贡献。例如，在很多学校，在研究生一年级末申请研二进入职业型硕士的学生，要求其在本科或研一的成绩为"良"以上；同时，面试时要考查学生是否对所希望学习的专业的就业领域有职业性的认识和了解。

7）具有比较完整的专业学位教育体系。法国的专业学位教育体系在大学、高等技术教育、工程师教育和其他特殊类型教育（药学、建筑等）中均有体现。在研究生层次，法国的专业学位教育包括专业硕士和专业博士。此外，法国拥有本科层次的专业学位教育——职业学士教育。与欧洲其他国家不同，除了普通学士学位证书，法国在大学教育的基础阶段可颁发职业学士学位证书。职业学士教育试图通过与职业界的密切联系，适应地方就业市场的需求。职业学士教育针对选择职业出路的学生设置不同的职业系列课程，包含较高比例的交替式培训，呈现较好的发展前景。

8）工程师教育极具特色。近年来，法国高等教育体系虽然与欧洲其他国家的三级教育体系接轨，发展并形成学士—硕士—博士（Licence-Master-Doctorat，LMD）体系，但仍然保留了高等工程师学校的特殊教学体系。法国的工程师教育是面向工程领域的研究生教育。其主要特点在于多层次的实习训练和大量的实用课程，鼓励学生动手解决工厂生产实际问题，让学生较长时间在工厂实习，大量接触工厂生产的实际情况，毕业后进入工作领域就可以胜任工作，甚至立即担任领导工作。

此外，法国的工程师教育属于典型的精英教育，具有选拔制度严格、办学规模较小、教学模式灵活多样、就业社会地位高等特点。工程师学校的学生在就读过程中可以转入普通大学攻读学术型学位，但这是单向过程，普通大学攻读学术型学位的学生无法转入工程师学校攻读学位。工程师学校的准入资格和培训质量都远高过普通大学。

在法国高等教育专业学位的设立及发展过程中，工程师学位的设立和培养模式的形成满足了工业革命对工程技术人才的迫切需求，在法国的工业化过程中发挥了极其重要的作用。同时，综合性大学为了适应社会经济的发展需要，也从单纯的基础教育和研究型人才培养逐步转向研究型和应用型人才培养并重，从而建立了专业硕士、专业博士的培养模式。

9）校企联合，拓宽办学渠道，充分利用社会资源。关于与工业界、企业界合作，联合培养研究生，一方面，学校可以从企业界、工业界得到经费上的支持，为研究生提供更多将理论应用于实践的机会，提高其科研能力，并为其提供更多就业机会；另一方面，也帮助企业解决了一些实际问题，培养了高级专门人才。因此，法国高校也加强了与企业的合作，接受委托，为企业培养人才。

10）高校之间强强联合，优势互补。在法国，学校现行专业划分已不能完全适应当前科学技术和企业发展的需要。因此，法国通过专业学校之间的联合办学来弥补这一不足。另外，各校还通过聘请他校教授兼职来解决本校无法承担的高质量课程的问题。高校间的强强联合办学形式做到了优势互补，反映了法国高等工程教育及时调整办学形式以适应新形势的发展趋势。

2. 德国专业学位特点

1）应用科学大学可以培养博士。目前，黑森州应用科学大学可以申请培养博士。

2）普通的硕士专业不允许收取学费，如果该硕士专业属于继续教育，则允许收学费。

3）德国高校根据联邦德国宪法赋予教授权力，只要是教授，就具有博士生指导的权力，包括应用科学大学的教授，由于应用科学大学没有博士授予权，所以 FH 的教授指导博士生，一般会和具有博士授予权的机构（一般是综合性大学）联合来培养博士。随着应用科学大学的科研越来越多，很多应用科学大学的教授除了和本国具有博士授予权机构合作培养外，还和其他国家具有博士授予权的高校或机构联合培养博士生。应用科学大学教授要招博士生，必须有项目和研究经费支撑。应聘为应用科学大学的教授，一般必须具备两个基本条件：一是学术性，即获得博士学位，并通过高等学校教授资格考试；二是实践性，即除了外语和数学专业外，其他专业的教授应在本专业从事至少 5 年（其中 3 年在高等学校外）的实际工作。教授一般和行业、企业联系密切，所以他们可根据企业需求提出调整专业或设置新专业，为地区企业服务。通常情况下，兼职教师与专职教师的比例在 3:2 左右。

4）博洛尼亚进程后，德国大学改革了学位制度，将传统学位理科硕士（Diplom）和教育学硕士（Magister）改成国际通行的 Bachelor 和 Master，名义上没有区别，实际上最大的区别是应用科学大学的毕业论文 90%以上在公司里完成，更偏重实际，综合研究型大学（包括综合大学、理工大学等）的毕业论文 90%在教研室（博士生辅导下）完成，更偏重理论。在德国应用科学大学的学位论文训练中，硕士需要做 6 个月的论文或毕业设计。

5）德国的硕士培养几乎和本科一样，进入毕业论文环节时才定导师。学士论文一般需要 3 个月完成，硕士论文一般 6 个月完成。

3. 英国专业学位特点

1）英国没有明确的专业学位，把课程硕士视为专业学位，课程硕士学制一般较短，全日制通常为 1 年，兼读制一般为 2 年。英国课程硕士凡获得学士学位者即有资格申请攻读硕士研究生，没有统一的入学考试，录取条件和入学要求由高校自行制定。其招生条件相对宽松，对于没有学士学位的申请者，如经验或者能力突出者，可以招收其攻读课程硕士学位。

2）专业学位制度的建立和发展与经济发展相适应。虽然英国专业学位教育制度建立比美国晚，但 20 世纪 60 年代后期以来，随着英国经济发展的加快，社会需要大量高层次实用型专业人才，同时大学必须在专业设置上适应社会就业岗位发展的需要，以争取更多的生源。专业学位研究生在此背景下产生并得到迅速发展，甚至超过传统的哲学博士和哲学硕士学位研究生人数。

3）英国专业学位培养过程注重基础课程的学习，更注重实践性教学环节。英国专业学位提倡实践导向，鼓励学生深入专业实践场所，针对实践进行讨论，并尽可能参与专业实践。英国课程硕士教育一般由两部分组成，一部分是学生上课，另一部分是学生参与相关项目，同时撰写一篇论文，作为毕业考核。课程硕士采取授课为主的培养模式，授课方式多样化，可以是专题报告、辅导课、研讨会等。英国专业学位教育注重学生能力的培养，其评价方式更注重创造性，例如，教育专业硕士（Postgraduate Certificate in Education，PGCE）大约 2/3 的学习时间在中小学校中完成，大学与中小学校合作共同承担教育专业硕士的培养。英国专业博士教育以科研实践为中心，采取群组和模块化的方式进行教学，强调学生在理论应用或专业实践方面做出独创性贡献。多数专业博士的研究领域完全或大部分与他们的职业领域相关，指导专业学位研究生的导师不但要学术功底深厚，更要具有专业领域的实际操作经验。

4) 专业学位教育设置的政策较为灵活。由于英国大学拥有很大的办学和学位管理自主权，因此，各大学可针对市场反应和社会需求，根据自己学校的情况进行专业学位设置。各高校的专业学位教育政策较为灵活，在专业学位设置政策的制定上除拥有一些基本的关键共性特征之外，还在具体的规定上表现出较强的差异性。这也在一定程度上造成了管理和学位授予标准的混乱。

4. 美国专业学位特点

1) 美国专业学位培养目标明确。美国的专业学位研究生教育具有明确的职业目标，不同的专业有不同的培养目标，这种方式使专业学位研究生的培养具有针对性。专业学位教育培养目标为培养相关领域的高层次复合型人才，注重创新精神和专业素养的培养。美国专业硕士学位学制安排灵活，大多为1—2年，可根据学生不同的学习方式或者专业性质合理决定专业学位的学制，高校之间同种类专业学位学制会有所不同。

2) 合理的课程体系设置。课程设置强调理论和实践的结合，课程结构由必修课和大量选修课组成。同时，美国专业研究生教育课程设计了相关的实习课程及学分要求。其教学方式多样化，既有传统的以教师为主体传授知识的授业型教学，也有案例教学、研讨教学、行动教学等现代教学方式，并在教学过程中注重师生之间、生生之间的有效交流。

3) 强大的师资队伍。要求专业硕士学位教师具备一定的专业实践能力，美国大学的教授普遍与相关产业有着密切的联系，或者有在企业界、产业界工作的经历。他们了解社会的需求，能够把实践中的课题引入教学和科研。学生实习计划的指导教师由实习单位的在职从业人员担任。

4) 入学要求严格。在招生标准上，侧重考查学生的专业知识和实际能力。学生申请进入专业学院，除了拥有优秀的大学课程成绩和导师推荐信外，还必须通过相关专业的入学测验。招生对象通常要求为取得学士学位或第一专业学位的毕业生，例如工程硕士专业学位与我国工程硕士情况类似，招收有一定实际工作经验的学士学位持有者。

5）独立的专业质量监控体系。专业学位研究生教育被划入市场竞争中，由教育界或者专门的职业部门自己组织鉴定机构进行评估。这样就避免了行政力量的干预，有效地监督和保障了美国专业学位研究生教育的质量。

6）学位论文形式灵活。美国专业硕士大都以毕业设计作业或者学位论文获得硕士学位，但各个学校和不同专业对学位论文和毕业设计的要求有很大差异，并且提交形式也很灵活，可以是研究报告、正式研讨会或者口头考试。

7）美国专业硕士学位教育注重学生实践能力的培养，这在实践环节要求和师资队伍建设上都有所体现。美国专业学位研究生教育一般要求学生参与设计项目或到企业参与实习。很多学院要求专业学位学生完成1个以上项目，专业学院也会为学生安排几个月的实习实践。企业和学校之间也会制定"合作计划"，对在校学生进行联合培养。

5. 日本专业学位特点

1）将专业学位作为一种学位类型单列，以法令、省令的形式确定专业学位的地位，保障专业学位的发展。日本对专业学位发展持谨慎态度，对于职业资质要求严格的专业，设立专业化的大学院。如法科大学院的诞生，2002年8月，日本文部科学省发布《关于"法科大学院"的设置基准》和《研究生院对高度专门职业人的培养》两份咨询报告，于次年3月颁布了《"专门职大学院"设置基准》，并于2003年新学期招收专门职大学生。

2）产教紧密结合，专业学位教育质量接受行业协会评估，以保障其职业性。日本对职业资质要求严格的专业，设立更专业化的大学院，例如法科大学院、教职大学院。从师资队伍上看，日本专业学位教育要求专任教师有一定的特定职业经验；从教学上看，强调与职业紧密联系的实践性教学，教学方式灵活多样，有案例研究、实地调查、多方讨论、多媒体教学等；从招生对象上看，专业研究生院原本注重招收具有实际工作经验的社会工作人员，但从2008年起在职攻读专业学位人员比例降低到40%，以招收应届本科生为主。一般将专业学位研究生教育的学习年限定为2年，法科大学院的学习年限定为3年，其余专业学位与学术型学位在学制上是相同的。

3）设立专门的大学发展专业学位教育。日本专门职大学于2019年开设，作为一个新的高等教育机构，与工业界密切合作开展教育工作，以培养人力资源。这些人力资源可以通过高水平的实际能力和实践能力来领导专业工作，并能够应对变化和创造新的价值。

4）日本设立专业学位研究生学位标准，并不要求学位论文。

6. 韩国专业学位特点

1）韩国研究生教育实行分工各异的"三院制"结构。韩国研究生教育目前实行分工各异的"三院制"结构，普通研究生院、专门研究生院与特殊研究生院。在韩国国民教育体系中，普通研究生院的学术研究水平最高。其定位是培养高水平的学术及科研人才，其有授予博士学位的资格。专门研究生院（也叫职业技术研究生院）主要培养高层次职业型和应用型人才，开展以培养法官、律师、医生、技师、教师等高级专门人才为主的专门研究生院课程教育，强调学术的实用价值。专门研究生院的设置旨在促进企业技术革新与提升管理水平，具有很强的行业部门实用性。特殊研究生院（也叫成人继续教育研究生院），招生对象大多是有学习欲望并希望提高自身修养的普通民众。这类研究生院不具有博士研究生培养资格，仅能培养硕士研究生，主要提供继续教育和劳动技术、技能培训，以及休闲娱乐性学习项目。

2）专业学位教育在专门的院校开展。韩国高校的类型与人才培养类型之间具有很强的对应关系：普通研究生院进行基础理论研究，重在培养研究型人才；专门研究生院和特殊研究生院主要培养高级职业技术人员，专门进行与专业学位相关的教育和教学。

3）专业学位设置灵活、类型丰富。韩国一级学科设置由国家控制并进行严格管理；二级学科设置灵活自由，实行动态管理；学科专业和课程设置随科学技术进步和市场经济发展而变化；各大学专门研究生院可自由根据需要随时调整开设的专业硕士/博士学位。

4）从职业与学位的联系性来看，具有明确的职业导向性。如法律硕士、教育硕士、临床医学（硕士、博士）等专业有直接对应的相关职业或行业，有直接对应的行业资格认证，有针对性较强的职业技能培训；有些专业学位，如管理学类专业学位，则不对应具体行业，却有对应的职能岗位，其应用范围较为广泛。

5）从招生培养来看部分专业学位只招收在职人员。MBA、公共管理硕士（Master of Public Administration，MPA）、工程硕士的项目管理方向、公共卫生硕士、体育硕士的竞赛组织方向、艺术硕士等管理类专业和少数不适宜应届毕业生就读的专业学位，只招收在职人员，实行非全日制攻读。其他专业学位面向应届毕业生招收，实行全日制培养，这些专业学位往往是技术性要求较强的专业，如法律硕士、教育硕士、工程硕士、临床医学硕士、农业推广硕士、兽医硕士、口腔医学硕士、风景园林硕士等。并且这类专业学员的入学条件在专业上有限制。

6）韩国研究生院产、学、研合作高效。包括三星电子、LG、现代集团在内的很多大型企业积极参与到办学过程中，有效地促进了产、学、研的有机结合，为韩国经济和产业结构升级做出了重要贡献。这些公司均有多所自身的研究生院，同时它们也与高校合作，进行研究生的联合培养。私立研究生院的广泛设立充分调动了社会力量办学的积极性，推动了研究生教育的发展。

7）弹性灵活的学制及考核方式。韩国研究生院的课程设置灵活多样，注重学科的交叉和综合，学生可以选择与自己专业相关的其他学科的课程。导师非常尊重学生的选择，并不硬性规定必修课与选修课的比例。研究生可根据自己的情况规划研究生阶段的课程结构，有很大的自主权。韩国借鉴美国研究生的授课方式，采取研讨课的教学模式。对于学生成绩管理和毕业审核，韩国的高校采取多元化的考核方式。各科目的考核方式由授课的教授自主决定，每一位教授的考核方式都有自己的特色。韩国高校和指导教师不对硕士生发表文章进行硬性要求，硕士生参与科研项目即可。为了鼓励学生产出高水平的研究成果，有些高校甚至采取以国际期刊文章代替研究生毕业资格考试和论文开题的方式，这在很大程度上激发了学生参与学术研究的积极性。在毕业环节，韩国专业研究生需要提交专业领域报告、调研报告、规划设计等，特殊研究生不必提交学位论文。

8）推进研究生教育国际化。随着韩国经济的不断发展，韩国研究生教育的国际化进程不断加快：国家在政策上鼓励大学多招外国研究生，外国研究生的比例成为衡量学校实力的一个重要指标；韩国高校与国外一流大学合作，吸取国外的教学内容和教学方法，例如，首尔大学、高丽大学等引入哈佛大学、斯坦福大学的MBA课程和华盛顿大学国际研究生院课程等；邀请国外专家到韩国举办讲座，讲座者包括世界各地大学的教授、研究生或者相关专业从业者。

从几个代表性国家的专业学位研究生教育发展过程可以看出，除了美国以外的其他各国，虽然其专业学位发展比较晚，但发展迅速。专业学位的发展程度与各国经济建设和社会发展程度密切相关，显示出其历史必然性。同时，国外专业学位研究生教育具有以下特点：一是与学术学位教育既保持相对独立又互有交叉；二是受人才市场影响明显；三是重视实践教学环节，专业学位人才培养过程与企业联系紧密；四是重视质量保障，既有规范的校内质量保障体系，也建立了政府认可和非政府认证相结合的校外质量保障体系。[①]各高校要想得到政府的资助、行业协会的认可，就必须主动参加并且通过相应的专业认证。

---

① 研究生专业学位总体设计研究课题组. 开创我国专业学位研究生教育发展的新时代：研究生专业学位总体设计研究报告. 北京：中国人民大学出版社，2010：90-93.

小　结

专业学位教育的培养目标是学生毕业后直接进入非学术职业领域就业，成为高级应用型人才，就业工作从重视"率"向重视"质"转变。本章详细探讨了专业学位研究生教育的演变历程，深入剖析了我国专业学位研究生教育所经历的五个发展阶段。在探讨当前专业学位研究生教育现状的基础上，归纳了各类专业学位和职业资格认证的现状，揭示了阻碍我国专业学位和职业资格认证对接过程的主要难题。

此外，专业学位制度是一种高层次应用型人才培养途径，世界上主要发达国家早就开始广泛采用这种制度。在培养专业学位研究生方面，它们拥有比我国更为悠久的历史和更为丰富的实践经验。因此，深入了解这些国家专业学位教育的发展历程，掌握其专业学位培养的规模和类型，以及学习各国专业学位和职业资格认证的经验，有助于推进我国专业学位研究生教育的发展。通过对各国专业学位研究生教育的发展历程、规模、授权方式以及职业资格衔接经验等方面进行比较分析，我们得出了国外专业学位研究生教育所具备的特点。总体而言，目前这些国家的专业学位教育结构趋于合理，层次、规模有继续扩张的趋势；专业学位认证文化氛围愈发浓厚；均在积极探索深度产教融合新型专业学位教育；专业学位设置流程逐渐规范化。下一章将介绍专业学位研究生教育综合改革试点高校调研的具体研究设计、实施方案，并分析深化综合改革试点效果。

第三章
专业学位研究生教育综合改革试点高校调研

2010年10月，为贯彻落实《国家中长期教育改革和发展规划纲要（2010—2020年）》，促进专业学位研究生教育更好地适应经济社会发展和满足人民群众的多样化需要，建立和完善具有中国特色的专业学位研究生教育制度，经单位申报、专家评审，教育部决定批准北京大学等64所高等学校、118个类别或领域开展专业学位研究生教育综合改革试点工作。研究组在2011年收集了这64所高校的专业学位研究生教育综合改革试点实施方案的研究文本类数据，对培养目标与定位、学制安排、培养方案设计原则，以及课程教学、专业实习实践安排、学位论文训练、导师指导等教育环境关键要素，管理机制和奖助贷体系等方面进行了研究与分析。

在2010—2013年推进专业学位研究生教育综合改革试点工作的基础上，教育部于2015年批准19个单位作为试点单位，开展深化专业学位研究生教育综合改革试点工作。专业学位研究生教育综合改革试点工作取得阶段性成效的同时，专业学位研究生教育试点高校的改革仍在持续。对专业学位内涵的剖析能够在一定程度上深化利益相关者对专业学位的认知，向专业学位的供给方（即学生）和需求方（即用人单位）传达明确的意图。对我国专业学位研究生的培养现状（特别是实践和导师队伍等教育环境关键要素）进行调研，不仅有助于了解专业学位研究生教育的现状和困境，同时还需要向就业端延伸，通过专业学位毕业生的就业质量来反映专业学位人才教育质量。

第一节　研究设计

一、研究方法

本章采用多种方法收集和分析各类信息数据。①采取文本分析，梳理国内外专业学位发展现状和教育政策，并分析综合改革试点高校实施方案。②采取访谈法，通过团体访谈、典型走访、面对面访谈等方式获得一手资料，借助案例研究法收集典型案例。③采取问卷调查法获得一手数据，并开展定量研究，运用SPSS进行描述性统计、信效度检验、相关性分析、t检验、方差分析、聚类分析、逻辑回归分析、线性回归分析，运用AMOS建构结构方程模型。④采取比较研究法，一是借鉴国内外专业学位培养模式并进行符合中国当前实际的本土化探索；二是开展对照组研究，对学术型硕士的教育体验进行同步调研，以从对比中发现差异，促进整体研究生教育的质量提升。

二、数据回收

全日制专业学位研究生全面开始招生以来，研究组在 2011 年率先开展了综合改革和试点高校实施方案调研，收集了 64 所高校的专业学位研究生教育综合改革试点实施方案的研究文本类数据，以及针对工程，涉农、医学等特定领域专业学位的预调研（有效样本 1134 份）。2014 年，分别针对有重要影响力的 9 所重点高校，涉及综合性院校、理工科院校和行业特色型院校等不同类型的"211 工程"高校专业学位应届毕业生（发放问卷 2000 份，回收问卷 1600 份，回收率为 80.0%，其中有效问卷 1465 份，问卷有效率为 91.6%），以及针对北京在职人员攻读非全日制专业学位开展调研，收集了研究文本类数据。以前期工作为基础，依托专业学位教指委和各省份合作高校，研究组先后在 2015 年、2017 年、2019 年 5—7 月持续开展全国大规模问卷调研工作。2015 年，正式调研以专业学位硕士应届毕业生（发放问卷 20 000 份，回收问卷 17 547 份，回收率为 87.7%，其中有效问卷 15 415 份，问卷有效率为 87.9%）、专业学位校友（发放问卷 8000 份，回收问卷 6422 份，回收率为 80.3%，其中有效问卷 5363 份，问卷有效率为 83.5%）、专业学位校内外导师（发放问卷 4000 份，回收问卷 3455 份，回收率为 86.4%，其中有效问卷 3363 份，问卷有效率为 97.3%）、管理人员和学位点负责人（发放问卷 1500 份，回收问卷 1446 份，回收率为 96.4%，其中有效问卷 1360 份，问卷有效率为 94.1%）、用人单位及合作培养单位（发放问卷 700 份，回收问卷 682 份，回收率为 97.4%，其中有效问卷 675 份，问卷有效率为 99.0%）、学术学位硕士应届毕业生（发放问卷 20 000 份，回收问卷 16 255 份，回收率为 81.3%，其中有效问卷 14 664 份，问卷有效率为 90.2%）为对象，共回收 6 类调研对象系列的有效问卷 40 840 份。175 所高校参与调研，涉及 32 种专业学位类型。调研期间，研究组以省份内高校座谈会、北京航空航天大学招聘会、行业学会座谈会、全国教育指导委员会座谈、单独邀请等为契机进行一系列访谈，访谈了学生、教师、专业学位点负责人、管理人员、教育指导委员会成员、行业学会成员、用人单位各类相关人员。2017 年和 2019 年，研究组分别回收全国专业学位硕士应届毕业生有效问卷 9424 份（发放问卷 10 000 份，回收问卷 9530 份，回收率为 95.3%，问卷有效率为 98.9%），以及 9839 份（发放问卷 12 000 份，回收问卷 10 088 份，回收率为 84.1%，问卷有效率为 97.5%）。

三、样本分布

2014年5—7月，围绕全日制专业学位硕士研究生的培养现状，依据全日制专业学位的国家设置要求，采用德尔菲法，经过数十位专家的4轮研讨，并结合对多位师生的访谈，研究组设计编制了《全日制专业学位研究生培养模式现状调研》问卷，并于2014年7月初开展了全国范围的预调研。参与调研的9所高校分别是北京大学、北京航空航天大学、中国农业大学、重庆大学，以及中国石油大学（北京）、北京工业大学、对外经济贸易大学、福州大学、华北电力大学（北京），各校在全国均具重要影响力。在各校随机抽样，共发放问卷2000份，回收问卷1600份，回收率为80.0%，其中有效问卷1465份，问卷有效率为91.6%。有效问卷涉及上述9所高校的20种硕士专业学位，其中2010年以后设立的专业学位有7种，包括金融、应用统计、国际商务、保险、资产评估、应用心理和城乡规划硕士，2010年以前设立的专业学位有13种，包括法律、社会工作、教育、国际中文教育、翻译、建筑、工程、农业推广、兽医、风景园林、工商管理、公共管理和会计硕士。

2015年，研究组开展正式调研，对高校的选择综合考虑了学校类型和地域分布：既有综合性高校，也有文科或理工科特色明显的高校；既有中央部属学校，也有地方高校；既有经济发达地区，也有经济发展一般的地区。这些高校选择具有较高的代表性。专业学位应届毕业生、学术学位应届毕业生、校友、校内外导师、管理人员和学位点负责人、用人单位及合作培养单位不同调研对象样本总计超过40 000份，其中，全国专业学位硕士研究生应届毕业生、校友和用人单位及合作培养单位调研样本分布情况如下。

对于全国专业学位硕士研究生应届毕业生问卷调查，共有175所高校参与，涉及专业学位类型达32种，共发放问卷20 000份，回收问卷17 547份，回收率为87.7%，其中有效问卷15 415份，问卷有效率为87.9%。其中样本量较大的有12种专业学位，学生的专业分布主要为工商管理（1050人）、建筑学（326人）、法律（1057人）、教育（992人）、工程（5693人）、临床医学（1131人）、公共管理（335人）、农业推广（367人）、会计（939人）、艺术（390人）、翻译（310人）、金融（240人）。从性别来看，样本的男女比例接近1∶1。从入学方式来看，全日制非定向专业学位研究生占61.3%，全日制定向专业学位研究生占14.2%，非全日制专业学位研究生，即在职攻读专业学位的研究生占15.6%。

对于校友问卷调查，共有125所高校参与了专业学位校友调研。其中，"985

工程"高校样本占 24.0%,"211 工程"高校样本占 22.1%,普通高校样本占 53.9%。

对于用人单位及合作培养单位问卷调查,共 20 所高校推荐了用人单位及合作培养单位填写问卷。调研共发放问卷 700 份,回收问卷 682 份,回收率为 97.4%,其中有效问卷 675 份,问卷有效率为 99.0%。326 家上海市用人单位(合作培养单位)、104 家江苏省企业、91 家陕西省企业、90 家黑龙江省企业、36 家北京市企业、21 家安徽省企业、5 家重庆市企业和 2 家山西省企业参与了调研。

2017 年,调研共发放专业学位硕士应届毕业生问卷 10 000 份,回收问卷 9530 份,回收率为 95.3%,其中有效问卷 9424 份,问卷有效率为 98.9%。高校所在地为上海市、北京市、云南省、黑龙江省、山西省、天津市、浙江省、重庆市、广东省、四川省的调研对象均超过 100 人,其专业主要分布在工程(1848 人)、医学(813 人)、法律(699 人)、会计(654 人)、金融(640 人)、教育(618 人)、翻译(390 人)、艺术(357 人)、农业(308 人)、临床工商管理(108 人)、建筑(101 人)11 个主要的专业学位类型。

2019 年,调研共发放专业学位硕士应届毕业生问卷 12 000 份,回收问卷 10 088 份,问卷回收率为 84.1%,其中有效问卷 9839 份,问卷有效率为 97.5%。安徽省、北京市、福建省、广东省、黑龙江省、江苏省、辽宁省、山西省、陕西省、上海市、四川省、天津市、浙江省、重庆市的有效样本数均大于 100,学生的专业分布主要为金融(327 人)、法律(418 人)、教育(1234 人)、翻译(630 人)、工程(4027 人)、农业(835 人)、临床医学(664 人)、工商管理(700 人)、会计(437 人)、艺术(508 人)10 个主要的专业学位类型。

四、测量工具设计及信效度检验

本章将最主要的调研对象设定为即将获得专业硕士学位即将离校的全日制专业学位应届毕业生,这些学生已全程体验了某专业学位培养方案中各个环节,并已有了求职体验,对学习过程的满意度,结合求职经历应已进行反思和感知调整,对学校确定的培养目标是否达成也具有反思性判断——究竟提升了何种能力,以及所经历的专业学位的职业导向价值如何。研究组围绕专业学位硕士研究生教育质量的现状设计编制问卷,经过研究组成员和有关行业专家多次修改和讨论,最终确定问卷内容,并通过各高校管理部门向专业学位应届毕业生等调研对象发放,开展调研。问卷采用不记名自填的方式,所有问卷答案均无对错之分,被调查者根据客观情况和主观判断作答。回收的数据主要借助统计分析软件

SPSS 19.0 和 AMOS 进行处理及进一步分析研究。

问卷分为 4 部分，共 77 道题目，第一部分为性别、毕业学校、就读专业学位名称、入学前是否有工作经验、录取方式、报考专业学位的主要原因、本科专业与研究生专业是否属于同一学科领域等基本信息。第二部分为专业学位教育培养模式的调查，包括导师指导方式、与导师见面的频率、实践教学的方式、实习实践形式、实践时间、所学课程内容与相近的学术型学位的相似程度、毕业论文的实际应用性等，此外也有个人学习投入和学业成就信息。第三部分为即将就业的情况，包括单位类型、单位性质、行业性质、岗位性质、单位所在地区、起薪等。第四部分为培养质量评价调查。采用利克特五点计分法，涉及"程度"的问题选项为"非常不满意、比较不满意、一般、比较满意、非常满意"，或者"非常弱、比较弱、一般、比较强、非常强"，以及"参与非常少、参与较少、不清楚、参与较多、参与非常多"。此部分包括培养过程中对课程学习（实践教学维度单列）、专业实习实践训练（实践基地维度单列）、导师指导、合作培养单位参与、学位论文训练、支持体系的体验等内容，以及培养目标达成中对能力提升程度、职业发展与就业评价等维度的感知性评价（表 3-1）。

表 3-1 培养质量评价主要维度划分

维度	维度名称	指标
维度 1	对课程学习体验	课程总量
		课程内容的理论性
		课程内容的实践性
		课程内容的前沿性
		课程内容的职业性
		课程内容的综合性（与多学科交叉，涉及多学科知识）
		课程教学方式（讲授、案例、项目、讨论等）
		课程推荐教材
		课程的考核方式
维度 2	对专业实习实践训练体验	参加实习实践的时间
		实习实践场所的配套条件
		实习实践补助或津贴
		实习实践场所的管理
		参加过的实习实践活动内容
		案例教学和案例撰写分析训练
		实验性教学和综合性实训
		参加实习实践的时间

续表

维度	维度名称	指标
维度 3	对导师指导体验	校内导师的论文指导
		与校内导师的日常交流沟通
		校外导师或来自行业人员的论文指导
		与校外导师或来自行业人员的日常交流沟通
		校内导师与校外导师及行业人员的共同指导
		实习期间校内导师的关心指导
		实习期间校外导师或行业人员的关心指导
维度 4	对合作培养单位参与体验	招生环节
		参加授课
		指导实践环节
		学位论文
维度 5	对学位论文训练体验	学位论文指导方式
		学位论文的评价标准
		学位论文的选题取向
		学位论文的研究训练
		学位论文的应用价值
维度 6	对支持体系的体验	国际交流合作
		管理制度
		奖助学金制度
		可申请的（含）支持专业学位的专项基金或资助
		硬件建设（教学设备、图书资料、实验室装备）
		质量保障体系（教学评估、认证评估）
		开展就业相关指导（职业发展规划咨询及心理辅导、就业创业指导课开设与教学、创业教育、求职面试辅导等）
		开展就业相关服务（校园招聘活动、就业信息发布、派遣服务）
		可使用的信息交流平台（实习机会\实践项目选择\校外导师库\案例库\教材库等）
		参加相关的学术界或行业界赛事的机会
维度 7	能力提升程度	人文素养
		职业素养
		专业知识
		职业实践能力
		沟通能力
		团队协作能力
		组织领导能力
		动手能力
		信息感知和采集能力

续表

维度	维度名称	指标
维度7	能力提升程度	分析能力
		反思和批判性思维能力
		适应反应能力
		知识迁移能力
		创新能力
		国际视野
		职业发展潜力
维度8	职业发展与就业评价	你所就读专业学位符合社会需求的情况
		如果再给你一次机会，您是否还会选择本专业学位就读
		如果再给你一次机会，您是否还会选择本校就读
		拟就职工作岗位与你所学专业相符合度
		拟就职工作岗位对你未来职业发展重要性
		拟就职工作岗位与你预期的符合度
		综合就业满意度

研究组对测量工具进行了信效度分析。以 2017 年数据为例，为检验上述第四部分中培养过程体验划分方式的效度，本章采用了验证性因子分析。结果表明所有体现培养过程体验的指标 KMO 值为 0.929，Bartlett 球形检验近似卡方值为 57 694.028（df=153，p<0.001），表明适合进行因子分析。主成分分析结果验证了上述 6 个维度的结构假设，可以抽取出上述各子变量，各子变量分别落在假设变量上，对总变异量的累计解释率大于 50%，同时每个题目在对应变量载荷为 0.534—0.839，说明测量工具的结构效度较好。为检验测量工具的信度水平，对测量工具的内部一致性系数进行检验。克龙巴赫 $α$ 系数为 0.831，表明测量工具的信度水平比较理想。3 轮信效度检验结果显示，测量工具达到了统计学的测量标准，适合进行定量分析。

第二节 综合改革试点高校实施方案调研

一、方案设计分析

（一）培养目标

在培养目标上，各综合改革试点高校专业学位培养目标的制定秉承各高校的办学理念，以相关职业和专业发展为导向，理论与实践并重，面向行业培养掌握特定领域专业基础理论和技术的高层次应用型复合人才，并注重专业学位研究生应用创新能力的培养。例如在工程硕士专业学位方面，作为试点高校的清华大学、哈尔滨工业大学、北京工业大学，设置的具体培养目标分别如下。

1. 清华大学

清华大学（核能与核技术工程）的培养目标：以建设核优势专业的特色取向、以服务国家对核电发展的大战略为取向、以培养核能与核技术工程在企业中的有用人才取向为办学思想。发挥学科优势，整合优质教育资源，为核领域培养急需人才，满足国家对高层次应用型核领域人才的迫切需求。

2. 哈尔滨工业大学

哈尔滨工业大学（机械工程）的培养目标：掌握机械工程领域坚实的基础理论和宽广的专业知识、具有较强的解决实际问题的能力、能够承担专业技术或管理工作、具有良好的职业素养的高层次应用型专门人才。应具有与之相关的现代工程数学分支及其应用知识、现代工程物理学（工程力学、电学、光学等）及其应用知识；具有针对任职岗位需求的计算机硬、软件及网络应用知识。

3. 北京工业大学

北京工业大学（工程硕士）的培养目标：工程硕士专业学位是与工程领域任职资格相联系的专业性学位，侧重于工程应用，主要是为工矿企业（特别是为国有大中型企业）和工程建设部门培养应用型、复合型高层次工程技术及工程管理人才。

（二）学制

在学制上，各综合改革试点高校专业学位硕士研究生学制以 2—3 年为主，较学术型学位更加弹性、灵活。例如，清华大学的法律硕士、核能与核技术工程硕士、工商管理硕士的学制为 2 年或 3 年；北京航空航天大学专业学位试点学制为 2.5—3 年；北京师范大学、上海交通大学、华东师范大学、南京大学等的专业学位硕士研究生学制也都为 2—3 年；北京工业大学对工程硕士专业学位要求学制为 2 年，工程硕士专业学位的学制为 2—4 年。

二、培养方案设计原则

各高校已意识到专业学位与学术学位的不同，在培养方案设计上也体现出区别。高校专业学位培养方案分 3 部分——课程学习、专业实践和学位论文。课程学习注重培养专业知识与素养、专业实践培养学生的解决实际问题的能力，培养方案设计遵循课程与实践并重，在一定程度上向实践倾斜。下面以 4 所不同地区的地方院校专业学位培养方案设计原则为例，展开讨论。

1. 天津师范大学

天津师范大学专业学位的培养方案设计原则包括：①服务地区和国家经济发展和社会建设需求。专业学位建设瞄准国家和地方经济建设及社会发展，以及科技进步的战略重点和目标，与地方经济结构和社会发展战略性调整要求相适应，以培养实用型人才为导向。②专业型研究生培养与学术型研究生培养并重。在巩固和发展学术型研究生教育同时，天津师范大学注重实用性学科建设工程，转变教学方法，突出实践性，提高专业型研究生实践和创新能力。③探索专业学位教育培养模式与遵循研究生教育规律并重。研究生专业学位教育培养模式要达到实用型人才需求与人才培养科学的统一，在遵循研究生教育与人才培养内在规律的同时，体现专业学位的行业特点，注重科学性与实践性相结合。

2. 江南大学

江南大学工业设计工程硕士专业学位的培养方案设计原则包括：①在课程设置中，江南大学工业设计以专业学位、社会需求、市场结合为导向，充分考虑了工业设计的特点和学生将来从事职业的需要，加强实践能力的培养和企业前沿、设计实务的教育与认知，使专业学位的培养理念贯穿于课程方案的整体设计之中，为应用型人才培养量身定做。②梳理原有课程，进一步减少课程数，增加重点课程的学分数和课时数，并以多模块的方式构成复合的课程体系，在整体上使学生需要掌握的知识体系更加清晰，使其能力更加全面。③课程设置以动手创作的实践基础为主，以理论研究为辅，主要侧重具体的设计方法。④课程体系模块化：学位课一般应用研究和学科理论并重，而选修课则以应用为导向的实践性课程为主，同时兼顾设计、管理、技术、经济等知识。必修课充分重视知识产权、设计管理、计算机应用等必要的知识课程。⑤企业合作课程：引入符合企业需要和社会发展探索的跨学科设计、服务设计、跨文化设计等各类工作坊项目。针对工业设计硕士研究生群体所在行业和领域的特点和需求，有针对性地制定个性化的培养方案，甚至开设特色行业班。必要时可以邀请该领域知名企业设计专家承担课程的授课和论文研究指导工作。⑥专题整合的团队课程：融合设计、管理学、心理学、经济学、工程制造等领域知识，通过产学研结合、项目组织与国际合作培养，培养具有高技能、复合型、决策型的创新设计人才。

3. 安徽大学

安徽大学法律硕士专业学位的培养方案设计原则包括：根据法学专业攻读全日制法律硕士专业学位、非法学专业攻读全日制法律硕士专业学位及在职攻读法律硕士专业学位三种类型的研究生教育的特点，制定了不同的培养方案，并进行了相应的创新设计。法学专业攻读全日制法律硕士专业学位研究生，在强化基础法律知识教育的基础上，强化法律应用能力和职业能力的培养；以职业能力训练课程为主，以法学理论研修课程为辅。非法学专业攻读全日制法律硕士专业学位注重理论水平的提升，进一步提高学生解决实际问题的能力。

4. 北京工业大学

北京工业大学工程硕士专业学位的培养方案设计原则如下。北京工业大学以获批全国首批工程硕士类"专业学位研究生教育综合改革试点"为契机，转变教育理念，创新全日制专业学位研究生培养模式，改革管理体制，提高培养质量。①强化"工程导向、双师指导、加强实践"的培养定位；②坚持"模块设计、环节控制、联合培养，探索机制、加强服务、提升质量"的工作方针；③按照专业学位类别分类制定培养方案，但为便于信息化管理，统一模块要求；④广泛了解国内外著名高校同类领域的培养情况，把握领域发展的主流和趋势，并结合学校的实际情况，制定全日制专业学位研究生培养方案。

三、教育环境关键要素

（一）课程教学

课程体系突出课程的基础性、层次性和实践性，根据培养目标的不同，与学术型学位课程设置有所差异，突出实践能力培养。教学内容强调理论性与应用性课程的有机结合，注重实践类课程（包括案例课程和应用型教学课程）设置，下面以中国人民大学和东北大学为例进行阐释。

1. 中国人民大学

在课程教学方面，中国人民大学公共管理硕士专业学位设置如下：①设置包括核心课程、专业方向课程和能力课程三大模块有机无缝组合的新课程体系。其中，核心课程和专业方向课程被证明是 MPA 研究生培养模式中行之有效的必备课程模块；新增加的能力课程则是紧密结合世情、国情的需要开设的。②积极建设能力课程体系模块。根据公共部门实际工作需要，能力课程包括但不限于演讲、辩论、谈判、媒体运用、危机应对和处理、高级公文写作、社会调查和数据处理、国际事务、公务员礼仪等实用性、技能性很强的各类课程。③优化专业方向建设。专业方向建设是中国人民大学MPA教育的重要优势和特色之一。集中校内外优势师资，根据职业导向和部门导向两个维度，创建"政府治理与领导""公共组织与人力资源"等20个专业方向。根据公共管理理论和实践发展的新要求，适应MPA教育发展的新特点，对MPA专业方向进行优化、调整和凝练，进一步凸显时代特色、MPA特色和中国人民大学特色。

2. 东北大学

东北大学控制工程硕士专业学位课程体现厚基础理论、重实际应用、博前沿知识的特色，着重突出专业实践和工程实践类课程。课程学习实行学分制。课程设置分为学位课程、实践类课程与选修课程三类。学位课程分为公共课程和专业课程两类，实践类课程为必修课。根据控制工程基础理论和技术方向，将课程设置为自动化类课程群、系统工程类课程群、仪表与检测类课程群、模式识别类课程群，以及根据用人单位需要设立的综合控制类课程群等。每个控制工程领域工程硕士研究生在导师的指导下，选择相应的课程群组合。选修课程可以单独根据具体需要灵活设置。对已取得的一些成果，根据不同情况可承认一定的学分。

（二）专业实习实践安排

实践环节所占学分依专业不同有所差别。就工程硕士而言，实践环节所占学分多为3—6分，应届毕业生的实习时间一般为半年到一年。实习内容包括在学校的实习平台和校外的实习基地参与实习，以及进入社会相应的行业领域进行实习。考核方式包括学生撰写实践报告、对实践报告进行考核，或者对该环节的工作量进行考核。下面以清华大学和同济大学不同领域的工程硕士为例。

1. 清华大学

清华大学核能与核技术工程硕士专业学位：①强化实践能力培养。既包括开发研究型课程和项目训练型课程，以调动研究生自主学习的积极性，学以致用，也包括培养方案中明确列入相关工业界实习的实践环节（3—6学分），以帮助学生了解企业需求、企业运作方式、体验企业文化，培养其发现问题、分析解决问题和评价问题的能力。②强化职业素质培养。培养方案中专门列入职业素质课程（不少于3学分），包括工程项目管理、工程经济学、可靠性工程与风险分析、核电站安全文化等。

2. 同济大学

同济大学车辆工程硕士专业实践主要内容之一是用1—2个月的时间集中对所有研究生开展"汽车CAE设计技能"的培训和实习。培训内容为ADAMS、STAR-CD、HYPERMESH三个汽车设计相关的专业软件。以教学团队形式组织教学，相应专业软件公司培训教师参与理论教学，操作实习以及考核作业由本校指导教师教学团队负责。该专业学位项目通过与上海市热力资源和社会保障局及上海汽车集团股份有限公司合作，将工程实践课程体系与汽车工程师资格认证衔接互认，研究生毕业后获得汽车专业工程师职称认证资格。

同济大学车辆工程硕士专业采用集中实践和分段实践相结合的方式。集中实践包括：①同济大学汽车学院统一安排的实践教学环节（如汽车CAE设计技能的培训和实习）；②2个月时间以上的企业集中实习实践活动。分段实践是指学生非集中方式、非持续时间所开展的企业实习实践活动。应届本科毕业生的实践原则上不少于1年，其中集中实践时间不少于6个月；有工作经历的研究生的实践原则上不少于6个月，其中集中实践时间不少于3个月。实习场所包括学院认定的各类企事业单位、国家工程中心、国家工程实验室，以及学校和学院已建立的各类研究生科研实习基地。对于实习管理及评价，研究生要提交专业实践学习计划，导师和专业方向签署同意意见后报学院审批，最后需要撰写提交实践学习总结报告。学院成立专业实践考核小组，给出通过或不通过的考核结论。此外，学院鼓励将专业实践与学位论文工作相结合，同等条件下在论文评优、优秀毕业生评定等方面优先。

（三）学位论文训练

专业学位论文形式应多元化，报告、案例分析、方案等也可以作为毕业设计。选题应体现所属专业方向的性质、特点与范畴，与专业实践紧密结合。专业学位论文可以采用双导师制指导方式，毕业论文是否能进行答辩，需要通过校内和校外两位指导教师的审阅，答辩委员会需要有校外专家参加（如复旦大学公共卫生硕士专业学位）。学位论文内容应面向行业，着眼实际问题，比学术学位论文更强调应用性。下述为几所高校的专业学位论改革实施方案。

1. 北京大学

北京大学法律硕士学位论文改革提供两种方案。方案一：取消毕业（学位）

论文，将学生写作能力的培养提前至第一、二学年；设置法律文书写作和谈判课程，该两门课程中的两到三篇作业作为评价学生是否达到相关学位要求水平的载体。方案二：不取消毕业（学位）论文，但是实行毕业（学位）论文多元化，即在保留原有毕业（学位）论文的基础上，学生可以选择以实习报告、案例分析等方式作为毕业设计。相关论文评审标准和程序也要针对不同种类的毕业设计进行修订。

2. 中央财经大学

中央财经大学要求MBA学位论文必须是行业分析报告或综合案例分析报告，目的是培养MBA学生独立策划、编写专业报告的能力，锻炼其宏观决策潜力和行业把握能力，提高其研究、分析、解决实际问题的管理实践能力。

3. 北京体育大学

北京体育大学体育硕士专业学位论文应不同于学术型学位研究生论文，论文形式可以是专题报告、训练方案或实施方案等。论文的选题要突出应用性，研究结果能否解决问题被作为论文评审的主要标准。论文题目避免地区调查或体育项目开展状况方面的研究，运动训练领域应以解决训练中的实际问题为主，体育教学领域突出解决教学中的实际问题。

4. 东北大学

东北大学控制工程领域工程硕士专业学位论文选题一般应有明确工程技术背景和应用价值的项目，有一定的工程工作量、技术难度和技术创新需求。论文形式可以是工程设计或工程研究论文。答辩前一年半开始论文工作。论文工作必要流程包括工程实践、开题报告、中期考核、答辩申请、预答辩、评阅送审、论文答辩。答辩未获通过的，将重新组织论文进行答辩。

5. 北京工业大学

北京工业大学对工程硕士论文和学位标准的要求如下：对研究生发表论文不做硬性要求，可将完整的工程项目论证报告、设计方案、技术改造或攻关方案，专利或软件著作权申请书、企业技术革新的效益证明等，作为学位论文的支撑材料。论文评价突出工程性和实践性，以是否解决了工程中实际问题或是否提出了切实可行的技术方案为标准，答辩委员会中行业、企业专家占多数。

（四）导师指导

总体上，各高校均采取措施，丰富导师队伍的组成，加大校外兼职老师的比例，全面指导研究生的学习和生活。注重建立研究型和专业实践型的"双导师"制。对教师的工作建立量化考核指标体系和细则，从多维度对师资队伍进行评价。下述以北京三所高校的专业学位导师指导改革实施方案为例。

1. 中国人民大学

中国人民大学进行导师指导改革，旨在加强专业学位师资队伍建设，优化师资结构。采取的措施包括：①建设开放式的"双师型"教师队伍，优化师资结构。配备专职和兼职相结合的师资队伍，吸收具有国内外先进管理理论和教育理念并且在实际工作部门担任高层职务或有丰富经验的专家学者担任兼职教师，直接授课或开办讲座。②加强师资培训和考核。鼓励和支持教师参加国内外相关教学培训活动及到国外进修，以掌握先进的、国际化的教学方法；创造条件支持和鼓励教师主持或参与各种与实际部门合作的横向课题，丰富实践经验。完善教师评估体系，探讨专业学位教师评估体系与学术型教师评估体系之间的区别，考量相同评估指标在不同类型教师评估体系中权重的差异，以考核促提高。

2. 北京师范大学

北京师范大学开展公共管理硕士专业学位导师指导改革，旨在建立学者+官员的双师团队。为适应MPA人才培养模式创新，必须建设一支高水平、专业化、"双师型"、具有国际视野的师资队伍。北京师范大学采取如下措施：①整合学校现有公共管理一级学科的师资力量，打破传统的院系行政单位界限，跨院系组织MPA教学师资团队；从中央部委、地方政府和实习实践基地聘请20位管理实践经验丰富的学者型官员为学校兼职教授，改变MPA师资队伍重理论研究、轻管理实践的局面。②派出相关教师到相关部门、行业和实习实践基地挂职，丰富相关教师的管理实践经验，培养一支既能讲授专业知识又能指导专业实践的"双师型"教师队伍；在加大从境外大学引进人才工作力度的同时，通过国家公派出国、学校和院系派出等措施，鼓励任课教师到国外一流大学和科研机构做访问学者，进行合作研究，参加国际学术研讨会，以培养师资队伍的国际视野。

北京师范大学将根据公共管理学科发展和MPA等专业学位发展情况，在人力资源政策上加大倾斜和扶持力度，支持管理学院在未来3—5年，从境内外一流大学引进高端公共管理人才3—5人充实师资队伍；给予管理学院更加灵活的师资聘任政策，支持其从中央部委、地方政府和企事业单位聘请一批具有丰富实践经验的实务工作者做兼职教授、讲座教师，以改变MPA专业学位的师资结构，提升师资队伍综合实力。

3. 北京工业大学

北京工业大学进行了导师指导改革，旨在推进专业学位导师队伍分类建设，采取的措施如下：①修订了《北京工业大学研究生指导教师遴选条例》，将学术学位研究生指导教师和专业学位研究生指导教师进行分类建设、分类管理。其中，专业学位导师又分为校内专业学位导师和校外专业学位导师两类。特别是对于校内招收工程硕士的研究生指导教师，强调必须具有较丰富的工程背景或实践经验，正在承担工程项目课题，并能为所指导的工程硕士研究生提供实习基地；对于工程硕士的校外企业导师，则强调其具有十年以上的工程实践经验的同时，应具备较高专业素质，在行业中有较大影响，并能承担研究生课程教学工作。同时，在招生过程中，严格把握导师类型与招收的研究生类型相对应，并按招收研究生类型对导师的招生资格进行年度审核。②旨在建立"双师型"师资队伍，组成一支由专职教师、企业专家和国内外兼职教师组成的高水平师资队伍。对教师评价机制和培训机制进行改革，评价以教师参与工程项目研究取得的高水平成果（如技术发明专利、工程设计获奖等）代替以发表论文形式的单一考核标准。培训则侧重对青年教师"工程意识"的培养，增加青年教师去企业实习的机会，在研究生导师培训中的工程教育，侧重对"学术性与工程性统一"的理解和认识。另外，在教师考核指标体系中，学校正在研讨对于从事工程实际项目的教师，拟以教师参与工程项目研究取得的高水平成果（如技术发明专利、工程设计获奖等）代替以发表论文形式的单一考核标准，以适应专业学位研究生教育改革深化的需要，打造一支具备深厚工程教育背景的专职教师队伍。

四、管理机制

在管理机制上，各改革试点高校纷纷建立相应的专业学位教育与管理机构。例如，清华大学（核能与核技术工程）成立了全日制工程硕士项目指导委员会，参与全日制硕士专业学位研究生人才培养方案设计和教学，监督和指导项目运行，以保证培养质量。又如，北京航空航天大学（电子与通信工程）在学院主管院长的领导下，建立以学科带头人牵头的工程硕士教学指导委员会工作小组，形成宏观管理、咨询与指导、监督与评估相结合的工作方式，成立专门机构，即工程硕士办公室，加强与企业人事组织部门的工作联系。再如，东北大学（公共管理硕士）成立了综合改革试点工作领导小组和专家小组。领导小组主要成员是直接从事公共管理硕士专业学位教育的专职教师和管理人员，直接参与公共管理硕士专业学位研究生教育的管理与服务工作。对于南京师范大学（教育硕士），学校建立了教育硕士专业学位的校院两级管理体系。学校成立教育硕士教学指导委员会，指导并监控教学质量，并进一步发挥教育科学学院在教育硕士培养中的主导作用。各培养学院成立教育硕士教学管理部，全面安排、掌握教学过程，发现问题及时调整，将教育硕士研究生的培养工作落实到实处，从而全面提高人才培养质量；同时建立教育硕士培养学院协调小组；制定相应条例，强化各个培养学院的责权利相统一、学校学院相协调的教育管理体制。北京工业大学则建立了专业学位研究生教育指导委员会，委员由具有工程背景的校学位评定委员会委员和行业、企业专家组成。委员会的职责有三：一是把握工程硕士培养的"工程性"标准，审核工程硕士研究生的培养方案和学位授予标准；二是促进学校与企业合作，协助创设学生实习、实践基地；三是作为校学位委员会的决策咨询机构，研讨工程硕士教育综合试点中遇到的新问题和有争议问题，并提出政策建议。

五、奖助制度

在奖助制度上，各试点高校探索设立专业学位专项奖励金，多方争取资源，统筹协调，加大奖学金、助学金、贷学金对专业学位研究生的支持力度，以增强其吸引力，同时提高生源质量。下述以上海交通大学和北京工业大学为例。

1. 上海交通大学

上海交通大学（工商管理硕士）安泰 MBA 项目自 2011 年秋季起，加大奖学金的力度，安泰 MBA 项目年度奖学金总额从 500 万元增加到 1000 万元以上，分别用于奖励新生入学、课程学习、第二课堂、创业实践、出国交流、海外游学、学生活动等方面；奖学金的覆盖面将从 30%提高到 60%以上，并达到 400 人次以上。各类奖学金和贷款助学体系如下。

1）新生奖学金。新生奖学金授予全国联考笔试和面试成绩优异的业余制 MBA（包括金融 MBA、技术 MBA 和普通 MBA）、全日制国际工商管理硕士（International Master of Business Administration，IMBA）和全日制中国全球运营领袖（China Leaders for Global Operations，CLGO）项目新生（表 3-2）。

表 3-2 新生奖学金授予情况

项目	类型	金额/万元	人数/人
业余制 MBA 项目	全额奖学金	18.8	2
	半额奖学金	9.4	10

续表

项目	类型	金额/万元	人数/人
全日制 IMBA 项目	全额奖学金	12.8	1
	半额奖学金	6.4	5
全日制 CLGO 项目	全额奖学金	15.8	1
	半额奖学金	7.9	5
	合作企业奖学金	4	其余同学均可获得

资料来源：根据上海交通大学专业学位研究生教育综合改革试点工作总结报告整理而得。

2）在校生综合表现奖学金。在校生综合表现奖学金授予学习成绩优秀、领导力和团队合作能力出色，且积极参加学生工作和社会实践的二年级业余制MBA学生，40%及以上的学生有机会获得该项奖学金（表 3-3）。

表 3-3 奖学金授予情况

项目	类型	金额/万元	比例或人数
业余制 MBA 项目	一等奖学金	2.00	4%
	二等奖学金	1.50	8%
	三等奖学金	1.00	12%
	浮动奖学金	0.75	16%
全日制 IMBA 项目	一等奖学金	2.00	4%
	二等奖学金	1.50	8%
	三等奖学金	1.00	12%
	浮动奖学金	0.75	16%
全日制 CLGO 项目	一等奖学金	3.00	10 名
	二等奖学金	2.00	10 名

资料来源：根据上海交通大学专业学位研究生教育综合改革试点工作总结报告整理而得。

3）蒋震奖学金。蒋震奖学金授予学习成绩优秀、领导力和团队合作能力出色，且积极参加学生工作和社会实践的二年级 IMBA 学生。蒋震奖学金共奖励 8 名左右学生，每名 1 万元人民币，并有机会获得 1 万美元资助用于出国交换生学习。

4）海外交换生奖学金。安泰 MBA 项目学生在校期间均有一次参加国际交换生学习的机会，主要形式为赴世界一流商学院进行 3—6 个月的课程学习，安泰 MBA 项目每年会提供 70 个以上赴境外交流的名额。为鼓励并奖励更多学生积极参与交换生学习，特设海外交换生奖学金，每位成功完成海外交流的学生均可以获得 2 万元奖学金。

5）国际游学奖学金。安泰 MBA 项目学生在校期间均有一次参加国际游学的机会，主要形式为赴欧美顶级商学院进行 1—2 周的课程学习和企业参访。根据学生需求情况每个年度会组织 2 批左右国际游学，每批国际游学团名额为 40 个左右。为鼓励并奖励更多生积极参与国际游学，特设国际游学奖学金，成功完成国际游学的学生可以获得以下奖学金（表 3-4）。

表 3-4　游学奖学金

类型	金额（万元/人）	名额（人/批）
一等游学奖学金	2.0	10
二等游学奖学金	1.5	10

资料来源：根据上海交通大学专业学位研究生教育综合改革试点工作总结报告整理而得。

6）特许金融分析师（Chartered Financial Analyst，CFA）奖学金。为了鼓励学生积极报考 CFA 考试，所有在读期间参加 CFA 考试并通过的金融 MBA 学生和 IMBA 学生均有资格申请 CFA 奖学金（表 3-5）。

表 3-5　CFA 奖学金

类型	金额	获奖人员
CFA I 注册奖学金	390 美元（以 CFA 实际注册费用为准）	通过 CFA I 级者
CFA II 奖学金	710 美元（以 II 级实际考试费用为准）	通过 CFA II 级者

资料来源：根据上海交通大学专业学位研究生教育综合改革试点工作总结报告整理而得。

7）合作企业就职奖学金。为了鼓励 CLGO 学生前往合作企业工作，授予前往 CLGO 合作企业就职的 CLGO 毕业生奖学金。设三种奖励额度（2 万元、1.5 万元和 1 万元），获奖人数以实际就职人数而定。

8）创业奖学金。为了鼓励 MBA 学生积极参与创业实践，安泰 MBA 项目专门成立安泰 MBA 创业基金，每年投入 200 万—500 万元人民币用于资助上海交通大学安泰 MBA 项目学生创业，每个项目资助 30 万—50 万元。

9）其他企业合作奖学金。为鼓励 MBA 学生在校期间积极向上，不断增强实践能力，提高综合素质，安泰 MBA 项目陆续与合作企业设立了爱默生奖学金、太平洋奖学金等。

10）贷款助学。为了缓解 MBA 学生的经济压力，使其有足够的流动资金，安泰 MBA 项目与中国银行、交通银行、杭州银行等银行机构，以及宜信金融等贷款机构建立了商业助学贷款的合作关系。

2. 北京工业大学

北京工业大学专业学位研究生与学术学位研究生在奖助贷上享受同等待遇，另外拟每年设立 300 万元的专项资金用于专业学位奖助贷体系建设，设立"企业实习保险"，使企业用人无后顾之忧，拟设立"企业实习科技项目专项基金"激励学生。

其他高校也在奖学金政策上向专业学位倾斜，将奖助贷体系与就业服务体系有机地联系起来，并且奖学金的来源和设立方式更加多渠道、多形式。

六、综合改革试点高校特色方案

在专业学位研究生教育综合改革过程中，试点高校积极探索、实践，形成了一系列特色鲜明的体制机制和制度，保障了专业学位研究生教育的灵活性和多元化。下述以湘潭大学、南京师范大学、华东师范大学、北京工业大学、北京科技大学专业学位的改革特色为例。

（一）湘潭大学

湘潭大学法律硕士专业学位改革的特色如下。

1) 实行免修制度。湘潭大学实行免修制度，主要包括两个方面：①英语免修。在职法律硕士研究生通过国家英语四级，全日制法律硕士研究生通过国家英语六级，可免修研究生英语课程。②专业课程免修。法律硕士研究生在省级核心期刊发表相关学科论文 1 篇，经法学院学位委员会认定，可免修该课程。

2) 丰富学分认定制度。经法律硕士专业学位教学指导委员会认定，在职法律硕士研究生参加科研项目、发表学术论文、获奖成果可以转化为相应课程的学分。

（二）南京师范大学

南京师范大学教育硕士的改革特色如下。

1) 在对教育硕士专业学位的后续跟踪方面，南京师范大学成立教育硕士后流动站，加强教育硕士后的跟踪式培养。在部分有条件的地区建立教育硕士后流动站，通过确立科研课题、组织合作攻关、交流实践经验、加强感悟分享等促进教育硕士后把所学理论与方法更好地应用于教育教学实践，有效促进教育硕士学习成果的实践转化和可持续的专业化发展。

2) 设立教育硕士工作站和形成教育硕士培养的校地共建合作机制。积极发挥地区教育行政部门在教育硕士见习、实习以及教育实践活动及其管理中的指导作用、协调作用和质量保证作用，并形成相应的工作机制。

（三）华东师范大学

华东师范大学工商管理硕士专业学位改革的特色如下。

1）新课程开发：成立由企业高管、校内专家组成的新课程开发小组，从管理知识、管理技能的角度梳理现有的课程体系，根据市场导向、企业问题的实际需要，多维度地开发新课程。

2）新思维培养：根据管理者所需管理素养的需要，打造"滋养心智"特色选修课程模块。"新思维培养"注重提升MBA学生的"软技能"，尤其注重MBA学生品格、性情、底蕴的提升和塑造。"软技能"的提升在MBA学员实行具体商业实践显得尤为重要。

3）新品格塑造：为培养MBA学生的商业伦理道德意识和社会责任感，华东师范大学MBA中心特开设一系列着眼于塑造学生"管理者品质"的新课程。

4）新实务训练：旨在让MBA学生熟悉管理现实，提升实务操作的能力。

5）新讲座系列：根据系列化（经济管理、人文素养、实务操作、职业发展等四大讲座系列）、市场化、固定化、课程化的原则，发掘讲座在学员综合素质养成中的价值，提升讲座的理论和实践价值。

（四）北京工业大学

北京工业大学工程硕士专业学位改革的特色如下。

1）建立专业学位研究生教育指导委员会，该委员会是校学位委员会的决策咨询机构。其主要职责包括促进学校与企业合作，审核工程硕士研究生的培养方案和学位授予标准等。

2）选拔优秀生源，增加为企业"订单式"培养的名额。扩大工程硕士专业学位教育推荐免试名额，与"卓越工程师"计划紧密衔接。在全日制工程硕士研究生中，增加了对企业的定向、委培名额，对设立了学校实习实践基地的企业予以额外的政策优惠，以进一步推行"订单式"培养模式。

3）设立专项资金，用于专业学位奖助贷体系建设、"企业实习保险"、"企业实习科技项目专项基金"等激励和保障措施。设立专款用于校外专项实践基地建设、校内研究生工程实训平台的建设与日常运行和维护，以及"双师型"师资队伍建设。

（五）北京科技大学

北京科技大学专业学位改革的特色在于与企业"订单式"培养，以及形成班主任制度、导师组制度。

1. 与企业"订单式"培养

北京科技大学从 2009 年开始实施"订单式"培养模式，招收并培养工程硕士，原计划招收 200 人，实际招收 90 人左右。招生时，所有学生均已落实定向单位，并由其所在单位负责交纳培养费用。

全日制工程硕士研究生的"订单式"培养，一方面，要按照国家的要求进行高层次应用型人才培养；另一方面，将研究生的培养放在国民经济主战场和生产第一线，促进校企合作、密切产学研合作。这主要表现为以下几个方面：①根据不同企业的特殊需要，调整培养方案，拓宽培养全日制工程硕士研究生的学科、专业口径，实现为企业"订单式"培养研究生。②全日制工程硕士研究生的学位论文研究题目，要根据将来服务企业的实际情况，采用双导师制（学校和企业各一位导师），开展有针对性的学位论文研究工作。③培养工作结合企业的生产实践，使研究生增进对企业的了解，促进就业观点的转变。④企业可以提前选定所需人才，开辟人才招聘渠道。通过培养过程中对研究生综合能力的考查，选到水平高、用得上的应用型创新人才，促进企业的人力资源建设。

与企业"订单式"培养的具体实施方案如下。

1）招生管理：根据企业对全日制工程硕士研究生的具体要求，在教育部 2009 年全日制工程硕士研究生招生工作的有关文件指导下，学校择优录取学生。录取工作结束后，学校还会与研究生和企业签署三方协议，规定研究生、企业和学校三方的权利与义务。校企双方成立联合工作小组，负责全日制工程硕士研究生的日常管理工作，双方定期进行沟通交流，共同完成对工程硕士研究生的定向培养。

2）培养领域：根据学校办学的行业特点，以满足冶金及相关行业的企业需求为基础，按工程领域进行培养所需人才。2009 年的 200 名全日制工程硕士研究生主要面向冶金及相关行业的企业所对应的领域进行培养，按照 4—6 个领域，如冶金工程、材料工程、矿业工程、机械工程、控制工程、计算机技术等为企业定向培养，每个领域 25 人左右，单独编班。同时，对其余的 13 个领域，学校也可以满足企业培养工程硕士研究生的要求。

3）企业对定向培养工程硕士研究生的条件：工程硕士培养领域、人数、外语水平要求，培养过程的要求（课程内容、研究题目等），工程硕士研究生毕业后在企业的服务年限、有关违约责任等。

4）学校希望企业对定向培养工程硕士研究生提供的条件：工程硕士研究生培养费（2万/人），工程硕士研究生的生活补贴，工程硕士研究生的实习、学位论文研究地点，企业相应的管理机构。

2. 班主任制度、导师组制度

要加强培养环节的管理，除了要建立详尽的制度与规范外，还需要强有力的执行机制和工作队伍。由于相关的工作既烦琐又需要一定的学术和技术基础，特别是开展对学生有针对性的指导时，纯粹的教务行政管理人员往往难以胜任。因此，学校采取设立研究生"班主任"的做法，按系设立班主任，选派具有副教授职称或博士学位的青年教师担任本系的研究生班主任，全面负责本专业的硕士生培养环节的管理，要求班主任"作为学院与所负责班级研究生联系的第一责任人"，负责组织和协调迎新、选课、选导师、选题评审、中期考核、毕业申报、论文答辩等培养环节的具体工作（包括督促学生按时上交有关材料）。在按系设置班主任后，通过班主任对培养环节的协调与管理，学生能够在基本课程学习结束后，依然保持基于专业的"集体行动状态"。

为了班主任有效开展工作，除了制定相关的规则外，学校还坚持定期地考核和指导，包括每学期开会总结交流经验，期末进行个人总结和年末全面考评等。学院也为班主任提供了一定的工作量补贴。青年教师通过担任研究生班主任，不仅加深了对研究生培养环节的理解，还提高了指导研究生的能力，同时这一经历也对其自身的成长和发展起到了积极的促进作用。

MBA 导师组成若干个导师组，导师组由校内教授 1 名、副教授 2—3 名、讲师 2—3 名构成，同时还要聘请校外 1—2 名有行业特点的校外专家或职业经理人参加，指导 8—12 名 MBA。导师组命名为某某教授导师组，采取教授负责制。导师工作量和考评由学院内部制定，每名导师均可以有一定的工作量核定。

第三节　深化综合改革试点效果分析

2015 年开展深化专业学位研究生教育综合改革试点工作以来，各单位高度重视试点工作，立足经济社会发展需求，探索专业学位研究生教育特点与规律，深入推进管理体制机制改革，创新培养模式和评价机制，着力提升培养质量，开展了一系列卓有成效的工作，积累了丰富的经验，具有较高的示范推广价值。

一、试点高校积极探索[①]

试点高校积极探索，创新专业学位研究生教育管理机制和培养模式。试点高校依托自身办学条件，在对接国家需求和社会需要的基础上，加大深化专业学位研究生教育的改革力度，高度重视深化专业学位研究生教育改革试点工作，普遍成立了深化专业学位研究生教育改革领导小组，深入研究专业学位研究生教育的特点、规律及存在的问题，继续完善专业学位研究生教育各环节的制度建设，以提高专业学位研究生教育质量，同时，对全校专业学位研究生教育改革试点工作进行统筹规划和设计，配套专项经费，以项目形式推动试点工作。

（一）深入推进专业学位研究生教育管理体制机制改革

理顺专业学位研究生教育管理体制机制，是优化专业学位研究生教育资源配置、提高专业学位研究生教育质量的基础，也是深化专业学位研究生教育综合改革的重要方面。针对专业学位研究生教育管理体制机制中存在的阻碍其发展的问题，试点高校从机构设置、组织形式、运行机制等方面入手，创造性地推进相关改革。一是完善专业学位研究生教育管理机构设置，设立校、院两级专业学位办公室或专门机构，专门负责专业学位研究生教育的相关管理工作。中国人民大学加强专业学位培养与管理办公室建设，实现对专业学位研究生教务管理的数字化、标准化、平台化，各学院根据办学需要，大多成立了教学指导委员会、项目办公室等机构，配备了专职教务管理人员，为专业学位研究生教育管理工作提供了坚实的人员保障。北京师范大学强化了各专业学位教育中心的运作主体地位，工商管理硕士、公共管理硕士、应用心理硕士等专业学位均设有教育中心和专门的办公室，对促进专业学位研究生教育的发展起到了重要作用。二是创新专业学位研究生教育管理机制，促进校内资源整合。例如，清华大学突破传统的"院系制"培养，探索"项目制"管理运行机制。该校工程管理硕士教育中心整合11个培养院系，设3个委员会和1个全职运营团队，通过跨院系整合资源、设置高质量课程、构建高水平校内外师资团队、开展产业高层论坛及论文研讨等措施，为打造工程管理硕士精品项目奠定了坚实的基础。

---

① 张乐，刘俊起. 探索规律创新机制加强实践——深化专业学位研究生教育综合改革试点工作一年总结. 学位与研究生教育，2017（1）：12-18.

（二）扩大招生规模，调整专业方向设置

专业学位研究生教育是以职业需求为导向的研究生教育类型。专业学位的种类以及培养领域设置，应该根据社会需求进行适时的调整。为此，试点高校一方面不断扩大专业学位硕士研究生的招生规模和比例；另一方面，根据社会需求的变化，在专业学位研究生培养的专业方向设置方面进行了有益的改革尝试。例如，北京师范大学应用心理硕士教育中心通过对招生方向进行市场化评估，对原有方向进行整合，并根据市场需要开设新方向，于 2016 年在用户体验、临床与咨询心理、职业心理健康与 EAP（Employee Assistance Program，员工帮助计划）、心理测量与人力资源管理 4 个方向招收 221 名研究生。中国政法大学法律硕士（非法学）教育面向专门领域，设置新闻传播法务、资本金融法务、公证实务、能源法务等方向以及国际事务高端法律硕士项目；法律硕士（法学）教育与相关实务领域联合设置了教育法、体育法、卫生法、金融法、财税法等实务方向，提高了人才培养与社会需求的契合度。

（三）改革招生考试办法，选拔优秀生源

生源质量是决定研究生教育质量的关键因素。招收到实践能力强、综合素质高的研究生，是保证专业学位研究生教育质量的前提。试点高校普遍重视专业学位研究生招生工作，通过创新招生方式、优化复试环节等，着力推进招生工作改革，下述以专业学位研究生招生方式改革为例。

1）项目招生或专项招生。清华大学的项目招生强调被录取者与项目的精准契合，充分听取社会和市场声音，按项目配置名额并进行动态调整。中国农业大学于 2016 年开始实施专项招生，当年设立了 4 个专项招生项目，于 2017 年又增设了 5 个专项招生项目。

2）基地招生。南京大学试点专业学位"双创"平台招生改革，为承担国家科技任务或政府、企业重大项目的国家"双创"示范基地安排专业学位硕士研究生招生指标。2017 年，学校首先对南京大学常州高新技术研究院等 10 个校级政产学研平台给予了专门的专业学位研究生招生计划。中国石油大学也为规模较大、校企合作稳定的校外实践基地单列招生计划。

（四）加强导师队伍建设，提高导师指导水平

导师是研究生培养的主要责任人，导师队伍建设是专业学位研究生教育改革的重要方面。试点高校积极探索分类聘任和分类管理模式，加强导师队伍建设。

在专业学位研究生导师队伍建设方面，试点高校实施如下举措：①根据专业学位研究生培养的需要，完善导师队伍结构。例如，北京师范大学鼓励培养单位建设组织化、结构化的专业学位研究生导师团队，导师组一般由3人组成，设校内主导师或首席导师、校外导师和校内副导师，强化导师组在专业学位研究生培养各环节的作用。②加强导师培训，提高导师指导水平。例如，华东师范大学试点推行"导师工作坊"制度，通过专题讨论、自由研讨、参观观摩，共同寻找问题、凝聚共识、寻求突破，提高了导师队伍的凝聚力和专业化水平。

（五）加强实践性课程建设，创新教学模式

建设研究生实践基地，深入开展实践教学，是培养专业学位研究生职业素养和实践能力的重要举措。要充分发挥课程教学在专业学位研究生知识建构和能力培养中的作用，就必须增强课程教学的实践性。试点高校从以下3个方面开展了专业学位研究生课程教学改革：①修订培养方案，构建适合专业学位研究生的课程体系。例如，南京大学修订了专业学位研究生培养方案，规定培养方案中案例课程和实践课程的比重不低于30%，并据此开展了包含案例课程、工作坊课程、行业嵌入课程在内的专业学位特色课程建设。②加强案例库建设，推广案例教学。例如，中国人民大学设立了处级建制的中国社会科学案例中心，实施教学案例支持计划，重点支持专业学位研究生教学案例的编写；改革科研评价体系，将优秀案例教学成果纳入学校整体科研评价；加强案例教室建设，设计专业学位研究生案例教学专用教室，为案例教学的成功开展提供了优越的条件。③加强在线课程建设，创新教学方法。例如，北京师范大学为满足在职专业学位研究生远程学习的需要，搭建了教育硕士研究生远程学习平台，将基于网络的远程学习和授课有机结合起来，同时投入专项经费，录制政治、英语等公共课及专业课优质课程全程视频，并积极推进翻转课堂、混合式教学等基于在线课程的教学方法改革。

（六）推进产学研合作，加强实践基地建设

试点高校普遍重视实践基地建设，并探索出多元化的实践基地模式。①校内实践基地（项目）。北京大学设立了法律硕士诊所式法律教育实践、工商管理硕士整合实践、社会工作硕士社区服务综合实践、新闻与传播硕士南燕新闻人综合实践等一批校内实践项目，帮助学生通过实践项目将所学知识转化为实际技能。中国农业大学等高校依托学校科研基地，建设专业学位研究生实习基地。②校外

行业企业合建基地。中国政法大学依托专业优势与浙江省高级人民法院、青岛市共同建立了联合培养基地。南京大学建立了一批与行业紧密联系的示范性实践基地，努力探索基于示范性基地的"四步式"（互选、开题、中期、结题）培养过程管理，实现院系与基地的协同把关。③海外人才培养基地。北京师范大学心理学部依托研究生院支持的海外实践基地建设项目，与丹麦南丹麦大学、日本高知工科大学、美国普渡大学、澳大利亚斯威本科技大学签署了应用心理硕士研究生培养院级合作框架性协议[①]。

（七）开展创业教育，培养创新创业能力

基于专业学位研究生教育的职业导向特征，试点高校着力培养专业学位研究生的企业家精神和创新精神，为学生未来职业发展搭建平台。北京大学建设全球大学生创新创业中心，其功能包括新青年创客空间、创业大讲堂、创业咖啡、创新创意设计展示中心等。这既是北京大学服务创新创业国家战略的关键举措，更是探索全方位构建学生创新创业生态系统、优化校园创业氛围的有益尝试。南京大学于2016年起开展研究生创业训练计划项目，研究生创新训练团队在导师指导下，编制商业计划书，开展可行性研究，模拟企业运行，进行一定程度的验证试验，撰写创业报告。对于立项的项目，学校将给予最高5万元的经费资助；对具有前景的创业项目，通过实行弹性学制、建设创业园区等，鼓励和支持学生开展创业实践。中国农业大学构建涉农高校研究生创新创业教育信息服务平台和课程，实现教育创新成果共享和区域领域优势互补，并以多样化、多层次的合作交流形式开展创新工作。

（八）探索学位论文形式多元化，提高学位论文实践性

学位论文是研究生在学期间最重要的研究成果。专业学位研究生培养目标是适应行业、职业需要的实践型人才，其学位论文要求不同于对学术学位研究生的要求。试点单位在学位论文形式、内容方面开展了探索。

1）探索多元化的学位论文形式。北京大学艺术硕士专业取消传统的学位论文，代之以"演出"实践成果为主（80%）、以实用技术"文论"为辅（20%）的组合展示方式。清华大学鼓励案例分析、调研报告等形式的学位论文。上海交通大学翻译硕士专业学位研究生自2016年起，可用符合规定的高级别翻译作

[①] 贺随波，刘俊起. 服务需求创新模式突出特色提高质量——深化专业学位研究生教育综合改革二年总结. 学位与研究生教育，2018（1）：1-6.

品、奖项或权威翻译资格证书等替代传统学位论文评价体系中的翻译实践部分。武汉大学强调专业学位研究生论文须来源于应用课题或现实问题，鼓励将研究报告、规划设计、产品开发、案例分析、管理方案、发明专利、文学艺术作品、工程报告等内容以论文形式表现。

2）探索学位论文形式改革。武汉大学规范专业学位研究生学位论文评阅标准，要求专业学位论文与学术学位论文分类评阅，并将相关行业具有高级职称的专家纳入专业学位论文评阅人和答辩委员会成员中，专业学位论文需要校内外导师双署名。中国石油大学专业学位论文开题报告论证会要求有不少于5名学校研究生指导教师和具有副教授以上职称的企业专家参加；论文评审采取明审或明审与盲审相结合的方式进行，其中盲审比例为10%；对于明审论文，要求必须有2名论文评阅人，且1人为企业专家；论文答辩时要求至少有1名来自校外行业领域的专家（校外导师除外）。

（九）开展国际合作，推进专业学位研究生教育国际化

为迎接人才培养国际化的挑战，试点高校开阔视野，开展了深层次的国际交流合作，提升了自身国际化人才培养能力和国际影响力。一是打造高端国际专业学位项目。清华大学积极推动并开展了一系列国际专业学位研究生教育项目，如面向发展中国家重要政府部门的IMPA项目、面向海外法律专业人士的中国法律硕士项目、面向核电领域领军人才和技术骨干的核电目标国高端人才培养项目等。北京大学于2016年4月成立了南南学院，面向发展中国家的政府官员、学术机构、新闻媒体、非政府组织等中层以上管理或研究人员招生，培养发展中国家治国理政的高端人才。二是加强中外合作，促进专业学位研究生海外实践。华东师范大学在美国、澳大利亚、新西兰等国建立汉语国际教育硕士研究生实践基地，研究生在海外开展（3个月以上）专业实践的比例连续两年达100%。北京师范大学为学前教育专业教育硕士研究生设置了加拿大高贵林区海外实习项目、挪威卑尔根大学专业实践项目，为心理健康教育专业教育硕士研究生设置了美国大学专业实习项目。

（十）参加专业教育认证，加快与职业资格对接步伐

推进专业学位教育项目参加专业教育认证，加快专业学位研究生教育与相关职业任职资格的对接，是增强专业学位研究生培养的针对性、实现专业学位研究生培养目标的重要抓手。试点高校积极推进专业学位研究生教育的专业教育认证

工作，研究和探索了专业学位研究生教育与相关职业资格对接的形式、方法。法律教指委在调研我国专业学位研究生教育与职业资格衔接形式以及国外法律职业资格制度的基础上，提出了法律硕士教育与法律职业资格衔接机制：①构建统一的法律职业人员规范化培训制度，由认证机构颁发培训合格证书；②构建统一的法律硕士司法助理制度，法律硕士研究生参加校内职业岗位实习训练，通过司法助理岗位实践与考核取得"法律职业人员规范化培训合格证"。[①]北京大学临床医学人才培养以"5+3"模式为主，实现了硕士专业学位研究生教育与住院医师规范化培训的接轨，并在此基础上进一步推进临床医学博士专业学位研究生教育与专科医师规范化培训有机衔接，建立"5+3+X"临床专科医师培养模式。中国人民大学会计硕士项目获得了特许公认会计师公会、英国特许管理会计师公会、澳洲会计师公会，以及香港会计师公会的学分豁免政策。中国石油大学与中国石油学会合作，试点开展石油与天然气工程领域专业学位教育项目认证，同时支持机械工程、安全工程等5个工程领域探索专业学位教育与职业资格的衔接工作。

二、试点省市积极发挥政府作用

试点省市积极发挥政府作用，为专业学位研究生教育发展提供有力保障。上海、江苏、广东、辽宁4个试点省市依据国家和地方社会经济文化建设需求，在尊重学校办学自主权的前提下，充分发挥省级政府的支持、引导、统筹作用，加强顶层设计，加大经费投入力度，开展了一系列试点工作。

（一）做好顶层设计，强化政策支持

试点省市政府领导高度重视深化专业学位研究生教育综合改革试点工作，积极落实多部门协同联动，出台法规、文件，对专业学位研究生教育改革发展加大经费投入及政策支持。江苏省召开了深化专业学位研究生教育综合改革视频会议，对全省推进综合改革工作进行了全面部署。为形成改革合力，江苏省教育厅加强与有关部门的联系与沟通，努力从政策层面加大对专业学位研究生教育的支持力度。例如，将专业学位硕士研究生的年生均拨款提高到与学术学位硕士研究生同样标准；研究生培养创新工程项目、研究生教育教学改革项目等向专业学位研究生教育倾斜。广东省以项目形式推进改革工作，将改革任务分解到各高校，并对改革工作进行了全面部署。为营造良好的改革环境，广东省委省政府相继出

---

① 贺随波，刘俊起.服务需求创新模式突出特色提高质量——深化专业学位研究生教育综合改革二年总结.学位与研究生教育，2018（1）：1-6.

台了一系列文件,涉及课程建设、示范基地建设等,各地方政府出台了研究生联合培养基地财政投入、科技扶持、税收减免、人才落地等保障政策,为深化专业学位研究生教育综合改革构建了较为完备的制度体系。辽宁省通过组织高校、科研院所、行业企业开展密集调研,深入了解专业学位研究生教育供需两端的具体情况,结合辽宁省老工业基地全面振兴的战略任务和辽宁省教育"十三五"发展规划,着手研制《辽宁专业学位研究生教育改革实施意见》。上海市为更好地指导专业学位研究生教育的改革发展,启动了《上海市专业学位研究生教育发展规划(2016—2020年)》的研制工作。同时,针对开展时间较长、人才培养规模较大、学位授权点较多的工商管理硕士、法律硕士等6个专业学位类别,由上海市学位委员会聘请相关高校、行业专家组成上海市专业学位研究生教育指导委员会,为专业学位研究生培养提供指导。

(二)推进学位授权点动态调整,优化人才培养结构

为在省域范围内优化研究生教育资源配置,形成学术型研究生教育与专业学位研究生教育协调发展的格局,试点省市政府在充分尊重高校办学自主权的基础上,强化了对省域内学位授权点动态调整工作的指导、协调、统筹作用。上海市在推进学位点动态调整过程中,制定了《上海市学位授权点动态调整实施方案》,确立了"单位自主调整和市级统筹调整相结合""需求导向和质量导向相结合""特色发展和总体布局相结合"的"三结合"原则,明确了单位自主调整和市级统筹调整两阶段的工作程序及实施要求。2015—2016年,上海市共撤销54个学位授权点,新增28个学位授权点,对于其中4个专业学位授权点市级统筹额度,组织了申报和答辩评审工作。2015—2016年,江苏省引导高校共撤销博士、硕士学位授权点44个,自主增列学位授权点31个,其中增列的学位授权点大多是专业学位授权点。截至2016年,全省高校拥有专业学位授权类别38种,共有专业学位博士授权点9个、专业学位硕士授权点257个,在校专业学位硕士研究生达5.2万人,占硕士研究生总数的40.3%。2016年上半年,辽宁省通过学位点动态调整工作,引导高校撤销培养规模偏大、生源持续萎缩、学生就业困难、社会需求不足的学位授权点33个,增设农业、车辆工程、安全工程、测绘工程等专业学位类别和工程硕士领域15个,新增专业学位授权点超过增列学位授权点总量的50%。

（三）加大经费投入，创新实践基地体系建设

各省市在专业学位研究生实践基地建设方面加大了经费投入和政策支持力度，形成了地域范围内完善的研究生实践基地体系，对专业学位研究生的实践训练提供了有力的支撑。在此过程中，各地形成了两种不同的基地建设模式。

1）纵向台阶式基地体系建设模式。江苏省专业学位研究生台阶式基地建设模式由 4 个层级构成：第一层级，由高校自行与企事业单位联系建设专业学位研究生联合培养基地；第二层级，由省教育厅、省科技厅对达到一定标准的联合培养基地，遴选确定为江苏省研究生工作站；第三层级，省教育厅、省科技厅对成效卓著的江苏省研究生工作站授予"江苏省优秀研究生工作站"；第四层级，在优秀研究生工作站中再遴选确定一批"江苏省研究生工作站示范点"。自 2008 年研究生工作站人才培养制度建立至 2021 年 1 月，江苏省已建成省级研究生工作站 4658 家，吸引 8000 多名企业导师、6000 多名高校导师和数万名研究生进站开展科研活动。上海市教育委员会截至 2016 年 9 月已累计投入 1.5 亿元，建成了 303 个市级专业学位研究生实践基地、47 个示范级专业学位研究生实践基地，2016 年又遴选建立了 15 个优秀示范基地，每年接收近 1 万名专业学位研究生开展实习实践。结合各高校和院系建立的两级实践基地，上海市已经构建较完善的实践基地体系。

2）横向区域性基地体系建设模式。广东省选取制造业发达的佛山、东莞和中山三市，建立了 3 个区域性研究生联合培养基地，基地首创"高校+中心+示范点"模式，协同育人。其中高校是智力平台，发挥高校智力集中优势；基地中心是保障平台，地方政府通过多部门联动协调，通过基地中心为基地运行提供政策保障；企业示范点是研发平台，为高校导师、研究生提供创新需求。2016 年，3 个基地共入驻研究生 240 人，有 11 所高校、80 家企业示范点通过项目实现了精准对接，形成了新的政产学研协同育人机制。

（四）支持专业学位研究生课程建设

试点省市通过项目、平台建设，积极支持和推动高校专业学位研究生课程建设。辽宁省在 10 所高校开展专业学位研究生课程体系试点建设，支持 30 门专业学位研究生精品课程建设，通过课程改革推动专业学位研究生教学主动对接辽宁经济社会发展重大战略需求和行业企业发展实际需求，为在全省范围内推进专业学位研究生课程建设积累了经验。上海市以推进案例教学为突破口加强专业学位研究生课程建设，选取案例教学最为成熟的工商管理硕士专业学位，由 14 家培

养单位参与建设"上海 MBA 课程案例开发共享平台",截至 2016 年 10 月,已遴选出 856 篇案例,形成了上海 MBA 课程案例初始库,已有 200 位教师下载了 2000 多次案例用于教学,覆盖学生 7700 人次[①]。上海市 6 个专业学位教指委也已初步建立了案例初始库,为全面推广专业学位研究生案例教学提供了有力的支撑。

三、试点专业学位教指委积极搭建实践能力培养平台

试点专业学位教指委通过整体规划、任务分解,从招生制度改革、课程教学改革、实践基地建设、专业教育认证等方面积极开展试点工作。

(一)开展招生考试制度改革研究

法律教指委积极开展法律硕士招生考试制度改革探索,借鉴美国、日本、韩国等国家的经验,对法律硕士专业学位研究生的入学考试内容和考试方式进行重新设计,开发制作了考试样题,开展试点探索。中国人民大学法学院在 2016 年推免考试中试用了新类型试题,效果较好。

(二)引导和鼓励各校改革课程教学模式

全国工程专业学位研究生教育指导委员会 2015 年启动"推进工程硕士在线课程建设,实施混合式教学模式项目",发布了《关于推进工程硕士专业学位研究生教育在线课程建设项目实施混合式教学模式的指导性意见》及其实施办法,与北京慕华科技信息有限公司合作建设"工程专业学位研究生在线课程平台",开展了工程专业学位研究生在线课程申报工作。为进一步推进优质资源开放共享,2022 年,国务院学位办和教指委组织了首批工程类专业学位研究生在线示范课程申报工作,从 701 门课程中最终遴选出 83 门为全国首批工程类专业学位研究生在线示范课程。在专业学位教指委各项举措的影响下,部分高校已开始着力加强在线课程建设,实施混合式教学模式,深化课程教学改革。会计教指委于 2007 年启动 MPAcc 教学案例库建设工作,并组织开展了 5 次全国 MPAcc 优秀教学案例评选活动。截至 2015 年,共入库教学案例 570 篇。2015 年下半年,为引导各培养单位加大投入,积极参与案例库建设工作,会计教指委将各培养单位入库案例数量及获奖数量作为会计专业学位研究生教育质量评估的重要内容,并

---

① 以培养模式改革为核心 深化专业学位研究生教育综合改革. http://www.moe.gov.cn/s78/A22/A22_ztzl/zyxw/jyjl/201803/t20180312_329590.html.(2018-03-12)[2024-03-07].

将其融入专项评估与质量认证的评价指标体系中。

（三）搭建覆盖区域和全国的实践基地平台

工程教指委着力构建"服务区域企业需求、面向全国培养单位"的实践平台，促进在平台上形成"汇聚双方资源，服务双方需求，协同双方行动"的研究生联合培养体制机制。2016年，工程教指委与广东省学位办签订《关于共同推进研究生联合培养基地成为政产学研协同创新的全国示范性工程专业学位研究生联合培养基地的战略合作协议》，并在此协议框架下与广东顺德工业设计研究院签订《共同推进"全国示范性工程专业学位研究生联合培养基地"建设的协议》，并与40余所国内外高校签订了合作协议，已有1000多名研究生入驻顺德地区200余家企业。工程教指委正在研发工程硕士专业学位研究生实践需求信息系统，将实时向全体培养单位发布全国实践基地的需求信息。为了鼓励各培养单位产学结合、加强实践基地建设工作，切实发挥实践基地在培养过程中提升学员实践能力和综合素质的作用，2015年，会计教指委开展了示范性联合培养实践基地评选活动，共评选出10家首批MPAcc示范性联合培养实践基地，涵盖政府部门、企业、会计师事务所等。

（四）与行业协会合作开展教育质量认证，推进专业学位研究生教育与职业资格相衔接

工程教指委积极探索工程教育认证工作。2016年5月，工程教指委与中国石油学会签署《关于石油工程硕士研究生教育认证合作框架协议》，双方共同组成教育认证专家咨询委员会和教育认证委员会。交通、环境等部分工程领域也正在积极推进本领域专业学位研究生教育与职业资格认证相衔接的工作。会计教指委全面开展教育质量认证工作。2015年12月，会计教指委对《会计专业学位教育质量认证体系说明》等一系列质量认证工作文件进行了修改完善，并于2016年2月形成正式文件下发培养单位，同时大规模启动第二批质量认证资格申请工作。经会计教指委全体会议审议，共有16家培养单位通过认证资格申请成为会计硕士专业学位教育质量（Accreditation for Accounting Professional Education Quality，APEQ）认证会员单位，并开始质量认证准备工作。

四、问题与挑战

深化专业学位研究生教育综合改革试点工作开展一年以来，试点单位认真筹

备，积极探索，各项工作有序开展，取得了良好的效果。同时，深化专业学位研究生教育改革实践也面临一些问题，需重点关注和解决。

（一）国家应加强顶层设计，完善专业学位研究生教育发展相关的法律法规

首先，国家应适度扩大高校办学自主权。专业学位的设置是为了培养适合社会经济发展需要的高层次应用人才，然而，各地区经济发展不平衡，各高校专业学位研究生教育发展水平参差不齐，为激励高校办出水平和特色，创新培养模式，国家应在专业方向设置和研究生招生、培养等环节，给予高校更大的自主权。其次，国家应推动专业学位研究生教育与职业资格认证的有效衔接。专业学位研究生教育具有鲜明的职业导向性，目前医学等专业学位已实现与职业资格的有效衔接，下一步，政府应为更多的专业学位与职业资格衔接提供有力支持。

（二）各专业学位教指委应着力完善专业学位研究生教育评价指标体系

首先，完善专业学位研究生培养质量综合评价体系。以专业学位研究生知识、能力、素质、职业发展为核心、建立一套较为成熟的专业学位研究生质量综合评价指标体系，有利于引导培养单位改进培养模式和方法，提高培养质量。建议各专业学位教指委在专业学位研究生培养质量评价指标体系建设方面开展相关研究，形成拥有权威性、指导性的专业学位研究生教育质量评价指标体系。

其次，完善学位论文评价标准。各校鼓励专业学位论文形式多样化，但是目前国家尚无明确的专业学位论文质量评价标准，且各省份学位办均要对硕士学位论文进行抽检，抽检专家的评价主观性较强，对学位论文的不同形式的认识亦不尽相同，会影响抽检结论的公平性、可靠性，让导师和研究生对多样化的学位论文形式产生疑虑。因此，各教指委应通过充分调研，对专业学位研究生的学位论文评价指标体系、评价标准、评价办法和评价结果的使用办法进行修改及完善。

（三）地方政府应加强统筹规划，推进改革不断深化

深化专业学位研究生教育综合改革工作牵涉诸多方面，尤其是我国开展全日制专业学位研究生教育时间相对较短，高校在专业学位研究生实践能力培养、教学案例库建设、导师队伍建设等方面还存在一定的困难。为此，省级政府应加强统筹协调作用：一方面，应大力支持构建跨校、跨区域的教育联盟，加强专业学位研究生教育的资源整合；另一方面，应完善相关法规制度，加大政策支持力度，积极吸引行业企业深入参与专业学位研究生教育，为研究生的实践训练提供

坚实的平台和有力的保障。

（四）高校应改革教师评价制度，加强导师队伍建设

目前，我国部分高校的教师评聘和晋升制度过于重视学术科研成果，忽视人才培养，导致一些校内导师重科研、轻教学，加上一些导师缺乏行业实践经验，指导专业学位研究生能力不足，影响了专业学位研究生的培养质量。因此，建议高校切实改革教师评价制度，建立教师分类评价体系，鼓励并支持校内导师进入企事业单位开展挂职锻炼，构建适应专业学位研究生培养需要的双师型导师队伍。对于校外导师，既要提高他们对专业学位研究生教育规律的认识和指导水平，也要建立有效的激励机制，以吸引更多实践领域的优秀人才参与到专业学位研究生教育中。

小　结

通过对 64 所高校的专业学位研究生教育综合改革试点实施方案的文本分析，以及深化专业学位研究生教育综合改革试点成果调研分析，可以看到专业学位研究生教育综合改革试点工作的阶段性成效。专业学位研究生教育试点高校仍在持续改革中。本章研究结论如下。

第一，2010 年以来综合改革试点高校不断涌现特色鲜明的专业学位培养方案，教育成效显著，激发了专业学位教育的活力。例如与企业"订单式"培养促进校企合作，密切产学研的结合，同时为国家培养高职业胜任力的高层次应用型人才；或强化专业学位的管理，实行班主任制度和导师组制度，全过程服务于专业学位人才培养工作。

第二，2015 年以来，在知识生产新模式背景下，深化专业学位研究生教育综合改革试点工作充分发挥了高校、政府和第三方组织三大专业学位教育主体的协同作用、优势互补，同心协力深化改革，在专业学位研究生教育的招生方式、培养模式、管理体制、制度建设、基地建设、质量保障等各个方面开展了一系列实践探索，初步发挥了专业学位研究生教育治理的优势。具体而言，从高校角度，试点高校积极探索管理新机制和培养新模式；从政府角度，试点省市积极发挥政府作用；从第三方组织角度，试点专业学位教指委积极搭建实践能力培养平台。

第四章

专业学位研究生教育环境关键要素分析

前文提到深化专业学位研究生教育改革实践面临着一些问题，需重点关注和解决。为提升专业学位研究生教育质量，分析专业学位研究生总体教育环境关键要素显得尤为重要。具体而言，考察要素主要包括入学动机、学习投入度（课程投入、作业和项目投入、科研训练投入、实习实践投入以及学科前沿投入）、课程教学（课程总量、教学方式、实践教学）、专业实习实践安排（实践类型、实践时间）、导师指导（导师指导形式、校内外导师合作方式、校内外导师见面频率）、学位论文训练（毕业考核形式、学位论文选题实践性、毕业成果应用性）、合作培养单位参与、职业资格认证。为更好地展现不同类别专业学位教育质量的共性与差异，本书选取样本量较大的 11 个主要类别，即金融、法律、教育、翻译、建筑学、工程、农业、临床医学、工商管理、会计、艺术进行对比分析，由于 2019 年建筑学样本量较少（不足 100 人），故 2019 年未对建筑学数据进行单独比较。

本章在逐一分析总体教育环境的基础上，以 2015 年调研数据为例，分析不同院校层次下普通高校和"211 工程"高校专业学位研究生教育环境的关键要素。由于全日制工程硕士、非全日制工程硕士、工学硕士的混淆度比较强、界定不清晰，因此本章以 2015 年工科调研数据为例，对专业型（全日制工程硕士、非全日制工程硕士）与学术型（工学硕士）教育环境关键要素进行重点对比分析。

第一节 总体教育环境关键要素分析

本节使用 2015 年、2017 年、2019 年数据，分析总体教育环境中关键要素的发展变化特征和规律。

一、入学动机

从入学动机的构成来看，2015 年，42.3%专业硕士由于职业晋升需要、换个行业或专业学位或未来更好就业考虑等职业型动机选择就读专业学位，32.8%的学生因为专业兴趣选择就读专业学位，其他外部因素入学动机占 21.5%，包括容易被录取、追求学校品牌、为了扩展人脉从而选择就读专业学位。

2017 年，专业硕士以职业型动机为主（图 4-1），59.0%的专业硕士由于职业晋升需要、换个行业或专业学位、未来更好就业考虑等职业型动机选择就读专业学位，31.9%的专业硕士因为专业兴趣选择就读专业学位。还有 9.0%的专业硕士受到外部因素影响，因为容易录取、学校品牌、扩展人脉等动机选择就读专业学位。在各专业硕士中，受职业型动机影响相对较大的是会计硕士、金融硕士、工商管理硕士、教育硕士、工程硕士，其比例均超过 60.0%，尤其是会计硕士因为职业型动机而就读的比例高达 73.5%。建筑学硕士、艺术硕士、翻译硕士以专业兴趣为入学动机的比例相对较高，均超过 48.0%。而在外部因素影响方面，法律硕士和农业硕士的比例相对较高，分别为 18.1%和 14.9%。

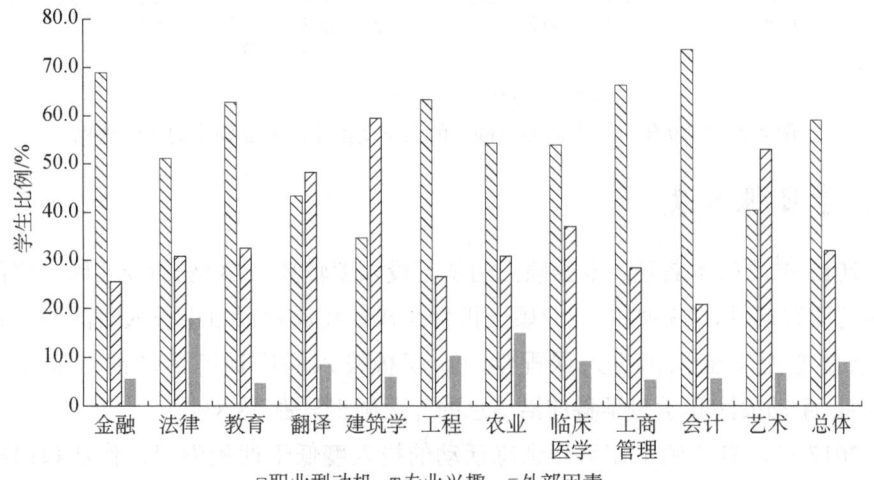

图 4-1　2017 年不同专业硕士的入学动机

2019 年，总体来看，专业硕士仍以职业型动机为主（图 4-2）。42.5%的专业硕士由于职业晋升需要、换个行业或专业学位、未来更好就业考虑等职业型动机选择就读专业学位，30.3%的专业硕士因为专业兴趣选择就读专业学位。27.2%的专业硕士受到外部因素影响，比 2017 年上升了 18.2 个百分点，因为容易录取、学校品牌、扩展人脉等动机选择就读专业学位。在各专业硕士中，受职业型动机影响相对较大的是金融硕士、会计硕士、工程硕士、临床医学硕士、农业硕士，比例均超过 44.0%，尤其是金融硕士因为职业型动机而就读的比例达 48.9%。艺术硕士、法律硕士和翻译硕士由于专业兴趣选择就读专业学位的比例相对较高，均超过 45.0%，农业硕士和工商管理硕士受到外部因素影响选择就读专业的比例相对较高，分别为 34.7%和 33.0%。

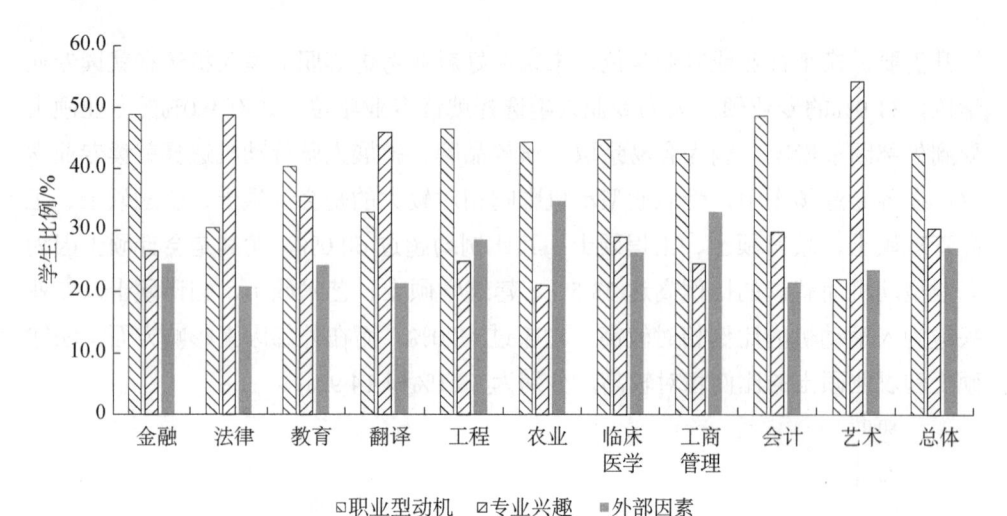

图 4-2 2019年全国不同专业硕士的入学动国不同专业硕士的入学动机

二、学习投入度

2015年，总体来看，专业硕士的学习投入度较高。73.8%的专业硕士积极投入实习实践活动，73.9%的专业硕士积极在作业和课程项目中投入时间和精力，72.9%的专业硕士积极投入课程学习。积极投入科研训练活动的专业硕士占69.4%，主动关注和学习学科前沿信息的专业硕士只占68.8%。

2017年，专业硕士在科研训练活动的投入度低于课程学习、作业和课程项目、实习实践活动的投入度，以及主动关注和学习学科前沿信息的投入度（图4-3），76.3%的专业硕士积极投入科研训练活动。其中，翻译硕士的科研训练活动的投入度最低，农业硕士、建筑学硕士、工程硕士的科研训练活动的投入度相对较高。建筑学硕士的各项学习投入度普遍较高。

2019年，总体上，专业硕士积极投入科研训练活动、主动关注和学习学科前沿信息的比例分别为81.9%和83.2%，低于专业硕士积极投入课程学习、实习实践活动以及作业和课程项目的比例，专业硕士积极投入其他三项教育活动的比例均超过84.0%（图4-4）。各专业硕士积极投入课程学习、积极在作业和课程项目中投入时间和精力的体例普遍较高，特别是工商管理硕士和会计硕士，会计硕士、艺术硕士、法律硕士和教育硕士在实习实践活动的投入度高于其他学生。对于临床医学硕士和金融硕士，其积极投入科研训练活动、主动关注和学习学科前沿信息的比例相对较低，均低于80%。

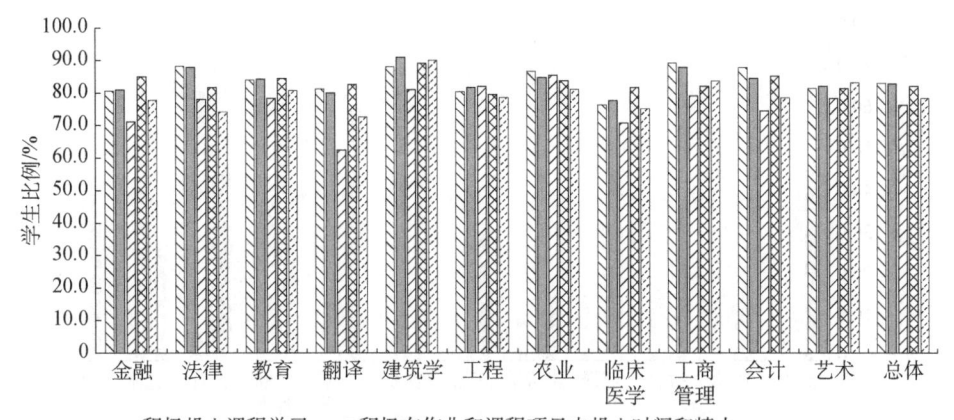

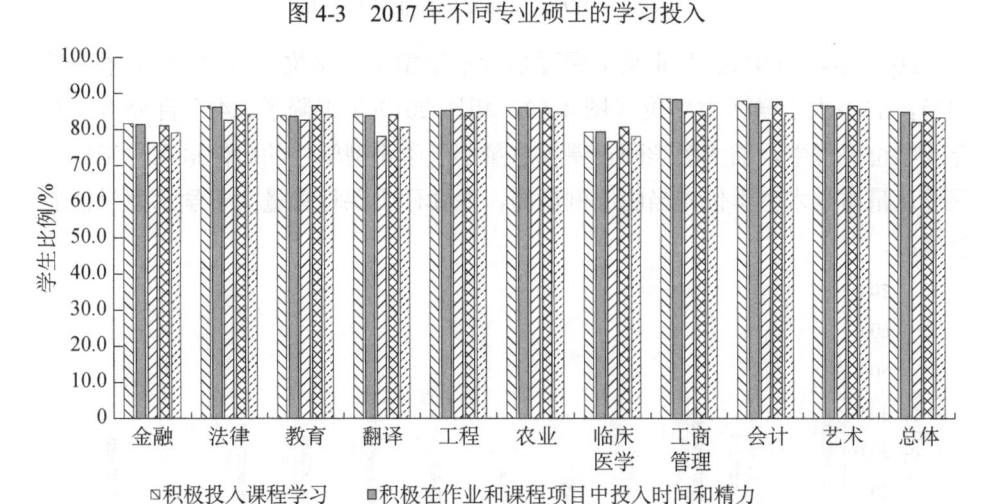

图 4-3　2017 年不同专业硕士的学习投入

图 4-4　2019 年不同专业硕士的学习投入

三、课程教学

（一）课程总量

与学术型学位的课程相比，2015 年有超过一半的专业学位与学术型学位的课程总学分相当（55.2%）。2017 年，39.0%的专业硕士课程总量小于学术型学位，48.8%的专业硕士课程总量与学术型学位相当，12.3%的专业硕士课程总量大于学术型学位（图 4-5）。在各专业学位课程中，临床医学硕士课程总量小于学术型学位的比例最高，建筑学硕士课程总量与学术型学位相当的比例最高，法律硕士课程总量大于学术型学位的比例最高。

图 4-5 2017年不同专业硕士课程总量

2019年，34.0%的专业硕士课程总量小于学术型学位，57.1%与学术型学位相当，8.9%大于学术型学位（图4-6），相比2017年下降了3.4个百分点。在各专业学位课程中，临床医学硕士课程总量小于学术型学位的比例最高，工程硕士课程总量与学术型学位相当的比例最高，法律硕士课程总量大于学术型学位的比例最高。

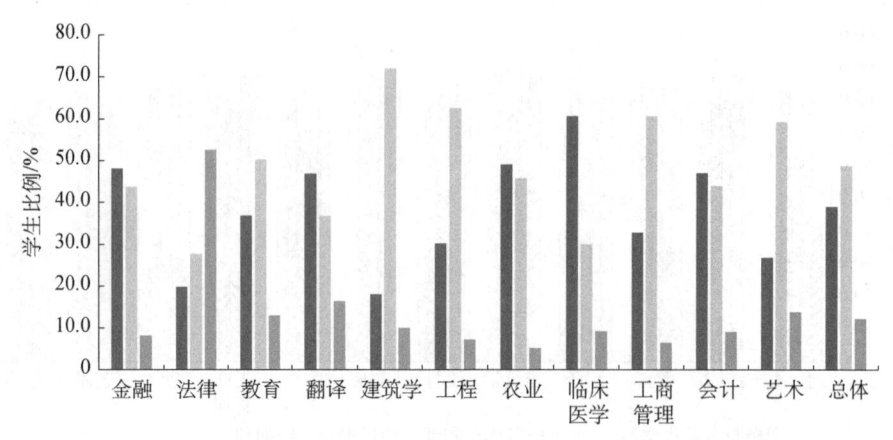

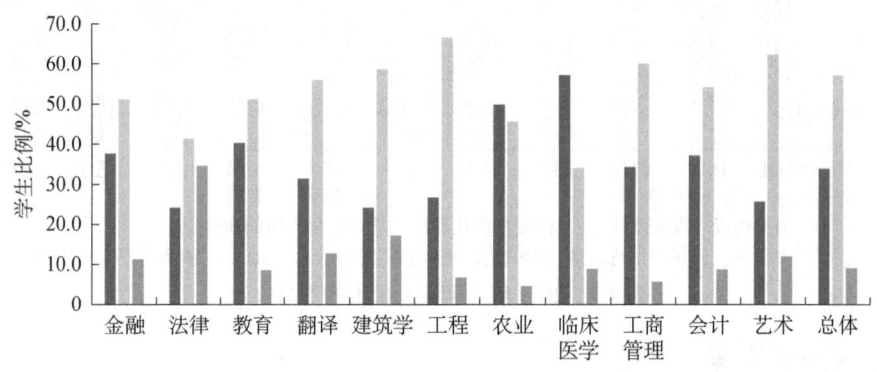

图 4-6 2019年不同专业硕士的课程总量

（二）教学方式

2015年，最常见也最受学生欢迎的实践教学方式是案例教学（30.0%），其次为实验教学（26.7%）和讲授加研讨（19.7%）。2017年，案例教学依然是较受学生喜欢的方式，总体占比为35.9%。尤其在工商管理硕士（51.3%）、会计硕士（51.2%）、临床医学硕士（46.5%）、金融硕士（40.1%）专业，案例教学的比例相对较高（图4-7）。

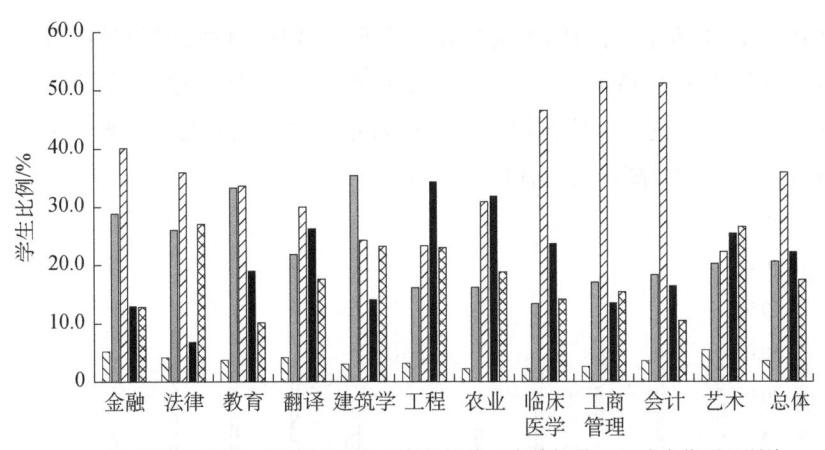

图 4-7 2017年不同专业硕士最喜欢的教学方式

根据2019年数据（图4-8），总体来看，在4种教学方式中，专业硕士最喜欢的教学方式为讲授加研讨（50.7%），其次是纯课程讲授（18.0%）。与其他专业硕士不同，会计硕士和临床医学硕士最喜欢的教学方式为案例教学，其比例分别为48.3%和35.5%。工商管理硕士也比较喜欢案例教学，其比例为36.9%，但讲授加研讨（47.3%）是其最喜欢的教学方式。此外，实验教学（仿真、嵌入式、实验室）也受到部分专业硕士的喜欢，如工程硕士（24.7%）、农业硕士（23.4%）、临床医学硕士（20.5%）、艺术硕士（16.7%）。

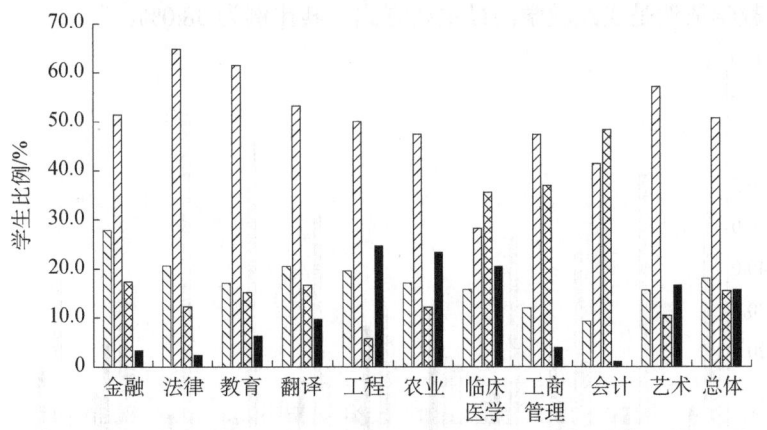

图 4-8 2019年不同专业硕士最喜欢的教学方式

（三）实践教学

2015年，总体来看，18.4%的专业硕士反映课程中的实践教学很少，选择案例教学的学生比例为33.4%。2017年，14.9%的专业硕士反映实践教学很少（图4-9），工商管理硕士的该项比例最低。在不同专业硕士采取的实践教学中，案例教学的总体学生比例最高，为44.1%。

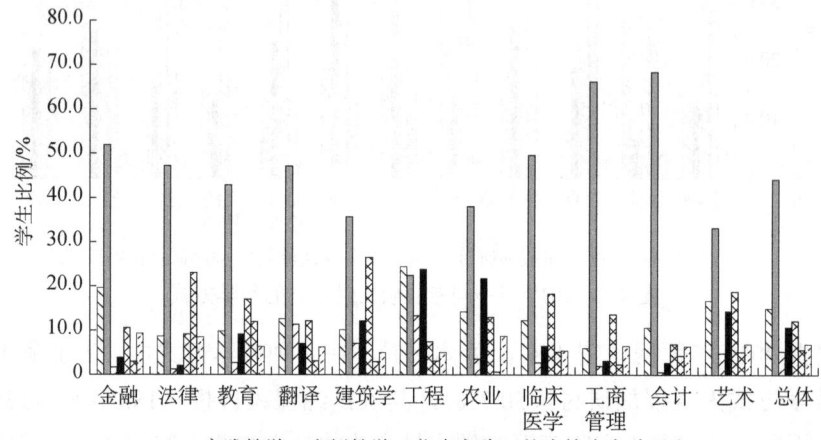

图4-9　2017年不同专业硕士采取的实践教学情况

2019年，总体上有17.3%的专业硕士认为专业实践教学很少（图4-10），其中工商管理硕士、会计硕士、临床医学硕士的实践教学的比例相对较低。总体来看，案例教学依然是实践教学的最主要方式，其比例为38.0%。

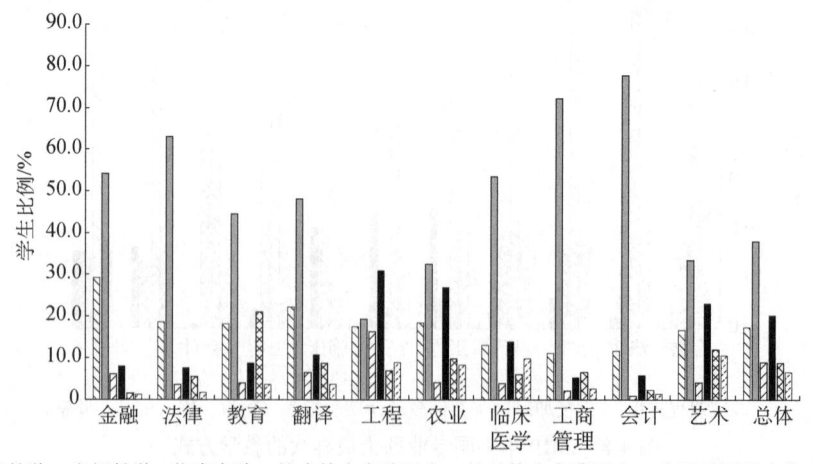

图4-10　2019年不同专业硕士采取的实践教学情况

四、专业实习实践安排

总体来看，2015 年有 23.4%的学生未参加实践（即实践落实率为 76.6%）。在实践时，形式比较多样化，包括自己联系、跟随导师课题在实验室实践、在导师项目合作企业实践、校内固定实践基地实践、去学校联系或指定安排的实践基地实践，其中最主要的方式是自己联系的实习实践，占 33.6%，总体实习实践 5.6 个月；其次是跟随导师课题（14.8%），总体实习实践 10.4 个月；再次为去学校联系或指定安排的实践基地实践（11.1%）或导师项目合作企业实践（10.1%），总体实践实践均为 8.9 个月；最后为校内固定实践基地实践（7.0%），平均实践 12.2 个月。从实践时间上来看，校内固定实践基地的平均实践时间最长，为 12.2 个月，最短的实践形式是自己联系的实践，为 5.6 个月。此外，全国全日制非定向专业学位学生自己联系的实习实践占 34.4%，未参加实践的比例为 17.8%，低于全国所有学生比例（23.4%）。在各类专业硕士中，临床医学硕士的实践时间均长于其他硕士，工程硕士在校内固定实践基地实践的时间也比较长，长达 11.4 个月。

2015 年各专业学生的实习实践分布情况中：①未参加实践的，建筑学硕士比例最高（50.0%），金融硕士比例最低（3.6%）；②自己联系实践的，金融硕士比例最高（82.5%），临床医学硕士比例最低（10.0%）；③跟随导师课题实践的，临床医学硕士比例最高（28.4%），会计硕士比例最低（2.0%）；④在导师项目合作企业实践的，临床医学硕士比例最高（33.0%），会计硕士比例最低（1.0%）；⑤在校内固定实践基地实践的，教育硕士比例最高（15.6%），金融硕士和建筑学硕士比例最低（均为 0）；⑥去学校联系或指定安排的实践基地实践的，教育硕士比例最高（21.5%），金融硕士比例最低（2.9%）。

2017 年，总体来讲，专业硕士参加实践的比例（即实践落实率）是 75.3%，在学习过程中一名专业硕士可能参加一种或多种形式的实践，其中更多的是自己联系的与本专业学位紧密相关的实习（44.4%），其次是去学校联系或指定安排的实践基地实践（16.5%）、跟随导师课题在实验室视作实践（15.7%），在导师项目合作企业实践的比例为 12.1%。还有 10.7%的学生去校内固定实践基地实践。建筑学硕士自己联系的与本专业学位紧密相关的实习比例最高，教育硕士和临床医学硕士去学校联系或指定安排的实践基地实践比例相对较高（图 4-11）。

2019 年，总体来讲，专业硕士的实践落实率是 89.0%，比 2017 年高出了 13.7 个百分点。专业硕士更多的是自己联系的与本专业学位紧密相关的实习实践

（32.4%），去学校联系或指定安排的实践基地实践的比例为 16.8%，跟随导师课题在实验室视作实践的比例为 15.1%，在导师项目合作企业实践的比例为 13.8%。教育硕士和临床医学硕士的学校联系或指定安排的实践基地实践的比例相对较高，详见图 4-12。除去临床医学这一特殊专业学位要求较长时间的实习实践，专业硕士在不同种类的实习实践中，跟随导师课题在实验室视作实践的时间（7.7 个月）相对较长（表 4-1）。

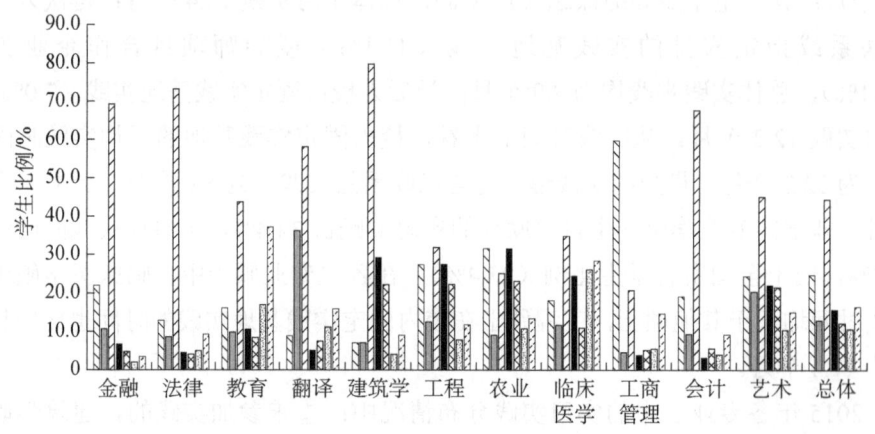

图 4-11　2017 年不同专业硕士的实习实践类型分布情况

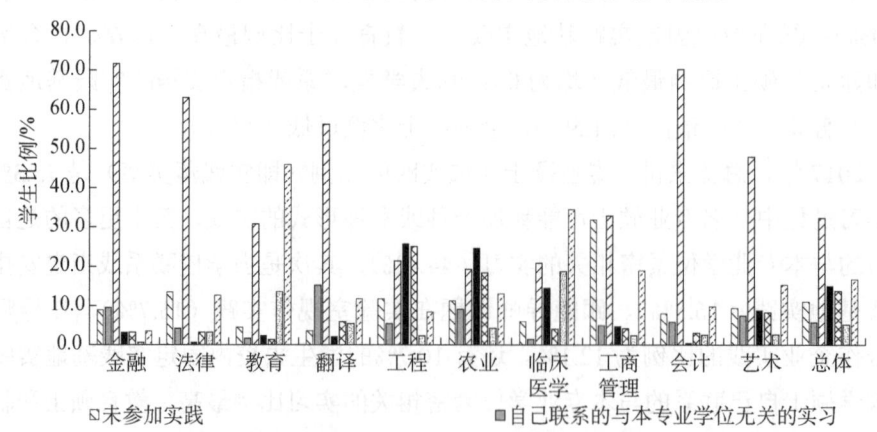

图 4-12　2019 年不同专业硕士的实习实践类型分布情况

表 4-1　2019 年专业硕士平均专业实习实践时间　　　　单位：月

专业	自己联系的与本专业学位无关的实习	自己联系的与本专业学位紧密相关的实习	跟随导师课题在实验室视作实践	在导师项目合作企业实践	校内固定实践基地实践	去学校联系或指定安排的实践基地实践
金融	3.6	6.0	10.4	6.2	1.0	5.0
法律	7.1	5.9	4.0	6.3	3.7	3.8
教育	4.0	4.9	8.4	7.2	4.0	4.4
翻译	4.8	5.5	5.2	7.2	5.0	5.1
工程	5.0	5.9	10.3	8.0	8.1	8.2
农业	4.7	6.4	10.5	6.5	7.3	6.1
临床医学	12.1	23.3	18.0	25.1	30.1	29.5
工商管理	6.8	7.3	4.5	3.3	10.0	3.3
会计	6.0	5.4	N/A	5.1	5.8	4.9
艺术	6.4	7.3	8.2	4.7	3.7	4.4
专业学位总体（除去临床医学）	5.0	6.1	7.7	6.1	5.4	5.0
总体	5.2	6.8	10.7	8.0	12.0	9.6

五、导师指导

（一）导师指导形式

对于专业硕士的导师指导形式，2015 年，有 49.8%的专业硕士只由校内导师指导，其次是校内外导师组指导，占 29.4%，还存在校内导师组、只有校外导师和其他导师指导形式（分别占 15.4%、4.0%、1.3%）。在不同专业硕士的导师指导形式上，会计硕士和金融硕士以校内外导师组为主，其他专业硕士则以校内导师为主。

2017 年，总体来讲，专业硕士校内外导师组指导形式的比例为 39.6%，仍有 45.9%的学生只有校内导师。金融硕士、会计硕士的校内外导师组的比例相对较高，分别为 63.1%、62.2%。79.2%的建筑学硕士只有校内导师，其比例最高，艺术硕士、临床医学硕士只有校内导师组的比例也相对较高（图 4-13）。

2019 年，总体来讲，专业硕士校内外导师组指导形式的比例为 41.4%，仍有 48.2%的学生只有校内导师。会计硕士、农业硕士和法律硕士校内外导师组的比例相对较高，分别为 63.2%、61.9%、53.0%。临床医学硕士（20.3%）、艺术硕士（15.0%）的校内导师组的比例相对较高，而大部分专业硕士只有校内导师指导（图 4-14）。2019 年不同专业硕士的导师指导形式的总体情况与 2017

年基本一致。

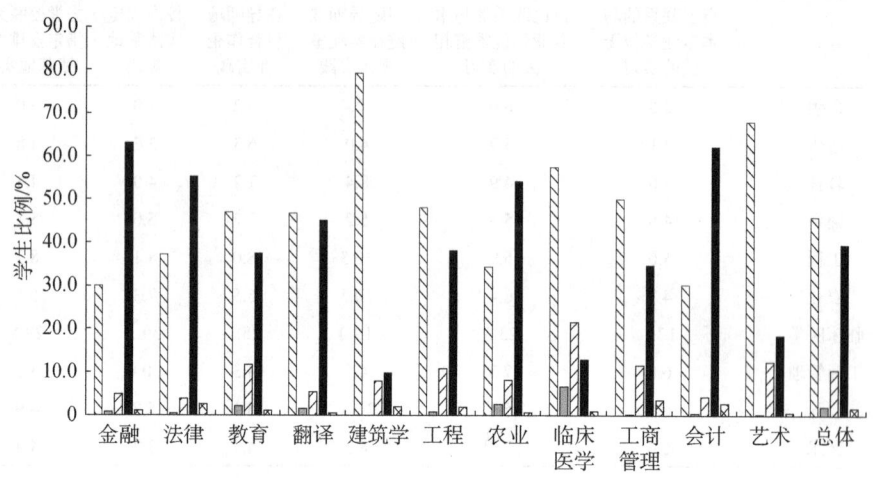

图 4-13 2017 年不同专业硕士的导师指导形式

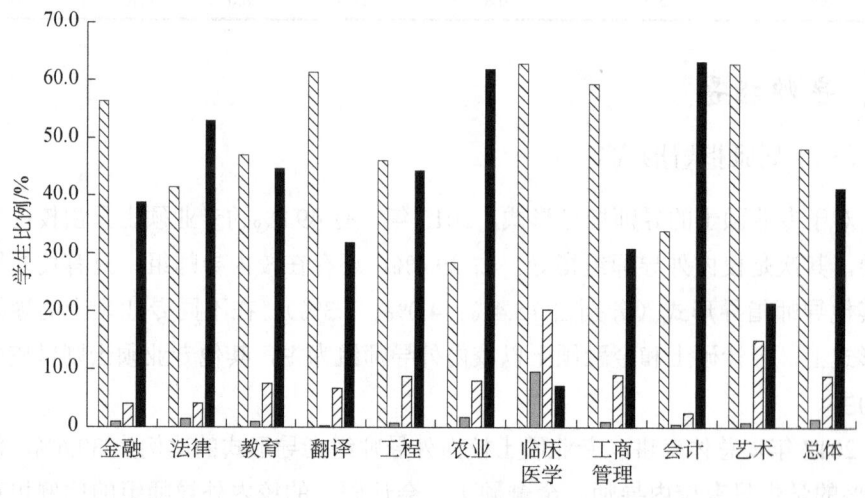

图 4-14 2019 年不同专业硕士的导师指导形式

（二）校内外导师合作方式

对于校内外导师合作形式，2015 年，以校内导师为主，占比为 59.6%，分段分环节合作的占比为 35.4%，以校外导师为主的仅占 5.0%。此外，教育硕士的校内外导师分段分环节各自为主、全过程合作比例相对较高。

2017 年，导师合作方式以校内导师为主，其次是分段分环节的合作形式，以校外导师为主的比例最低。此外，教育硕士在校内外导师分段分环节各自为主、全过程合作以及分段分环节校内导师为主、全过程合作的比例都最高,分别为 12.2%和 14.5%,详见表 4-2。

表 4-2 2017 年不同专业硕士的校内外导师合作形式 单位:%

比较项	金融	法律	教育	翻译	建筑学	工程	农业	临床医学	工商管理	会计	艺术	总体
以校内导师为主	73.0	88.4	56.6	70.9	81.5	69.9	63.9	59.3	63.5	68.0	63.9	68.5
以校外导师为主	1.1	1.0	3.1	0.8	3.7	5.3	6.7	20.7	1.8	0.6	2.7	4.8
分段分环节各自为主、合作少	15.8	5.0	12.8	12.3	7.4	5.5	3.8	5.9	17.3	14.8	15.0	9.5
分段分环节各自为主、全过程合作	3.6	1.8	12.2	4.1	3.7	7.7	10.6	6.2	8.4	6.8	5.4	6.6
分段分环节校内导师为主、全过程合作	6.1	3.6	14.5	9.0	3.7	9.9	13.9	5.5	7.1	8.8	8.8	8.9
分段分环节校外导师为主、全过程合作	0.4	0.2	0.8	2.9	0.0	1.7	1.0	2.4	1.8	1.0	4.1	1.7

2019 年,导师合作方式仍以校内导师为主,其总体比例虽比 2017 年有所下降,但其比例仍最高;分段分环节校内导师为主、全过程合作的比例明显提高。此外,临床医学硕士以校外导师为主(35.4%),明显高于其他专业硕士该项的比例,其分段分环节校外导师为主、全过程合作的比例也相对较高(18.8%)。艺术和教育硕士分段分环节校内导师为主、全过程合作较为突出,其比例分别为 22.9%和 21.4%(表 4-3)。

表 4-3 2019 年不同专业硕士的校内外导师合作形式 单位:%

比较项	金融	法律	教育	翻译	工程	农业	临床医学	工商管理	会计	艺术	总体
以校内导师为主	78.0	77.0	45.2	67.2	61.3	63.5	33.3	53.7	63.0	59.6	60.0
以校外导师为主	3.1	0.9	1.8	0.5	5.2	3.9	35.4	0.9	1.1	2.8	3.8
分段分环节各自为主、合作少	7.9	9.0	17.8	13.4	6.8	3.3	2.1	16.2	13.8	7.3	10.1
分段分环节各自为主、全过程合作	4.7	3.2	9.3	5.0	7.2	9.1	6.3	10.2	5.1	3.7	6.9
分段分环节校内导师为主、全过程合作	5.5	9.0	21.4	11.9	17.1	18.4	4.2	16.7	15.9	22.9	16.4
分段分环节校外导师为主、全过程合作	0.8	0.9	4.5	2.0	2.5	2.9	18.8	2.3	1.1	3.7	2.8

（三）校内外导师见面频率

2015 年，专业硕士总体上与校内导师见面频率较高，一周见一次导师的比例为 42.6%，两周见一次导师的比例为 18.5%，总计至少两周见一次导师的学生占比为 61.1%。然而，学生与校外导师的见面频率远低于与校内导师的见面频率，如与校外导师一周见一次的学生比例仅为 18.2%，两周见一次的学生比例仅为 13.1%。总体来看，学生与校外导师保证至少一个月见一次的学生比例为 58.3%。

2017 年，专业硕士总体上与校内导师见面的频率较高，一周见一次导师的比例为 42.2%（图 4-15），其中临床医学硕士、工程硕士、农业硕士、艺术硕士一周见一次导师的比例相对较高，分别为 71.9%、69.0%、55.5%、52.1%。专业硕士与校外导师见面的频率明显低于校内导师，总体上，只有 14.4% 的学生一周见一次校外导师。值得注意的是，有 26.0% 的专业硕士反映其一年见一次校外导师，其中，49.0% 的翻译硕士、42.5% 的金融硕士和 41.9% 的会计硕士一年见一次导师。此外，临床医学硕士与校外导师见面最频繁，一周见一次导师的比例为 50.3%（图 4-16）。

2019 年，总体上，专业硕士与校内导师见面的频率较高，一周见一次导师的比例为 53.8%（图 4-17），比 2017 年提高了 11.6 个百分点。工程硕士、艺术硕士、农业硕士、临床医学硕士一周见一次导师的比例相对较高，分别为 76.1%、69.8%、69.3%、54.7%。

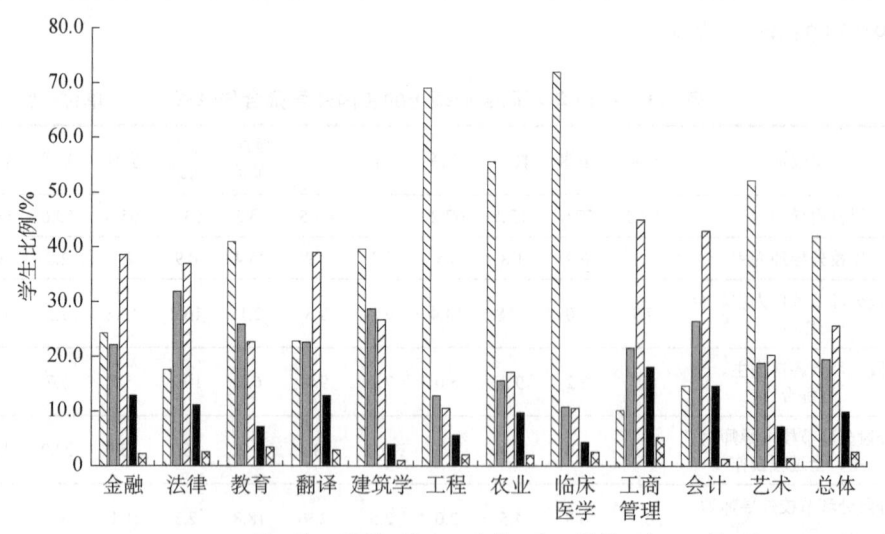

图 4-15 2017 年不同专业硕士与校内导师见面频率

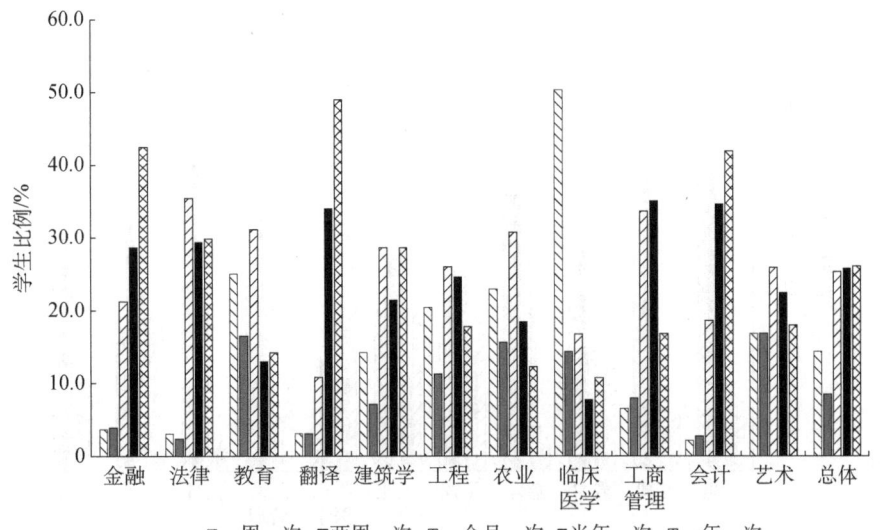

图 4-16　2017 年不同专业硕士与校外导师见面频率

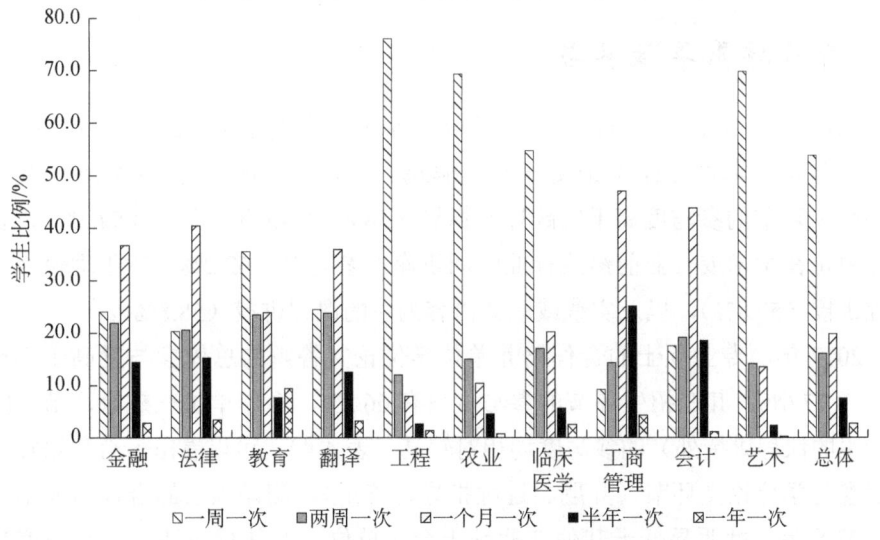

图 4-17　2019 年专业学位学生与校内导师见面频率

2019 年，总体上，专业硕士与校外导师见面的频率明显低于校内导师，只有 17.4% 的专业硕士每周至少见一次校外导师，较 2017 年有小幅提升。值得注意的是，有 20.5% 的硕士一年见一次校外导师，尤其是金融硕士（44.6%）、法律硕士（41.2%）、翻译硕士（38.6%）和会计硕士（37.4%）。此外，临床医学硕士与校外导师见面最频繁，一周见一次的比例为 46.4%（图 4-18）。

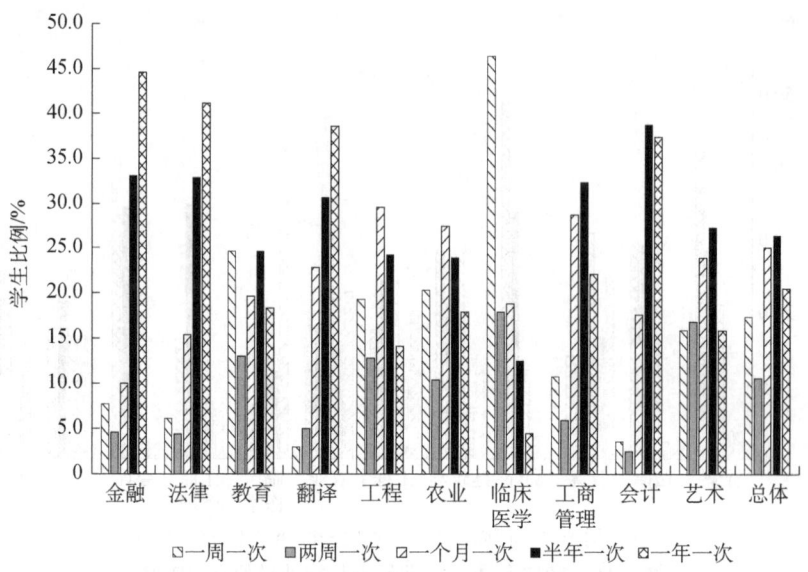

图 4-18 2019 年专业学位学生与校外导师见面频率

六、合作培养单位参与

2015 年，专业硕士的合作培养单位在各环节的参与度为 52.3%—67.9%。其中，合作培养单位在学位论文开题（64.6%）、过程中的指导（64.4%）及答辩（67.9%）环节的参与度高于实践环节指导（58.8%）和招生环节（52.3%），合作培养单位在学术或行业前沿或行业时间讲座的参与度（62.2%）高于理论为主的课程讲授（57.8%），以及实践或职业内容为主的课程讲授（58.8%）。

2017 年，专业硕士的合作培养单位学位论文答辩的总体参与度高于其他环节，为 77.6%，其在招生环节的参与度只有 66.2%，合作单位在剩余环节（除理论为主的课程讲授外）的参与度均相对较高（表 4-4）。可以看出，合作培养单位主要参与学位论文环节（开题、过程指导、答辩）。翻译硕士的合作培养单位在各环节的参与度明显低于其他专业硕士合作单位，尤其招生环节的参与度最低（50.7%）。而农业硕士的合作培养单位在各环节的参与度都相对较高。

表 4-4　2017 年不同专业硕士合作培养单位参与度　　　单位：%

比较项	金融	法律	教育	翻译	建筑学	工程	农业	临床医学	工商管理	会计	艺术	总体
招生环节	66.7	72.5	69.0	50.7	79.4	63.7	71.4	60.5	75.8	68.3	62.5	66.2
理论为主的课程讲授	70.8	75.7	74.8	54.5	78.1	67.5	74.7	63.4	76.9	72.2	66.9	69.7

续表

比较项	金融	法律	教育	翻译	建筑学	工程	农业	临床医学	工商管理	会计	艺术	总体
实践或职业内容为主的课程讲授	71.7	77.8	74.2	59.1	80.0	67.8	73.7	67.5	77.9	75.0	70.3	71.1
学术或行业前沿或行业实践讲座	75.0	78.8	76.1	66.1	83.3	70.2	76.9	67.9	79.2	78.4	68.9	73.1
实践环节指导	73.6	77.6	75.1	59.3	82.3	68.6	76.6	70.2	75.9	72.9	70.3	71.8
学位论文开题	71.6	77.6	78.9	60.9	76.0	71.7	80.5	70.5	81.4	76.0	75.0	74.6
学位论文过程中的指导	71.9	77.5	76.3	60.9	75.8	72.1	81.5	71.0	82.5	77.1	73.2	74.4
学位论文答辩	76.6	79.8	79.8	68.5	79.8	74.7	84.1	75.2	83.4	81.0	78.2	77.6

2019年，专业硕士的合作培养单位学位论文答辩的总体参与度高于其他环节，为81.5%，比2017年有小幅提升。专业硕士的合作培养单位在招生环节的总体参与度最低（77.8%）（表4-5）。合作培养单位在各环节的参与度都比2017年有不同程度的提高。可以看出，合作培养单位在学位论文环节（开题、过程指导、答辩）的参与度都相对较高。金融硕士的合作培养单位在各环节的参与度低于其他专业（学术或行业前沿或行业实践讲座除外），而农业硕士的合作培养单位在各环节的参与度均高于80.0%，其参与度都相对较高。

表4-5 2019年不同专业硕士合作培养单位参与度 单位：%

比较项	金融	法律	教育	翻译	工程	农业	临床医学	工商管理	会计	艺术	总体
招生环节参与	73.2	77.8	78.0	76.0	79.6	81.4	75.0	79.8	81.2	79.8	77.8
理论为主的课程讲授	74.8	80.6	79.6	77.0	80.4	82.4	75.6	82.2	82.0	81.2	79.3
实践为主的课程讲授	74.8	81.2	79.8	78.4	80.6	82.4	76.2	82.0	83.0	81.6	79.7
学术或行业前沿或行业实践讲座	76.2	82.8	79.8	79.2	81.6	82.6	76.0	82.8	83.6	82.6	80.5
实践环节指导	72.8	81.2	81.0	78.0	81.2	83.2	77.0	81.2	82.4	82.8	79.7
学位论文开题	74.4	80.6	81.4	78.8	82.4	84.4	77.0	84.0	82.4	83.4	80.5
学位论文过程中的指导	75.0	80.8	81.6	79.0	82.4	84.4	77.0	83.6	81.8	83.6	80.5
学位论文答辩	75.2	82.2	82.4	80.0	82.8	84.8	78.0	84.4	83.8	84.4	81.5

七、学位论文训练

(一) 毕业考核形式

2015年，专业硕士毕业考核以论文撰写为主，占86.8%，其中应用基础研究论文和基础研究论文占44.0%和30.1%，技术开发研究论文占12.7%。除论文外的其他考核形式还包括案例撰写类（5.4%）、调研报告类（5.5%）和产品制作或技术说明书（1.0%）等。工商管理硕士和会计硕士的案例撰写比其他硕士多。

总体上，2017年，专业硕士毕业考核形式以应用基础研究论文为主，占50.0%，另有30.4%是基础研究论文。工商管理硕士的应用基础研究论文的比例最高，为62.2%，而法律硕士的这一比例最低，法律硕士的基础研究论文的比例最高，为72.9%。会计硕士的案例撰写类比例最高，为35.6%（图4-19）。

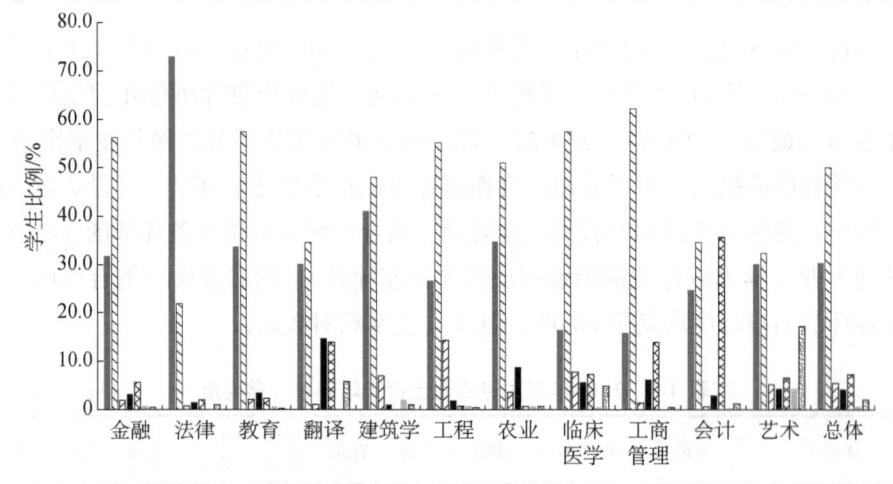

图 4-19 2017年不同专业硕士毕业考核形式

2019年的情况与2017年基本一致，总体上，专业硕士的毕业考核形式以应用基础研究论文为主，占46.8%，基础性论文占34.7%。临床医学硕士的应用基础研究论文的比例最高，为66.9%，较2017年有所升高。而艺术硕士的这一比例最低，为28.0%。法律硕士、教育硕士的基础性论文的比例相对较高，分别为55.4%和55.3%。法律硕士的应用基础研究论文的比例较2017年有所提升。会计硕士的案例撰写类的比例为39.4%，较2017年有所提升（图4-20）。

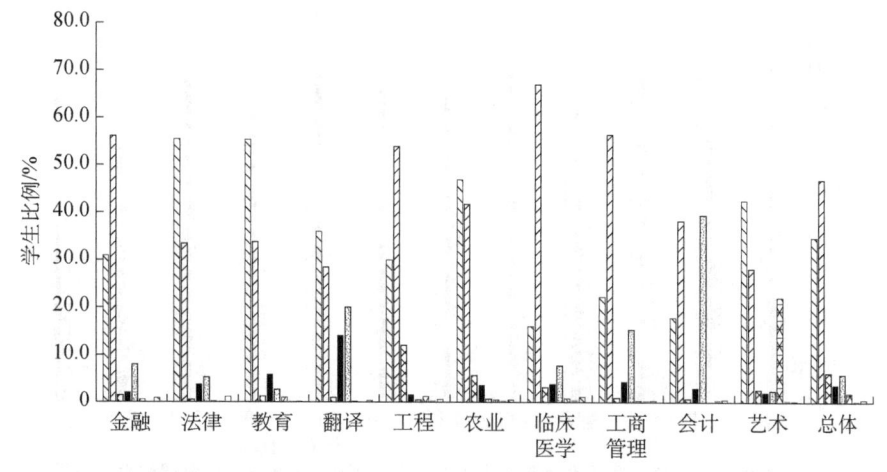

□基础性论文　□应用基础研究论文　□技术开发研究论文　■调研报告类
□案例撰写类　□产品制作、创造、展示或表演　□技术方案或技术说明书　□无专门的毕业考核

图 4-20　2019 年不同专业硕士毕业考核形式

（二）学位论文选题实践性

2015 年，有六成以上的专业硕士论文选题与社会实践或行业实际的现实问题相关性大（相关性大包括相关性比较大和相关性非常大）。对不同专业学位进行对比发现，大部分学位论文选题符合社会实践或者来自行业实际的现实问题，论文选题相关性较大的比例为 37.5%，相关性非常大的比例为 23.1%，共计 60.6% 的专业硕士论文与社会实践或行业实际问题相关。其中，会计硕士和工商管理硕士的这一比例相对较高，分别是 74.3% 和 68.8%。

2017 年，总体上，专业硕士学位论文的选题与社会实践或行业实际问题相关性大（即比较大和非常大）的比例为 66.4%，教育硕士和工商管理硕士的这一相关性的比例相对较高。而工程硕士、艺术硕士、金融硕士的这一比例相对较低，分别为 59.4%、60.2% 和 61.0%（图 4-21）。

2019 年，总体上，专业硕士学位论文的选题与社会实践或行业实际问题相关性大的比例为 62.6%，教育硕士、工商管理硕士的这一比例相对较高。而金融硕士、翻译硕士、艺术硕士的这一比例相对较低，工程硕士的这一比例比 2017 年有所提高（图 4-22）。

（三）毕业成果应用性

2015 年，有接近六成的专业硕士对毕业成果的应用效果予以肯定，也有近四成的专业硕士认为专业学位的毕业成果不适合实践应用或者在现场实施，效果

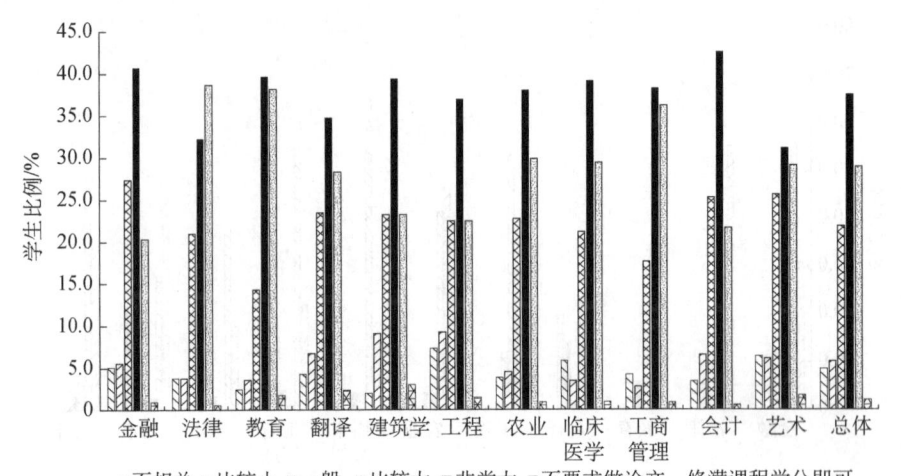

图 4-21　2017 年不同专业硕士学位论文的选题与社会实践或行业实际问题相关性

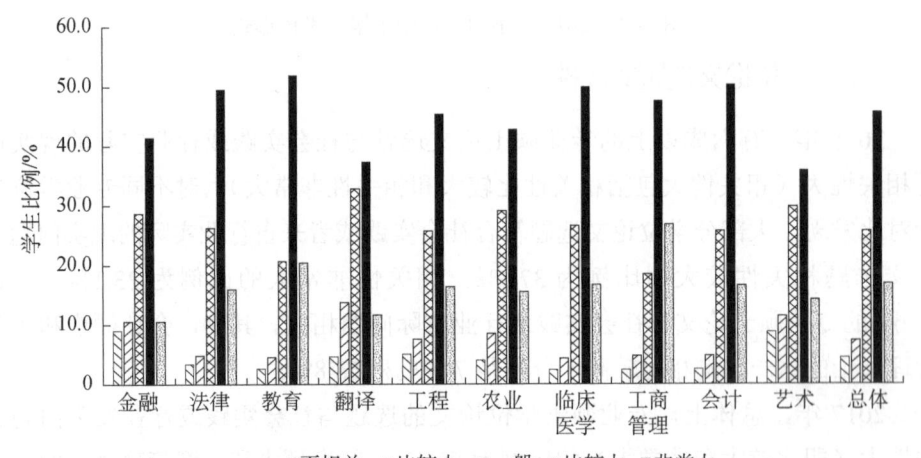

图 4-22　2019 年不同专业硕士学位论文的选题与社会实践或行业实际问题相关性

不明显。36.9%的专业硕士认为毕业成果已实施，有一定效果和应用价值，18.7%的专业硕士认为毕业成果已解决了实际问题，取得较好效果，3.4%的专业硕士认为毕业成果已解决了实际问题，产生了经济效益，效果显著。

2017 年，总体上，专业硕士认为毕业成果应用较好（指已实施，有一定效果和应用价值；已解决了实际问题，取得较好效果；已解决了实际问题，产生了经济效益，效果显著）的比例为 65.1%（图 4-23）。42.5%的专业硕士认为毕业成果已实施，有一定效果和应用价值，18.3%的专业硕士认为毕业成果已解决了实际问题，取得较好效果好，4.3%的专业硕士认为毕业成果已解决了实际问题，产生了经济效益，效果显著。教育硕士、工商管理硕士的这一比例相对较高，而建筑学硕士、会计硕士的这一比例相对较低。

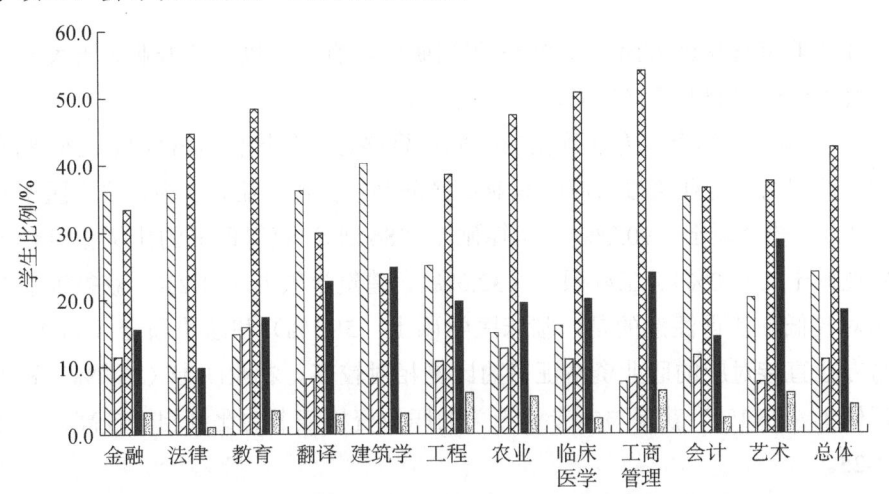

图 4-23 2017 年不同专业硕士毕业成果的实际应用效果

2019年，专业硕士认为毕业成果应用较好的比例为66.0%。工商管理硕士这一比例最高，而金融硕士和法律硕士毕业成果的这一比例相对较低。总体而言，43.1%的专业硕士认为毕业成果已实施，有一定效果和应用价值，19.8%的专业硕士认为毕业成果已解决了实际问题，取得较好效果，3.1%的专业硕士认为毕业成果已解决了实际问题，产生了经济效益，效果显著（图4-24）。总体上，2019年专业硕士认为毕业成果的实际应用效果与2017年基本一致。

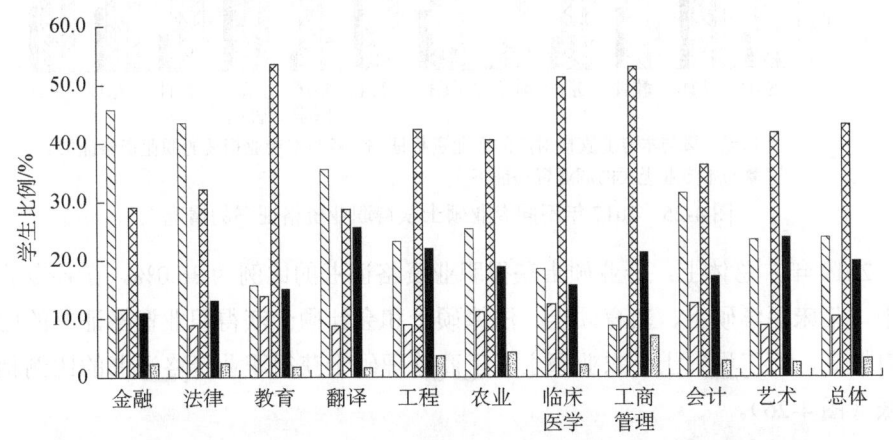

图 4-24 2019 年不同专业硕士毕业成果的实际应用效果

八、职业资格认证

在职业资格认证方面，在 2015 年调研中，有一半以上的专业硕士表示，学校鼓励学生取得职业资格证书，但不强制要求。

2017 年，总体上，专业硕士获得职业资格证书的比例为 62.6%，26.0%的专业硕士获得与本专业直接对应的职业资格证书。在各专业硕士中，临床医学硕士（93.6%）、教育硕士（90.2%）、法律硕士（84.2%）获得证书的比例相对较高，而农业硕士（39.0%）、工程硕士（32.0%）、建筑学硕士（11.2%）获得证书的比例相对较低。值得注意的是，临床医学硕士（58.1%）和法律硕士（56.0%）获得与专业直接对应的职业资格证书的比例相对较高。农业硕士（23.7%）和工商管理硕士（26.1%）获得与本专业无关的职业资格证书的比例相对较高，具体见图 4-25。

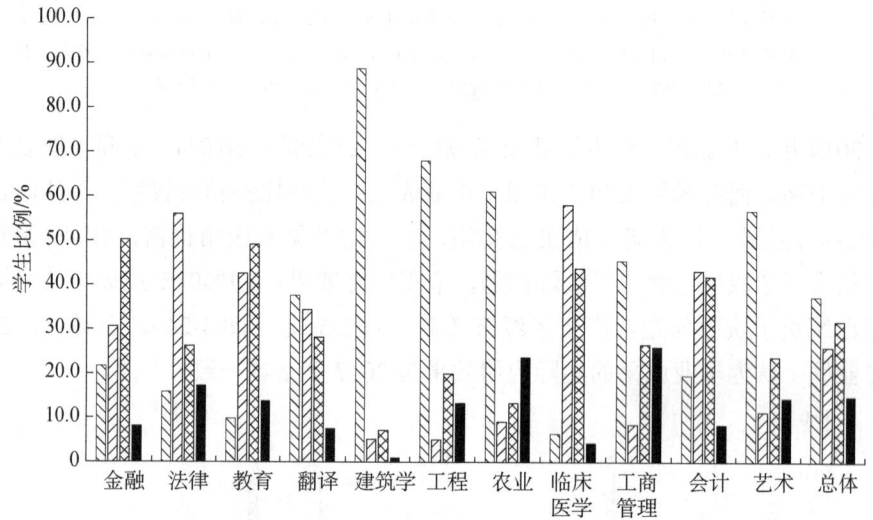

图 4-25 2017 年不同专业硕士获得职业资格证书的情况

2019 年，总体上，专业硕士获得职业资格证书的比例为 36.0%。在各专业硕士中，临床医学硕士、教育硕士、法律硕士和会计硕士获得职业资格证书的比例相对较高，而工程硕士、农业硕士、工商管理硕士获得职业资格证书的比例相对较低（图 4-26）。

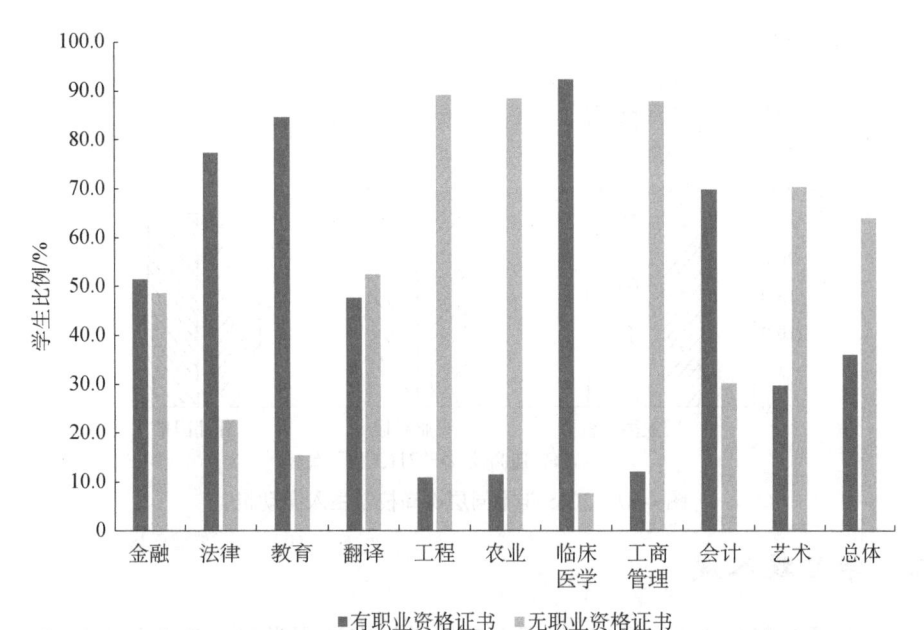

图 4-26 2019 年不同专业硕士获得职业资格证书的情况

第二节　按院校层次划分的教育环境关键要素分析

本节以 2015 年调研数据为例，分析不同院校层次下，普通高校和"211 工程"高校专业学位的教育环境关键要素。

一、入学动机

在各种入学动机中，不同层次高校的学生都以职业型动机为主，相比之下，普通高校学生职业型动机的比例更高，为 44.7%，"211 工程"高校学生职业性动机的比例为 41.0%。在专业兴趣方面，普通高校和"211 工程"高校学生以专业兴趣为主要入学动机的比例相近，约 1/3 学生基于专业兴趣动机就读专业学位研究生。而"211 工程"高校学生将学校品牌、容易被录取、拓展人脉等外部因素作为入学动机的比例明显高于普通高校学生，"211 工程"高校的比例为 26.3%，普通高校的比例为 21.8%（图 4-27）。

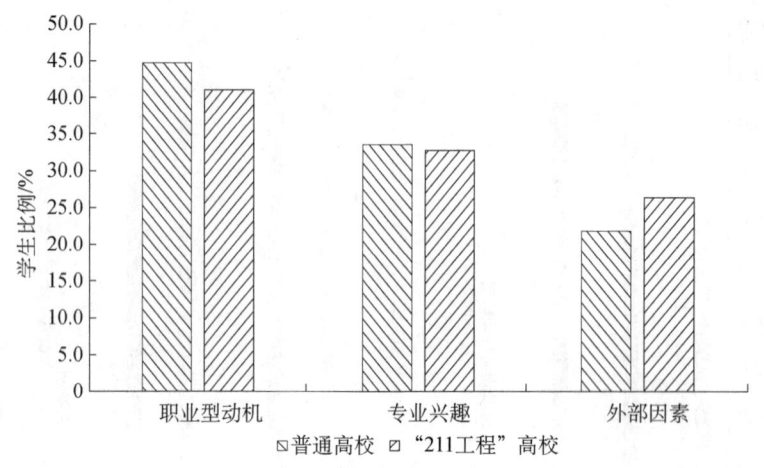

图 4-27　2015 年不同层次高校学生入学动机

二、学习投入度

在各项学习投入中，"211 工程"高校学生在课程学习、作业和课程项目中的学习投入度明显高于普通高校学生，其次是主动关注和学习学科前沿信息。而在科研训练活动和实习实践活动中普通高校和"211 工程"高校学生的学习投入度差别不大，普通高校学生积极投入实习实践活动的比例（74.2%）略高于"211工程"高校学生（73.7%）（图 4-28）。

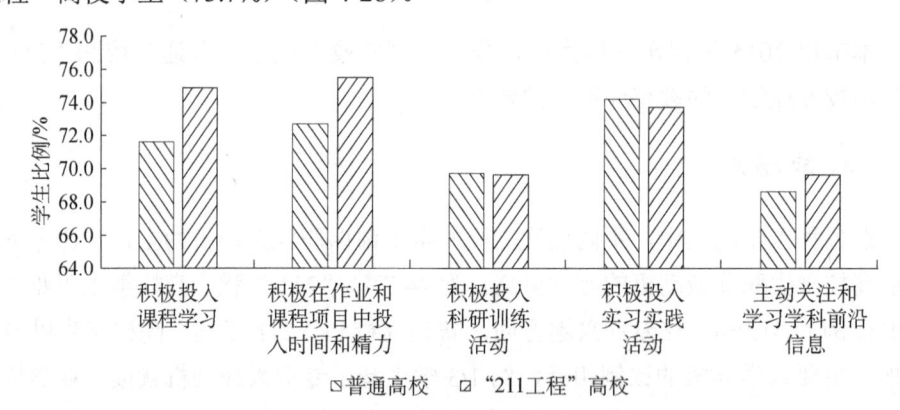

图 4-28　2015 年不同层次高校学生学习投入

三、课程教学

（一）课程总量

在课程总量上，两类高校均以与学术型学位相当的比例最高，均超过 55.0%

且比例差别不大，但是"211工程"高校课程总量大于学术型学位的比例（12.5%）高出普通高校（8.7%）3.8个百分点（图4-29）。

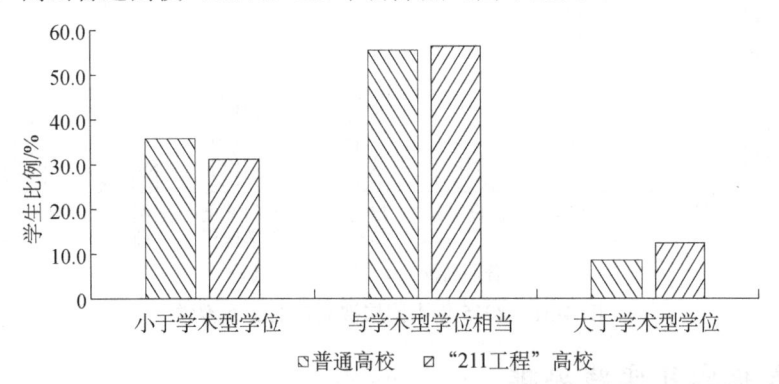

图4-29　2015年不同层次高校专业学位课程总量

（二）教学方式

在学生最喜欢的教学方式上，案例教学最受"211工程"高校学生欢迎，其比例为32.3%，其次是实验教学（23.4%）。普通高校学生喜欢案例教学和实验教学都较多，其比例分别为28.2%和29.7%（图4-30）。

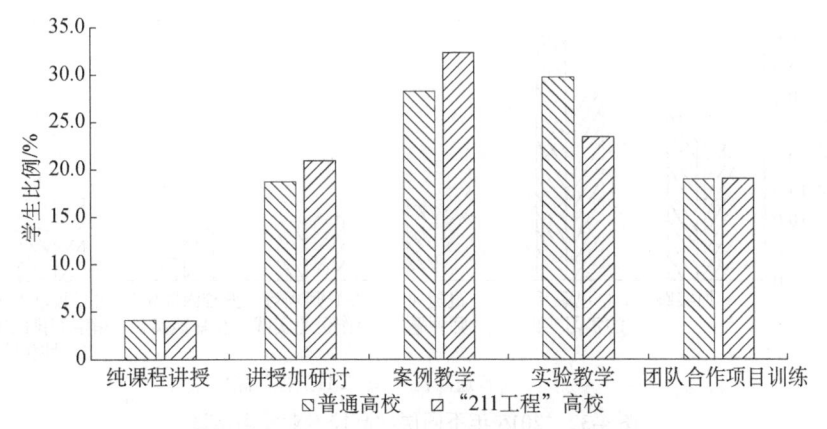

图4-30　2015年不同层次高校教学方式

（三）实践教学

"211工程"高校采用案例教学的比例（35.6%）略高于普通高校（31.9%），开展实践教学情况要略优于普通高校。普通高校有19.9%的学生反映很少开展实践教学，而"211工程"高校这一比例为16.8%（图4-31）。

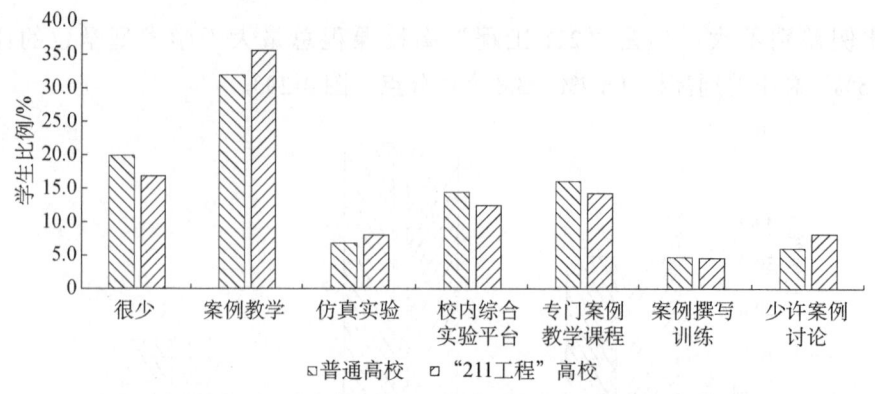

图 4-31　2015 年不同层次高校的实践教学

四、专业实习实践安排

在专业实习实践安排上，"211 工程"高校整体不如普通高校，有相当一部分"211 工程"高校学生自己联系的实习实践，这一项的比例高出普通高校学生 9 个百分点。"211 工程"高校学生去校内固定实践基地实践和去学校联系或指定安排的实践基地实践的比例也都低于普通高校（图 4-32）。

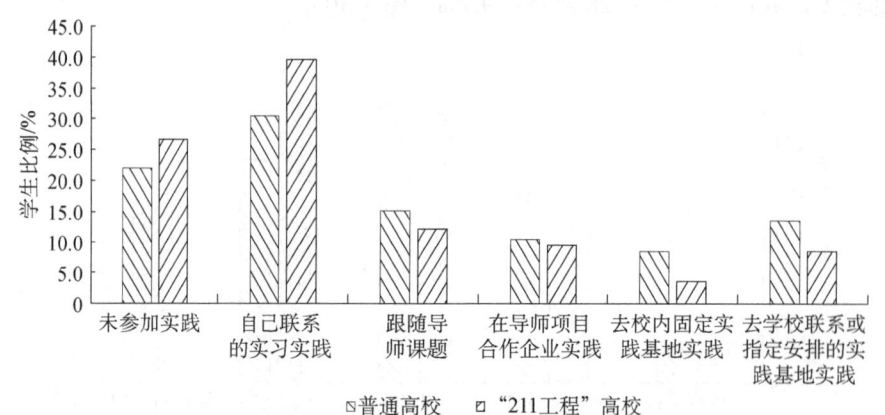

图 4-32　2015 年不同层次高校专业实习实践

五、导师指导

（一）导师指导形式

在导师指导形式上，两类高校均有近一半的学生只有校内导师指导，在校内外导师组的比例方面，两类高校差别不大（图 4-33）。

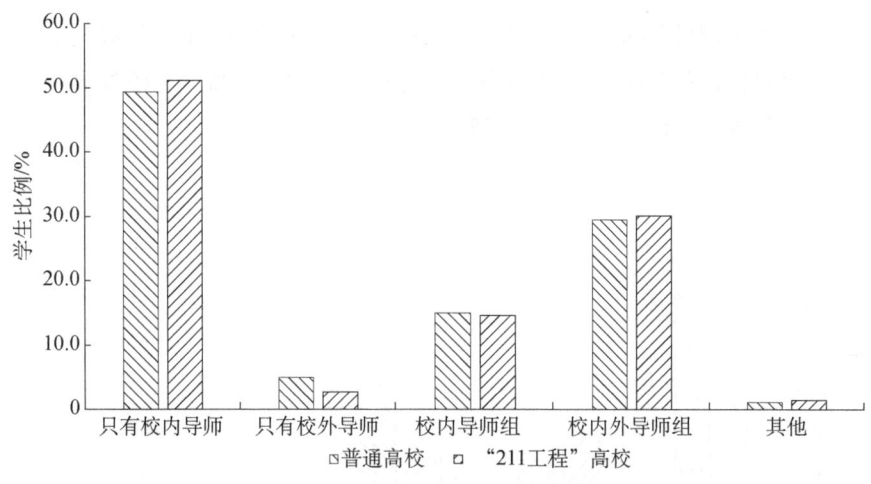

图 4-33　2015 年不同层次高校导师指导形式

（二）校内外导师合作方式

在校内外导师合作方式方面，两类高校均以校内导师为主，"211 工程"高校校内外导师分段分环节各自为主（包括合作少、全过程合作）和分段分环节校内导师为主，全过程合作的总体比例为 36.7%，普通高校的这一比例为 31.8%（图 4-34）。

图 4-34　2015 年不同层次高校校内外导师合作方式

（三）校内外导师见面频率

学生与校内导师见面频率最高的是一周一次（图 4-35）。在普通高校，学生与校内导师一周一次见面的比例明显高于"211 工程"高校，高出近 10 个百分点。学生与校外导师见面频率最高的是一个月一次和半年一次（图 4-36）。在普通高校，学生与校外导师一个月见面一次的比例高出"211工程"高校近4个百分点，而"211工程"高校还有相当一部分的学生（20.0%）与校外导师一年只见面一次，普通高校这一比例为16.5%。

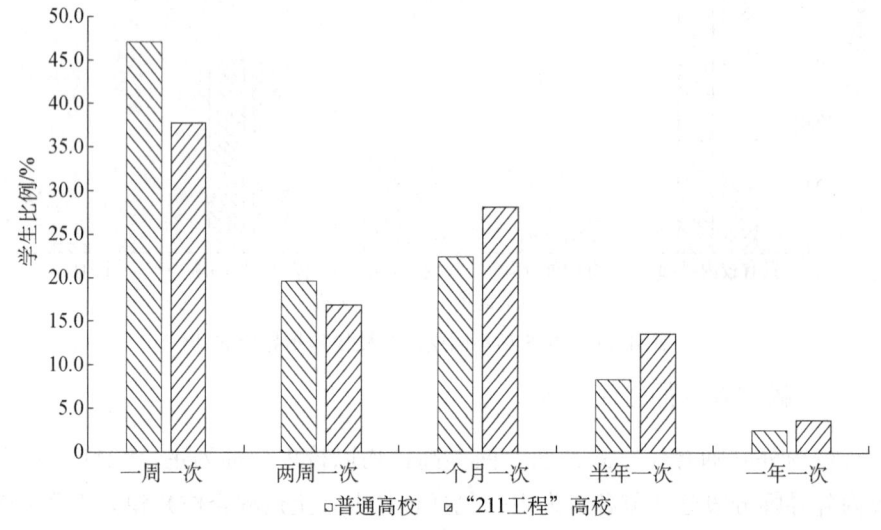

图4-35　2015年不同层次高校学生与校内导师见面频率

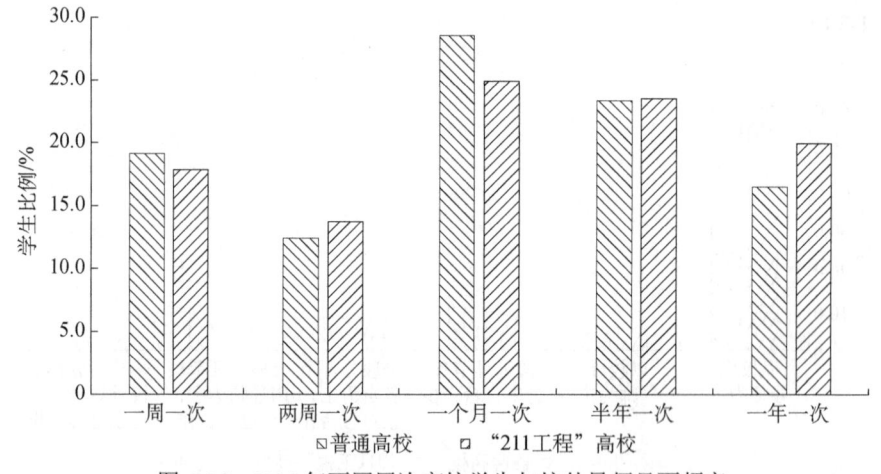

图4-36　2015年不同层次高校学生与校外导师见面频率

六、合作培养单位参与

在合作培养单位参与专业学位培养的各环节中，两类高校在招生环节参与、理论为主的课程讲授实践环节指导等方面的差别不大（图4-37）。

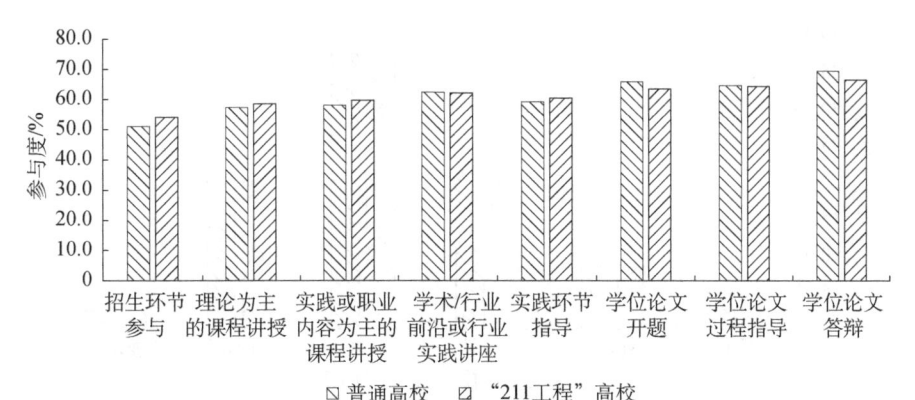

图 4-37　2015 年不同层次高校合作培养单位参与度

七、学位论文训练

（一）毕业考核形式

在毕业考核形式上，两类高校均以应用基础研究论文为主要考核形式，普通高校毕业考核方式为基础研究论文的比例高于"211 工程"高校。与普通高校相比，"211 工程"高校的技术开发研究论文、调研报告类和案例撰写类毕业考核形式的比例略高（图 4-38）。

图 4-38　2015 年不同层次高校毕业考核形式

（二）学位论文选题实践性

在学位论文选题与现实问题的相关性方面，"211 工程"高校选题与现实问题相关性非常大的比例（25.1%）高于普通高校（21.3%），表明"211 工程"高校学位论文选题的实践性相对更强（图 4-39）。

（三）毕业成果应用性

在毕业成果应用性方面，普通高校学生和"211 高校"学生的差别不明显（图 4-40）。

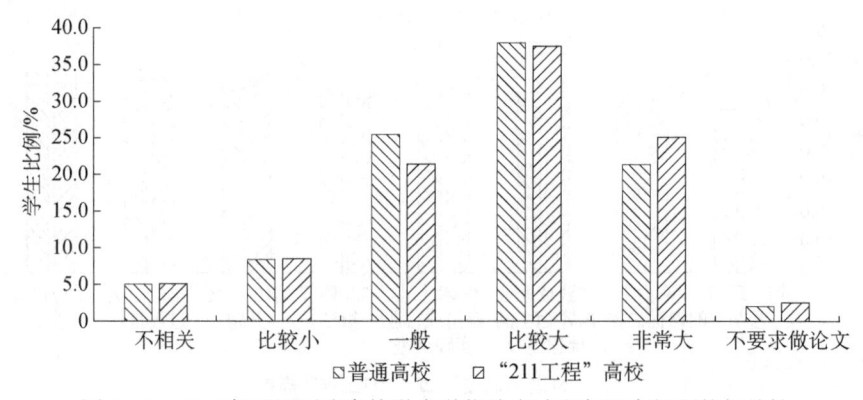

图 4-39　2015 年不同层次高校学生学位论文选题与现实问题的相关性

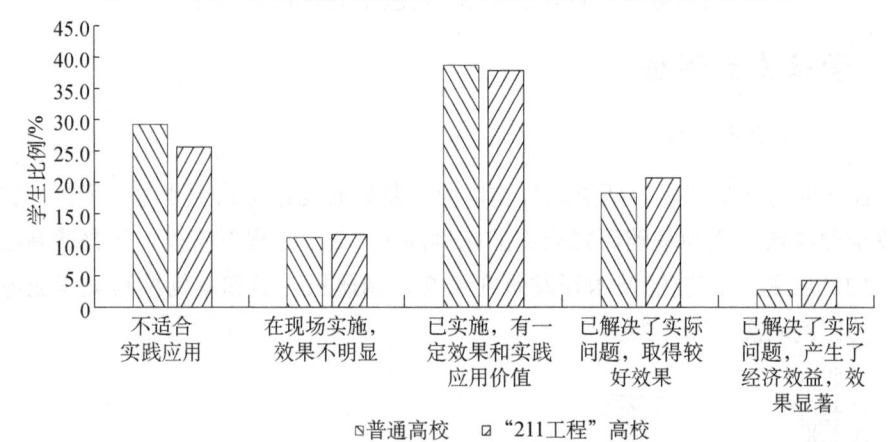

图 4-40　2015 年不同层次高校学生毕业成果应用性

八、职业资格认证

在职业资格认证方面，两类高校鼓励，但不要求的比例最高（均超过50.0%），其次为不要求获得职业资格证（图 4-41）。

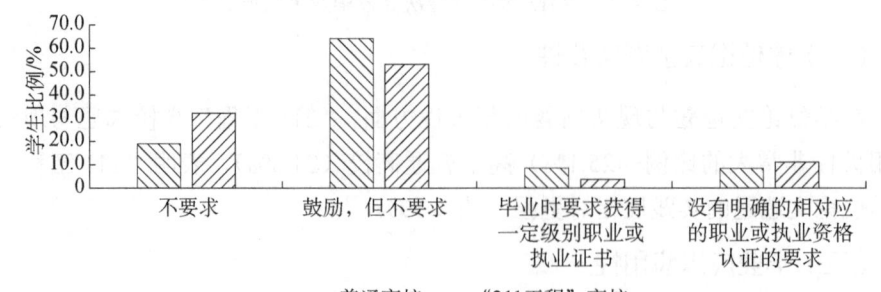

图 4-41　2015 年不同层次高校职业资格认证

第三节　专业型与学术型教育环境关键要素对比

由于全日制工程硕士、非全日制工程硕士、工学硕士的混淆度比较高，因此本节以 2015 年工科调研数据为例，对专业型（全日制工程硕士、非全日制工程硕士）与学术型（工学硕士）教育环境关键要素进行对比分析。

一、入学动机

从入学动机来看，学生选择"有人生目标和兴趣追求""未来更好就业"的比例相对较高，表明部分学生是因为兴趣而就读硕士，其中非全日制工程硕士"有人生目标和兴趣追求"的比例最高，且非全日制工程硕士职业晋升需要的比例也最高（图 4-42）。

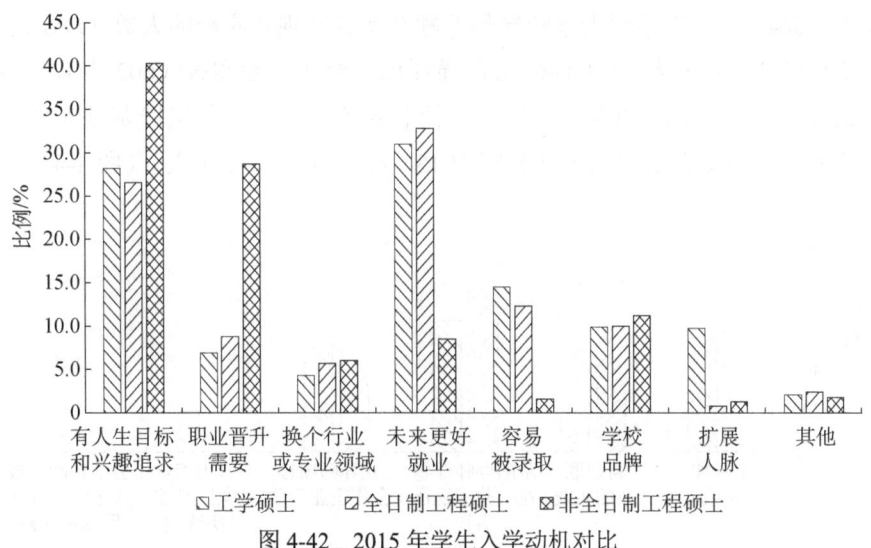

图 4-42　2015 年学生入学动机对比

二、学习投入度

在学习投入度方面，工程硕士高于工学硕士，尤其在积极投入实习实践方面，非全日制工程硕士的投入度为 76.9%、全日制工程硕士的投入度为 73.4%，而工学硕士的投入度仅为 66.8%（图 4-43）。

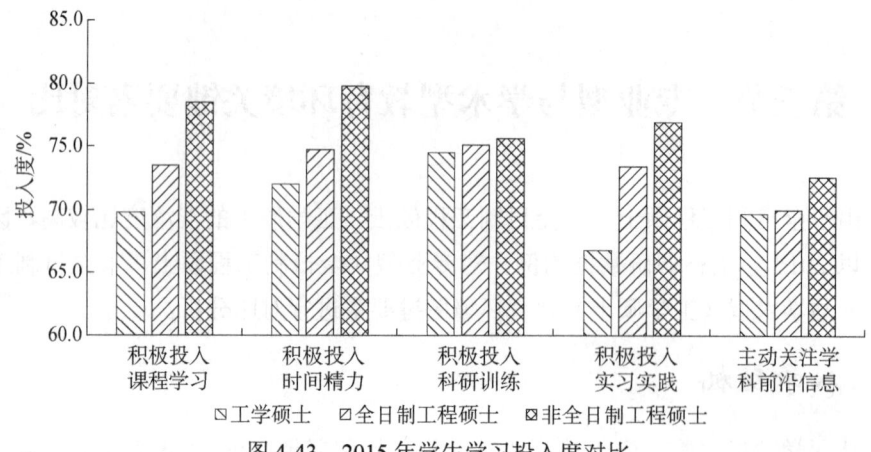

图 4-43　2015 年学生学习投入度对比

三、专业实习实践安排

在专业实习实践安排方面，工学硕士未参加实践的人数（999 人）远多于工程硕士（564 人）。工学硕士跟随导师课题在实验室视作实践的人数（806 人）也多于工程硕士（648 人）。工程硕士在导师项目合作企业实践（602 人）、去校内固定的实践基地实践（203 人）和去学校联系或指定安排的实践基地实践（469 人）的人数，均多于工学硕士（分别为 454 人、108 人、111 人）（图 4-44）。

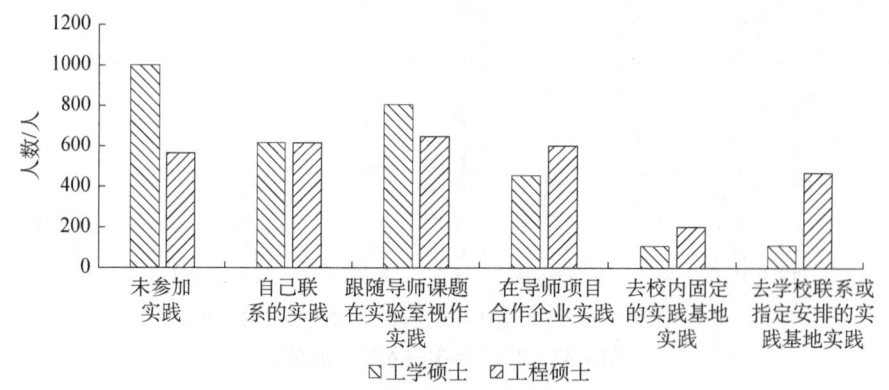

图 4-44　2015 年参加实践类型对比

四、导师指导

在导师指导形式上，大部分工学硕士只有校内导师，而校内外导师组在工程硕士专业学位中更为普及，在非全日制工程硕士中，校内外导师组最为普及，达到了 52.2%（图 4-45）。

在导师合作形式上，大部分工学硕士以校内导师为主，而工程硕士校内外导师分段分环节指导的比例普遍高于工学硕士，特别是非全日制工程硕士。此外，非全日制工程硕士校内外导师或多或少开展合作指导的比例明显高于全日制（图4-46）。

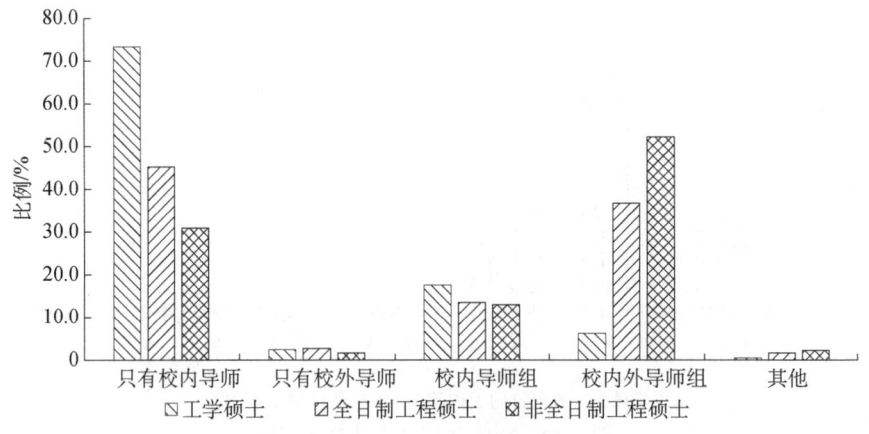

图 4-45　2015 年导师指导形式对比

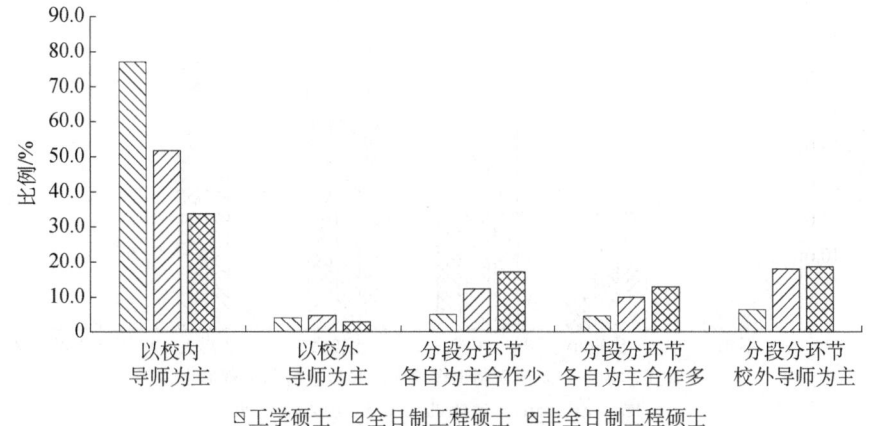

图 4-46　2015 年导师合作形式对比

五、学位论文训练

在毕业考核形式方面，三类硕士基本上是以基础研究论文和应用基础研究论文为主（图4-47）。特别是采取应用基础研究论文形式的比例接近50%。此外，技术开发研究论文也成为三类硕士较为常见的毕业考核形式。从专业学位培养来看，一部分全日制工程硕士已经采用案例撰写类考核形式，还有很少数采用产品制作、创造、展示或表演等考核形式，非全日制工程硕士还没有采用该考核形式。非全日制工程硕士的基础研究论文更少，应用研究和技术开发更多。

在毕业论文与行业或现实问题相关性方面，与工学硕士相比，不论何种学习方式的工程硕士，其所做的论文与社会实践关联度均更高，其中非全日制工程硕士论文与社会实践的关联度最高（75.0%）（图4-48）。

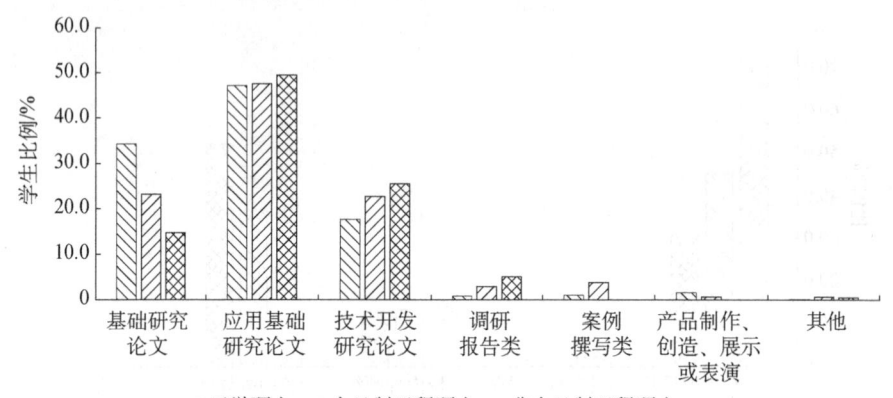

图4-47 2015年毕业考核形式对比

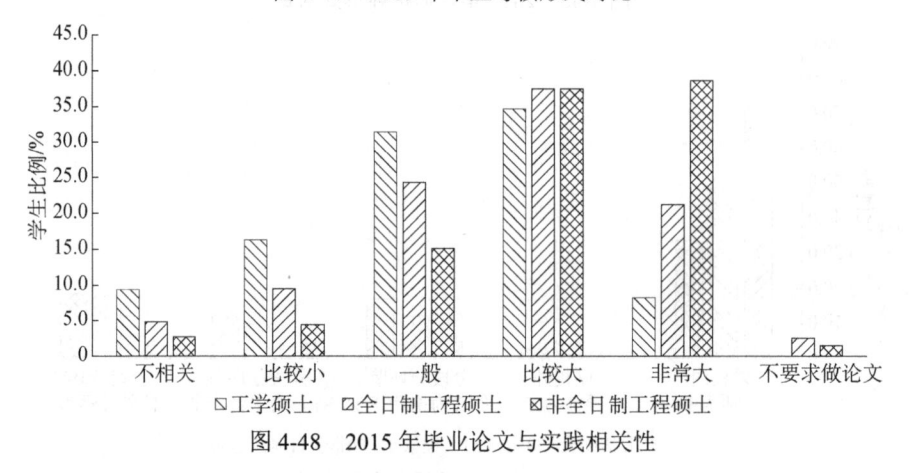

图4-48 2015年毕业论文与实践相关性

小　　结

本章以入学动机、学习投入度、课程教学、专业实习实践安排、导师指导、合作单位培养参与、学位论文训练和职业资格认证作为分析总体教育环境的关键要素。第一节在不同的分析要素层面分别分析不同年份的具体数据，分析2015年、2017年、2019年总体教育环境中关键要素的发展变化特征和规律。第二节以 2015 年调研数据为例,分析不同院校层次下,普通高校和"211 高校"专业学位的教育环境关键要素。第三节以 2015 年工科调研数据为例,对专业型(全日制工程硕士、非全日制工程硕士)与学术型(工学硕士)教育环境关键要素进行重点对比分析,并最终得到了重要结论。

通过对 2015 年、2017 年、2019 年专业学位研究生教育环境的入学动机,学习投入度(课程投入、作业和项目投入、科研训练投入、实习实践投入以及学科前沿投入),课程教学(课程总量、教学方式、实践教学),专业实习实践安排(实践类型、实践时间),导师指导(导师指导形式、校内外导师合作方式、校内外导师见面频率),学位论文训练(毕业考核形式、学位论文选题实践性、毕业成果应用性),合作培养单位参与,职业资格认证等关键要素分析,可以得出以下结论。

1)在入学动机方面,专业学位学生的入学动机以职业型为主,包括职业晋升需要、换个行业或专业学位、未来更好就业考虑等(2015 年、2017 年和 2019 年的比例分别为 42.3%、59.0%、42.5%),同时专业兴趣也是很重要且稳定的入学动机(2015 年、2017 年和 2019 年的比例分别为 32.8%、31.9%、30.3%)。2017 年和 2019 年数据表明,同比其他专业硕士,金融硕士、教育硕士、工程硕士、工商管理硕士、会计硕士、临床医学硕士、农业硕士更易受职业型动机影响而考取专业学位,而翻译硕士、艺术硕士、建筑学硕士、法律硕士的入学动机主要为追求专业兴趣。

2)在学习投入度方面,总体上学生的学习投入度逐步提高。与其他投入度相比,在课程、作业和项目、实习实践的投入度最为突出。在主动关注和学习学科前沿信息的投入度增长较快。

3)在课程教学方面:①在课程总量上,专业硕士的课程总量与学术型相当或小于学术型,但法律硕士课程总量大于学术型的比例相对较高但有下调趋势。②在学生最喜欢的授课方式上,临床医学硕士、工商管理硕士、会计硕士和金融硕士更倾向案例教学,建筑学硕士倾向讲授加研讨,工程硕士倾向实验教学。而实际学习过程中,除了会计硕士和临床医学硕士以案例教学为主外,其他专业的教学方式主要为讲授加课程研讨。③在实践教学的开展过程中,总体上案例教学为最主要实践教学的形式,尤其体现在工商管理和会计,其次是金融、临床医学、法律、翻译。工程、农业和艺术逐渐以应用校内综合实验平台为主。

4)在专业实习实践安排上:①专业实习实践落实率(2015 年、2017 年和 2019 年分别为 76.6%、75.3%、89.1%)有提升趋势,尤其在 2017 年以后提升幅度较大。②实习形式多样化，选择校外实践基地实践的比例（11.1%、16.5%、17.1%）和去导师项目合作企业实践的比例（10.1%、12.1%、13.8%）小幅稳步提升，选择校内实践基地实践的比例（7.0%、10.7%、5.2%）先升高后下降，而跟随导师课题在实验室实践的比例（14.8%、15.7%、15.1%）趋于稳定。③校内实践基地实践时间基本稳定在 12 个月，去校外实践基地时间基本稳定在 9 个月。分专业实习实践来看，各专业中金融自己联系实践所占各种实践类型的比例最高，且趋于稳定（82.5%、79.9%、81.1%），教育硕士和临床医学硕士进入校外实践基地的比例高于其他专业。

5) 在导师指导上：①虽然总体上一直以校内导师指导最多（49.8%、45.9%、48.2%），但校内外导师组指导情况已获得改善并趋于稳定（29.4%、39.6%、41.4%）。②在校内外导师合作指导方面，除了校内导师为主外，分段分环节校内导师为主的全过程合作所占比重较大（13.5%、8.9%、16.4%）。③与导师见面频率方面，校内导师见面越来越频繁，一周一次（42.6%、42.2%、53.8%）的比例有所提高。与校外导师见面的频率相对较低，有五成左右的学生至少一个月见一次校外导师。

6) 在合作培养单位参与上，总体上合作培养单位参与各环节获得较大改善（2015 年、2017 年和 2019 年各年度波动范围分别为 52.3%—67.9%、66.2%—77.6%、77.8%—81.5%）。合作培养单位参与度最高的培养环节始终为学位论文答辩（67.9%、77.6%、81.5%），参与度最低的培养环节为招生环节（52.3%、66.2%、77.8%）。

7) 在学位论文训练上：①应用基础研究论文始终是主要形式（44.0%、50.0%、46.8%），技术开发研究论文、案例撰写类和调研报告等形式不断涌现。②学位论文选题实践性（60.6%、66.4%、62.6%）保持稳定。③总体上，超过六成的学生的毕业成果应用性较好，体现在毕业成果已实施，有一定效果和应用价值（36.9%、42.5%、43.1%）；已解决了实际问题，取得较好效果（18.7%、18.3%、19.8%）；已解决了实际问题，产生了经济效益，效果显著（3.4%、4.3%、3.1%）。

8) 在职业资格认证上，这些年获得职业资格证书的学生主要集中在临床医学、教育、法律和会计这些职业性指向性强的专业。

9) 对按院校层次划分的教育环境关键要素分析可知：①不同教育水平下，学生均以专业兴趣追求动机为主，且差异不大，值得注意的是，普通高校学生未来更好就业的职业型动机更强烈，"211 工程"高校学生学校品牌的外部动机更强烈。②在各项学习投入当中,"211工程"高校学生在课程学习、作业和课程项目中的学习投入度明显高于普通高校学生。③课程总量方面差异不大,"211工程"高校学生最喜欢实践教学的比例略高于普通高校,同时在实际授课中采用案例教学比例更高,总体上运用实践教学方式多于普通高校。④与普通高校相比,"211工程"高校实习实践落实率较差,且学生自己联系的实践占大多数,校内外实践基地未发挥足够作用。⑤在导师指导形式和合作方式上无显著差异,但是,普通高校学生与校内导师或校外导师见面频率更高。⑥"211工程"高校的技术开发研究论文、调研报告类和案例撰写类毕业考核形式更多,且论文选题的实践性更强。⑦合作培养单位参与度、职业资格认证方面无明显差别。

10)以工程硕士为代表的与学术型教育环境关键要素对比分析可知:①非全日制工程硕士专业兴趣动机和以职业晋升需要为目的的职业型动机比工学硕士和全日制工程硕士强烈,而工程硕士以未来更好就业的职业型动机最为强烈。②工程硕士的各方面学习投入度明显更高,尤其在实习实践投入上,非全日制工程硕士的学习投入度更高。③工程硕士的专业实习实践落实率高于工学硕士,校外实践基地发挥一定作用。④对比可知,工程硕士校内外导师组所占比例远高于工学硕士,且双导师分段分环节合作的比例更高,合作更为密切。⑤与工学硕士相比,毕业论文的考核形式选择基础研究论文的比例下降,也不局限于应用基础研究论文,倾向于采取技术开发研究论文等多元形式,论文与实践的相关性远大于工学硕士,其中非全日制工程硕士的相关性最大。

不同于传统的评价方式,专业学位研究生教育培养作为较为新颖且不断改革的一种高层次应用型人才培养途径,专业学位研究生教育质量的评价应充分考虑多重因素。因此,下一章将介绍基于多元质量观的专业学位研究生教育质量的评价研究。

第五章

基于多元质量观的专业学位研究生教育质量评价

教育质量，是指对教育水平高低和效果优劣的评价，最终体现在培养对象的质量和培养对象对教育体验的感知评价上。高等教育经历了"贵族化"—"精英化"—"大众化"—"普及化"的发展历程，使得大学的质量观和价值观发生了重大变化。衡量专业学位研究生教育质量时，应综合多元质量观（即利益相关者的视角多元化）、需求质量观（即目标对象的需求响应）以及进化质量观（静态质量和动态质量）的理念，力求得到更客观、全面的结果。2013年11月4日印发的《教育部 人力资源社会保障部关于深入推进专业学位研究生培养模式改革的意见》同样强调，充分调动研究生积极性主动性，创造有利于研究生成长成才的氛围；在专业学位研究生教育实践中，强调"以学生为中心"的教育理念，以利益相关者理论为指导，从主要受益主体——学生的立场来考察全日制专业学位研究生教育的质量是一个重要的视角，关注学生的教育体验评价和培养目标达成的感知评价，是教育质量评价的重要来源，同时秉持专业学位研究生教育的内外质量观。本章将分析专业学位教育质量评价的结构、不同划分方式下的质量评价以及质量评价的结构关系。

第一节 专业学位教育质量评价的结构

本节使用2015年、2017年和2019年的调研数据，从总体满意度评价、基于内部质量观和外部质量观的培养过程分类质量评价、培养目标达成感知性评价（能力提升评价、职业发展评价、忠诚度评价）三个层次的结构全面阐述分析专业学位教育质量评价。

一、专业学位教育质量总体满意度评价

2015年，学生对专业学位教育质量的总体满意度（指比较满意和非常满意的学生占比）较高，为78.7%。在各环节的整体评价中，满意度最高的是导师指导环节（83.6%），评价最低的是实践环节（67.8%）。满意度相对较高的是工商管理硕士、建筑学硕士，其次是会计硕士、法律硕士和临床医学硕士，金融硕士、工程硕士和教育硕士的满意度相对较低。对招生环节的评价相对较高的是建筑学硕士和会计硕士。对课程环节满意度相对较高的是会计硕士和建筑学硕士。对实践环节满意度最高的是建筑学硕士，其次是临床医学硕士。对学位论文环节

满意度相对较高的是工商管理硕士、建筑硕士、法律硕士、会计硕士。对授课教师指导满意度相对较高的是会计硕士和建筑学硕士。不同专业硕士对导师指导的满意度均比较高。对支持环境满意度最高的是建筑学硕士。对支撑条件满意度相对较高的是会计硕士、建筑硕士和工商管理硕士。对质量保障体系满意度相对较高的是会计硕士和建筑学硕士。对合作培养单位满意度最高的是建筑学硕士。教育硕士对招生环节、课程环节、实践环节、学位论文、支持环境、支撑条件、质量保障体系和合作培养单位参与的满意度都远低于其他专业学位。

2017年，在专业硕士对各个环节的评价中，总体满意度较高，为82.9%。总体上，专业硕士对校外指导教师的满意度最低，为71.5%；对合作培养单位的满意度也很低，为72.7%；而对校内导师指导的满意度最高，为86.7%。

2019年，在专业硕士对各个环节的评价中，总体满意度有所下降，为79.0%。总体上，专业硕士对校外指导教师的满意度依然最低，为69.6%；对校内导师指导最满意，满意度为83.9%。相比于其他专业硕士，临床医学硕士与金融硕士对教育体验整体的满意度相对较低（表5-1）。

表5-1 2019年不同专业硕士的教育体验总体评价　　　　　单位：%

专业学位	金融	法律	教育	翻译	工程	农业	临床医学	工商管理	会计	艺术	总体
满意度	69.1	81.6	75.6	77.1	80.7	77.5	71.7	87.6	83.3	77.8	79.0
招生环节	73.4	83.8	74.1	79.2	79.2	76.6	71.4	85.1	84.4	79.1	78.5
学术讲座	70.0	84.7	72.8	78.6	79.6	75.1	66.6	83.7	80.5	78.7	77.6
课程（理论教学）	63.3	79.5	74.2	73.3	76.6	72.7	67.6	85.1	80.8	73.6	75.5
课程（案例教学）	63.9	76.4	73.5	75.4	75.3	72.6	69.6	84.1	82.8	75.0	75.1
课程（实验教学）	56.9	72.3	70.6	70.8	74.2	72.3	65.8	79.7	77.3	73.2	72.6
指导专业实习实践	56.0	75.2	73.8	68.7	72.7	73.3	69.6	78.0	76.7	74.8	72.6
学位论文环节	70.6	81.4	78.8	76.2	81.9	79.6	70.9	86.7	83.3	80.1	80.1
校内导师指导	78.0	87.1	83.6	81.7	84.2	85.4	73.9	89.7	87.4	85.8	83.9
校外指导教师（没有可不填）[①]	56.0	70.2	67.1	62.5	71.7	75.1	62.0	73.7	72.5	68.3	69.6
授课教师指导	67.9	82.8	78.0	79.4	78.5	79.2	73.0	87.0	84.0	81.1	79.0
支持环境	68.8	75.9	64.1	73.3	76.3	74.1	60.8	76.3	74.4	70.3	72.7
支撑条件	73.1	78.5	71.4	76.0	79.8	79.9	63.7	79.9	84.2	74.8	77.1
质量保障体系（教学评估、认证评估）	70.3	78.8	71.2	76.8	78.3	78.0	65.5	81.1	82.6	75.0	76.4
合作培养单位或校外行业人员参与培养过程	59.9	73.0	66.9	72.2	73.4	74.3	62.8	76.9	78.0	69.9	71.7

注：如无校外指导教师可不填。

二、专业学位教育培养过程分类质量评价

专业学位研究生教育应秉持内外质量观,即融合内部与外部质量评价。首要的是,高等教育机构要"向内看",建立健全内部质量保障体系,积极主动地接受,并正视来自利益相关者的外部教育质量保障体系的反馈与监督。专业学位的外部质量观注重实效和实用。高校办学理念和方针正在或已经转向密切联系社会需求,分析和把握行业的发展方向,面向实际开放办学,探索和思考实践引发的科学和技术前沿问题,与国家重大需求对接,与企业人才需求对接,坚持与企业优势互补,互利共赢,提高人才培养质量。这种质量观表现在一些高校专业学位设置紧密围绕着国家的发展战略与规划。

(一)内部质量观

1. 课程教学满意度

首先,在对课程教学的总体满意度方面,2015年,专业硕士对课程内容的实践性的满意度(62.3%)最低,低于其他方面4—10个百分点。2017年,专业硕士对课程内容的实践性的满意度较低,为74.0%。分专业来看,工程硕士的课程内容的实践性的满意度相对较低,工程硕士和艺术硕士的课程内容的职业性的满意度均相对较低。在课程内容的前沿性方面,建筑学硕士、法律硕士的满意度相对高。2019年,专业硕士对课程内容的实践性的满意度相对较低,为72.2%,而对课程内容的理论性和课程总量的满意度相对较高,分别为78.3%和78.2%。会计硕士、工商管理硕士对课程教学各环节的满意度都相对较高,金融硕士、临床医学硕士对课程教学各环节的满意度都相对较低。在课程内容的前沿性方面,工商管理硕士、会计硕士的满意度相对较高(表5-2)。

表5-2 2019年不同专业硕士的课程教学满意度　　　　单位:%

比较项	金融	法律	教育	翻译	工程	农业	临床医学	工商管理	会计	艺术	总体
课程总量	67.6	79.2	76.7	75.2	79.3	78.6	70.6	86.4	84.2	76.0	78.2
课程内容的理论性	69.1	83.1	77.7	73.8	79.2	76.9	71.1	85.9	84.0	75.8	78.3
课程内容的实践性	56.9	72.8	70.7	69.5	72.5	72.9	69.4	80.7	77.8	72.8	72.2
课程内容的前沿性	62.4	78.8	72.2	68.9	75.3	73.7	68.5	78.9	80.8	73.2	74.0
课程内容的职业性	57.8	74.0	72.4	69.2	73.2	72.8	70.3	81.4	80.1	70.5	72.9
课程内容的综合性(与多学科交叉,涉及多学科知识)	62.1	77.1	71.4	70.3	76.0	75.6	70.6	82.1	78.0	73.0	74.6

续表

比较项	金融	法律	教育	翻译	工程	农业	临床医学	工商管理	会计	艺术	总体
课程教学方式（讲授、案例、项目、讨论等）	64.2	79.5	74.1	72.9	75.8	75.5	69.9	83.6	81.7	75.8	75.5
课程推荐教材	63.9	78.0	74.2	71.3	74.8	72.7	69.4	81.9	78.7	72.2	74.3
课程的考核方式	66.7	78.8	75.0	76.2	77.0	77.4	70.8	84.4	81.0	77.0	76.7

其次，在对案例教学满意度的调研中，2015年，专业硕士最满意的是教师案例教学水平（70.1%），最不满意的是案例教学校外实践机会（56.6%）。教育硕士、金融硕士对案例教学的满意度相对较低。2017年和2019年，案例教学满意度中，案例教学校外实践机会的满意度分别提升到69.9%和70.2%，专业学位硕士依然对教师案例教学水平的满意度最高，而对案例教学校外实践机会评价最低。2019年不同专业硕士的案例教学满意度如表5-3所示。

表5-3 2019年不同专业硕士的案例教学满意度　　　单位：%

比较项	金融	法律	教育	翻译	工程	农业	临床医学	工商管理	会计	艺术	总体
教师案例教学水平	64.8	81.4	76.8	77.8	78.3	77.8	75.5	86.4	85.1	80.1	78.5
案例教学形式（方式、过程）	63.3	79.2	75.0	75.9	76.1	76.5	73.8	83.7	82.6	78.5	76.5
案例教学在课程教学中所占比重	59.3	72.6	70.6	72.9	73.0	73.7	71.5	79.9	81.5	75.4	73.2
本土案例在案例教学中所占比重	59.3	77.6	69.3	71.1	72.8	72.9	74.0	76.7	80.3	77.2	72.9
专门案例教学课程	58.7	74.7	71.2	73.2	74.1	74.0	71.7	79.4	79.9	76.8	73.8
案例撰写训练	59.0	70.2	69.7	68.9	72.3	72.2	70.3	75.0	76.9	74.6	71.6
案例针对性	60.2	77.3	71.6	71.8	73.9	75.3	71.1	82.0	82.8	76.2	74.2
案例库建设	57.2	70.6	66.4	67.9	72.5	72.2	68.7	76.7	77.1	73.8	71.1
案例教学校内条件	62.4	74.5	69.0	70.3	74.4	73.7	70.6	77.4	78.7	74.6	73.1
案例教学校外实践机会	56.6	70.6	70.8	65.2	71.1	72.2	66.6	71.6	72.5	73.6	70.2
教师参与案例教学的积极性	65.4	77.6	72.4	74.3	75.0	75.5	72.0	83.1	82.8	78.4	75.4
教师所编写或指导编写的新案例的质量	61.8	76.1	71.2	73.5	75.2	75.0	70.6	79.9	81.7	78.4	74.6

2. 学位论文训练满意度

在学位论文维度，2015年，学生对学位论文的选题取向、指导方式、研究训练、评价标准以及研究价值的满意度达到70.0%以上，尤其对选题取向最为满意（76.4%）。2017年，专业硕士学位论文训练各方面的评价较为平衡，对学位论文的选题取向评价略高于其他指标。临床医学硕士和艺术硕士学位论文训练的满意度相对较低。2019 年，专业硕士学位论文训练各方面的满意度评价较为平衡，专业硕士对学位论文的选题取向的满意度略高于其他指标。工商管理硕士学位论文的满意度最高，临床医学硕士和金融硕士学位论文训练满意度相对较低（图 5-1）。学位论文训练方面的满意度评价，总体上与 2017 年调研结果一致。硕士学位论文训练满意度相对较低的均为金融硕士和临床医学硕士。

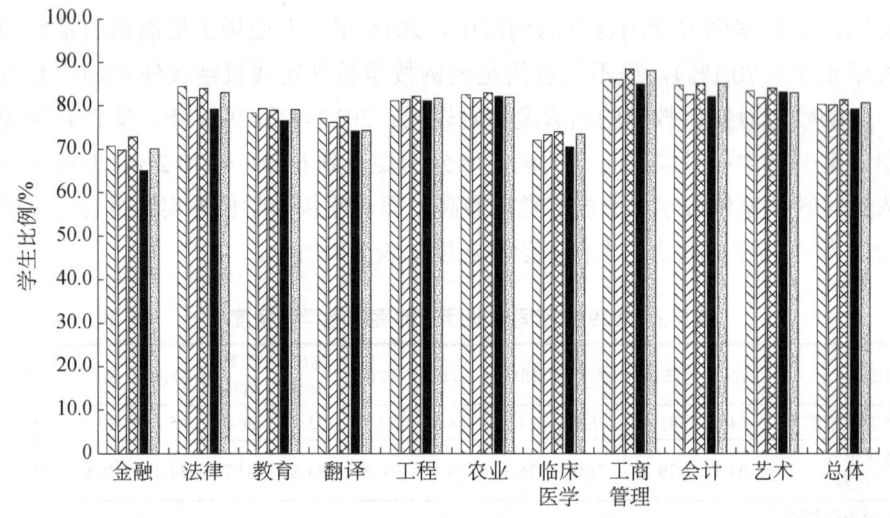

图 5-1 2019 年不同专业硕士学位论文训练满意度

3. 支持体系满意度

在支持体系维度，2015 年，专业硕士对硬件建设（67.0%）、质量保障体系（65.7%）的满意度相对较高，而对可申请的（含）支持专业学位的专项基金或资助（53.3%）、国际交流合作（46.9%）、奖助学金制度（55.9%）的满意度相对较低。2017 年，专业硕士对支持体系各方面的满意度波动较大。其中，对国际交流合作的满意度最低，其次是可申请的（含）支持专业学位的专项基金或资助、奖助学金制度。临床医学硕士对支持体系的满意度普遍较低，尤其是对国际交流合作的满意度仅有 48.9%。2017 年的调研结果 2019 年基本一致，在国际交流合作方面，满意度分别提升到 63.3% 和 64.1%。但 2019 年，这一国际交流合作方面的满意度是最低的。此外，专业硕士对可申请的（含）支持专业学位的专项基金或资助的满意度也相对较低。临床医学硕士对支持体系的满意度普遍较低，尤其是对国际合作交流的满意度仅有 52.0%，但与 2017 年调研结果 48.9% 相比，仍有一定的提高（表 5-4）。

表 5-4　2019 年不同专业学位硕士支持体系满意度　　　　单位：%

比较项	金融	法律	教育	翻译	工程	农业	临床医学	工商管理	会计	艺术	总体
国际交流合作	56.0	68.0	55.8	65.2	67.0	64.4	52.0	70.0	67.5	65.2	64.1
管理制度	59.3	71.4	63.7	66.8	71.7	72.3	61.0	73.6	74.6	69.3	69.4
奖助学金制度	64.2	73.5	68.2	71.0	74.8	74.7	58.0	68.9	72.8	72.8	71.5
可申请的（含）支持专业学位的专项基金或资助	59.0	72.6	63.1	65.2	71.3	70.5	55.0	66.9	71.9	69.5	68.0
硬件建设（教学设备、图书资料、实验室装备）	67.6	80.2	72.0	73.8	78.8	78.8	63.4	77.6	81.9	73.6	76.1
质量保障体系（教学评估、认证评估）	65.8	77.6	70.4	74.1	77.5	77.0	64.9	78.7	81.2	72.4	75.1
开展就业相关指导（职业发展规划咨询及心理辅导、就业创业指导课开设与教学、创业教育、求职面试辅导等）	60.2	75.4	67.4	71.1	75.1	73.3	62.5	73.9	79.0	68.9	72.1
开展就业相关服务（校园招聘活动、就业信息发布、派遣服务）	66.4	78.5	72.9	74.8	78.6	76.7	66.3	73.9	82.2	72.1	75.7
可使用的信息交流平台（实习机会、实践项目选择、校外导师库、案例库、教材库等）	60.9	76.9	70.7	69.8	75.3	73.3	64.0	74.1	78.7	70.7	72.9
参加相关的学术界或行业界赛事的机会	60.6	71.8	65.6	70.8	74.7	72.3	61.3	73.1	76.0	72.8	71.4

（二）外部质量观

专业学位研究生教育要破解发展环境中存在的制度性障碍，首先要理解专业学位研究生教育的开放性和跨界性。要实现专业学位的学术性、实践性、职业导向性三合一的教育目标，仅仅依靠教育机构本身无法完成，教育机构及其利益相关者中的校外机构必须一同营造学生乐于体验的良好的教育-社会大环境，才能保证专业学位研究生教育的实施。激励行业等校外机构不仅有个人因素，还要遵循法律许可的制度路径，以推动和支持学校教育，共同促进专业学位以及我国研究生教育整体的健康发展。专业学位外部质量观决定其培养的人才必然受到社会的检验和认可，校外导师应逐步参与到培养过程中，也参与到最后培养结果的评价中。因此，对学生的评价也是与多方利益相关者协商一致的结果，从单一知识共同体内部评价扩展到多方利益相关者共同评价。

1. 实践满意度

在实践满意度方面，2015 年，专业硕士对参与过的实习实践活动内容的满意度最高（61.5%），而对实习实践补助或津贴的满意度最低（51.5%）。2017 年，专业硕士对实习实践补助或津贴的满意度相对较低，其中翻译硕士、工程硕士和临床医学硕士的满意度相对其他专业硕士更低。总体上，专业硕士对参加实习实践的满意度最高。建筑学硕士的实践满意度整体相对较高。2019 年，专业硕士对实习实践补助或津贴的满意度最低，其中金融硕士、翻译硕士、临床医学硕士的满意度均低于 58.0%。专业硕士对参加实习实践的时间的满意度最高。法律硕士、农业硕士、会计硕士的实践满意度整体相对较高（表 5-5）。

表 5-5　2019 年不同专业硕士的实践满意度　　　　单位：%

比较项	金融	法律	教育	翻译	工程	农业	临床医学	工商管理	会计	艺术	总体
参加实习实践的时间	59.9	74.9	76.9	71.6	72.7	75.2	72.0	69.9	79.2	73.4	73.1
实习实践场所的配套条件	60.2	76.8	74.4	67.5	72.0	74.3	71.5	70.1	76.2	71.7	72.0
实习实践补助或津贴	54.7	65.6	61.2	56.2	66.3	70.8	57.4	64.9	68.6	65.9	64.3
实习实践场所的管理	57.8	74.7	72.0	65.9	72.2	74.3	67.9	70.6	74.8	71.5	71.2
参与过的实习实践活动内容	61.5	76.6	74.6	68.7	72.7	75.1	71.7	70.9	76.4	73.4	72.7
案例教学和案例撰写分析训练	58.1	73.3	72.8	64.6	71.4	74.1	70.0	72.6	74.6	70.5	71.1
实验性教学和综合性实训	58.7	72.8	72.1	65.4	72.3	74.7	69.9	71.4	75.7	72.6	71.5

2. 实践基地满意度

首先，在实践基地满意度方面，2015 年，专业硕士对实践基地的导师质量（能力水平）、对实践基地的导师责任心（投入程度）和实践基地的条件的满意度相对较高，分别为 61.5%、62.0% 和 61.9%。而对实践基地对学生参与专业实践的激励机制（55.6%）、实习指导手册（55.2%）满意度相对较低。2017 年，专业硕士对实践基地的条件的满意度最高，而对有内容全面规范的实习指导手册的满意度最低。2019 年，专业硕士对实践基地的导师质量（能力水平）及其责任心（投入程度）的满意度相对较高，在实践基地对学生参与专业实践的激励机制、有内容全面规范的实习指导手册方面的满意度相对较低，分别为 66.6% 和

68.6%。教育硕士对实践基地满意度总体最高，金融硕士对实践基地满意度总体最低（图5-2）。

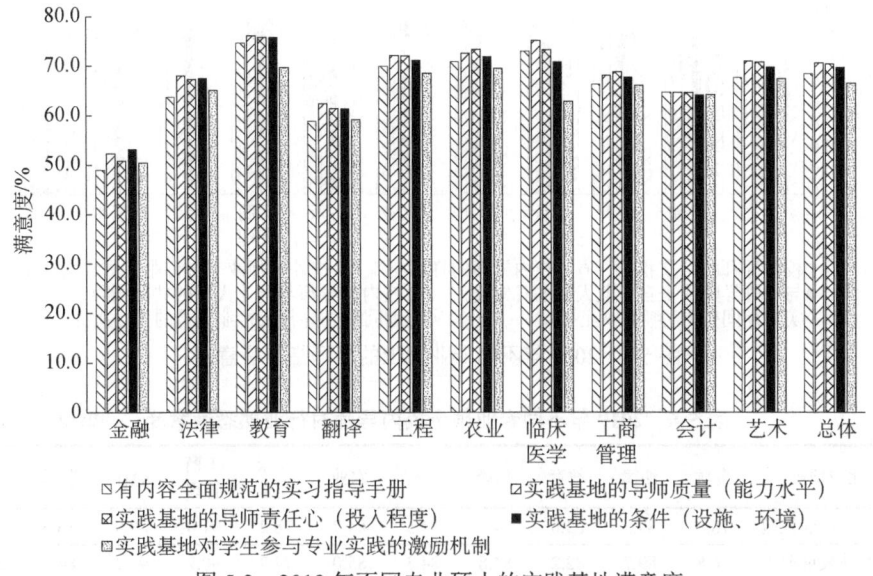

图5-2 2019年不同专业硕士的实践基地满意度

3. 导师指导满意度

首先，在导师指导总体满意度上，2015年，专业硕士对校内导师的论文指导的满意度（80.3%）高于校外导师或来自行业人员的论文指导的满意度（65.5%）。专业硕士与校外导师或来自行业人员的日常交流的满意度为64.7%。无论是日常还是实习期间，专业硕士对与校内导师的日常交流、校内导师的论文指导的满意度都高于校外导师或来自行业人员。2017年，专业硕士对校外导师或来自行业人员的论文指导的满意度最低，畜牧硕士、农村发展硕士和资源利用与植物保护硕士的满意度相对较低。2019年的总体趋势与2017年的调研结果基本一致，总体满意度比2017年有所提升。专业硕士对与校外导师或来自行业人员的日常交流的满意度最低，对校内导师的论文指导的满意度最高（图5-3）。

其次，在校内导师对行业熟悉满意度方面，2017年，专业硕士对校内导师在行业协会中发挥作用的满意度最低，其中翻译硕士和工程硕士的满意度相对更低。建筑学硕士和会计硕士对导师行业熟悉满意度整体较高。在对导师有丰富的行业工作经验的满意度中，金融硕士和工程相对偏低。2019年，专业硕士对校内导师在行业协会中发挥作用方面的满意度最低。在对导师有丰富的行业工作满意度方面，金融硕士、临床医学硕士和工程硕士相对较低。法律硕士、工商管理硕士和会计硕士对导师行业熟悉满意度整体较高（表 5-6）。

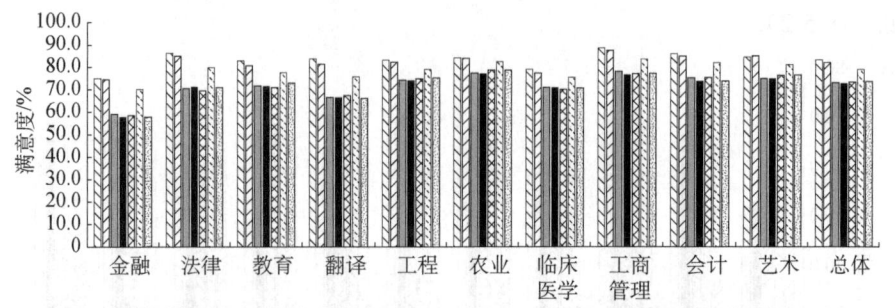

图 5-3　2019 年不同专业硕士的导师指导满意度

表 5-6　2019 年不同专业硕士校内导师对行业熟悉满意度　　单位：%

比较项	金融	法律	教育	翻译	工程	农业	临床医学	工商管理	会计	艺术	总体
熟悉行业职业规范	78.9	89.5	83.6	84.9	84.5	84.7	78.2	91.0	89.9	86.6	84.8
熟悉行业发展前沿	76.8	89.7	82.2	84.8	84.3	85.0	77.7	90.7	90.2	84.8	84.4
熟悉行业操作流程和工艺	74.0	89.3	80.6	84.6	82.8	83.5	79.1	90.1	89.2	84.7	83.3
熟悉行业实际问题的解决方案	73.4	88.8	80.9	84.1	82.9	83.4	77.6	90.4	89.2	84.3	83.2
熟悉行业实际问题的有效研究和开发	74.0	88.3	80.3	82.2	82.5	83.2	76.5	89.1	89.0	83.5	82.7
在行业协会中发挥作用	69.7	86.2	79.0	79.8	80.2	81.6	75.9	87.3	85.1	81.7	80.6
有相应的高级别的职业资格证书（如无可不填）	72.8	88.3	81.0	79.7	79.0	81.4	78.9	87.4	88.3	82.9	80.9
有丰富的行业工作经验	67.9	86.6	81.5	83.8	79.5	82.9	78.8	87.4	85.6	83.5	81.2

三、专业学位教育培养目标达成感知性评价

（一）能力提升评价

整体来看，经过专业学位学习，2015 年，多数专业硕士认为个人能力水平获得了提升，认为自身能力提升幅度比较大或非常大的比例为 63.5%—76.6%。在各项能力中，专业硕士的团队协作能力、职业素养、沟通能力、反思和批判性思维能力、分析能力、适应和反应能力普遍得到提升（74.8%—76.6%）；部分专业硕士的发展潜力、职业实践能力、动手操作能力、专业知识、人文素养、组织

领导能力也获得了提升（70.3%—73.9%）；相比其他能力，只有少部分专业硕士的国际视野和创新能力得到了提升（63.5%和68.9%）。

2017年，除了国际视野、组织领导能力、创新能力以外，80%—86.5%的专业硕士认为提升了其他能力水平的比例相对较高，尤其是人文素养、发展潜力、适应和反应能力。相比而言，虽然有20.7%的专业硕士认为国际视野得到了提升，但它仍是最大的短板。经过专业学位教育的培养，法律硕士各项能力普遍得到提升。

相比2017年，2019年专业硕士认为专业知识能力水平提升的比例最低。专业硕士认为国际视野、专业知识、创新能力、职业实践能力、知识迁移能力水平提升的比例相对较低，团队协作能力、人文素养水平提升的比例相对较高。在不同专业硕士中，临床医学硕士认为各项能力水平提升的比例普遍较低，工商管理硕士认为各项能力水平提升的比例普遍较高（表5-7）。通过专业硕士自评估，他们普遍认为用人单位最看重学生的专业知识水平，比例为76.0%，其中临床医学硕士认为用人单位最看重专业水平的比例为87.7%。只有15.1%的专业硕士认为用人单位看重国际视野。超过一半的艺术硕士、农业硕士、工商管理硕士认为用人单位看重创新能力。

表5-7 2019年不同专业硕士能力水平提升情况　　　　单位：%

比较项	金融	法律	教育	翻译	工程	农业	临床医学	工商管理	会计	艺术	总体
专业知识	67.3	68.2	67.8	67.2	67.9	69.2	66.2	70.7	68.4	70.3	68.3
知识迁移能力	68.6	70.0	68.9	68.9	69.3	70.2	66.7	71.1	70.8	71.5	69.6
职业素养	68.8	71.3	71.3	69.9	70.5	72.0	70.8	75.0	72.6	72.7	71.5
职业实践能力	67.9	69.0	69.1	65.3	68.9	71.1	67.7	74.0	70.9	70.5	69.4
动手操作能力	69.1	69.9	68.7	68.6	70.3	72.4	67.1	74.1	71.2	73.1	70.5
创新能力	69.2	69.4	67.1	67.5	69.2	70.7	65.2	71.8	69.8	71.0	69.1
分析能力	70.1	71.4	69.3	70.0	71.0	71.9	67.2	73.7	72.7	72.7	71.0
适应和反应能力	71.4	72.8	70.7	72.2	72.1	73.6	68.2	74.0	73.1	73.5	72.2
反思和批判性思维能力	71.1	72.0	69.4	70.8	71.7	72.1	67.6	72.9	72.3	73.3	71.3
信息感知和采集能力	70.7	71.3	69.7	70.7	71.5	72.0	67.0	73.4	72.4	73.0	71.2
沟通能力	71.5	72.8	70.9	72.1	72.0	73.5	68.7	73.8	72.4	73.4	72.1
团队协作能力	72.8	74.1	71.6	73.1	73.4	75.0	69.6	75.7	74.5	74.7	73.5
组织领导能力	69.7	71.5	68.7	69.3	70.2	72.3	66.4	72.8	71.3	72.4	70.5
人文素养	71.3	73.7	70.9	72.4	72.8	74.8	71.2	74.8	73.0	75.8	73.1
发展潜力	70.7	72.5	70.2	71.0	72.0	72.9	68.3	73.4	72.6	73.1	71.7
国际视野	67.8	69.1	65.3	69.9	67.8	67.9	63.1	70.5	68.3	69.6	67.9

（二）职业发展评价

2015 年，总体上，专业硕士的个人职业发展的满意度为 64.9%—74.1%。其中对即将从事工作的收入接近预期值情况的满意度最低，而对将即将从事工作对未来职业发展的重要性的满意度最高。

2017 年，总体上，专业硕士的个人职业发展的满意度为 69.9%—79.4%，其中对即将从事工作的收入接近预期值情况的满意度最低，而对将即将从事工作对未来职业发展的重要性的满意度最高。在各专业硕士中，翻译硕士的个人职业发展满意度整体偏低，工程硕士的即将从事工作与专业学位相关度、即将从事工作的收入接近预期值情况的满意度相对较低，农业硕士对即将从事工作的收入接近预期值情况的满意度最低。

2019 年，总体上，专业硕士的个人职业发展的满意度为 80.0%—83.0%，如图 5-4 所示，比 2017 年有所提高。其中，专业硕士对即将从事工作的收入接近预期值的满意度最低，而对即将从事工作对未来职业发展的重要性的满意度最高。在各专业硕士中，金融硕士的个人职业发展满意度整体偏低。

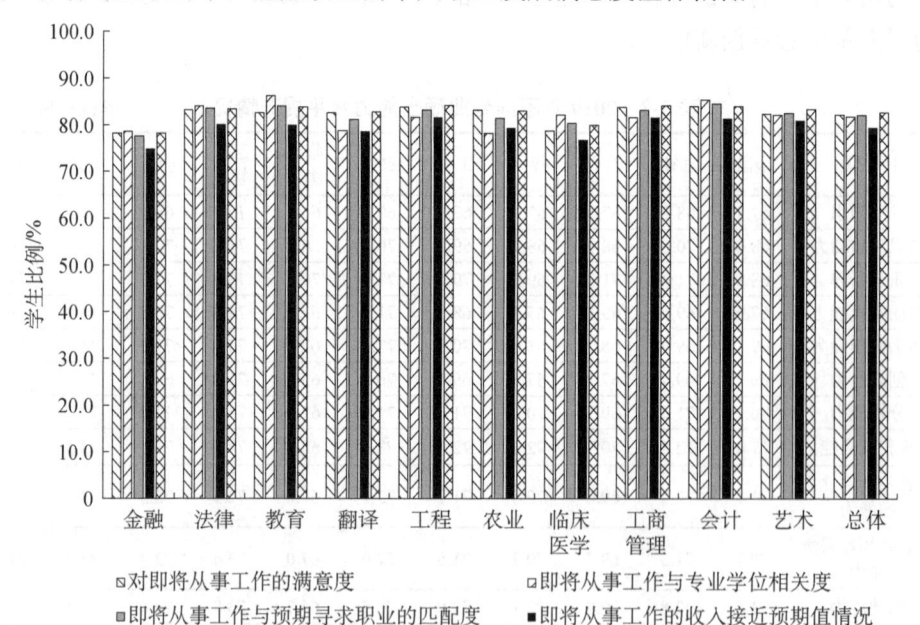

图 5-4　2019 年不同专业硕士的个人职业发展评价

(三)忠诚度评价

从忠诚度的角度来评价,如果再给一次机会,2015 年,专业硕士仍选择本学校的比例(即学校忠诚度)为 69.7%,仍选择本专业学位的比例(即专业学位忠诚度)为 75.1%,其专业学位忠诚度明显高于学校忠诚度。

2017 年,专业硕士的学校忠诚度为 70.1%,专业学位忠诚度为 75.8%。临床医学硕士的学校忠诚度偏低,仅为 55.7%。农业硕士的专业学位忠诚度偏低,仅为 62.7%。此外,工程硕士、翻译硕士整体忠诚度都不高。法律硕士的两种忠诚度比较均衡,并且忠诚度相对较高。

2019 年,专业硕士的学校忠诚度为 73.3%,专业学位忠诚度为 73.5%。其中,工商管理硕士的学校忠诚度和专业学位忠诚度都相对较高,分别为 80.9% 和 84.6%。临床医学硕士的学校忠诚度则有大幅提升,较 2017 年提升了约 15 个百分点。农业硕士的学校忠诚度和专业学位忠诚度均最低,其中专业学位忠诚度大幅降低,较 2017 年下降约 12 个百分点,远低于其他专业硕士,如图 5-5 所示。

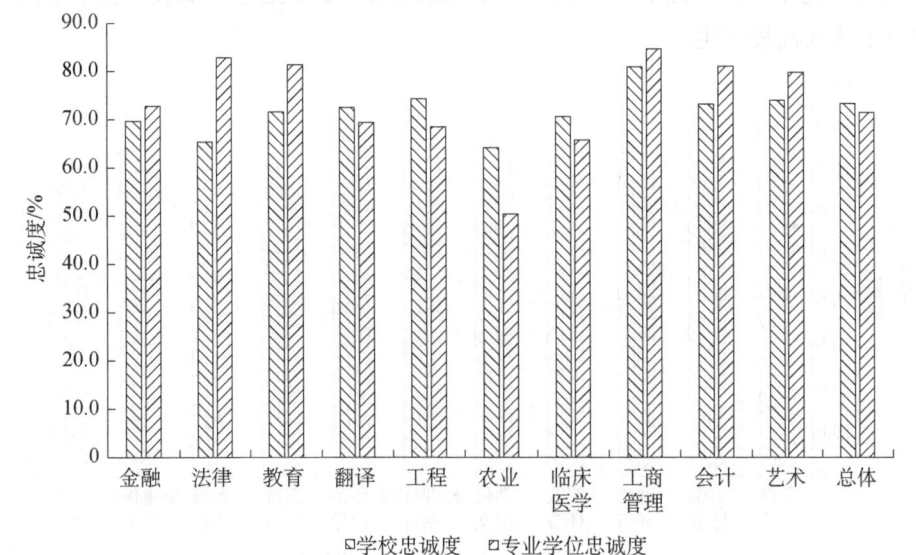

图 5-5 2019 年不同专业硕士学校忠诚度及专业学位忠诚度

第二节 不同划分方式下的专业学位教育质量评价

随着高等教育体系的不断发展和完善,高校的层次划分标准也与时俱进。随着"双一流"建设的提出与实施，高校的分类方式发生了显著变化。尽管"双一流"成为当前衡量高校综合实力的重要标准，但"985工程"高校、"211工程"高校所代表的教育质量标杆和积累的经验，对"双一流"高校的发展仍然具有不可忽视的借鉴意义。

一、按院校层次划分的教育质量评价

当前，"211工程"高校被纳入"双一流"高校建设行列，本部分以2015年调研数据为例，对比分析"211工程"高校与普通高校的专业学位研究生教育质量评价。

（一）教育质量总体满意度评价

总体而言，"211工程"高校学生对教育质量满意度高于普通高校学生，"211工程"高校学生的总体评价满意度较高，为81.4%，普通高校学生的总体评价满意度为76.8%（图5-6）。在各评价维度上，"211工程"高校学生的满意度都高于普通高校学生。

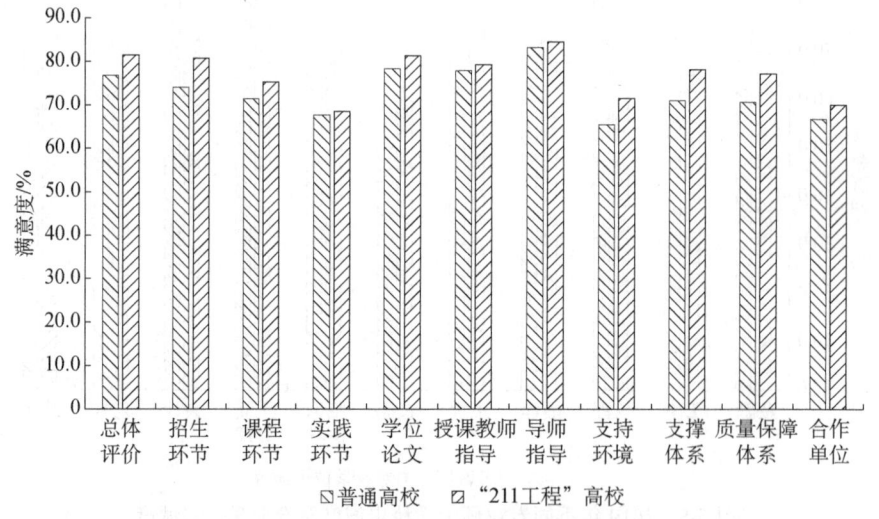

图5-6 2015年不同类型学校学生对教育质量的总体评价

（二）培养过程分类质量评价

1）课程教学满意度。"211工程"高校学生对课程教学各方面的满意度均高于普通高校学生，尤其是课程总量、课程内容的理论性、课程内容的综合性、课程推荐教材等方面（图5-7）。

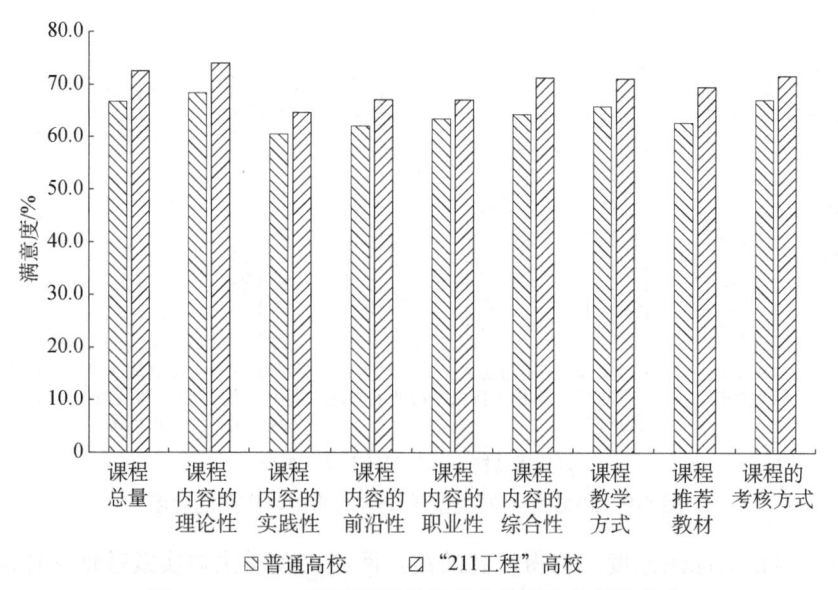

图 5-7　2015 年不同类型学校学生的课程教学满意度

2）案例教学满意度。"211 工程"高校学生对案例教学各方面的满意度均高于普通高校学生，尤其是教师案例教学水平、案例教学形式、案例在课程教学中所占比重及本土案例教学在案例教学中所占比重等方面，两类高校学生满意存在较大差距（图 5-8）。

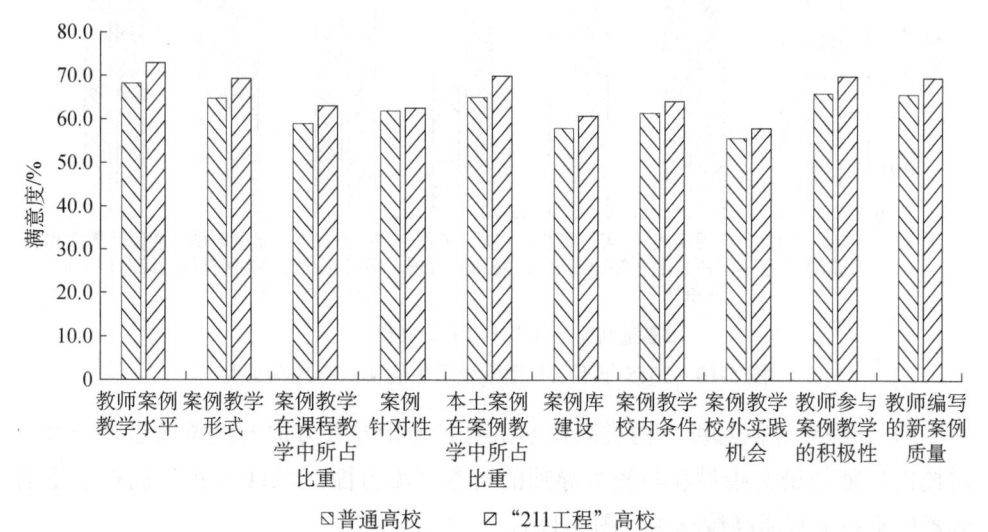

图 5-8　2015 年不同类型学校学生的案例教学满意度

3）实习实践满意度。两类高校学生对实习实践各方面的满意度趋于一致（图 5-9）。

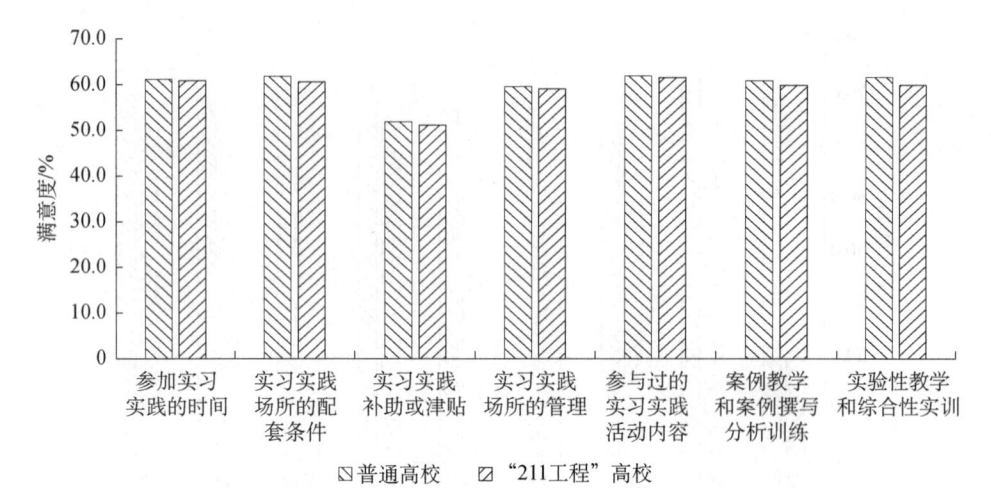

图 5-9　2015 年不同类型学校学生的实习实践满意度

4）实践基地满意度。值得注意的是，两类高校学生对实践基地总体满意度都不高，并且"211 工程"高校学生对实践基地各方面的满意度均略低于普通高校学生（图 5-10）。

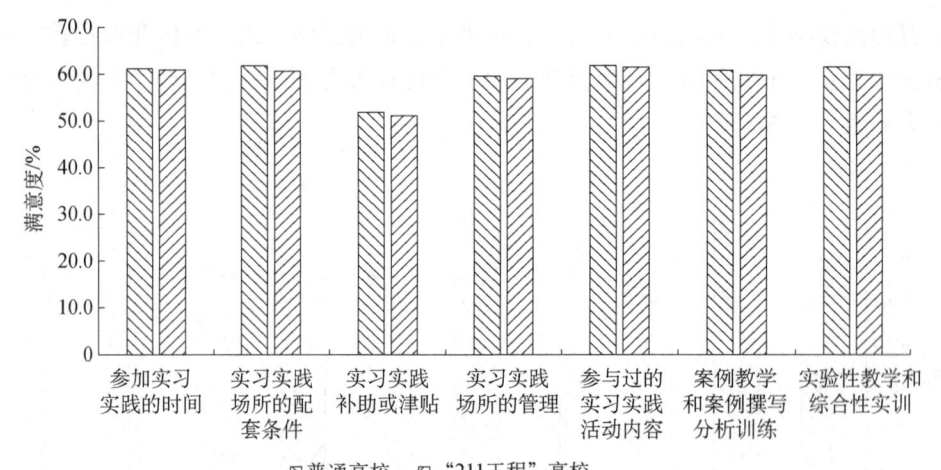

图 5-10　2015 年不同类型学校学生的实践基地满意度

5）导师指导满意度。两类高校学生对导师指导各方面的满意度趋于一致，对校内导师的论文指导和与校内导师的日常交流方面，"211 工程"高校学生的满意度略高于普通高校学生（图 5-11）。

6）学位论文训练满意度。两类高校学生对学位论文训练各方面的满意度存在差异，"211 工程"高校学生各方面的满意度均高于普通高校学生，尤其在学

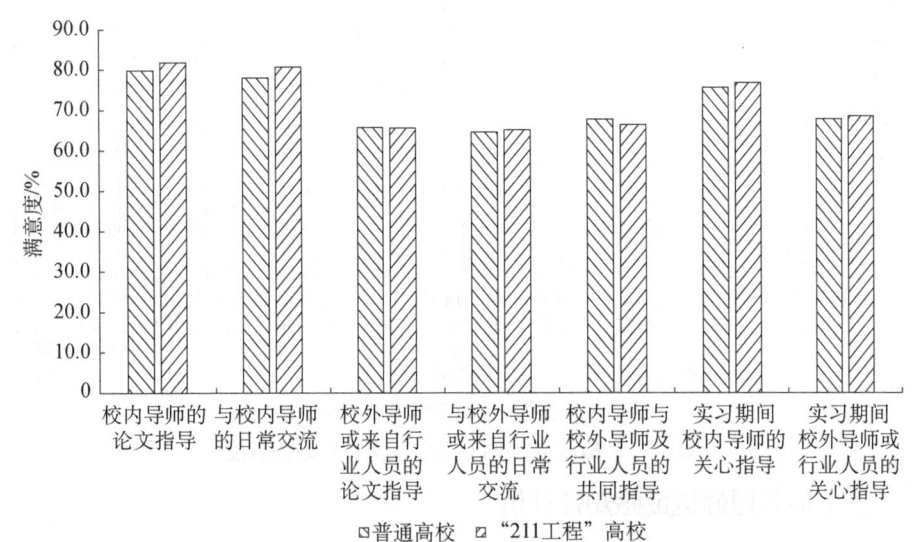

位论文指导方式和学位论文的研究训练方面（图 5-12）。

图 5-11　2015 年不同类型学校学生的导师指导满意度

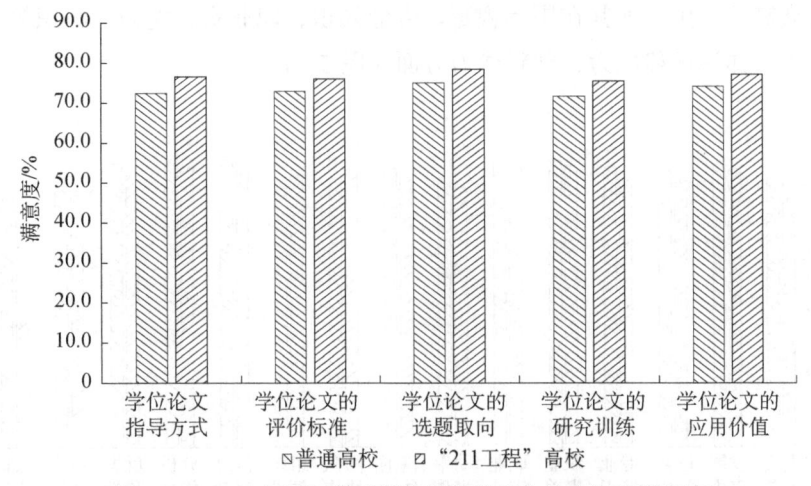

图 5-12　2015 年不同类型学校学生的学位论文训练满意度

7）支持体系满意度。"211 工程"高校学生对支持体系的满意度（除硬件建设外）均高于普通高校学生，尤其在国际交流合作、管理制度、可申请的专业学位专项基金或资助、质量保障体系、开展就业相关指导、开展就业相关服务、可使用的信息交流平台和参加学术界或行业界赛事的机会方面（图 5-13）。

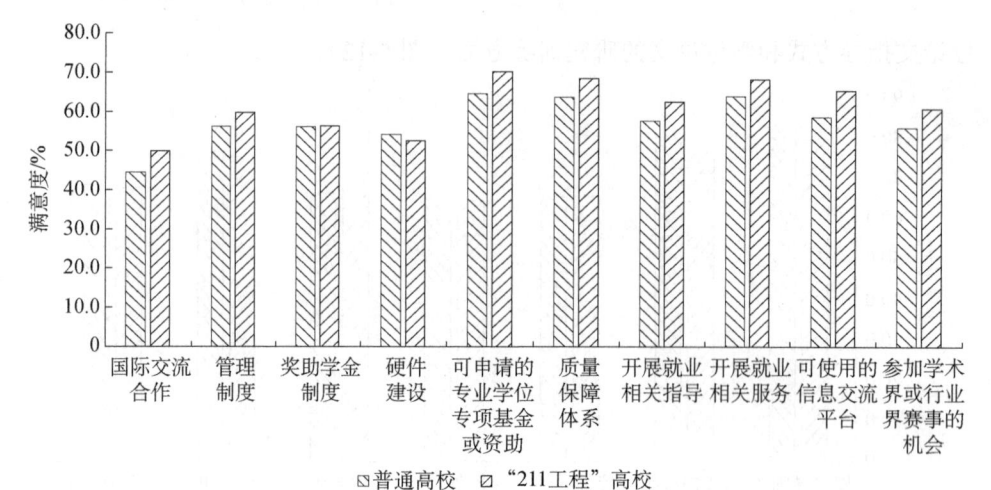

图 5-13 2015 年不同类型学校支持体系满意度

(三) 培养目标达成感知性评价

1) 能力提升满意度。"211 工程"高校学生对各方面能力提升的满意度普遍高于普通高校学生,尤其在国际视野、专业知识、职业实践能力、组织领导力、分析能力、知识迁移能力、创新能力方面(图 5-14)。

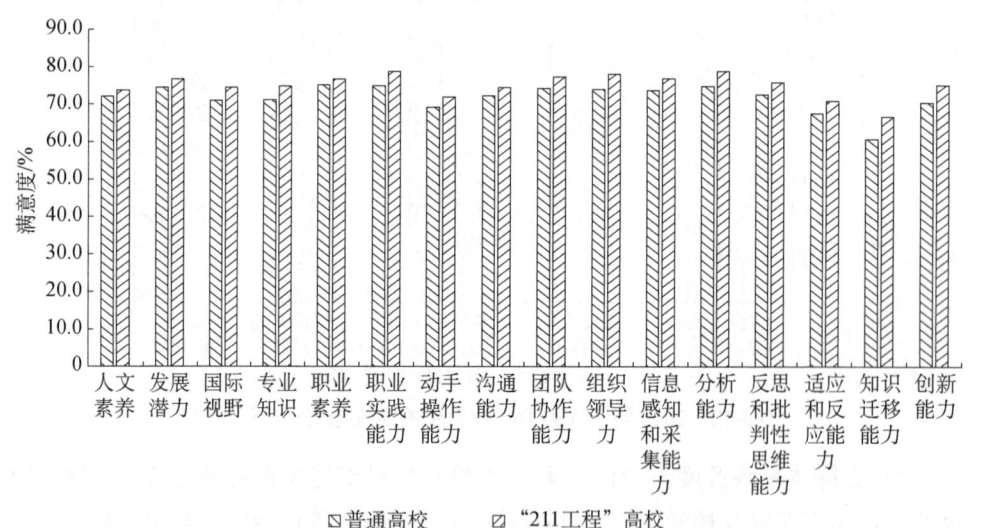

图 5-14 2015 年不同类型学校学生的能力提升满意度

2) 职业发展满意度。"211 工程"高校学生对职业发展各维度的满意度均高于普通高校学生,尤其在专业学位满足社会需求度、收入与预期匹配度、工作对未来职业发展重要性方面(图 5-15)。

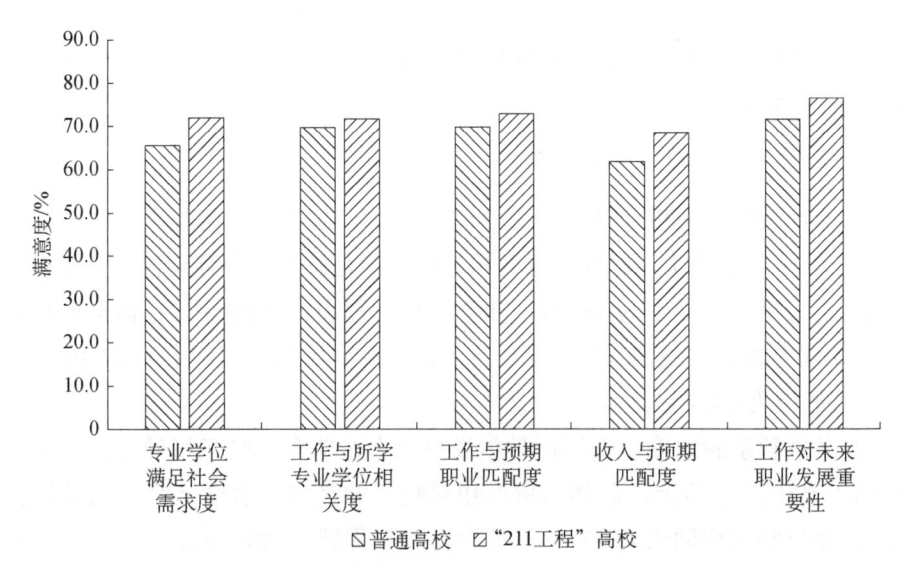

图 5-15 2015年不同类型学校学生的职业发展满意度

3）忠诚度。"211工程"高校学生的学校忠诚度高出普通高校学生近14个百分点，其专业学位忠诚度也高出普通高校学生近4个百分点（图5-16）。

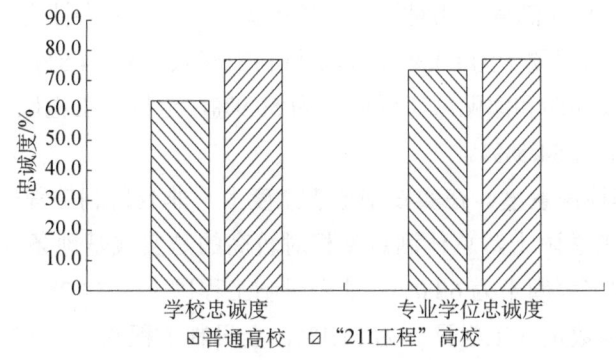

图 5-16 2015年不同类型学校忠诚度评价

二、专业型与学术型教育质量评价对比

本部分以2015年工科数据为例，对比分析学术型与专业型硕士的教育质量。

（一）教育质量总体满意度评价

总体而言，非全日制工程硕士对教育质量的满意度高于全日制工程硕士，全日制工程硕士对教育质量的满意度高于工学硕士。三类硕士对导师指导满意度都较高（工学硕士为82.1%，全日制工程硕士为83.9%，非全日制工程硕士为93.3%），对实践环节满意度相对较低（工学硕士为61.2%，全日制工程硕士为

66.6%，非全日制工程硕士为80.1%）。在非全日制工程硕士中，满意度最低的是支持环境（75.7%）。

（二）培养过程分类质量评价

1）课程教学满意度。在课程教学满意度上，非全日制工程硕士高于全日制工程硕士高于工学硕士，总体满意度相对较高的是课程内容理论性（工学硕士为69.0%，全日制工程硕士为73.0%，非全日制工程硕士为80.0%）；满意度相对较低的是课程内容的实践性（工学硕士为55.2%，全日制工程硕士为62.3%，非全日制工程硕士为69.8%）。

2）案例教学满意度。在案例教学满意度上，非全日制工程硕士高于全日制工程硕士高于工学硕士，总体满意度相对较高的是案例教学水平（工学硕士为63.6%，全日制工程硕士为67.9%，非全日制工程硕士为85.3%）；满意度相对较低的是案例教学校外实践机会（工学硕士为51.5%，全日制工程硕士为57.5%，非全日制工程硕士为69.4%）。

3）实践满意度。在实践满意度上，非全日制工程硕士高于全日制工程硕士高于工学硕士，总体满意度相对较高的是实验性教学和综合性实训（工学硕士为56.1%，全日制工程硕士为60.3%，非全日制工程硕士为64.8%）；满意度相对较低的是实习实践补助和津贴（工学硕士为50.9%，全日制工程硕士为53.3%，非全日制工程硕士为54.5%）。

4）实践基地满意度。在实践基地满意度上，非全日制工程硕士高于全日制工程硕士高于工学硕士，总体满意度相对较高的是实践基地条件（工学硕士为60.9%，全日制工程硕士为68.0%，非全日制工程硕士为74.2%）；满意度相对较低的是实践基地数量（工学硕士为51.1%，全日制工程硕士为53.6%，非全日制工程硕士为65.9%）。

5）导师指导满意度。在校内外导师指导满意度上，非全日制工程硕士高于全日制工程硕士高于工学硕士，总体满意度相对较高的是校内导师论文指导（工学硕士为76.8%、全日制工程硕士为79.7%、非全日制工程硕士为84.9%）；满意度相对较低的是与校外导师的日常交流（工学硕士为61.0%，全日制工程硕士为66.4%，非全日制工程硕士为73.1%）。

6）学位论文训练满意度。在学位论文训练满意度上，非全日制工程硕士高于全日制工程硕士高于工学硕士，总体满意度相对较高的是学位论文选题取向（工学硕士为74.3%，全日制工程硕士为74.7%，非全日制工程硕士为80.5%）；满意度相对较低的是学位论文指导方式（工学硕士为71.7%，全日制工程硕士为73.7%，非全日制工程硕士为82.1%），均在70.0%以上；非全日制工程硕士的满意度均在80.0%以上，其中学位论文指导方式的满意度为82.1%，学位论文评价标准的满意度为80.9%，学位论文选题取向的满意度为80.5%、学位论文研究训练的满意度为80.4%，学位论文研究价值的满意度为80.1%。

7）支持体系满意度。在支持体系满意度上，非全日制工程硕士高于全日制工程硕士高于工学硕士，总体满意度相对较高的是硬件设施（工学硕士为64.2%，全日制工程硕士为68.5%，非全日制工程硕士为73.4%）和就业相关服务（工学硕士为64.1%，全日制工程硕士为68.0%，非全日制工程硕士为70.3%）；满意度相对较低的是国际交流活动（工学硕士为45.9%，全日制工程硕士为48.2%，非全日制工程硕士为51.0%）。

（三）培养目标达成感知性评价

1. 能力提升评价

在能力提升评价上，非全日制工程硕士对各项能力提升评价的满意度普遍高于全日制工程硕士，全日制工程硕士对各项能力提升评价的满意度普遍高于工学硕士。就不同能力而言，总体评价水平相对较高的是适应和反应能力（工学硕士为76.1%、全日制工程硕士为77.0%、非全日制工程硕士为81.3%）；总体评价水平相对较低的是国际视野（工学硕士为61.7%、全日制工程硕士为63.4%、非全日制工程硕士为67.3%）。

2. 职业发展与忠诚度评价

在职业发展评价上，非全日制工程硕士的满意度高于全日制工程硕士高于工学硕士。各指标总体满意度相对高的是即将从事的工作对未来职业发展的帮助（73.0%）；满意度相对较低的是再给一次机会选择学位就读的可能（65.0%）。工学硕士工作与所学专业学位相关性较小（24.0%），毕业后改行的可能性更大，而工程硕士更多从事与专业相关的工作（62.9%）。此外，在忠诚度方面，非全日制工程硕士的学校忠诚度和专业学位忠诚度均超过70.0%。

第三节 专业学位教育质量的结构关系分析

由于不同时间专业学位研究生教育质量的结构关系具有相似性，因此，本节以

2015年数据为例分析总体教育质量满意度评价与培养过程分类质量评价的相关关系,总体教育质量满意度评价与培养目标达成感知性评价的相关关系,培养模式关键要素对教育质量评价的差异性分析,以及利益相关者对教育质量评价的影响。

一、教育质量满意度评价的相关性分析

根据总体教育质量满意度与培养过程分类质量评价的相关性可知,各环节与教育质量总体满意度评价的相关系数均大于 0.5 ($p<0.01$),从表 5-8 可以看出各环节与教育质量总体满意度评价呈中度相关或强相关,体现出学生对专业教育质量的评价是基于多种因素共同作用的结果,每个分类质量对总体教育质量评价均具有较强的支撑作用。其中,质量保障体系、授课教师指导、课程环节和招生环节与总体教育满意度评价的相关系数大于 0.7,说明它们与总体教育质量满意度评价有更强的相关关系。支撑条件、支持体系均与总体教育质量满意度评价呈中度相关,说明学生对专业质量的评价是基于学校内外多重因素混合作用的结果。

表 5-8 专业学位研究生教育各环节与总体教育质量满意度评价的相关性

环节	与总体教育质量满意度评价的相关性
招生环节	0.728**（强相关）
课程环节	0.728**（强相关）
实践环节	0.669**（中度相关）
学位论文环节	0.633**（中度相关）
授课教师指导	0.741**（强相关）
导师指导	0.630**（中度相关）
支持条件	0.671**（中度相关）
支撑体系	0.686**（中度相关）
质量保障体系	0.749**（强相关）
合作培养单位	0.657**（中度相关）

注:**表示在 0.01 水平上相关显著,下同。

根据总体教育满意度评价与培养目标达成感知性评价的相关性检验可知,总体教育质量满意度评价与能力提升、社会需求程度、忠诚度、对口就业在 0.01 水平上呈显著正相关,相关系数分别为 0.457、0.421、0.345、0.144。可见,专业对口就业与总体教育质量满意度评价的相关系数最小,而总体教育质量满意度评价与其他三个指标均呈中度相关。以上结果表明,总体教育质量满意度评价与学生对能力提升、社会需求程度、忠诚度三项目标达成的感知关系较为紧密,但是与就业是否为专业对口的关系并不大,反映出专业学位毕业生专业对

口就业的影响因素太多、太复杂,不仅仅是教育可以解决的。

二、教育质量评价的差异性分析

基于不同培养模式关键要素,对教育质量评价进行差异性分析,以数据在不同维度上的均值差异分析为基础进行组间结构方程的路径差异分析,并采用结构方程中的跨组别分析法,结果显示,以 $α=0.05$ 为置信水平,同一路径中不同类别之间具有显著性差异。跨组别差异性主要包括总体评价差异性、不同的导师指导方式差异性、实践时间长短差异性、课程设置差异性。

通过对均值差异分析和教育质量评价影响路径的跨组别差异进行显著性分析(表5-9),可以获得以下研究发现:

1) 与总体评价低的学生相比,总体评价高的学生在7个维度上的评价均值都很高,说明总体评价高的学生对教育质量的各个环节评价普遍高于总体评价低的学生,特别是他们对专业更加认可($Δ=0.92$),其课程满意度和实践满意度也明显高于总体评价低的学生。同时,总体评价高的学生的实践满意度更能促进能力提升,说明学生总体评价水平能够较好地调节实践满意度对能力提升的影响。鉴于当前两个组别之间能力提升的差异最小($Δ=0.44$),这提示我们要以提升学生能力为目标,强化实践环节,在现有基础上关注提升那些总体评价比较高的学生的实践满意度,从而提高其能力水平。

2) 由校内外导师组指导的学生的各维度评价均值均显著高于由校内导师指导的学生,说明由校内外导师组指导的学生的专业认可度更高。特别表现在,导师指导满意度差异最大($Δ=0.48$),其次是实践满意度($Δ=0.36$)和校外人员参与度($Δ=0.32$)。然而,在校内外导师指导情况下,学生的校外人员参与度评价对导师满意度的作用、实践满意度和导师满意度的相互作用,以及导师满意度对专业认可度的作用程度都不如只有校内导师的学生。以上分析表明校内外导师组已经发挥一定的指导作用,特别是导师指导满意度、实践满意度和校外人员参与度都更高。但是对于只有校内导师的学生而言,校内导师的作用还不够使学生对各个环节满意,必须通过提高校外人员参与度和强化实践能有效提高他们对导师的满意度,从而促进专业认可度的提升。

3) 与实践时间短的工程硕士相比,在实践满意度、导师指导满意度以及校外人员参与度这三项与产教融合、校企合作联系的维度上,实践时间长的工程硕士评价均值显著更高,尤其对校外人员参与度的评价差异最大($Δ=0.34$),说明当实践达到一定时间时,会让学生对实践环节更满意,同时导师指导满意度和校外人员参与度也更高。然而在其他维度上的差异不显著,从侧面说明这种满意度并没有影响其能力提升、社会需求符合度和专业认可度。对于实践时间长的学生,实践满意度与课程满意度的相互作用,以及导师指导满意度对专业认可度的影响更大,这表明实践时间长的学生由于经历过现场实践反思,更加依赖课程理论知识的学习,以反哺到实践中。在这个过程中,导师的充分发挥指导作用更能够促进学生对于专业的认知和认可。同时,与实践时间短的学生相比,实践时间长的学生的课程满意度和能力提升在提高专业认可度方面发挥的作用弱化。这表明实践时间长的学生的专业认可度更多依赖与实践训练相关的导师指导,而实践时间短的学生所接受的实践训练比较弱,他们对专业的认识和评价更多来自学校的课程,以及学习后自身能力提升的幅度。然而,两个群体的课程满意度和对能力提升的评价没有出现显著差异。这提示我们对实践时间短的工程硕士需要侧重提升其对课程的体验,关注其能力提升水平,从而提升其专业认可度。

4)在课程差异比较方面,课程差异不大的学生在7个维度上的评价均值显著高于课程差异大的学生。这说明现阶段课程须保有研究生学术基本特征,不宜变化过大。在社会需求符合度和专业认可度方面,两个群体的差异最大(Δ=0.28),说明为保持学位的学术型基础、获得社会普遍认可和同等对待,两类学位在分类发展的同时,专业学位课程的变化不宜过大。此外,当课程差异不大时,学生对导师指导更加满意,导师指导满意度与课程满意度的相互依赖程度更高,以及导师满意度对专业认可度的影响更强,而课程满意度对专业认可度的作用减弱。这说明在专业学位的课程设置与学术学位差异不大时,学生对专业的认可度更多依赖于导师,相比调整课程环节,提升导师包括授课教师的指导水平和效果更能够直接促进学生的专业认可度,同时又能够提升学生对课程的评价,进一步引发学生对导师指导满意提升专业认可的循环。

表 5-9 教育质量评价的跨组别分析

组别	课程满意度	实践满意度	导师指导满意度	校外人员参与度	能力提升	社会需求符合度	专业认可度	影响路径跨组别的差异显著性
总体评价高	4.05	3.91	4.06	3.46	3.93	3.73	4.49	实践满意度→能力提升:显著,系数大
总体评价低	3.28	3.15	3.53	2.91	3.49	3.13	3.57	实践满意度→能力提升:显著,系数小
差值 Δ	0.77	0.76	0.53	0.55	0.44	0.60	0.92	
显著性	***	***	***	***	***	***	***	

续表

组别	课程满意度	实践满意度	导师指导满意度	校外人员参与度	能力提升	社会需求符合度	专业认可度	影响路径跨组别的差异显著性
校内外导师组	3.83	3.78	4.08	3.39	3.80	3.56	4.22	校外人员参与→导师满意度：显著，系数小 实践满意度↔导师满意度：显著，系数小 导师满意度→专业认可度：显著，系数小
校内导师	3.67	3.42	3.60	3.07	3.71	3.45	4.08	校外人员参与→导师满意度：显著，系数大 实践满意度↔导师满意度：显著，系数大 导师满意度→专业认可度：显著，系数大
差值 Δ	0.16	0.36	0.48	0.32	0.09	0.11	0.14	
显著性	***	***	***	***	**	**	**	
实践时间长（工程硕士）	3.82	3.83	4.07	3.54	3.76	3.50	4.28	实践满意度↔课程满意度：显著，系数大 课程满意度→专业认可度：显著，系数小 导师满意度→专业认可度：显著，系数大 能力提升→专业认可度：显著，系数小
实践时间短（工程硕士）	3.80	3.65	3.81	3.20	3.80	3.57	4.12	实践满意度↔课程满意度：显著水平低 课程满意度→专业认可度：显著，系数大 导师满意度→专业认可度：显著，系数小 能力提升→专业认可度：显著，系数大
差值 Δ	0.02	0.18	0.26	0.34	−0.04	−0.07	0.16	
显著性		***	***	***				
课程差异不大	3.83	3.69	3.91	3.29	3.81	3.61	4.25	导师满意度↔课程满意度：显著，系数大课程满意度→专业认可度：显著，系数小 导师满意度→专业认可度：显著，系数大
课程差异大	3.64	3.51	3.78	3.18	3.69	3.33	3.97	导师满意度↔课程满意度：显著水平低 课程满意度→专业认可度：显著，系数大导师满意度→专业认可度：显著，系数小
差值 Δ	0.19	0.18	0.13	0.11	0.12	0.28	0.28	
显著性	***	***	***	**	***	***	***	

$p<0.01$，*$p<0.001$，全书同。

三、利益相关者对教育质量评价的影响

(一)专业实习实践对就业能力距离和就业质量的影响

专业实习实践环节是专业学位的最大特色,而实践能力的大小也为用人单位所看重,一般在求职材料和面试中会受到用人单位关注,因此学校在培养专业学位工程硕士时实践训练水平的高低或实践质量的高低对学生有着非常大的影响。本研究衡量了一个专业学位工程硕士学生获得的实践训练水平的高低的方式为其参与实践训练的时间以及实践环节的满意度,其中参与实践训练的时间为"参与校内固定的实践基地实践"与"去学校联系或指定安排的实践基地实践"之和,以国家规定的至少 6 个月实践时间为划分。

以工程硕士应届毕业生为例,讨论专业学位应届毕业生与用人单位需求的能力的匹配程度及距离是否受到实践的影响。先从所有应届毕业生的整体评价来进行分析,用到的能力距离公式为:

$$\Gamma(\delta = i) = \sum_{j=1}^{n} \gamma_j (\gamma_j = \begin{cases} 0, 当 |p_j - \overline{p_j}| \leq \Delta \\ 1, 当 |p_j - \overline{p_j}| > \Delta \end{cases})\quad(5-1)$$

其中,$\Delta = i$ 表示当同一就业能力不同排序间相差 i 或 i 以下时,该就业能力在用人单位和工程硕士间视为重要性等同,大于 i 则视为存在距离。表 5-10 呈现了工程硕士对自己经过学校的培训获得的就业能力的整体评价,得分越高,表明提升幅度越大。

表 5-10 工程硕士获得的就业能力排序

能力	应届毕业生评价 均值(标准差)	排序	用人单位评价排序	应届毕业生评价与用人单位评价排序差
团队协作能力	4.03 (1.120)	1	3	2
动手能力	4.00 (1.158)	2	7	5
分析能力	4.00 (0.836)	2	9	7
适应和反应能力	4.00 (0.838)	2	11	9
信息感知采集	3.99 (0.848)	5	13	8
沟通能力	3.98 (0.851)	6	4	2
反思和批判性	3.97 (0.846)	7	15	8
知识迁移能力	3.96 (1.126)	8	14	6
职业素养	3.95 (0.876)	9	2	7
专业知识掌握	3.94 (0.863)	10	1	9

续表

能力	应届毕业生评价 均值（标准差）	应届毕业生评价 排序	用人单位评价排序	应届毕业生评价与用人单位评价排序差
职业实践能力	3.93（1.044）	11	5	6
职业发展潜力	3.92（0.874）	12	10	2
人文素养	3.89（0.909）	13	8	5
组织领导能力	3.89（0.877）	13	12	1
创新能力	3.86（0.904）	15	6	9
国际视野	3.74（0.963）	16	16	0

差异性分析采取就业能力距离的独立均值 t 检验的方式（下同）。我们研究是否存在差异的变量包括用排序定义的就业能力距离 $\Gamma(\delta=0)$：

$$\Gamma = \sum_{j=1}^{n} \gamma_j \left(\gamma_j = \begin{cases} 0, 当 |p_j - \overline{p_j}| \leq \delta \\ 1, 当 |p_j - \overline{p_j}| > \delta \end{cases} \right) \tag{5-2}$$

$\delta=0$ 表示专业学位工程硕士的评价排序与用人单位排序相差 1 都视为存在距离；就业能力距离 $\Gamma(\delta=1)$，表示若工程硕士评价排序与用人单位评价排序之间相差 1 视为等价，相差 2 或以上则被视为该能力存在距离；就业能力距离 $d = \sum_{j=1}^{n} |p_j - \overline{p_j}|$，为同一能力排序差的绝对值之和；就业结果表示该类学生找到工作的整体情况，它是一个二元变量，1 表示该学生获得就业，0 表示该学生未能获得就业。

差异性分析研究表明，就业能力距离在实践参与水平层面上具有显著差异，学校实践训练水平高的专业学位工程硕士学生在与用人单位的就业距离上与学校实践训练水平低的工程硕士之间存在显著差异，实践训练水平更高的专业学位工程硕士在就业距离上显著更低；且实践参与水平高的群体在用人单位最为看重的工具性能力和人际交往能力上均显著高于实践参与水平低的群体。而这种差异也反映在了就业结果上，来自学校实践时间长于 6 个月且对实践环节感到满意的专业学位工程硕士就业率高达 72.6%，与此同时其他的专业学位工程硕士就业率仅有 56.0%。

因此，本小节以用人单位这一利益相关者和专业学位应届毕业生的就业能力距离代表需求匹配程度，验证了专业实习实践确实会对需求匹配程度和就业质量产生影响，专业实习实践这一专业学位教育特性显著影响就业能力距离，并作为信号显著影响就业质量。

（二）学位论文实用价值对就业能力距离和就业质量的影响

在用人单位无法直接判断一个求职者的能力时，它往往会通过该生在研究生阶段的研究内容来判断该求职者与用人单位的需求是否相符合，而学位论文的实用价值无疑是用人单位判断的重要依据之一。差异性分析研究表明，就业距离在论文实用性上的差异不明显，用能力排序定义出的距离都不显著，只有再加上能力评分的距离 d 才显著，这表明在自我能力培养的重要性排序认知上，两者的差距并不大，只是论文实用性强的群体对就业能力的整体评分更高。但两者在就业结果上的差异非常显著，所著论文实用性强的群体的就业率高达 79.3%，但论文实用性弱的群体的就业率只有 71.3%。这一方面是因为在工具性能力和人际交往能力上论文更具实用性的群体就业距离更低，另一方面也体现了该影响因素可以作为一个信号影响用人单位对求职者的判断。

因此，通过用人单位这一利益相关者和应届毕业生的就业能力距离来代表需求匹配程度，实证研究验证了学位论文训练确实对需求匹配程度和就业质量产生影响，学位论文的实用性会显著影响专业硕士毕业生与用人单位需求就业能力间的距离，并作为信号显著影响就业质量。

（三）就业能力距离对就业概率的影响

运用 probit 模型对可能影响到就业结果的解释变量及控制变量进行分析，结果表明，无论我们对工程硕士和用人单位需求的就业能力距离采取何种定义，实践质量的高低、性别因素、学生毕业区域是否依赖工业以及毕业论文的实用性四大因素均会对其产生显著影响。具体表现为：实践质量越高、性别为女生、学生毕业学校所在区域非常依赖工业以及毕业论文实用价值越高，该工程硕士的就业距离就越低。进一步分析影响因素影响哪类能力，结果表明，实践质量对四类就业能力均有显著影响，具体表现为实践质量越高，工具性能力和人际交往能力的就业距离值越低，而逻辑思维能力及综合素质的就业距离值越高。考虑到用人单位最为看重的就业能力是工具性能力和人际交往能力，因此实践质量越高，工程硕士的就业距离值与用人单位越接近；性别上的差异主要体现在逻辑思维能力上女性的就业距离值更低；工业区域毕业的工程硕士在逻辑思维能力上的就业距离值更低，而毕业论文实用性很强的工程硕士在工具性能力上的就业距离值显著更低。

在对影响就业能力的因素进行回归分析后，得到了一个拟合就业距离的等式 COMP=0.310×SEX−0.133×IND−0.226×PRA−0.115×PAP+10.048。接下来根据此拟合方程计算出就业距离并带入进入回归的第二阶段，探究就业距离如何影响就业结果。结果表明，工程硕士应届毕业生获得的就业能力与企业需求间的距离越低，获得就业概率将会显著提高。同时，女性、年龄较小者的就业结果值较低，来自品牌更好的学校、更依赖工业的地区的工程硕士获得就业机会的概率更高；如果在硕士学习过程中接受学校提供的高质量实践，也会显著提高就业结果；毕业论文的实用价值越高、求职预期越高，也会使得就业结果越好。接下来探讨四种就业能力是否均对就业结果有显著影响，其影响有多大。按上述方法分别将四种就业能力距离值与性别、学校所在区域工业依赖程度、实践质量、论文实用价值，以及自变量年龄、学校品牌、求职期望代入就业结果影响因素的逻辑回归模型进行拟合检验。结果表明，工具性能力和人际交往能力的距离对就业结果（获得就业的概率）产生了显著的正向影响，即工具性能力和人际交往能力距离越小，获得就业的概率越大。就业能力距离影响因素如图5-17所示。

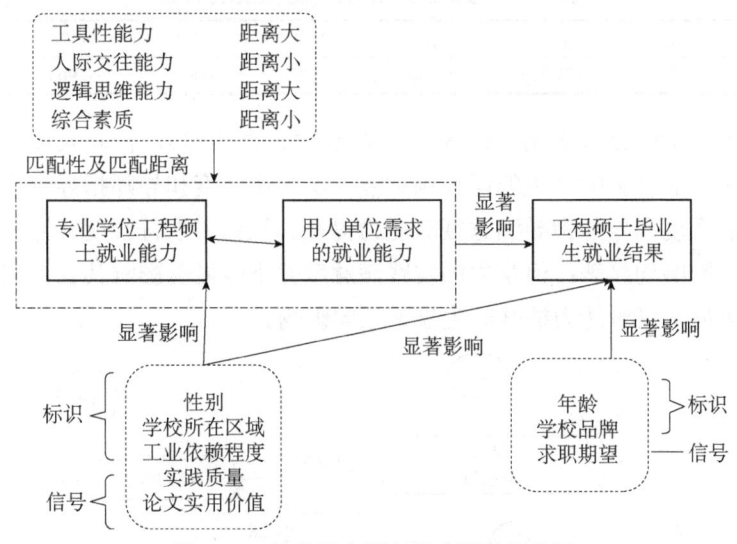

图 5-17 就业能力距离影响因素示意图

（四）校外人员参与对培养目标达成的影响

实行校企合作的培养模式，引入校外人员的参与，营造专业学位教育良好的社会环境，是专业学位研究生教育的一个关键要素。为观察校外人员参与的实际状况，结合培养过程主要环节，分析校外人员如何发挥作用，以达成专业学位研究生教育培养目标，本章特构建结构方程模型，如图5-18、表5-11所示。

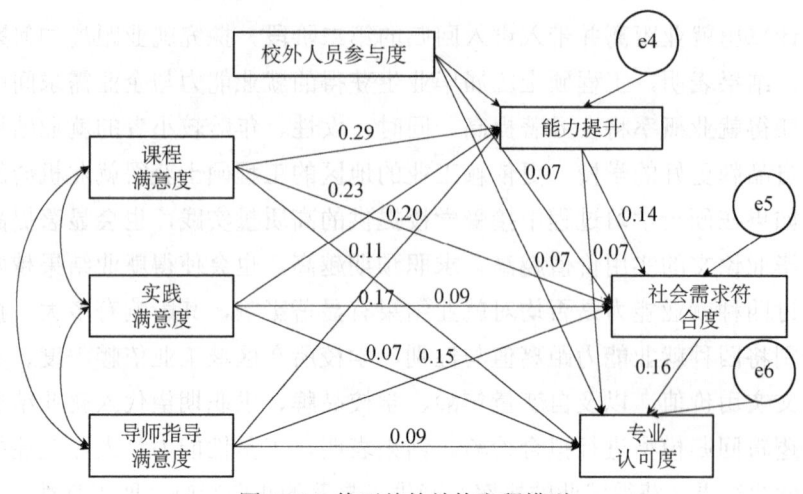

图 5-18 修正前的结构方程模型

注：图中数据为路径系数。下同

表 5-11 修正前的结构方程模型拟合系数

χ^2	df	χ^2/df	p	NFI	CFI	GFI	RMSEA
686.082	4	171.520	0.000	0.821	0.821	0.903	0.341

结构方程检验结果表明（图 5-19、表 5-12、表 5-13），校外人员参与度作为外生变量确实显著影响学生的课程满意度、实践满意度和导师指导满意度；而学生的课程满意度和导师指导满意度对能力提升、社会需求符合度、专业认可度三个因变量的影响均显著；但学生的实践满意度并不能显著影响其社会需求符合度及专业认可度，仅对能力提升产生显著正向影响。

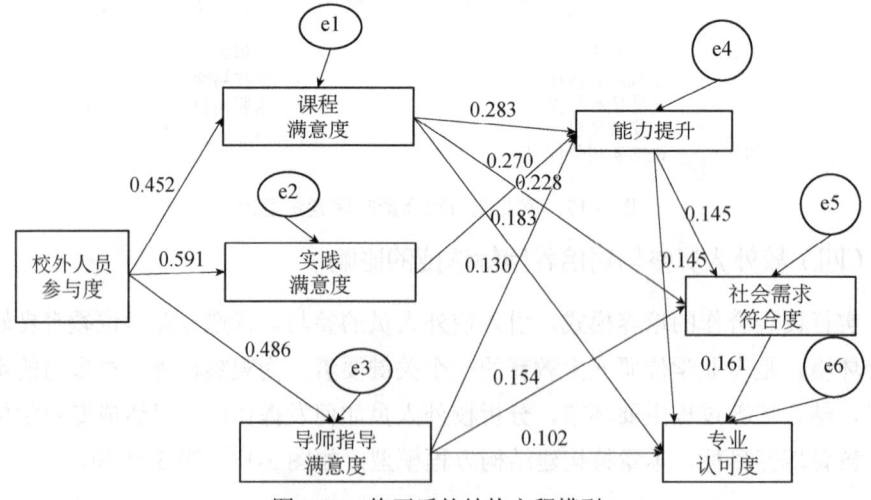

图 5-19 修正后的结构方程模型

表 5-12　修正后的结构方程模型拟合系数

χ^2	df	χ^2/df	p	NFI	CFI	GFI	RMSEA
36.932	6	6.155	0.000	0.990	0.992	0.993	0.059

表 5-13　结构方程模型的拟合结果

比较项	路径系数	标准误差	临界比	显著性	标准化路径系数
校外人员参与度→课程满意度	0.373	0.019	19.375	***	0.452
校外人员参与度→实践满意度	0.508	0.018	28.054	***	0.591
校外人员参与度→导师指导满意度	0.340	0.016	21.291	***	0.486
实践满意度→能力提升	0.194	0.024	8.058	***	0.270
课程满意度→能力提升	0.212	0.024	9.004	***	0.283
导师指导满意度→能力提升	0.115	0.024	4.809	***	0.130
课程满意度→社会需求符合度	0.272	0.037	7.366	***	0.228
导师指导满意度→社会需求符合度	0.216	0.041	5.314	***	0.154
能力提升→社会需求符合度	0.230	0.046	5.004	***	0.145
导师指导满意度→专业认可度	0.231	0.061	3.430	***	0.102
社会需求符合度→专业认可度	0.259	0.043	5.980	***	0.161
课程满意度→专业认可度	0.351	0.058	6.013	***	0.183

因此，研究得出如下结论。

如图 5-18 所示，首先，校外人员参与教育暂未显现"内生变量"功能。实行产学研合作教育是全日制专业学位研究生教育的重要实施路径，主要的表现形式之一是应该有校外人员参与到培养过程中，即校外人员参与应该是培养过程中的内生变量。但基于此假设的初始模型未能得到验证，说明校外人员参与度的评价尚未成长为一个内生变量，不能显著影响培养目标达成；在后续调整的结构方程模型中，假设校外人员参与度作为外生变量，且需要一个中介变量，而经此调整后的结构方程模型与理论假设吻合得以验证，即说明校外人员参与度这个维度仅仅体现出外生变量的特征，而课程满意度、实践满意度和导师指导满意度等学生学习过程的感知或满意度作为中介变量，可将校外人员参与度与培养目标有效连接起来。

其次，校内外导师组和有效实习实践更能体现校外人员参与的教育价值。结构方程模型检验结果表明，校外人员参与度不能作为内生变量，它只会直接影响学生的课程满意度、实践满意度和导师指导满意度，对学习过程环境感知各维度，更多起到"调整"作用，其中校外人员参与度明显对实践满意度的变化相关性最大，对导师指导满意度的影响次之，对课程满意度的影响较小但仍显著。通过差异性分析研究还发现，校内外导师组和有效的实习实践活动对学生能力提升的作用是显著的，这体现了专业学位实践性的渗透作用，体现了校外人员参与的教育价值。在对本研究所用问卷进行平行研究中，笔者发现如今就读专业硕士学位的学生或多或少地参与到各种形式的实践活动之中，有的学校也建立了一些合作培养单位和基地，这些活动中校外人员参与越多越深入，实际的实践训练就会对论文的指导作用很大，满意率可以达到63.0%；实践训练对能力提升作用的满意率更是高达72.0%。

最后，实习实践可行性存在制度障碍，并且实践有效性不足。研究发现，对专业学位整体质量评价越高的学生对实践满意度对能力提升程度的影响会更加敏感。校外人员的参与更容易体现在学生的专业实习实践阶段，而如何为学生设计和引导学生去开展有效的实习实践活动或项目就显得十分重要。学生开展集中实习实践的可得性不高是一个主要原因。教育部所要求的实习实践时间的落实存在诸多困难，实质上存在制度性障碍，众多无工作经验的学生很难做到教育部所规定的实习实践要求。

根据访谈归结其实践问题的原因，首先，企业接纳全日制专业学位学生实习实践存在制度性障碍。没有提倡实习实践和产学研结合的促进性法规，企业支持教育和产学研的渠道不畅，很多校外机构甚至大型机构并没有与高校合作建立培养基地，对高校的支持主要受到政策法规的约束，无渠道向培养基地进行资金投放和提供专项资助。其次，各校的培养基地数量较少，一般为6—10个，每个基地容纳量也不大。一般大一些的基地每年可以容纳30—50人，但仍是僧多粥少。基地建设需要经费投入，尚没有这类专项的支持，各校也尚未将全日制专业学位的产学研合作的途径有效开发起来，由于实践训练需要的大量人财物较难落实，很多高校对学生实习实践采取"放羊"的方式。最后，高校也在不断探索，比如导师的理念需要改变，师资队伍亟须调整或从业界补充，现行的导师遴选制度和评价指标导向不利于专业学位研究生教育的开展。部分导师仍完全按照学术性学位的研究生培养方式进行无差异性培养，不支持学生去参加集中实习实践，只是要求学生进课题组进行导师自己的课题研究。

从差异性分析中发现，实践时间长的学生对实践训练和校外导师参与的满意度都比实践时间短的学生要高，但在学生能力的提升程度以及学生对专业学位的认可度上却并没有因此而实现显著转化的提升效果，不具有显著差异。这说明实践的内容、形式和作用与社会需求和专业并不显著匹配，存在实践有效性问题。在访谈中发现，部分没有参加过专门的实习实践的学生盼着有机会去实习，而参加集中实践时间较长的，如一年以上的，离校太久感到孤独，实践导师指导学生不热心、不主动，学生觉得没什么收获，且承受着求职和就业压力，呈现出急躁和困惑的情绪，出现了"实践的离岸孤岛效应"。因此，在实践训练环节上需要考虑去提高实践训练的有效性，而不仅仅在于提供了多长时间的实践训练经历。

综合运用2015年、2017年和2019年调研数据，分析分析专业学位研究生教育质量评价的结构，不同划分方式下的质量评价以及质量评价的结构关系，可以得出如下结论。

专业学位研究生教育质量评价的结构方面：第一，2015年各个高校基本专业学位制度相对稳定后，学生对专业学位教育的总体评价先涨后降并趋于稳定（78.7%、82.9%、79.0%）。第二，内部质量观和外部质量观下的培养过程分类质量评价获得稳定提升。在内部质量观下，2015年对课程教学满意度最低的评价为课程内容实践性（62.3%），在2017年和2019年满意度分别达到74.0%和72.2%；2015年对案例教学满意度最低的评价——案例教学校外实践机会（56.6%），在2017年和2019年满意度分别达到69.9%和70.2%；2015年对学位论文满意度最低的评价——学位论文的研究训练（73.2%），在2017年和2019年满意度分别达到80.9%和79.3%；2015年对支持体系满意度最低的评价——国际交流合作（46.9%），在2017年和2019年满意度分别达到63.3%和64.1%。外部质量观下，2015年对实践满意度最低的评价——实习实践补助或津贴（51.5%），在2017年和2019年满意度均达到64.3%；对实践基地满意度评价先涨后跌，2015年在51.0%—62.0%水平上，2017年和2019年分别在72.9%—77.0%和66.6%—70.7%水平上；2015年对导师指导满意度最低的评价——与校外导师或行业人员的日常交流沟通（64.7%），2017年和2019年对导师指导满意度分别达到73.7%和72.7%，同时在校内导师对行业熟悉度评价上，2017年和2019年均保持在80%以上。第三，在培养目标达成感知性评价上，学生的自我能力水平评价出现明显波动，评价水平先涨后降，同时总体上50%以上学生认同用人单位看重的能力为专业知识（历年学生自我评价水平为72.4%、83.3%、68.2%）、职业素养（75.3%、85.6%、71.4%）、沟通能力（75.7%、85.3%、72.0%）和团队协作能力（76.6%、85.5%、73.3%）；职业发展评价整体提升幅度较大，从2015年的64.9%—74.1%逐步提升到2017年的69.9%—79.4%和2019年的80.0%—83.0%，工作对未来职业发展重要性评价始终最高（74.1%、79.4%、83.0%），收入与预期匹配度上涨幅度最大（64.9%、69.9%、80.0%）；对专业学位的忠诚度评价（75.1%、75.8%、73.5%）虽超过学校忠诚度（69.7%、70.1%、73.3%）但是差距不断缩小，专业学位忠诚度趋于稳定，学校忠诚度有小幅提升趋势。

通过分析不同层次高校学生的教育质量评价发现：第一，与普通高校相比，"211 工程"高校学生对教育质量总体满意度评价更高。第二，培养过程分类质量评价上，"211 工程"高校学生对课程教学满意度、案例教学满意度、学位论文训练满意度、支持体系满意度评价更高，尤其在学位论文训练满意度评价上不同教育水平高校差距较大。第三，实践满意度、导师指导满意度趋于一致。第四，值得注意的是，与普通高校相比，"211 工程"高校学生实践基地满意度偏低。第五，"211 工程"高校学生的能力提升评价、职业发展评价和忠诚度评价等培养目标达成感知性评价更高。

通过对比分析学术型与专业型学位学生的教育质量评价发现：第一，与工学硕士相比，全日制和非全日制工程硕士的教育质量总体满意度更高，非全日制工程硕士满意度最高。第二，培养过程分类质量评价上，同样为全日制和非全日制工程硕士的教育质量总体满意度更高，其中非全日制工程硕士满意度最高，尤其在案例教学满意度和学位论文训练满意度上，非全日制工程硕士评价远高于其他两类硕士。第三，与工学硕士相比，全日制和非全日制工程硕士的培养目标达成感知性评价更高，体现在能力提升评价、职业发展评价和忠诚度评价上，其中非全日制工程硕士的培养目标达成感知性评价最高。

通过实证分析各类教育质量评价的相关性和差异性发现：第一，每个分类质量对于总体质量均具有较强的支撑作用，各培养过程分类质量满意度评价与总体满意度均为强相关或中度相关，过程分类质量评价高的学生对专业学位的总体评价也高，学生对专业质量的评价是基于多种因素共同作用的结果。第二，培养目标达成感知性评价的能力提升、社会需求程度、忠诚度、就业相关性与总体质量显著相关，体现出总体教育质量高的学生能力提升较大，符合社会需求的程度更高，专业认可度更高，就业相关性更强，则对专业学位的满意度更高。第三，培养模式关键要素对培养过程分类质量评价有显著影响，校外导师指导、充分的实践时间、课程与学术型差异小、专业兴趣追求的入学动机的教育质量评价更高。

通过探究利益相关者对教育质量评价的影响发现：第一，以用人单位为利益相关者，用学生的就业能力距离来代表社会需求符合度，研究验证了专业实习实践会对就业能力距离社会需求符合度和就业质量高低产生影响，专业实习实践这一专业学位教育特性显著影响就业能力距离，并作为信号显著影响就业质量。第二，学位论文训练会对社会需求符合度和就业质量产生影响，学位论文的实用性会显著影响就业能力距离，并作为信号显著影响就业质量。第三，就业能力距离越小，就业概率越高，不同类型就业能力对就业概率的影响存在差异，工具性能力和人际交往能力距离越小，就业概率越大。第四，校外人员参与对培养目标达成暂未显现"内生变量"功能。第五，校内外导师组和有效实习实践更能体现校外人员参与的教育价值。第六，实习实践可行性存在制度障碍，并且实践有效性不足。

小　　结

专业学位研究生教育作为研究生教育规模的主体学位类型，专业学位研究生教育的质量发展，必定是建立在多元的质量评价体系基础之上的。本章分析了专业学位教育质量评价的结构，不同划分方式下的质量评价以及质量评价的结构关系。第一部分使用了2015年、2017年和2019年的调研数据，从总体满意度评价、基于内部质量观和外部质量观的培养过程分类质量评价、培养目标达成感知性评价（能力提升评价、职业发展评价、忠诚度评价）三个层次，全面阐述分析专业学位教育质量评价。第二部分则是不同层次的高校和不同学位类型的教育质量评价对比。最后是专业学位研究生教育质量的结构关系分析，具体而言包括教育质量满意度评价的相关性分析、教育质量评价的差异性分析、利益相关者对教育质量评价的影响。最终得出上述重要结论。

专业学位研究生包括全日制和非全日制两种。非全日制专业学位研究生作为我国最早期培养专业学位研究生的一种形式，直至今日，非全日制专业学位硕士研究生占专业学位研究生总人数很大一部分比重。接下来的一章将介绍非全日制专业学位教育发展历程，用前文分析专业学位研究生教育环境关键要素的分析方法，分析非全日制专业学位研究生教育发展。

第六章

非全日制专业学位教育发展分析

针对非全日制研究生和统招并轨前在职攻读专业学位的毕业生，开展了 2015 年全国非全日制专业学位硕士研究生应届毕业生调研和校友调研，以及针对并轨后的毕业生继续开展了 2019 年非全日制应届毕业生调研（由于招生并轨政策仅针对 2016 年底后录取的研究生，之前录取的研究生按原有规定执行，考虑到 2017 年非全日制毕业生数据结果与 2015 年类似，故未选取 2017 年数据）。此外，2014 年专门开展了北京在职人员攻读专业硕士学位的培养单位调研，收集了研究文本类数据，系统梳理了北京在职攻读专业硕士学位教育总体的工作特征。系统分析专业学位教育环境关键要素和教育质量，进一步明确非全日制专业学位的发展状况。

第一节　非全日制专业学位教育关键环境要素

本节使用 2015 年、2019 年非全日制专业学位硕士应届毕业生调研数据和 2015 年调研的 2012—2014 届毕业生校友数据，对教育关键要素进行对比分析，观察非全日制专业学位教育发展变化。

一、入学动机

非全日制专业硕士的入学动机归根结底指的是在职人员为什么选择攻读专业学位。2019 届学生因为兴趣追求或者职业晋升需要而读专业学位的比例（57.2%、38.5%）明显高于 2015 届学生（40.6%、30.5%）和 2012—2014 届学生（20.8%、19.1%）。2015 届学生的入学动机中，71.1%集中于这两项，如表 6-1 所示，2019 届学生中，这两项的比例则高达 95.7%。2012—2014 届学生中，换个行业或专业领域的比例最高，为 45.4%，2015 届学生和 2019 届学生的这一比例均低于 8%。可以看出，在职人员攻读专业学位的目的更为集中和明确，即通过学习和掌握最新的、更高层次的理论，同时总结实践经验，针对实践中遇到的问题进行深入的理论剖析，提升分析和解决问题的能力，进而实现追求终身学习兴趣和品性养成（内在价值实现），或者实现职业发展（外在价值实现），包括职业的晋升和行业的转换。

表 6-1　非全日制专业硕士选择供读专业学位的首要原因　　　单位：%

入学动机	2012—2014 届学生	2015 届学生	2019 届学生
职业晋升需要	19.1	30.5	38.5
换个行业或专业领域	45.4	7.3	4.3
兴趣追求	20.8	40.6	57.2
扩展人脉	1.3	2.5	0
容易被录取	7.0	1.9	0
学校品牌	5.3	9.9	0
其他	1.3	2.0	0

二、课程教学

近些年，非全日制专业学位教育采取了灵活多样的授课形式，如讲授加研讨、案例教学、实验教学、团队合作训练等，以保持课堂的灵活性。与 2012—2014 届学生相比，2015 届学生倾向完全讲授型上课方式的人数明显减少（仅占 3.0%），2019 届学生为 19.0%，如表 6-2 所示。可以看出，在职人员阅历丰富，具有独立思考和处理问题的能力，其中不乏业务骨干，有较为丰富的实践经验满堂灌的教学方式已经越来越不适合在职人员。2019 届学生和 2012—2014 届学生更倾向讲授加研讨的教学方式，而 2015 届学生更倾向案例教学（42.0%），2019 届学生最喜欢案例教学的比例比 2012—2014 届学生有所上升，但低于 2015 届学生。以上变化说明，在职人员参与教学活动的主动性不断增强，在案例教学中，教师根据教学大纲的要求制定若干专题，由学生分组完成案例的准备和展示，使得有强烈求知欲望和各种文化知识背景与人生经历的优秀青年聚集在一起，发挥其职业背景和实践经验的优势，在交流和案例探讨中激发想象力和创造力，将实践案例上升为理论和知识。同时，对于任课教师而言，这种教学方式更具有挑战性，教师的课堂讲评已经不仅仅是为教学而教学，更具有现实内涵。

表 6-2　非全日制专业硕士最喜欢的教学方式　　　单位：%

学生最喜欢的教学方式	2012—2014 届学生	2015 届学生	2019 届学生
完全讲授型	22.8	3.0	19.0
讲授加研讨	36.6	21.0	48.7
案例教学	22.8	42.0	26.3
实验教学	8.9	20.5	6.0
团队合作训练	8.9	13.8	0

三、专业实习实践安排

2012 年以来，63.1%—67.4%的非全日制专业硕士是自己联系的实践。去学校联系或指定安排的实践基地的学生仍是少数，但有逐渐上升的趋势（表 6-3）。可能的原因是，不同于全日制专业硕士，非全日制专业硕士由于有工作单位，更容易通过个人渠道寻找实习岗位。但是学生也有去学校联系或指定安排的实践基地集体参与定点实践和综合实践的必要，例如工程类专业的综合实践更加强调专业实习实践对工程的综合性和集成性训练，而个人渠道无法实现。

表 6-3　非全日制专业硕士的实践形式分布　　　　　　　　　　单位：%

实践形式	2012—2014 届学生	2015 届学生	2019 届学生
去学校联系或指定安排的实践基地	7.2	11.4	23.0
跟随导师课题在实验室视作实践	8.0	14.0	7.0
在导师项目合作企业实践	17.4	11.2	6.9
自己联系的实践	67.4	63.4	63.1

与全日制专业硕士看待实践的角度不同，非全日制专业硕士因为已经在岗位上接受一定甚至比较充分的实践锻炼，更关注与自身经历不一样的实践和更有学习深度的实践，更加关注参与、体味和直接的受益预期的达成。非全日制专业硕士在学期间参与实践一直以自己联系的实践为主，招生并轨后参与校外实践基地实践的比例有提升的趋势。

四、导师指导

在导师指导方面上，过去以某个单位来主导进行定向培养的方式较多，企业有专门机构或人员对口安排各种事务，包括双导师安排或导师组共选或师生对选。2012 年以来，校内外导师全过程合作的比例总体上呈现逐渐上升的趋势（表 6-4）。选聘校外导师是解决我国职业流动性弱、专业学位师资结构性缺陷的有效路径，但是在职专业学位的"双导师"与全日制专业学位的作用并不一样。因为非全日制专业硕士已经在岗位上接受了实践锻炼，其知识结构甚至知识水平（特别是实践能力和水平）与校外导师可能比较接近。所以对于非全日制专业硕士来说，实行双导师制时还是应该以校内导师为主，以达到提高其抽象认识水平、分析和解决疑难问题水平和理论水平的目的。2019 届学生只有校内导师的比例（51.5%）和校内外导师组指导方式的比例（38.7%）比 2012—2014 届学生和 2015 届学生均有较大幅度的提升（表 6-5），并且双导师合作方式更为合理。

表 6-4　非全日制专业硕士校内外导师的具体合作方式　　　　　单位：%

合作方式	2012—2014 届学生	2015 届学生	2019 届学生
以校内导师为主	49.9	48.1	47.1
以校外导师为主	4.8	8.6	4.8
分段分环节各自为主，合作较少	34.1	13.0	18.6
分段分环节各自为主，全过程合作	3.1	9.6	10.1
分段分环节校内导师为主，全过程合作	6.8	17.3	15.6
分段分环节校外导师为主，全过程合作	1.4	3.4	3.9

表 6-5　非全日制专业硕士导师指导形式　　　　　单位：%

指导形式	2012—2014 届学生	2015 届学生	2019 届学生
只有校内导师	48.4	44.6	51.5
只有校外导师	18.0	6.6	2.0
校内导师组	19.7	17.8	7.8
校内外导师组	4.0	29.5	38.7
其他	10.0	1.4	0

五、合作培养单位参与

非全日制专业硕士需要在实践的基础上提升理论水平，同时，其新获得的理论和知识也需要进一步指导其开展实践活动。这不仅要依靠高等教育机构的力量，还要有企业的力量才能完成。在合作培养单位参与非全日制硕士的培养方面，非全日制专业硕士培养方案一般与全日制专业硕士培养方案不同，如在学位论文开题—中期—答辩过程中明确要求企业导师参加。从调研可以看出，合作培养单位论文环节参与度相对较高，高于招生环节、课程教授、学术或行业前沿或行业实践讲座和实践环节指导，而 2019 届学生培养中合作培养单位的参与度整体高于 2015 届学生和 2012—2014 届学生，如表 6-6 所示。合作培养单位的参与积极性有逐年增强的趋势，这主要得益于管理制度的改进，它显著提高了校企合作的管理水平。

表 6-6　非全日制专业硕士合作培养单位参与度　　　　　单位：%

合作培养单位参与各环节	2012—2014 届学生	2015 届学生	2019 届学生
招生环节	53.5	62.8	74.4
以理论为主的课程讲授	51.6	71.8	76.9
以实践或职业内容为主的课程讲授	55.7	67.9	76.0
学术或行业前沿或行业实践讲座	56.8	70.3	77.0

续表

合作培养单位参与各环节	2012—2014届学生	2015届学生	2019届学生
实践环节指导	59.3	66.3	76.0
学位论文开题	63.1	77.7	79.1
学位论文过程中的指导	62.1	77.8	78.7
学位论文答辩	65.7	74.9	80.5

六、学位论文训练

学位论文在一定程度上反映了整个培养过程的学术水平，论文选题是论文写作的第一步，非全日制专业学位教育一般要求学生选择来源于自己的工作实践、自己熟悉并且有应用价值的问题进行研究，将现实问题上升为理论研究。在非全日制专业硕士的学位论文写作方面，2012—2014届学生认为学位论文选题与"社会实践或行业的现实问题"的相关性大的比例为67.3%，2015届学生的这一比例为75.4%，2019届学生为72.7%。值得关注的是，2019年不要求做论文的比例有所升高，比例为3.1%，如表6-7所示。

表6-7 非全日制专业硕士学位论文选题与"社会实践或行业的现实问题"具有不同相关系数的分布比例　　　　　　　　　　　　单位：%

相关系数	2012—2014届学生	2015届学生	2019届学生
不相关	1.8	2.9	3.1
比较小	6.4	3.5	4.9
一般	23.9	16.2	19.4
比较大	39.1	36.0	49.0
非常大	28.2	39.4	23.7
不要求	0.6	2.0	3.1

第二节　非全日制专业学位教育质量评价

一、总体教育质量满意度评价

2019届学生的总体评价略高于2015届学生，但低于2012—2014届学生。在对支持环境的评价中，2019届学生比2015届学生降低了10.3个百分点，高出2012—2014届学生14.8个百分点。在实践环节，2019届学生比2015届学生高出 7.0 个百分点，高出 2012—2014 届学生 9.6 个百分点。其他各环节的评价差异不大。三者对学位论文的评价均相对较高，如表 6-8 所示。

表 6-8 非全日制硕士总体教育质量满意度　　　　　　　　单位：%

类别	2012—2014 届学生	2015 届学生	2019 届学生
总体评价	87.8	85.1	86.5
招生环节	85.7	85.0	85.7
课程环节	83.8	82.8	83.1
实践环节	69.5	72.1	79.1
学位论文	87.7	89.0	86.2
授课教师指导	85.0	86.8	85.5
支持环境	61.7	86.8	76.5
支撑体系	77.7	86.8	82.9
质量保障体系	81.6	79.6	82.8
合作单位	70.2	74.1	78.4

二、培养过程分类质量评价

（一）课程教学满意度

在对课程的评价中，2019 届学生的课程教学满意度各维度均是最高的。2019 届学生的满意度远高于 2015 届学生的是课程内容的实践性和课程推荐教材，均高出 8.1 个百分点。2015 届学生的满意度远高于 2012—2014 届学生的是课程内容的职业性和前沿性，分别高出 10.7 和 8.4 个百分点，如表 6-9 所示。

表 6-9 非全日制专业硕士课程教学满意度　　　　　　　　单位：%

类别	2012—2014 届学生	2015 届学生	2019 届学生
课程总量	74.2	78.6	84.9
课程内容的理论性	74.9	80.3	85.5
课程内容的实践性	72.6	72.3	80.4
课程内容的前沿性	66.5	74.9	81.0
课程内容的职业性	65.2	75.9	81.9
课程内容的综合性（与多学科交叉，涉及多学科知识）	70.6	76.5	82.6
课程教学方式（讲授、案例、项目、讨论等）	70.1	77.4	83.7
课程推荐教材	73.4	74.2	82.3
课程的考核方式	73.4	78.2	84.5

(二)实践满意度

非全日制专业硕士实践满意度总体低于课程环节满意度,与 2015 届学生相比,2019 届学生的实践满意度相对较高的是参加实习实践的时间、实习实践补助或津贴。与 2012—2014 届学生相比,2015 届学生的实践满意度相对较高的是案例教学和案例撰写分析训练、实验性教学和综合性实训。三者对实习实践补助或津贴的评价均最低,如表 6-10 所示。

表 6-10 非全日制专业硕士实践满意度　　　　　　　　　　　　单位:%

类别	2012—2014 届学生	2015 届学生	2019 届学生
参加实习实践的时间	66.2	62.0	76.1
实习实践场所的配套条件	56.3	63.3	75.4
实习实践补助或津贴	50.9	55.6	70.0
实习实践场所的管理	53.2	61.2	74.8
参与过的实习实践活动内容	55.3	63.2	75.8
案例教学和案例撰写分析训练	58.9	67.0	76.3
实验性教学和综合性实训	59.0	70.0	75.7

(三)学位论文训练满意度

在学位论文训练满意度上,2019 届学生和 2015 届学生差异最大的是学位论文的评价标准,2019 届学生学位论文训练满意度为 85.9%(表 6-11),而 2015 届学生的这一比例为 80.3%。2015 届学生和 2012—2014 届学生差异最大的是学位论文的指导方式,2015 届学生学位论文训练满意度为 80.8%,而 2012—2014 届学生学位论文训练满意度为 68.1%。

表 6-11 非全日制专业硕士学位论文训练满意度　　　　　　　　单位:%

类别	2012—2014 届学生	2015 届学生	2019 届学生
学位论文的指导方式	68.1	80.8	85.4
学位论文的评价标准	81.0	80.3	85.9
学位论文的选题取向	82.5	82.2	87.1
学位论文的研究训练	78.8	80.7	84.7
学位论文的应用价值	79.8	82.4	87.4

(四)导师指导满意度

师生交流少是非全日制专业硕士学位论文写作中面临的一大困难。非全日制专业硕士平时忙于工作,甚至有些人与学校存在地域差异,平时多为校外进行自主学习,导致接受导师的指导很少。但是在本研究中,我们发现这一问题得到了很大改善,近些年,多数高校会要求学生定期与导师见面,导师对学生在研究中遇到的问题进行有针对性的指导。2019届学生校内导师的论文指导满意度为87.6%,校外导师的论文指导满意度为79.6%,比2015届学生和2012—2014届学生的满意度都有所提升,如表6-12所示。

表6-12　非全日制专业硕士导师论文指导满意度　　　　　　　单位:%

类别	2012—2014届学生	2015届学生	2019届学生
校内导师的论文指导	83.5	83.9	87.6
校外导师的论文指导	78.0	76.8	79.6

日常与导师的沟通也非常重要,与2015届学生相比,2019届学生满意度相对较高的是与校内导师的日常交流、实习期间校内导师的关心指导。与2012—2014届学生相比,2015届学生满意度相对较高的是与校外导师或来自行业人员的日常交流、校内导师与校外导师及行业人员的共同指导(表6-13)。

表6-13　非全日制专业硕士导师日常指导满意度　　　　　　　单位:%

类别	2012—2014届学生	2015届学生	2019届学生
与校内导师的日常交流沟通	85.0	82.1	86.3
与校外导师或来自行业人员的日常交流	71.0	80.8	78.8
校内导师与校外导师及行业人员的共同指导	70.8	80.0	78.5
实习期间校内导师的关心指导	76.4	80.6	84.0
实习期间校外导师或行业人员的关心指导	75.8	76.8	78.9

(五)支持体系满意度

在支持体系满意度评价上,总体来看,满意度低于上述四个方面的满意度。2019届学生在国际交流合作、奖助学金制度和参加相关的学术界或行业界赛事的机会方面的满意度明显高于2015届学生。2015届学生在国际交流合作方面的满意度明显低于2012—2014届学生。在管理制度、硬件建设和开展就业相关辅导上,2015届学生的满意度明显高于2012—2014届学生(表6-14)。

表6-14　非全日制专业硕士支持体系满意度　　　　　　　　　单位:%

类别	2012—2014届学生	2015届学生	2019届学生
国际交流合作	58.9	49.6	69.9
管理制度	55.1	64.6	74.6
奖助学金制度	56.6	54.7	70.1

续表

类别	2012—2014届学生	2015届学生	2019届学生
可申请的（含）支持专业学位的专项基金或资助	53.5	56.7	69.4
硬件建设（教学设备、图书资料、实验室装备）	58.6	67.5	79.8
质量保障体系（教学评估、认证评估）	67.8	69.5	79.9
开展就业相关指导（职业发展规划咨询及心理辅导、就业创业指导课开设与教学、创业教育、求职面试辅导等）	63.8	61.4	76.4
开展就业相关服务（校园招聘活动、就业信息发布、派遣服务）	58.1	65.4	77.8
可使用的信息交流平台（实习机会、实践项目选择、校外导师库、案例库、教材库等）	60.0	65.5	77.2
参加相关的学术界或行业界赛事的机会	57.0	59.1	74.7

三、培养目标达成感知性评价

（一）能力提升评价

在非全日制专业硕士的能力提升上，与2015届学生相比，2019届学生能力提升满意度相对较高的有良好的人文素养、良好的职业素养和良好的团队协作能力（表6-15）。2015届学生各项能力提升满意度均高于2012—2014届学生，说明2011—2015年，非全日制专业硕士经过专业学位培养，能力提升呈上升趋势。此外，2019届学生认为现在的能力满足职业发展需要的满意度明显低于2015届学生，2015届学生的这一满意度略高于2012—2014届学生（表6-16）。

表6-15　非全日制硕士能力提升满意度　　　　　　　单位：%

类别	2012—2014届学生	2015届学生	2019届学生
良好的人文素养	67.1	78.6	78.8
良好的职业素养	72.9	80.1	81.6
扎实的专业知识	74.7	79.6	75.9
良好的职业实践能力	71.4	79.5	79.4
良好的沟通能力	72.1	79.9	77.0
良好的团队协作能力	74.7	79.6	82.0
良好的组织领导力	72.4	77.3	73.7
良好的动手能力（操作\设计等）	70.0	77.0	77.0
良好的信息感知和采集能力	69.5	84.1	81.0
良好的分析能力（逻辑分析\数据处理等）	75.4	85.0	80.6
良好的反思和批判性思维能力	75.1	84.4	79.2

类别	2012—2014届学生	2015届学生	2019届学生
良好的适应和反应能力	76.2	84.9	80.1
良好的知识迁移能力	75.8	82.4	77.8
良好的创新能力	73.0	79.2	72.5
良好的国际视野	65.2	74.8	68.0
良好的职业发展潜力	69.5	81.9	76.9

表6-16 现在的能力是否满足职业发展需要 单位：%

选项	2012—2014届学生	2015届学生	2019届学生
非常不满足	7.7	1.2	1.9
比较不满足	8.5	6.1	4.4
一般	32.3	34.7	69.6
比较满足	44.4	48.0	22.2
非常满足	7.3	10.0	1.8

（二）职业发展评价

职业发展评价包括专业学位的社会需求符合度、工作相关度、职业与预期符合度、收入与预期的符合度、工作对未来职业发展的重要性、教育忠诚度6项。

1) 社会需求符合度。各届学生认为所接受的非全日制专业学位非常符合社会需求的比例差异较大。2019届学生认为非常符合的比例高出2015届学生9.6个百分点，同时，2015届学生认为非常符合的比例高出2012—2014届学生10.0个百分点，如表6-17所示。

表6-17 非全日制专业硕士认为专业学位的社会需求符合度 单位：%

选项	2012—2014届学生	2015届学生	2019届学生
非常不符合	0.9	0.9	1.5
很不符合	3.5	2.3	2.0
一般	21.8	20.4	13.4
很符合	46.9	39.4	36.6
非常符合	26.9	36.9	46.5

2) 工作相关度。由于非全日制专业硕士本身有工作，因而所学专业学位与其工作的相关度整体较高，2019届学生、2015届学生和2012—2014届学生的工作相关度分别为60.5%、81.3%和72.9%（表6-18）。

表 6-18　非全日制专业硕士工作相关度　　　　　　　　单位：%

选项	2012—2014 届学生	2015 届学生	2019 届学生
非常不相关	1.9	1.2	3.6
很不符合	3.9	2.2	6.3
一般	21.2	15.4	29.6
很相关	46.1	38.5	33.3
非常相关	26.8	42.8	27.2

3）职业与预期符合度。经过专业学位教育的定向培养，2019 届学生的职业与预期的符合度为 82.8%，2015 届学生的职业与预期符合度为 81.7%，2012—2014 届学生的职业与预期符合度为 73.2%。这说明职业与预期符合度越来越高，如表 6-19 所示。

表 6-19　非全日制专业硕士职业与预期符合度　　　　　　单位：%

选项	2012—2014 届学生	2015 届学生	2019 届学生
非常不匹配	0.9	1.0	1.6
很不匹配	2.6	2.0	2.1
一般	23.4	15.3	13.5
很匹配	47.4	37.0	36.6
非常匹配	25.8	44.7	46.2

4）收入与预期符合度。经过专业学位教育的定向培养，2019 届学生的收入与预期符合度为 77.0%，2015 届学生的收入与预期符合度为 71.3%，2012—2014 届学生的收入与预期符合度为 66.6%。这说明收入与预期符合度和职业与预期符合度一样，在逐渐提高（表 6-20）。

表 6-20　非全日制专业硕士收入与预期符合度　　　　　　单位：%

选项	2012—2014 届学生	2015 届学生	2019 届学生
非常不符合	1.1	1.4	2.2
很不符合	3.9	7.6	3.3
一般	28.4	19.7	17.4
很符合	46.1	35.2	36.6
非常符合	20.5	36.1	40.4

5）工作对未来职业发展的重要性。工作对未来职业发展重要性指从事的工作对未来职业发展的重要程度。经过定向培养，83.6% 的 2019 届学生认为当前工作对未来职业发展重要，79.6% 的 2015 届学生认为当前工作对未来职业发展重要，69.2% 的 2012—2014 届学生认为当前工作对未来职业发展重要。因此，认为

工作对未来职业发展重要的比例是 2019 届学生高于 2015 届学生高于 2012—2014 届学生，如表 6-21 所示。

表 6-21 非全日制专业硕士工作对未来职业发展的重要性　　　　单位：%

选项	2012—2014 届学生	2015 届学生	2019 届学生
非常不重要	0.4	0.6	1.6
很不重要	4.1	6.0	2.2
一般	26.2	13.8	12.5
很重要	46.2	37.0	38.4
非常重要	23.0	42.6	45.2

6）教育忠诚度。近些年，教育忠诚度成为高校越来越重视的反映教育质量的指标之一。2019 届学生的的专业学位忠诚度是 79.2%，2015 届学生的专业学位忠诚度是 84.6%，2012—2014 届学生的专业学位忠诚度是 77.5%，可以看出学生专业学位的忠诚度有所波动。此外，大部分非全日制专业硕士愿意选择本校就读（本校本专业学位、本校换专业学位或本校换学术学位），2019 届学生的学校忠诚度是 79.7%，2015 届学生的学校忠诚度是 89.4%，2012—2014 届学生的学校忠诚度是 84.7%，可以看出学生的学校忠诚度有所波动（表 6-22）。

表 6-22 非全日制专业硕士教育忠诚度　　　　单位：%

选项	2012—2014 届学生	2015 届学生	2019 届学生
换学校换专业学位	7.1	4.8	8.1
本校换专业学位	10.5	7.2	6.5
本校换学术学位	4.9	3.4	6.1
本专业学位换学校	8.2	5.8	12.1
本校本专业学位	69.3	78.8	67.1

第三节　在职人员攻读专业硕士学位

本节使用 2014 年完成的对北京承担在职人员攻读专业硕士学位的培养单位的调研，收集了研究文本类数据，系统梳理和描述了北京所有高校、北京市属高校的发展现状，总结北京在职攻读专业硕士学位教育总体的工作特征、经验、仍存在的问题，以及提出解决问题的对策建议。力图挖掘和提炼北京研究生培养单位开展在职攻读专业硕士学位教育的办学经验，形成具有示范价值的在职专业学位研究生培养模式，发挥其示范和推广价值。这对北京市属研究生培养单位将起到榜样作用，有效保证授予在职人员专业学位质量。

北京开展在职人员攻读专业硕士学位的培养单位数量较多，在职人员培养基数大，每年北京的在职人员攻读专业硕士学位获得者人数占全国的20%以上，其是全国专业学位研究生教育的重点和主要区域。北京的相关研究将成为全国专业学位研究生教育的一个典型缩影；又因过去开展专业学位的培养单位大多集中在部属院校和重点大学，北京市属大部分高校授权开展专业学位研究生教育的时间不长，因此本节所呈现的相关特征也自然为那些新设置专业学位的部分学校以及各学校部分新设置的专业学位研究生教育提供很好的示范和推广价值。

一、北京在职人员攻读专业硕士学位整体发展状况

（一）北京高校开展在职人员攻读专业硕士学位规模在全国占重要地位

1998—2010年，全国已累计招收在职人员攻读专业硕士学位研究生97万人，为社会各行各业培养了大批高层次、应用型专门人才。平均每年招收8.08万人。北京市研究生招生统计资料显示，2006—2010年，北京市招收在职人员攻读专业硕士学位的研究生培养单位共57家，其中42所每年可招收以上15种专业学位和高级工商管理（EMBA）、软件工程的114类次，5年共招收8.16万人，平均每年招收1.63万人。与全国的平均数8.08万人相比，占全国在职人员攻读专业硕士学位研究生的20.2%。

（二）北京市属地所有高校中，中央部属学校起到主体作用

北京市研究生招生统计资料显示，2006—2010年北京市属地现招收在职人员攻读专业硕士学位的研究生培养单位共有57家。其中中央部属院校32所，市属院校12所，军事院校5所，科研院所8所。提供已开展在职人员攻读专业硕士学位的研究生培养单位调研材料共有42家（占57家的73.7%），其中中央部属院校27所（占32所的84.4%），市属院校6所（占12所的50.0%），军事院校1所（占5所的20.0%），科研院所8所（占8所的100.0%）。由于中央部属院校覆盖所有专业学位种类，招收数量上占北京市总数的90%以上，因此以上分布明显可以较好反映北京市总体的招收在职人员攻读专业硕士学位状况。

截至2014年，北京招收在职人员攻读专业硕士学位的研究生培养单位共招收2010年前设置的18种专业学位类别（不包括军事硕士）：工商管理硕士、公共管理硕士、法律硕士、工程硕士、临床医学硕士、口腔医学硕士、公共卫生硕

士、会计硕士、艺术硕士、农业推广硕士、兽医硕士、风景园林硕士、汉语国际教育硕士、翻译硕士、教育硕士、体育硕士、建筑学硕士以及社会工作硕士。本部分的调查研究覆盖了口腔医学硕士、建筑学硕士以及社会工作硕士以外的 15 种专业学位，并单独对高级工商管理硕士（EMBA）和工程硕士中的软件工程领域进行了调研。

（三）北京高校开展在职人员攻读专业硕士学位的内部质量体系较为完整

1）管理要素。在招生、培养、学位授予等环节，机构设置和相应规章制度健全，档案文件齐备，均建立有管理及质量保障措施，能够按照各项管理制度执行情况。注意管理制度的构建和管理规范，保障和增强管理执行力。

2）招生遴选生源要素。在招生规模、资格审查、考试录取等方面，能够严格执行招收在职人员攻读专业硕士学位的有关政策和文件要求。考虑生源的学业背景和现在工作岗位的特点，在满足全国统考的基本要求下，在单位办学中邀请单位的共同参与，选拔生源。

3）培养要素。培养工作能够严格执行国务院学位委员会关于有关专业学位的设置方案以及有关专业学位研究生教育指导委员会制定的指导性培养方案的各项要求。根据在职攻读的特点，培养环节中与企业协商，主动适应企业和行业发展，在遵循教育规律的原则下，部分学校开展"订单式"培养模式，制定有效的培养方案，保障培养过程的时效性，注重职业性与学术性的统一。

4）异地办学合作要素。各校均有不同程度和规模的异地办学，大部分为与企事业单位共同合作、联合培养形式的单位支持下的办学，但也有一些零散招收的学员参与单位办学的学习，各校对于异地办学地点、规模，合作单位情况，采用何种授课方式，教学组织管理等均有明确说明。

5）导师制度改革。针对在职攻读的特点，采取"多导师制"成为一种制度选择，各校采取的程度不同的、形式多样的"多导师"联合培养的机制，保证了在职攻读硕士学位学生的学位授予质量。

（四）北京高校开展在职人员攻读专业硕士学位的外部质量监督体系已经初步形成

1. 研究生实践基地的训练和辐射价值要素作用明显

实践基地联合培养是在职人员教育的一个重要特色。综合各校情况，每个专业学位一般有 10 个以上实践基地，而工程硕士专业学位下设 42 个工程领域，每个工程领域一般拥有固定的校外实践基地 10—15 个。即使按照每个专业学位 10 个基地进行测算，目前北京市属地专业学位研究生培养单位拥有校外实践基地至少有 114×10=1140 个。

实践基地的来源包括以下几个方面：①以企业作为实践基地，与企业进行联合培养是各高校在职人员攻读专业硕士学位的一个基本办学模式。而学校现拥有的校外专业学位研究生实践基地，基本上是通过在职人员攻读专业学位建立起良好的校企关系，尤其是通过异地办学，和大型企事业长期合作所形成的基地居多。在工程硕士专业学位中形成的稳定的企业实践基地较为集中。②获得当地政府支持，如北京市级校外人才培养基地建设项目。③结合不同的专业学位特点，将国家大事件作为在职专业学位人员的临时实践基地，如中国疾病预防控制中心积极参与重大国事活动及抗震救灾、北京语言大学在职专业学位研究生报名参加中华人民共和国国家汉语国际推广领导小组办公室（简称"国家汉办"）的志愿者项目。④开辟海外实践基地。中国传媒大学将国际电影节视为海外实践基地，学校直接资助了部分艺术硕士学生参加了德国和法国的国际电影展和电视节。这些基地的建设为在职人员攻读专业硕士学位提供了重要的平台和锻炼机会，更是为专业学位的整体的迅速发展，尤其是为全日制专业学位研究生教育的开展提供了实践条件。同时，实践基地也成为学校外部质量监督的重要场所和要素。

2. 国际合作的延展要素已发挥作用

北京高校注重在专业学位建设中的国际合作，打造国际合作品牌，拓宽学生国际视野。到 2014 年，已形成稳定的在职人员参与的国际合作项目 49 个，主要集中在工商管理硕士（MBA）、高级工商管理硕士（EMBA）、公共管理硕士（MPA）、会计硕士（MAPcc）、工程硕士几个领域。开展独立的国际合作项目，或双学位国际项目。

3. 职业资格认证衔接的职业导向要素正在探索

专业硕士学位的设置，要求专业学位教育全过程中必须具有职业导向的思维。不同的专业学位，与不同职业或行业存在不同的职业导向连接方式。有些专业学位会与对应职业的资格认证体系产生直接的联系。在专业硕士学位的发展中，在职人员具有更多的职业连接优势。为此，各专业学位教指委、各高校进行了积极的努力和尝试，通过开展国内合作和境外合作探索职业资格认证的衔接。

1）国内合作。已与国内职业资格认证体系的合作与结合主要集中在临床医学专业学位。工程硕士中有 8 个工程领域与中国技术监督局合作的装备监理工程师的合作正在起步，北京市有北京科技大学等高校作为试点 2011 年开始招生，中国科学院大学研究生院与人力资源社会保障部职业资格认证工作对接。

2）境外合作。在工程硕士（项目管理、物流工程、装备监理）以及软件工程、会计硕士专业学位有了实际的进展和运作，且以与境外职业认证机构合作为主。

二、在职人员攻读 MBA 管理机制改革探索

中国 MBA 专业学位研究生教育始于 1991 年，经过 20 多年的快速发展，2014 年，有 236 家 MBA 专业学位培养单位，培养单位数量不断增加，已成为中国研究生培养规模最大的专业学位之一。为进一步推进专业学位研究生教育改革与发展，教育部于 2010 年 4 月和 10 月分别下发了《教育部关于开展研究生专业学位教育综合改革试点工作的通知》和《教育部关于批准有关高等学校开展专业学位研究生教育综合改革试点工作的通知》，确定了综合改革试点的各项具体工作和要求，旨在转变教育理念、创新培养模式、改革管理体制，增强专业学位研究生的培养能力。基于对全国 MBA 专业学位研究生教育综合改革试点高校总结文本的分析，发现管理机制改革主要包括招生方式调整、校企共建合作、教学科研考核与评价机制建设、组织管理机构完善等方面。

（一）招生方式调整方面

试点高校采取形式多样的招生形式，创新 MBA 招生模式，吸引更多具有培养潜力的优秀生源报考。第一，"提前面试+全国联考底线"的招生方式，如北京大学、中国人民大学、中央财经大学，都是采取此种方式，申请者在通过学校组织的面试后只需在全国 MBA 统一入学考试中达到国家线即可录取，大大增加了申请者的选择机会。第二，不定批次、滚动式的招生方式，目前只有北京大学全日制班及国际班 MBA 项目采取此种方式。第三，北京大学采用的三年跟踪培养的"X 计划"方式，即应届本科生参加北京大学组织的"X 计划"体验营或全国大学生工商管理案例大赛，获得准录取资格，3 年后无须面试，只需在全国 MBA 统一入学考试中达到国家线即可被北京大学录取。

（二）校企共建合作方面

试点高校积极借助合作企业的资源创新 MBA 教育培养新模式。第一，基于项目的校企合作形式，如上海交通大学 CLGO 合作企业深度介入整个项目的管

理、课程设置等各个环节,在项目实践过程中锻炼提升学生综合素质。第二,基于教学和实习实践的校企合作形式,如中央财经大学等高校深化校企合作,与合作企业共同建立实践课程的教学与运转平台,实现课堂教学、企业实践与实习以及创业咨询与辅导的全面整合,实现对 MBA 培养模式的开拓与创新。

(三)教学科研考核与评价机制建设方面

内蒙古大学对 MBA 教师传统的评价机制进行改革,对于主讲教师的考核,在原有基础上增加了延期考评的内容,邀请已毕业的 MBA 学员结合自身工作的实践体验提出建议,建立更加客观、务实而又全面的评价体系。自 2005 年以来,复旦大学 MBA 项目秉持"学以致用,致用于学"的教育理念,在 MBA 培养方案中开设行动学习项目——复旦 MBA iLab,同时设立了基于 iLab 项目的教学评估体系,包含项目实施过程中和结束后从学员自身、学员之间、指导教师与学员之间、企业与学员之间等全方位多角度进行的评价。

(四)组织管理机构建设方面

试点高校按照教育部和全国 MBA 教学指导委员会的要求加强 MBA 学位教育的管理体制改革创新。如重庆大学借助综合改革试点的机遇对 MBA 项目进行了专业机构改革,在"规范管理、注重质量"的办学思想指导下,建立了一个涵盖"国际事务、学员服务、市场、培养教育和研发"为一体的管理团队,实现了组织机构的管理专业化,并在此基础上进一步完成管理制度流程化,重新梳理和优化了管理机构的业务流程和人员落实。

(五)制度性问题破解建议

(1)多数高校的 MBA 招生方式陈旧和固化,不利于选拔合适的 MBA 学员,建议进一步试点改革 MBA 招生制度,增强 MBA 招生方式的多样化和灵活性

从全国范围来看,绝大多数 MBA 培养单位仍然沿用的是报名—考试—复试—录取的招生流程,与其他专业硕士、学术型硕士在招生方式和环节上没有明显的差别,只是在申请者的报名条件上附加了一些条件。MBA 不同于大多数其他类型的专业硕士,更是与学术型硕士有较大的差别,MBA 是培养具有一定战略眼光、有较广博知识和创新精神的复合型管理人才。因此,MBA 的生源显得尤为重要,而现行的招生方式很难满足优质学员的选拔,对于申请者的综合素质的判定只是基于初试的分数和复试的简短交流,未能对申请者有一个深入的、全面的认定,MBA 招生制度改革尤为重要。

目前，只有为数不多的诸如北京大学、中国人民大学、中央财经大学等高校在MBA的招生方式上进行了改革和尝试，改革和尝试的方向也主要是采取"提前面试+全国联考底线"的招生方式，将现行的复试环节进行前移，提前对通过初步审核的申请者的综合素质进行考查和判定，弱化了之前根据初试分数排名而确定复试名单的环节。北京大学在此基础上，进一步推出了不定批次、滚动式的招生方式和3年跟踪培养的"X计划"方式，这些方式值得其他培养单位学习和借鉴。此外，建议MBA招生方式可采取艺术类专业的某些特招方式，即获得本专业领域内的国际、国内重要赛事奖项的申请者可以免试录取或在初、复试环节适当加分等优惠政策，进一步加大MBA招生方式的多样化和灵活性。

（2）现行的MBA入学考核形式过于单一，考试内容过于模块化，建议逐步试点单独设置考核方式，提高生源质量

目前，中国MBA入学考核采用的是传统的试卷考试考核方式，考试的内容主要是英语和综合能力（数学、逻辑推理和写作），考核形式上过于单一，考试内容上也过于模块化，不利于申请者综合水平的体现。这种考核方式，也极有可能导致部分实践经验丰富、综合素质优秀的申请者因为某些临时性的原因未能达到初试分数线而未被录取。因此，建议选取目前国内MBA办学实力较强、社会整体评价和认可度较高的10—15所培养单位进行第一阶段试点改革，借鉴博士研究生的入学考核方式，由各试点单位自行设置入学考试的内容和时间。入学考核的形式除了传统的试卷考核外，还可借鉴"申请—审核—复试"的形式，即申请者按照培养单位的要求提交申请材料，由培养单位对申请者的材料进行审核，通过审核的申请者即可参加下一阶段的复试，复试（综合面试或考试）环节可重点考查申请者的外语水平、专业知识和综合素质等情况。这种入学考核形式，在很大程度上避免了现行的完全依靠申请者入学考试（初试）分数决定其是否进入复试或被录取的考核形式，更能客观、公正地评价每一个申请者的整体实力。此外，还可借鉴美国管理学研究生入学考试（graduate management admission test，GMAT）的考核方式，加强对申请者综合素质和实践能力的考核，选拔出最优秀的MBA学员。

综上所述，本章通过对招生并轨前的2015届非全日制专业硕士和2012—2014届学生进行调研，以及对招生并轨后的2019届非全日制专业学位硕士调研，对比分析非全日制专业学位教育的发展变化，明确教育环境的关键要素和教育质量。此外，2014年收集了研究文本类数据，专门针对北京承担在职人员攻读专业硕士学位的培养单位开展了调研工作，同时面向MBA培养高校，调研分

析了在职人员攻读 MBA 的管理机制改革成效，系统梳理了在职人员攻读专业学位的发展状况。通过调研分析可以得出如下结论。

通过分析非全日制专业学位教育环境的关键要素变化可知：第一，招生并轨后，非全日制学生的求学动机更为明确，专业兴趣动机大幅提升。第二，非全日制学生更喜欢参与式的课堂，讲授加研讨的上课形式广受欢迎，增加课堂的生生互动和师生互动可以大大增强授课效果。第三，在实习实践方面，非全日制学生由于已经在岗位上接受了一定的甚至比较充分的实践锻炼，更关注与自身经历不一样的实践和更有学习深度的实践，更关注参与、体味和直接的受益预期的达成，学生在学期间参与实践一直以自己联系为主，招生并轨后学生参与校外实践基地实践的比例有提升的趋势。第四，招生并轨后，导师指导结构和双导师合作形式更为合理有效，非全日制学生对理论水平提升的需求较大，因而需要理论基础扎实的校内导师指导，在"双导师"制实行时也应以校内导师为主。第五，招生并轨后，合作培养单位参与度显著提升，在职专业硕士需要在实践的基础上提升理论水平，同时新的理论和知识也要进一步指导其实践活动。这不仅要依靠高等教育机构的力量，还要有企业的力量才能完成。第六，招生并轨后，非全日制学生学位论文选题与现实问题的相关性略有下降，同时，不要求做论文的比例有上涨趋势。

通过分析非全日制专业学位教育质量评价可知：第一，学生对非全日制专业学位教育的总体评价在招生并轨前后趋于稳定，对招生环节的满意度并无明显波动，反映出现行招生制度的改革效果有限。第二，在培养过程分类质量评价上，招生并轨后，学生的课程满意度较高；实践满意度、学位论文训练满意度、导师指导满意度和支持体系均得到普遍提升。第三，在培养目标达成感知性评价上：学生对能力提升的自评估存在波动，认为已有能力对职业发展需要的满足程度为一般的比例较高，在创新能力和国际视野上仍有较大提升空间；招生并轨后，毕业生对自身职业发展的评价存在波动，社会需求符合度上升，但工作相关度和教育忠诚度下降，需根据培养目标达成效果反思非全日制教育存在的问题。

系统总结在职人员攻读专业硕士学位的经验，不难看出以加强高校多方面管理机制的改革为重要抓手，完善高校内外部质量保障体系的重要性。第一，完善内部质量保障体系，根据不同高校和专业学位特点厘清管理要素、招生遴选生源要素、培养要素、异地办学合作要素、导师制度改革是非全日制教育质量的重要保障。第二，完善外部质量监督体系，逐步发挥校内外实践训练基地的训练和辐射价值要素的作用，发挥国际合作的延展要素的作用，以及探索职业资格认证的衔接、发挥职业导向要素的作用是保障非全日制教育质量的必要手段。

小　　结

　　非全日制专业学位仍然是专业学位教育重要的组成部分。本章主要包括三部分内容。首先，对比分析了非全日制专业学位教育的发展变化，明确教育环境的关键要素和教育质量；其次，通过分析非全日制专业学位教育质量评价得出一些重要结论；最后，通过使用2014年完成的对北京承担在职人员攻读专业硕士学位的培养单位的调研数据，系统梳理和描述了北京所有高校、北京市属高校的发展现状，总结北京在职攻读专业硕士学位教育总体的工作特征、经验、仍存在的问题，以及提出解决问题的对策建议。通过分析北京在职人员攻读专业硕士学位的经验，进一步以MBA项目为例，梳理总结了试点高校对于在职人员攻读MBA的管理机制改革实践，以小见大，在某种程度上反映了全国在职人员攻读专业学位研究生培养过程中存在的问题。

　　专业学位研究生的就业质量是衡量其教育产出质量的一个重要尺度。当前我国正处于经济社会转型阶段，在此背景下，国家大力推动创新驱动发展战略和人才强国战略，这也给专业学位研究生带来了难得机遇和巨大挑战。专业学位研究生的就业问题一直备受相关专家学者的关注，因为高质量的就业将为经济的高质量发展注入强大的动力。在接下来的一章中，我们将探讨如何为专业学位研究生提供高品质的就业机会。

第七章

专业学位研究生高质量就业研究

高等教育与经济社会发展的关系，直接或间接地受硕士研究生毕业去向的影响。国家大力推动创新驱动战略和人才强国战略，这给专业学位研究生就业带来了难得机遇和巨大挑战。随着研究生队伍的不断扩大，专业学位研究生已成为研究生群体中不可或缺的核心力量。但是近年来内外环境复杂，劳动力市场结构性矛盾突出，就业形势严峻。与此同时，随着越来越多的专业学位硕士研究生涌入劳动力市场，其就业问题已成为我国专业学位研究生培养中备受关注的重要议题。

本章使用 2015 年、2017 年和 2019 年调研数据，分析全日制（非定向）专业学位研究生的高质量就业，对专业硕士的就业情况以及 10 个重点专业学位的工作地域的分布、就职单位、行业及岗位分布、就职单位的规模以及起始月薪（均为税前）情况等就业结果进行分析。基于这些调研数据，本章分别从国家、社会、企业、高校和学生 5 个层面进行专业学位就业质量分析，以搭建专业硕士起薪的影响因素模型和专业硕士就业满意度的影响因素模型。

第一节　就业去向测量

本节对专业硕士的就业情况以及 10 个重点专业学位的工作地域的分布，就职单位、行业及岗位分布，就职单位的规模以及起始月薪情况等就业结果进行分析。

一、工作地域

2015 年，专业硕士回到生源地省份工作（返乡）和留在学校地省份工作的分布情况分别如图 7-1、图 7-2 所示。只有 36.0%的专业硕士回到了生源地省份工作。临床医学硕士和教育硕士的返乡率相对较高，分别为 69.2%和 64.1%；返乡率最低的是建筑学硕士（25.9%）。此外，56.1%的专业硕士留在学校地省份工作。工商管理硕士和会计硕士留在学校地省份工作的比例相对较高，分别为 76.8%和 71.1%；工程硕士留在学校地省份工作的比例最低，为 46.6%。

2017 年，39.0%的专业硕士回到生源地省份工作（图 7-3），专业硕士的返乡率基本保持稳定。与 2015 年的分析结果一致，临床医学硕士的返乡率依然最高，为 71.2%，2015 年这一比例为 69.2%。这说明与其他专业硕士相比，临床医学硕士毕业后更倾向回到生源地省份工作。

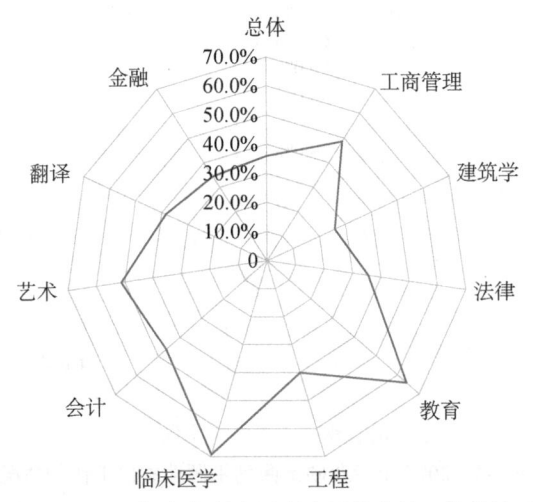

图 7-1 2015 年专业硕士回到生源地省份工作的情况

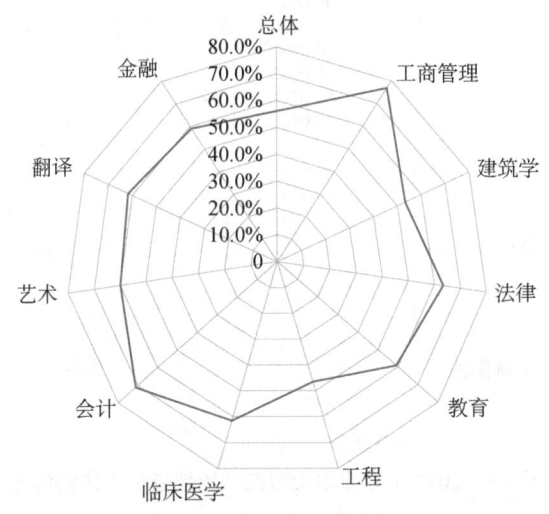

图 7-2 2015 年专业硕士留在学校地省份工作的情况

2017 年，55.8%的专业硕士留在学校地省份工作（图 7-4），而 2015 年这一比例为 56.1%，专业硕士留在学校地省份工作的比例基本保持稳定。与 2015 年的分析结果一致，工商管理硕士留在学校地省份工作的比例依然最高，为 82.1%，2015 年这一比例为 76.8%。这说明与其他专业学位相比，工商管理硕士更倾向留在学校地省份就职。

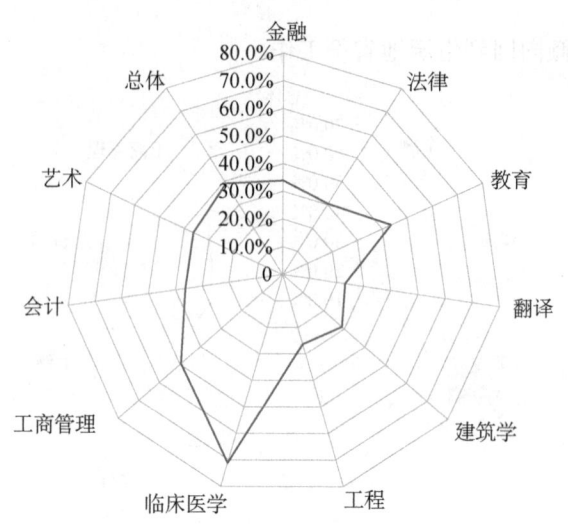

图 7-3 2017 年专业硕士回到生源地省份工作的情况

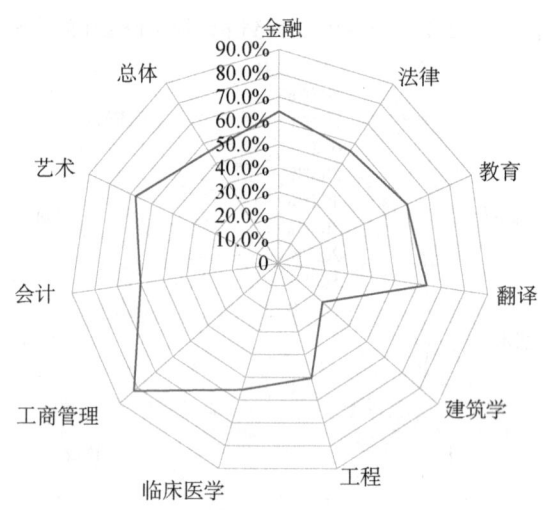

图 7-4 2017 年专业硕士留在学校地省份工作的情况

2019 年，29.7%的专业硕士回到生源地省份工作（图 7-5），而 2017 年这一比例为 39.0%，专业硕士的返乡率大幅下降，说明小城市人才流失仍非常严重。临床医学硕士返乡率依然较高，为 72.3%，2017 年这一比例为 71.2%。这说明与其他专业硕士相比，临床医学硕士毕业后更倾向回到生源地省份工作。

2019 年，66.6%的专业硕士留在学校地省份工作（图 7-6），与 2017 年这一比例为 55.8%相比有显著提升。2019 年，工商管理硕士留在学校地省份工作的比例为 65.6%，相比 2017 年（82.1%），工商管理硕士留在学校地省份工作的比例显著下降。

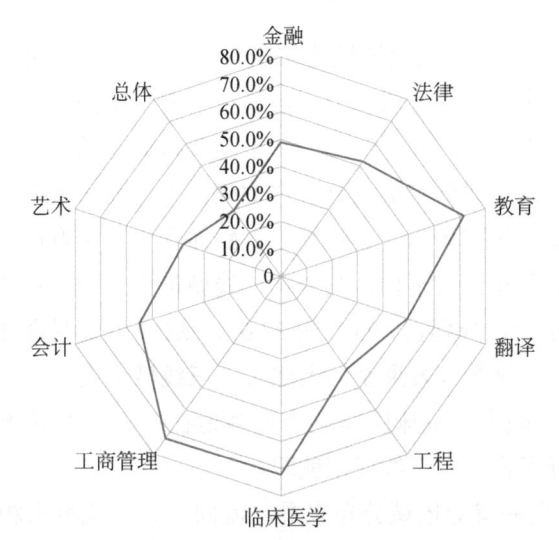

图 7-5 2019 年专业硕士回到生源地省份工作的情况

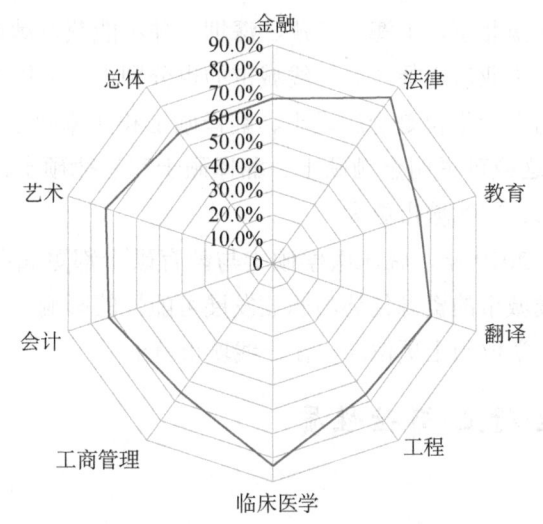

图 7-6 2019 年专业硕士留在学校地省份工作的情况

总体来看，2015—2019 年，专业硕士毕业生的返乡意愿普遍不强烈，小城市的人才流失较为严重，毕业生越来越倾向留在学校地省份工作。与其他专业硕士相比，临床医学硕士的返乡率最高，工商管理硕士留在学校地省份工作的比例最高，但随着时间的推移，该比例呈现明显下降的趋势。

二、就业地区经济发达程度

从 2015 年专业硕士的就业地域分布来看,流向二、三线城市最多的是临床医学硕士和教育硕士,均占八成以上,这或可说明临床医学硕士和教育硕士在一线城市(指北京、上海、广州、深圳)并不能获得满意的职位;艺术硕士和工程硕士毕业后选择二、三线城市的也分别占七成以上。而其他专业,比如工商管理硕士、建筑学硕士、法律硕士、会计硕士、翻译硕士、金融硕士,相对来说在一线城市和二线城市分布比较平均,其中在一线城市更密集一些的专业学位是金融硕士、工商管理硕士,分别占 59.0%和 57.6%。这或可说明金融硕士和工商管理硕士在一线城市的容纳量及发展空间上比二、三线城市更大。

2017 年,教育硕士、临床医学硕士更多地在二、三线城市就职。工商管理硕士超过一半选择了在二、三线城市就职。

从 2019 年学生的就业地域分布来看,流向二、三线城市相对较多的是教育硕士和临床医学硕士,分别为 88.9%、78.1%。这或可说明临床医学硕士和教育硕士在一线城市(指北京、上海、广州、深圳)并不能获得满意的职位;艺术硕士和工商管理硕士毕业后选择二、三线城市的也分别占七成以上。其中,在一线城市更密集一些的专业学位是金融硕士、翻译硕士和法律硕士,分别占 62.5%、48.8%和 47.3%。这或可说明金融硕士、翻译硕士和法律硕士在一线城市的容纳量及发展空间比二、三线城市更大。

综上,2015—2019 年,临床医学硕士与教育硕士都更偏向于留在二、三线城市工作,受一线城市的资源优势与职业发展可能性的影响,金融、工商管理、法律、翻译等专业学位硕士更偏向于在一线城市就业。

三、就职单位/行业/岗位性质

1. 单位性质

从 2015 年专业硕士就业单位的性质来看,国有企业、事业单位和民营企业共吸纳 75.0%的专业硕士毕业生。建筑学硕士和金融硕士在国有企业工作的比例都超过 50.0%。临床医学硕士和教育硕士在事业单位工作的比例最高,比例分别为 74.8%和 70.0%,其次是艺术硕士(比例为 43.3%)。法律硕士去民营企业的比例较高,有 38.6%的法律硕士到民营企业就业。

2017 年,国有企业、事业单位和民营企业分别吸纳了 22.8%、42.5%、18.8%的专业硕士毕业生,共计 84.1%,与 2015 年数据(75.0%)相比,人才吸纳力有较大幅度的提升（表7-1）。

以下专业硕士就业单位性质高度集中：建筑学硕士和金融硕士在国有企业工作的比例与其他专业高，都接近50.0%，与2015年的结果一致。临床医学硕士基本去医疗卫生单位（91.9%）。教育硕士大多选择中初教育（57.8%）。

以下专业硕士就业单位性质比较集中：工程硕士主要是国有企业、民营企业和科研设计。工商管理硕士主要是民营企业、国有企业和三资企业。会计硕士主要是国有企业、民营企业、三资企业和机关。艺术硕士主要是民营企业、高等教育、中初教育。法律硕士主要是其他企业、民营企业、机关、国有企业和三资企业。翻译硕士主要是民营企业、国有企业、中初教育和三资企业。

表7-1 2017年专业硕士就业单位的具体性质　　　　　单位：%

单位性质	金融	法律	教育	翻译	建筑学	工程	临床医学	工商管理	会计	艺术	总体
机关	7.8	16.3	3.0	8.8	1.3	2.5	0.4	7.6	10.7	2.5	6.0
科研设计	1.4	0.7	1.1	1.4	17.1	14.5	0.2	1.1	1.0	5.4	5.4
高等教育	1.8	3.0	18.4	8.1	0	2.3	2.8	1.9	1.5	18.6	5.4
中初教育	0.8	0.2	57.8	14.4	1.3	1.1	0	0.4	0.5	9.8	6.9
医疗卫生	0.8	0.2	0.5	0	2.6	0.9	91.9	1.5	1.2	0.5	14.0
其他事业单位	2.2	2.4	12.3	7.4	2.6	4.1	1.1	3.8	5.5	8.3	4.8
国有企业	48.2	14.8	1.1	16.1	46.1	34.7	2.1	29.5	36.6	7.8	22.8
三资企业	7.1	12.0	0	14.0	2.6	9.0	0	11.4	11.7	3.4	6.6
民营企业	21.8	16.4	3.8	19.3	23.7	26.2	0.9	33.3	19.9	27.9	18.8
其他企业	6.7	27.7	0.3	8.1	2.6	3.6	0.2	6.4	7.5	6.9	6.4
部队	0	0	0	0.4	0	0.1	0	0	0	0	0.1
农村建制村	0	0.2	0	0	0	0	0	0	0	0	0.0
城镇社区	0	0.4	0.3	0	0	0.1	0	0.4	0	0.5	0.2
其他	1.6	5.8	1.4	2.1	0	0.9	0.3	2.7	4.0	8.3	2.5

注：由于统计时部分数据不完整以及最后四舍五入的原因，导致部分表格数据加总无法得到100%的结果，本章全表同

2019年，国有企业、事业单位和民营企业分别吸纳了28.1%、39.2%、19.6%的专业硕士毕业生，三者总体占比为86.9%，与2017年数据（84.1%）相比，人才吸纳力进一步提升。

以下专业硕士就业单位性质高度集中：会计硕士和金融硕士在国有企业工作

的比例相对较高，分别为53.9%和44.6%。临床医学硕士基本去医疗卫生单位（94.9%）。教育硕士大多选择中初教育（81.6%），比2017年有大幅提升。

以下专业硕士就业单位性质比较集中（表7-2）：工程硕士主要是国有企业、民营企业、科研设计。工商管理硕士主要是民营企业、国有企业、机关。会计硕士主要是国有企业、民营企业。艺术硕士主要是高等教育、中初教育和民营企业。法律硕士主要是民营企业、国有企业和机关。翻译硕士主要是中初教育、民营企业和国有企业。

从2019年专业硕士就业单位性质来看（图7-7），会计硕士和金融硕士在国有企业工作的比例相对较高，分别为53.9%和44.6%。临床医学硕士和教育硕士在事业单位工作的比例相对较高，分别为99.1%和93.5%，其次是艺术硕士和翻译硕士（分别为55.5%和49.9%）。工商管理硕士去民营企业工作的比例最高（32.3%）。

表7-2 2019年专业硕士就业单位的具体性质　　单位：%

单位性质	金融	法律	教育	翻译	工程	临床医学	工商管理	会计	艺术	总体
机关	9.6	16.4	1.8	7.7	2.2	0.2	12.0	4.1	2.3	3.6
科研设计	1.6	1.2	0.3	1.2	14.0	1.1	1.5	0.8	3.7	8.0
高等教育	1.2	3.5	7.3	10.6	1.2	2.0	7.5	2.9	26.6	4.3
中初教育	0.8	0.4	81.6	22.9	0.7	0	0.8	0	17.9	12.4
医疗卫生	0.4	0	0.1	2.7	0.7	94.9	0	1.2	0.3	8.0
其他事业单位	4.4	5.9	2.4	4.8	2.4	0.9	3.8	2.5	4.7	2.9
国有企业	44.6	20.7	1.6	12.6	39.4	0.7	25.6	53.9	7.3	28.1
三资企业	9.2	2.3	0.1	6.0	8.0	0	6.0	5.8	1.0	5.6
民营企业	21.5	25.8	2.5	19.6	25.3	0	32.3	19.8	15.6	19.6
其他企业	4.0	10.2	0.7	8.0	5.0	0	7.5	6.6	7.3	4.8
部队	0	0.4	0	0.5	0	0	0	0	0	0.1
农村建制村	0	0	0.1	0	0	0	0	0	0	0
城镇社区	0.4	0.4	0.1	0	0.1	0	0	0	0.3	0.1
其他	2.4	12.9	1.0	3.4	1.1	0.2	3.0	2.5	13.0	2.5

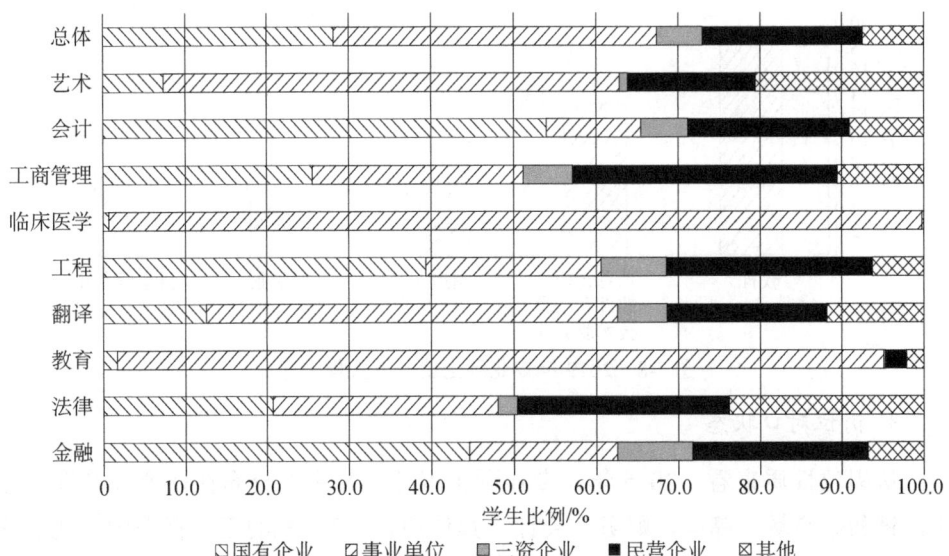

图 7-7 2019 年专业硕士就业单位的性质

2. 入行状态

在就职行业中，2015 年，总体上专业硕士分布排名前五的行业是制造业、金融业、信息系统、专业服务和卫生医疗保健。80.0%的金融硕士在银行金融业工作，70.0%的建筑学硕士工作于建筑学领域，35.0%的法律硕士提供专业服务，90.0%以上的临床医学硕士从事卫生医疗相关工作。

2017 年，总体上专业硕士就职集中的行业为金融业（16.8%）、卫生（14.0%）、教育（12.9%）、制造业（8.5%）。

在行业集中型专业中，接近 90.0%的临床医学硕士从事卫生和社会工作。78.0%的金融硕士在银行金融业工作。76.3%的教育硕士从事教育工作。66.7%的建筑学硕士在建筑行业工作，17.3%的建筑学硕士在房地产行业工作。

行业分散型专业中，接近 40.0%的会计硕士在金融业工作。30.0%的工商管理硕士在金融业工作。45.3%的法律硕士从事法律专业服务。34.0%的艺术硕士从事教育工作，31.5%的艺术硕士从事文体和娱乐业工作。翻译硕士和工程硕士所从事的行业较为多元。

2019 年，专业硕士就职集中的行业分别是教育（18.9%），信息传输、软件和信息技术服务业（13.1%），制造业（10.2%），金融业（8.4%），科学研究和技术服务业（7.6%）（图 7-8）。

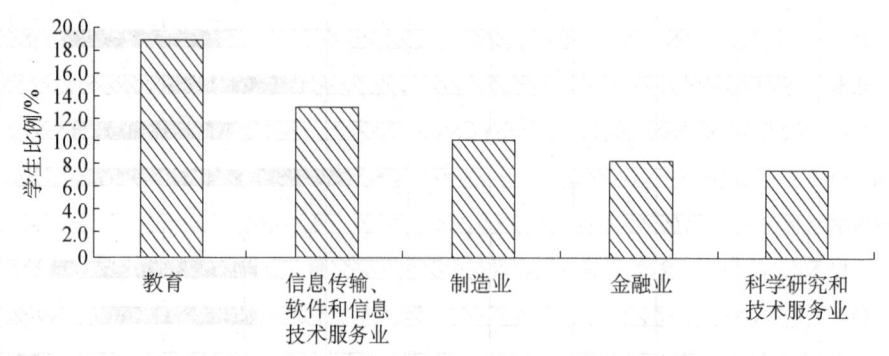

图 7-8 2019年专业硕士就业五大集中行业

3. 岗位对口状态

从岗位性质来看，2015年，专业硕士就业岗位集中分布在研究及开发，法律，销售、市场、品牌，财务、会计。具体而言，26.4%的工商管理硕士就业岗位集中在销售、市场、品牌，42.0%的建筑学硕士和55.3%的工程硕士的就业岗位为研究及开发，会计硕士和法律硕士均有八成以上就业岗位对口。

2017年，专业硕士就业岗位集中在研究及开发，财务、会计，业务发展，法律等（表7-3）。在岗位对口方面，会计硕士和法律硕士毕业生都有八成以上就业岗位对口。教育硕士、临床医学硕士毕业生有六成以上就业岗位对口。工程硕士、建筑学硕士毕业生有五成以上就业岗位为研究及开发。

表 7-3 2017年专业硕士就业岗位对口状态　　　　　单位：%

专业	人力资源管理	财务、会计	法律	销售、市场、品牌	业务运作、生产、分销	信息系统、技术管理	研究及开发	业务发展	行政管理	其他
金融	3.4	20.6	0.8	13.5	9.1	0.8	10.7	22.8	4.0	14.5
法律	1.3	1.3	86.0	1.3	—	—	—	—	—	—
教育	2.4	0.6	—	1.2	1.0	1.2	8.5	11.5	10.3	63.4
翻译	4.7	5.5	1.8	10.6	3.6	1.8	5.1	13.9	10.9	42.0
建筑学	—	—	—	—	4.0	10.7	50.7	2.7	1.3	30.7
工程	0.7	0.3	0.4	4.9	8.3	14.6	55.1	2.7	1.3%	30.7
临床医学	2.7	0.8	0.2	0.7	4.8	2.6	5.7	13.0	1.6	67.9
工商管理	8.0	16.3	1.1	23.1	5.3	6.1	3.9	11.4	17.0	—
会计	0.5	81.3	0.2	2.0	2.5	1.2	1.0	2.0	—	—
艺术	4.0	0.5	0.5	9.1	2.5	4.5	20.2	3.5	7.6	47.5
总体	2.6	11.2	8.3	6.9	5.0	5.7	19.6	8.4	6.7	25.7

2019年，专业硕士五大集中就业岗位分别是研究及开发（28.3%），信息系统、技术管理（6.6%），行政管理（4.8%），财务、会计（4.0%），销售、市场、品牌（3.4%）（图7-9）。

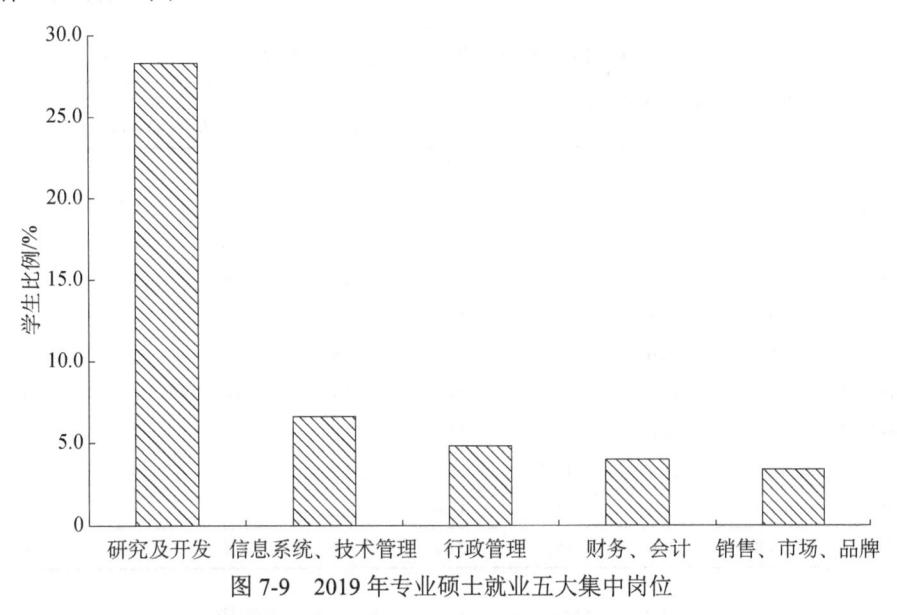

图7-9　2019年专业硕士就业五大集中岗位

四、就职单位规模

在就职单位规模上，2015年，大多数专业硕士第一份工作的单位规模小于5000人。超过45%的建筑学硕士和临床医学硕士在1000—4999人规模的公司工作，超过45%的教育硕士在100—499人规模的公司工作，超过35%的法律硕士在1—99人的小型公司工作。

2017年，总体上，专业硕士第一份工作单位规模小于5000人的比例为85.4%。40.0%的建筑学硕士和48.3%临床医学硕士第一份工作单位规模都是1000—4999人（表7-4）。44.5%的法律硕士和48.2%的教育硕士第一份工作单位规模都是100—499人。47.3%的艺术硕士第一份工作单位规模是1—99人。金融硕士、工程硕士、工商管理硕士和会计硕士第一份工作单位规模较为多元。

2019年，总体上，专业硕士第一份工作单位规模小于5000人的比例为78.0%。50.4%的临床医学硕士毕业生在1000—4999人规模的单位工作。61.8%的教育硕士毕业生在100—499人规模的单位工作。44.2%的艺术硕士毕业生在1—99人的小型公司工作。金融硕士、工程硕士、工商管理硕士和会计硕士毕业生的单位规模较为多元（表7-5），总体上与2017年相符。

整体来看，2015—2019 年，专业硕士第一份工作单位规模小于 5000 人的比例较高，金融硕士、工程硕士、工商管理硕士和会计硕士第一份工作单位规模呈现多样化特点。

表 7-4　2017 年专业硕士第一份工作单位规模　　　　单位：%

专业	1—99 人	100—499 人	500—999 人	1 000—4 999 人	5 000—9 999 人	10 000—49 999 人	50 000—99 999 人	100 000 人或以上
金融	15.2	22.3	15.4	22.5	8.1	8.1	1.6	6.7
法律	32.4	44.5	6.9	8.7	2.3	2.5	0.8	2.1
教育	27.7	48.2	5.8	15.0	1.6	0.6	0.3	1.4
翻译	21.8	31.4	16.1	14.6	5.7	3.6	1.4	5.4
建筑学	13.3	17.3	21.3	40.0	2.7	5.3	—	—
工程	12.7	24.9	17.0	24.1	5.7	7.3	2.3	6.0
临床医学	5.0	17.5	23.1	48.3	4.1	0.9	0.2	0.9
工商管理	25.8	24.6	12.9	22.3	2.7	6.4	1.1	4.2
会计	14.8	21.4	16.5	23.7	7.7	5.2	4.2	6.5
艺术	47.3	25.4	11.9	10.4	3.0	0.5	—	1.5
总体	19.8	28.8	15.3	21.5	4.8	4.5	1.4	3.9

表 7-5　2019 年专业硕士第一份工作单位规模　　　　单位：%

专业	1—99 人	100—499 人	500—999 人	1 000—4 999 人	5 000—9 999 人	10 000—49 999 人	50 000—99 999 人	100 000 人或以上
金融	11.6	24.3	10.4	18.3	11.2	9.6	2.4	12.4
法律	30.1	35.2	12.1	14.1	2.0	3.1	1.2	2.3
教育	19.3	61.8	10.2	7.2	0.6	0.6	0.2	0.1
翻译	20.5	33.8	17.4	12.3	5.1	5.8	1.2	3.9
工程	8.6	20.1	15.9	24.4	8.4	9.4	3.3	9.9
临床医学	2.9	14.7	27.7	50.4	2.9	1.1	0.1	0.2
工商管理	22.6	30.1	12.0	19.5	3.8	6.0	0.8	5.3
会计	9.9	23.9	12.8	23.5	8.6	7.4	4.1	9.9
艺术	44.2	25.2	13.3	9.6	2.7	1.3	0.3	3.3
总体	13.6	27.0	15.5	21.9	6.3	6.6	2.2	6.9

五、起始月薪

（一）不同经济发展水平城市毕业生起始月薪分布

通过独立样本 t 检验对不同层次就业城市流向的起始月薪进行差异分析，发现（表 7-6）：从不同城市级别来看，2015 年，除了临床医学硕士在一线城市和二、三线城市起始月薪无显著差异外，其他专业硕士在一线城市工作的起始月薪均显著高于在二、三线城市工作的起始月薪。并且，起始月薪差异相对较大的是工商管理硕士，其次是金融硕士和会计硕士，起始月薪差异相对较小的是教育硕士、工程硕士。从不同专业来看，在一线城市中，起始月薪最高的是工商管理硕士，其次是金融硕士，再次是工程硕士和会计硕士，临床医学硕士、教育硕士和艺术硕士的起始月薪相对较低。

表 7-6 2015 年不同专业硕士按工作地的起始月薪分布 t 检验结果

专业	城市级别	M	t
工商管理	二、三线	3.98	−13.570***
	一线	5.53	
建筑学	二、三线	3.13	−5.209***
	一线	4.11	
法律	二、三线	3.05	−9.620***
	一线	4.05	
教育	二、三线	2.62	−5.165***
	一线	3.35	
工程	二、三线	3.60	−19.272***
	一线	4.45	
临床医学	二、三线	2.65	−0.544
	一线	2.72	
会计	二、三线	3.18	−13.891***
	一线	4.43	
艺术	二、三线	2.75	−4.934***
	一线	3.59	
翻译	二、三线	3.19	−6.053***
	一线	4.06	
金融	二、三线	3.65	−8.390***
	一线	4.87	

注：均值代表起始月薪的分层区间平均值，1 代表 2000 元以下，2 代表 2000—3000 元，3 代表 3001—5000 元，4 代表 5001—7000 元，5 代表 7001—9000 元，6 代表 9000 元以上。

2017年，教育硕士、临床医学硕士和艺术硕士的起始月薪均相对较低，临床医学硕士和艺术硕士在一线城市就职的待遇比二、三线城市有比较明显的优势（表7-7）。工商管理硕士在一线和在二、三线城市工作的比例差距相对较小，且起始月薪最高，在一线城市的起始月薪（16 296.26元）较之二、三线城市（9615.20元）有显著优势。

表7-7 2017年不同专业硕士按工作地的起始月薪分布 t 检验结果

专业学位名称	城市层次	n	比例/%	M	SD	均值差	t
金融	一线城市	292	63.10	9 096.74	3 178.501	3 138.41	11.369***
	二、三线城市	171	36.90	5 958.33	2 667.229		
法律	一线城市	306	61.20	7 535.52	3 335.533	2 274.18	9.466***
	二、三线城市	194	38.80	5 261.34	2 035.565		
教育	一线城市	130	38.50	6 112.31	1 626.954	1 526.73	6.978***
	二、三线城市	208	61.50	4 585.58	2 137.131		
翻译	一线城市	191	76.10	7 713.61	2 678.064	1 891.94	4.955***
	二、三线城市	60	23.90	5 821.67	2 234.483		
建筑学	一线城市	50	74.60	7 410.66	2 702.36	1 154.78	1.496
	二、三线城市	17	25.40	6 255.88	2 892.225		
工程	一线城市	718	55.70	8 553.82	3 177.77	1 981.02	12.238***
	二、三线城市	572	44.30	6 572.80	2 635.133		
临床医学	一线城市	24	5.30	7 657.50	4 064.7	2 767.31	3.306**
	二、三线城市	428	94.70	4 890.19	2 291.742		
工商管理	一线城市	107	46.10	16 296.26	7 018.506	6 681.06	7.351***
	二、三线城市	125	53.90	9 615.20	6 798.115		
会计	一线城市	200	54.30	8 211.38	2 298.617	3 031.92	13.234***
	二、三线城市	168	45.70	5 179.46	2 050.97		
艺术	一线城市	73	40.80	7 434.25	2 924.334	2 516.33	6.651***
	二、三线城市	106	59.20	4 917.92	1 660.453		

2019年，只有建筑学硕士在一线城市就职的起始月薪与二、三线城市无显著差异（表7-8）。各专业硕士中，工商管理硕士的起始月薪最高，且在一线城市（平均15 760.2元）的起始月薪与二、三线城市（平均11 161.8元）的差距较2017年有所减小。

表 7-8　2019 年不同专业硕士毕业生按工作地的起始月薪分布 t 检验结果

专业学位名称	城市类型	n	M	SD	t
金融	二、三线城市	99	8 166.8	5 838.9	-2.791**
	一线城市	151	10 249.6	5 703.0	
法律	二、三线城市	137	5 775.9	2 421.4	-8.112***
	一线城市	118	9 837.3	4 956.7	
教育	二、三线城市	611	4 917.7	2 525.2	-8.523***
	一线城市	56	9 187.5	3 661.3	
翻译	二、三线城市	219	5 862.6	2 824.1	-9.765***
	一线城市	195	9 416.3	4 489.0	
建筑学	二、三线城市	31	6 756.5	2 641.7	-0.812
	一线城市	19	7 358.7	2 440.1	
工程	二、三线城市	1 991	8 208.8	3 505.1	-15.817***
	一线城市	1 070	11 075.5	5 314.3	
临床医学	二、三线城市	374	6 376.9	2 680.3	-5.567***
	一线城市	74	9 000.0	3 885.3	
工商管理	二、三线城市	104	11 161.8	10 405.9	-2.047*
	一线城市	29	15 760.2	11 846.2	
会计	二、三线城市	170	6 532.4	3 002.1	-6.831***
	一线城市	72	10 610.2	4 662.8	
艺术	二、三线城市	235	5 316.7	3 485.8	-4.411***
	一线城市	66	9 371.2	7 141.0	

概括而言，所有硕士在一线城市的起始月薪都高于二、三线城市的起始月薪。2015—2019 年，在一线城市的工商管理硕士的起始月薪最高，且显著高于比二、三线城市起始月薪。

（二）不同就读方式毕业生起始月薪分布

以工科硕士为例，2015 年，大部分工科硕士毕业生的起始月薪在 3000—7000 元（图 7-10），工程硕士毕业生的月薪在 9000 元以上的比例更高，其中非全日制工程硕士因为具有工作经验，起始月薪 9000 元以上的比例最高。此外，在就读硕士学位之后，能拿到高工资的比例明显增高，其中工学硕士毕业生起始月薪在 7000 元以上的增幅最大（图 7-11）。

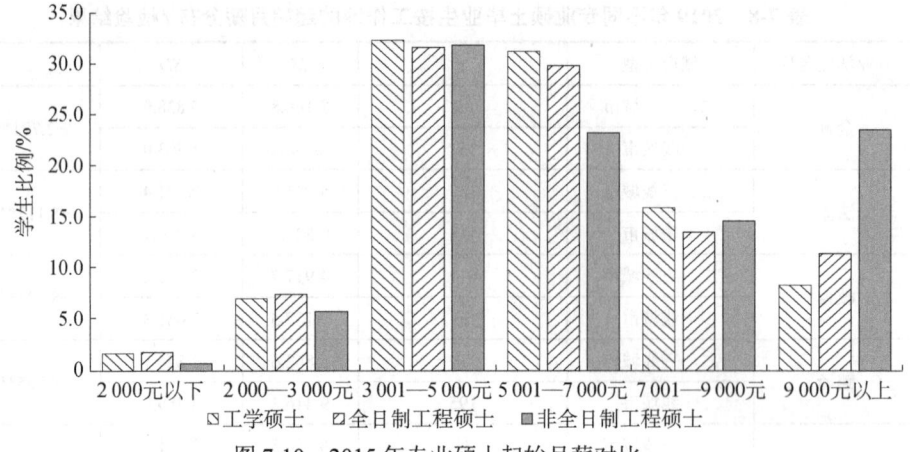

图 7-10 2015 年专业硕士起始月薪对比

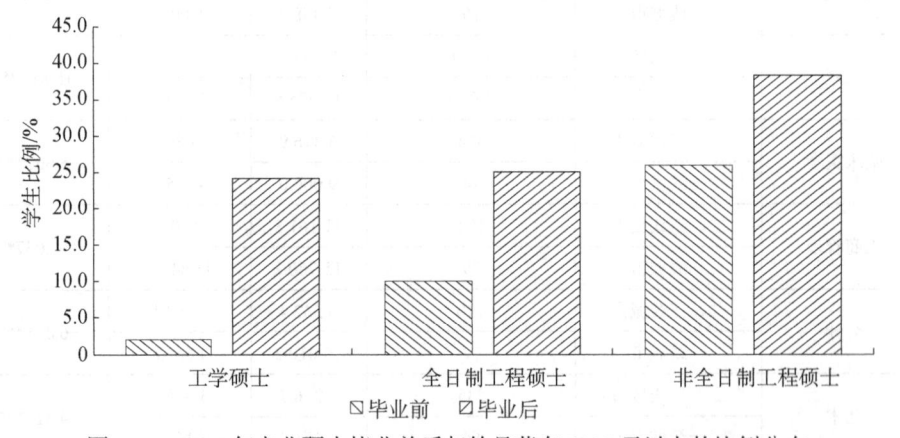

图 7-11 2015 年专业硕士毕业前后起始月薪在 7000 元以上的比例分布

（三）不同专业类别毕业生起始月薪分布

2015 年，专业硕士起始月薪在 3001—5000 元的人数最多。工商管理硕士起始月薪通常在 9000 元以上，金融硕士毕业生的起始月薪大部分在 7001—9000元，而建筑学硕士和临床医学硕士的起始月薪大部分在 2000—3000 元。

2017 年，专业硕士起始月薪为 6900 元。金融硕士、翻译硕士、建筑学硕士、工程硕士、工商管理硕士起始月薪均高于总体水平，其中，工商管理硕士起始月薪最高，为 12 697 元，其次是金融硕士，为 7938 元。法律硕士、教育硕士、临床医学硕士、会计硕士、艺术硕士起始月薪均低于总体水平，其中临床医学硕士和教育硕士的起始月薪相对较低，分别是 5037 元、5172 元（图 7-12）。

2019 年，专业硕士起始月薪为 8400 元。工商管理硕士的起始月薪最高，为 12 942 元，临床医学硕士毕业生的起始月薪最低，为 6998 元（图 7-13）。

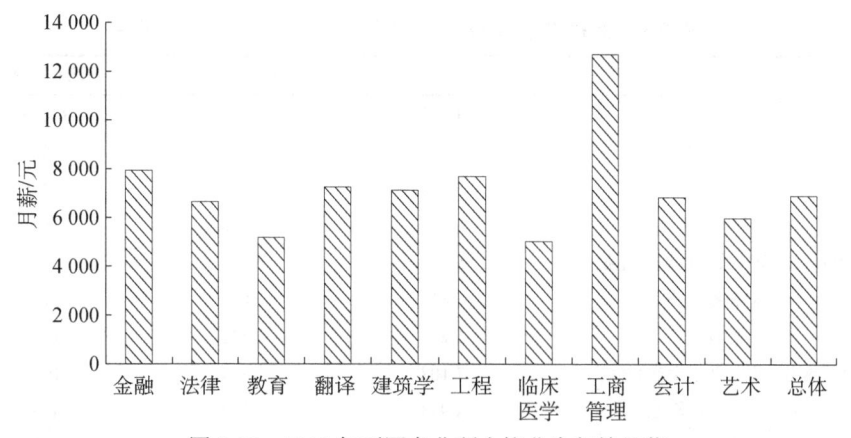

图 7-12　2017 年不同专业硕士毕业生起始月薪

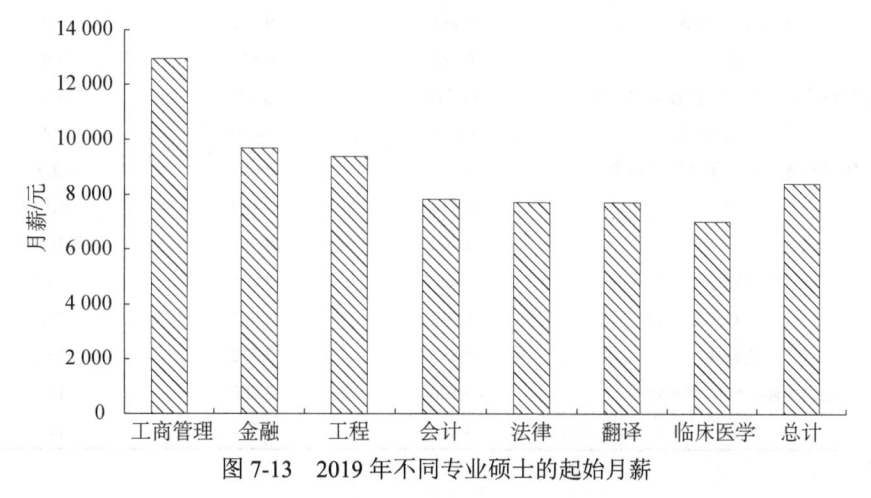

图 7-13　2019 年不同专业硕士的起始月薪

总体来看，工商管理硕士的起始月薪最高，临床医学硕士的起始月薪最低。

（四）专业硕士在不同行业的起始月薪分布

与 2017 年相比，2019 年，专业硕士所在行业起始月薪增长率较高的是部队、科学研究和技术服务业、国际组织、卫生和社会工作等行业，而增长率相对较低的行业是制造业，交通运输、仓储和邮政业，建筑业等（表 7-9）。2019年，进入信息传输、软件和信息技术服务业的专业硕士的起始月薪最高，达到11 875 元，其后依次为批发和零售业（9938 元）、金融业（9535 元）、房地产业（9365 元）等。（由于 2015 年调研中的起始月薪情况题项为分段式选择题，因此此处未对比 2015 年的分布情况。）

表 7-9　2017 年、2019 年专业硕士在不同行业的起始月薪

行业	2017 年/元	2019 年/元	增长率/%
部队	4 249	7 155	68.39
科学研究和技术服务业	5 302	8 783	65.6
国际组织	5 000	7 000	40.0
卫生和社会工作	5 333	6 870	28.8
水利、环境和公共设施管理业	5 117	6 301	23.1
住宿和餐饮业	5 813	7 053	21.3
教育	5 251	5 843	11.3
电力、热力、燃气及水生产和供应业	7 108	7 834	10.2
农、林、牧、渔业	4 933	5 328	8.0
公共管理、社会保障和社会组织	5 671	6 050	6.7
批发和零售业	9 461	9 938	5.0
金融业	9 186	9 535	3.8
信息传输、软件和信息技术服务业	11 516	11 875	3.1
其他，请说明	6 852	7 020	2.4
居民服务、修理和其他服务业	7 281	7 097	-2.5
采矿业	6 854	6 147	-10.3
房地产业	10 468	9 365	-10.5
租赁和商务服务业	10 037	8 641	-13.9
文化、体育和娱乐业	8 218	6 963	-15.3
建筑业	8 686	7 312	-15.8
交通运输、仓储和邮政业	9 506	7 707	-18.9
制造业	10 385	8 364	-19.5

第二节　高质量就业现状评价

基于 2015 年、2017 年、2019 年的调研数据，本节分别从国家、社会、企业、高校和学生五个宏观和微观层面进行专业硕士就业质量分析。

一、国家层面

国家关心直接就业率、待业率和自主创业率，直接就业指的是"在国内工作""出国出境工作""自由职业""服务基层项目/志愿者""参军入伍""自主创业"。2015 年，专业硕士的总体直接就业率为 84.1%。金融硕士的直接就业率最高，为 94.6%，其次是工商管理硕士（86.3%）、会计硕士（88.4%）和临床医学

硕士（84.0%）[①]。待业率指想要就业但仍在求职尚未找到工作的毕业生所占比例。从待业的情况来看，建筑学硕士（39.4%）、教育硕士（31.9%）、艺术硕士（24.2%）和翻译硕士（16.9%）的待业率高于全国待业率（14.8%）的总体水平，尤其是建筑学硕士和教育硕士的待业率相对较高。专业硕士的总体创业率为4.2%，其中，艺术硕士的创业率最高（14.6%），其次是工商管理硕士（8.7%）、建筑学硕士（7.1%）和教育硕士（5.7%），而会计硕士（1.1%）、翻译硕士（1.2%）和金融硕士（1.5%）的创业率相对较低。

2017年，专业硕士总体就业率相对较高，而创业率相对较低，总体直接就业率为86.6%，较2015年有很大提升。直接就业率相对较高的为金融硕士（95.2%）、会计硕士（92.7%）。直接就业率最低的是临床医学硕士（79.9%），如表7-10所示。总体待业率为8.3%，略低于2015年。待业率相对较高的为临床医学硕士（13.0%）、教育硕士（11.1%）、翻译硕士（10.3%）、艺术硕士（9.7%）。待业率相对较低的是建筑学硕士（0）和金融硕士（2.4%）。2017年，总体自主创业率为2.5%。自主创业率相对较高的为艺术硕士（8.2%）、教育硕士（4.2%）、工商管理硕士（4.0%）。自主创业率相对较低的为会计硕士（0.7%）和工程硕士（1.0%）。

表7-10 2017年专业硕士直接就业的主要类型   单位：%

就业类型	金融	法律	教育	翻译	建筑学	工程	临床医学	工商管理	会计	艺术	总体
在国内工作	91.7	85.3	78.9	76.7	87.2	86.1	77.6	85.2	91.8	69.5	82.1
出国出境工作	0.2	0.7	0.6	2.9	0	0.3	0.1	0.7	0	0.7	0.6
自由职业	0.9	1.2	0.8	2.6	0	0.4	0.4	0	0.2	6.3	1.0
服务基层项目/志愿者	0	0.5	0.6	0.9	0	0.4	0.1	0.3	0	0	0.4
参军入伍	0	0.2	0	0	0	0	0	0	0	0	0
自主创业	2.4	2.1	4.2	1.4	1.2	1.0	1.7	4.0	0.7	8.2	2.5

2019年，专业硕士总体直接就业率为82.1%，较2017年略有下降。其中，金融硕士和工商管理硕士的直接就业率相对较高，分别为92.0%和94.2%，艺术硕士的直接就业率最低，仅为70.3%。专业硕士在国内工作的总体就业率为79.4%。其中就业率相对较高的是金融硕士（89.0%）和工商管理硕士（89.3%）。但是与2017年相比，自主创业率下降，问卷调查显示专业硕士总体自

---

① 于苗苗，马永红，包艳华. 多重视角下的专业硕士就业质量状况——基于"2015年全国专业硕士调研"数据. 中国高教研究，2017（2）：69-74.

主创业率仅为0.8%，其中自主创业率相对较高的专业是艺术硕士（3.7%）和工商管理硕士（3.3%）（表7-11）。此外，总体待业率有所上升，达到12.9%，金融硕士（4.9%）和工商管理硕士（4.3%）的待业率低于其他专业。

表7-11 2019年专业硕士就业的主要类型   单位：%

就业类型	金融	法律	教育	翻译	工程	临床医学	工商管理	会计	艺术	总体
在国内工作	89.0	78.3	78.4	70.3	85.3	74.8	89.3	86.5	58.1	79.4
出国出境工作	0.6	0.7	0.2	1.4	0.4	0.5	0.4	0.2	0.2	0.4
自由职业	0.6	0.2	0.1	1.6	0.5	0.5	0.6	0.2	7.7	0.9
服务基层项目/志愿者	0.6	0.5	1.1	0.2	0.3	0.3	0.6	0.5	0.6	0.5
参军入伍	0	0	0	0	0.1	0	0	0	0	0.1
自主创业	1.2	0.2	0.2	0.8	0.3	0	3.3	0.2	3.7	0.8

二、社会层面

2015年，专业硕士的总体社会需求符合度（符合度非常高和符合度比较高）为67.8%。工商管理硕士（85.0%）、建筑学硕士（84.4%）和会计硕士（84.0%）的社会需求符合度相对较高，翻译硕士（55.2%）和教育硕士（60.3%）的社会需求符合度相对较低。

2017年，专业硕士的总体社会需求符合度为77.6%（图7-14）。社会需求符合度相对较高的为法律硕士（88.5%）和会计硕士（88.0%），社会需求符合度相对较低的是翻译硕士（70.0%）和艺术硕士（71.6%）。

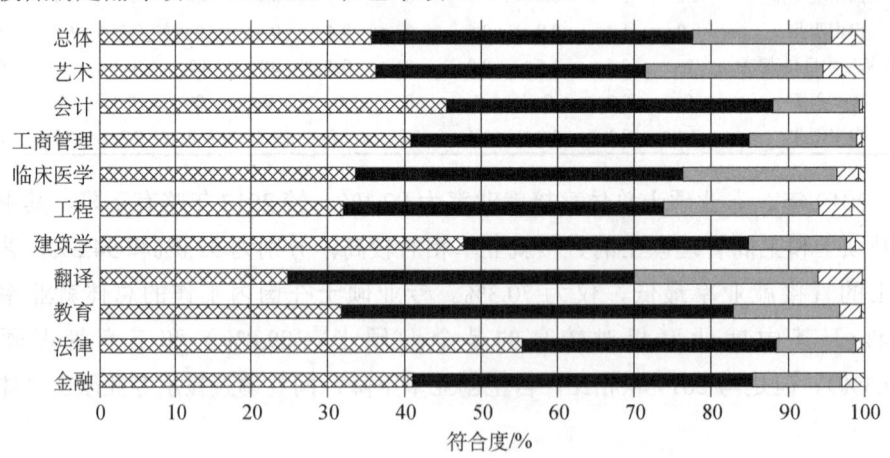

图7-14 2017年专业硕士的社会需求符合度

2019年，专业硕士的总体社会需求符合度为49.4%，比2015年和2017年有明显降低。社会需求符合度相对较高的为会计硕士（57.2%）和工商管理硕士（55.7%）。往年社会需求符合度相对较高的法律硕士，2019年的社会要求符合度低于总体水平，为48.9%。社会需求符合度相对较低的为艺术硕士（39.2%）和翻译硕士（39.4%）（图7-15）。

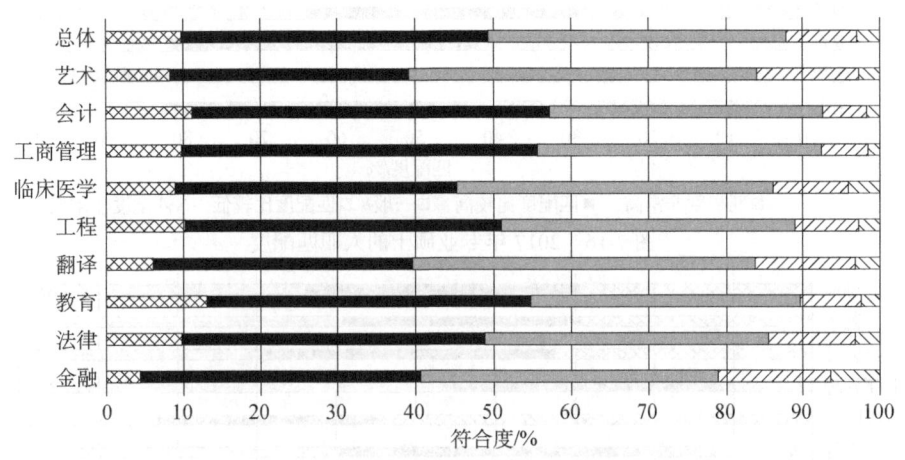

图7-15 2019年专业硕士的社会需求符合度

三、企业层面

企业关注人职匹配度，即专业硕士与所从事工作的专业相关程度。总体来看，2015年专业硕士人职匹配度（匹配度比较高和匹配度非常高）总体水平为70.8%。建筑学硕士、会计硕士和临床医学硕士的人职匹配度相对较高，分别为92.3%、84.7%和79.9%，而翻译硕士的人职匹配度最低（52.2%）。

2017年，专业硕士的总体人职匹配度为76.1%。人职匹配度相对较高的有建筑学硕士（90.5%）、法律硕士（88.7%）、会计硕士（87.8%）。人职匹配度相对较低的有翻译硕士（63.7%）、工程硕士（70.6%）（图7-16）。

2019年，专业硕士的总体人职匹配度为63.8%，比2017年有明显降低。人职匹配度相对较高的有临床医学硕士（82.6%）、教育硕士（81.6%）、法律硕士（70.7%）。人职匹配度相对较低的专业为工商管理硕士（46.6%）、翻译硕士（50.9%）、艺术硕士（59.1%）（图7-17）。

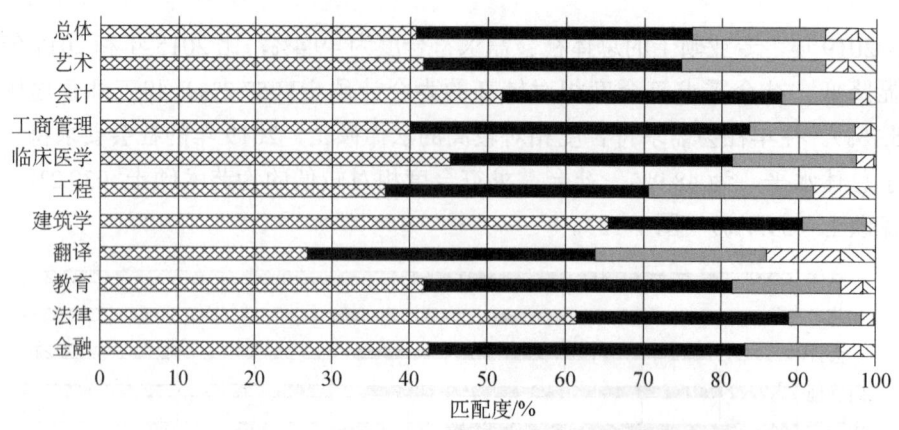

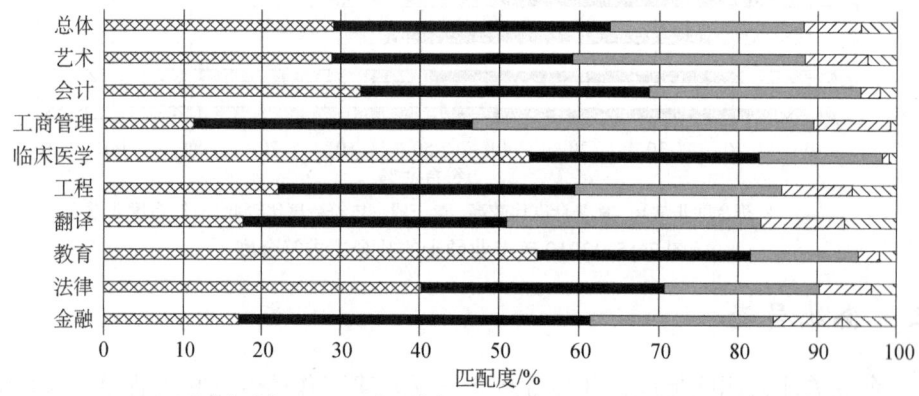

图 7-16　2017 年专业硕士的人职匹配度

图 7-17　2019 年专业硕士的人职匹配度

四、高校层面

具体而言，对于学校忠诚度（即本校本专业学位+本校换学术学位+本校换专业学位），2015 年的总体学校忠诚度为 67.1%。学校忠诚度相对较高的是建筑学硕士、工商管理硕士和法律硕士，分别为 81.9%、79.4% 和 79.3%。学校忠诚度相对较低的是工程硕士和教育硕士，分别为 59.6% 和 64.5%。总体专业学位忠诚度为 72.9%。2015 年，专业学位忠诚度最高的为会计硕士和建筑学硕士，分别为 93.0% 和 88.8%。专业学位忠诚度相对较低的是翻译硕士、工程硕士和法律硕士，分别为 64.7%、68.3% 和 69.4%。

2017 年，总体学校忠诚度为 67.5%，总体专业学位忠诚度为 74.1%。学校忠诚度最高的是法律硕士（86.2%），学校忠诚度最低的是临床医学硕士

（54.1%）。专业学位忠诚度最高的是工商管理硕士（90.0%），专业学位忠诚度最低的是工程硕士（65.5%）（图7-18）。

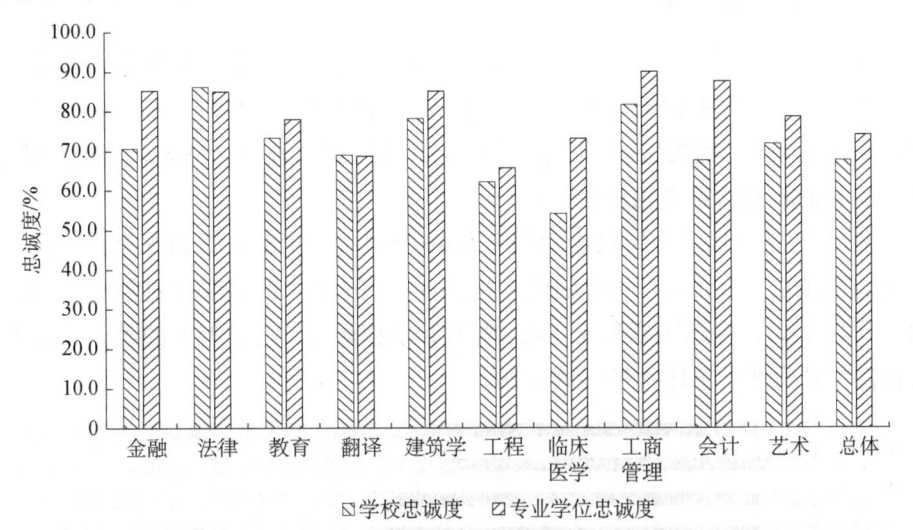

图 7-18　2017 年专业硕士的学校忠诚度和专业学位忠诚度

2019 年，总体学校忠诚度为 60.9%，总体专业学位忠诚度为 72.3%，比 2017 年都有所下降，且总体学校忠诚度远低于总体专业学位忠诚度。2019 年，工商管理硕士的学校忠诚度最高（81.8%），建筑学硕士的学校忠诚度最低（42.0%）；工商管理硕士（86.4%）和教育硕士的专业学位忠诚度相对较高（84.9%），临床医学硕士的专业学位忠诚度则最低（65.2%）（图7-19）。

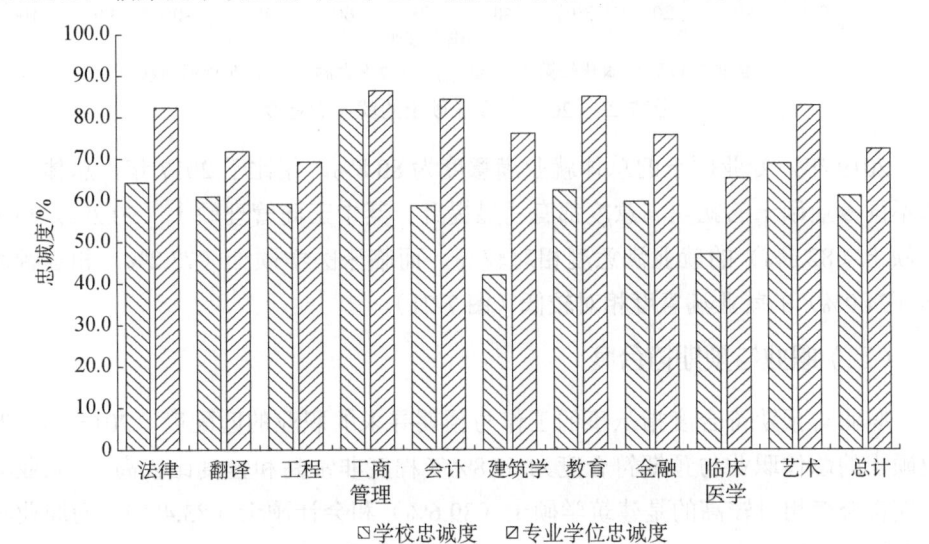

图 7-19　2019 年专业硕士的学校忠诚度和专业学位忠诚度

五、学生层面

（一）就业满意度

2015年，从就业满意度的结果来看，总体就业满意度（比较满意和非常满意）为60.7%，其中建筑学硕士（75.2%）、会计硕士（72.9%）和工商管理硕士（71.2%）的就业满意度高于其他几类硕士；临床医学硕士（53.8%）和艺术硕士（54.8%）的就业满意度相对较低。

2017年，专业硕士的就业满意度为49.2%，比2015年低11.5个百分点。其中建筑学硕士（59.5%）和金融硕士（58.4%）的就业满意度相对较高，而艺术硕士（45.4%）、临床医学硕士（43.0%）和法律硕士（42.0%）的就业满意度相对较低，且均低于总体水平（图7-20）。

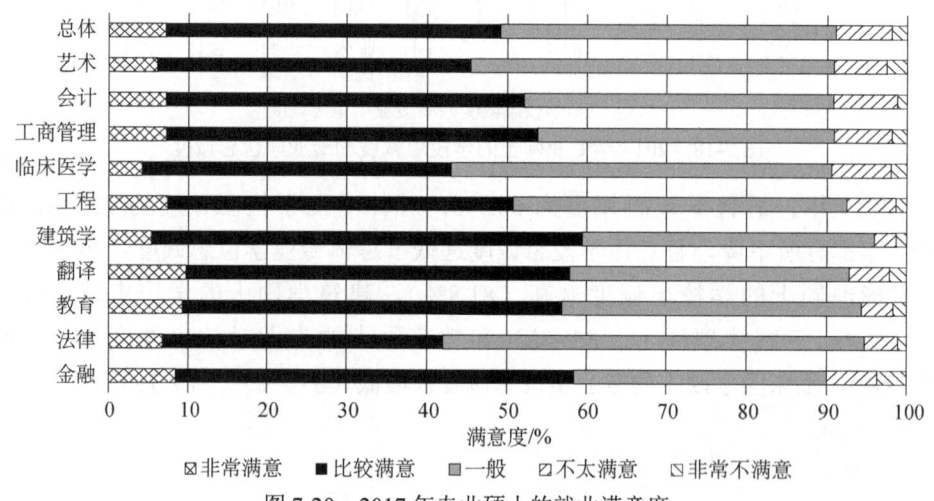

图7-20　2017年专业硕士的就业满意度

2019年，专业硕士的总体就业满意度为80.8%，相比于2017年，总体水平和不同专业硕士的就业满意度都有明显提升。其中工商管理硕士（90.2%）和工程硕士（82.5%）的就业满意度相对较高，而临床医学硕士（73.2%）和金融硕士（74.9%）的就业满意度相对较低（图7-21）。

（二）职业与预期符合度

职业与预期符合度指从事的工作与预期寻求的职业的匹配度。2015年，专业硕士的总体职业与预期符合度为69.8%（程度非常高和程度比较高）。职业与预期符合度相对较高的是建筑学硕士（89.6%）和会计硕士（83.4%），而职业与预期符合度相对较低的是翻译硕士（58.6%）和工程硕士（65.0%）。

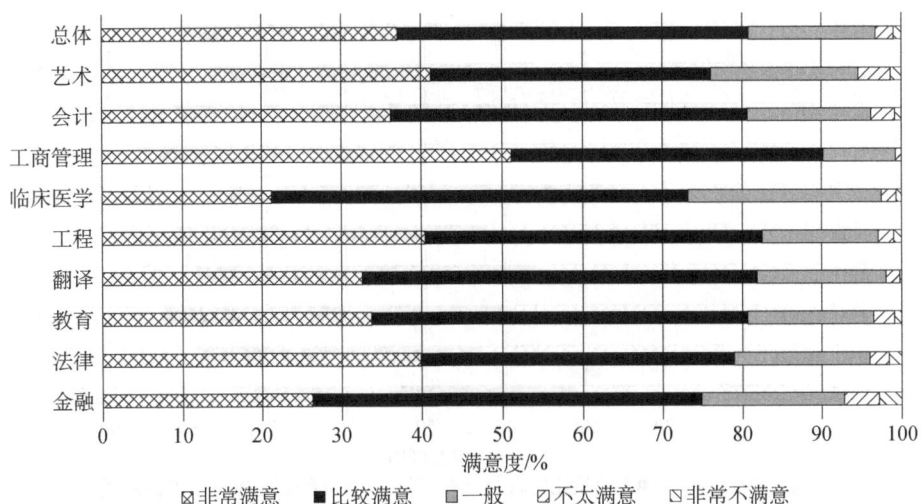

图 7-21 2019年专业硕士的就业满意度

2017年，专业硕士的总体职业与预期符合度为75.5%。职业与预期符合度相对较高的为法律硕士（87.2%）、建筑学硕士（85.8%）、会计硕士（84.5%）。职业与预期符合度相对较低的为翻译硕士（68.5%）和工程硕士（71.3%）（图7-22）。

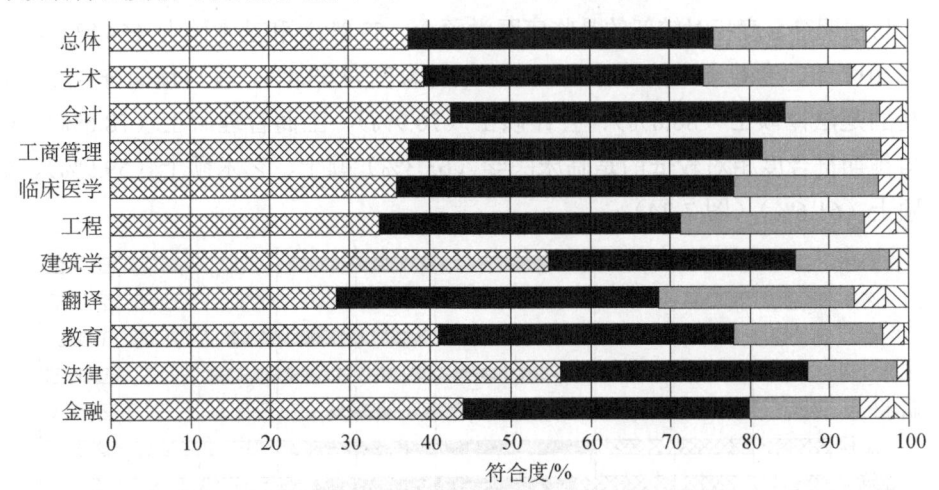

图 7-22 2017年专业硕士的职业与预期符合度

2019年，专业硕士的总体职业与预期符合度为80.9%，比2017年有所提升。职业预期符合度相对较高的有工商管理硕士（86.3%）、教育硕士（82.9%）、会计硕士（81.4%）等。金融硕士（71.7%）、艺术硕士（77.4%）的职业与预期符合度相对较低（图7-23）。

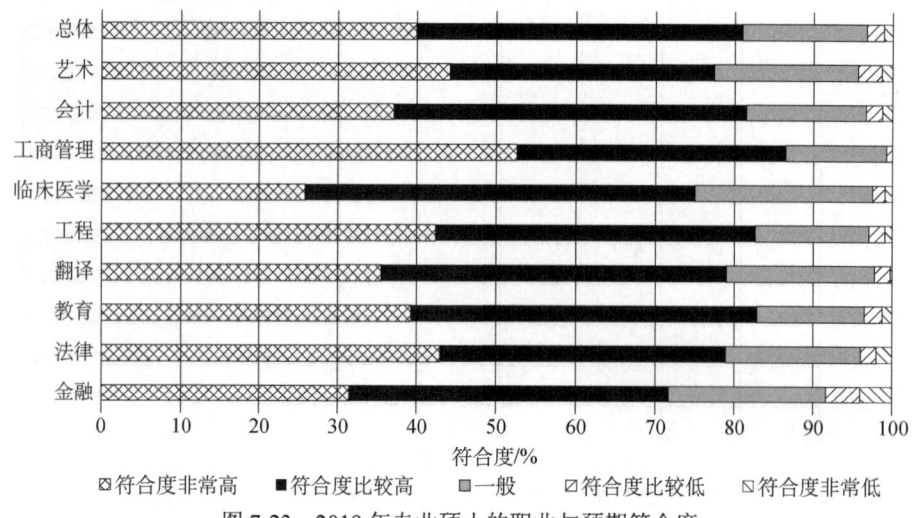

图 7-23 2019 年专业硕士的职业与预期符合度

(三) 收入与预期符合度

2015年，专业硕士的总体收入与预期符合度为60.7%。收入与预期符合度相对较高的是建筑学硕士（75.2%）、会计硕士（72.9%）、工商管理硕士（71.2%）。收入与预期符合度相对较低的是临床医学硕士（53.8%）和艺术硕士（54.8%）。

2017年，专业硕士的总体收入与预期符合度为68.4%。收与预期符合度相对较高的是法律硕士（80.0%）、会计硕士（76.9%）、工商管理硕士（78.6%）。收入与预期符合度相对较低的是临床医学（63.3%）硕士、艺术硕士（59.9%）、翻译硕士（61.6%）（图7-24）。

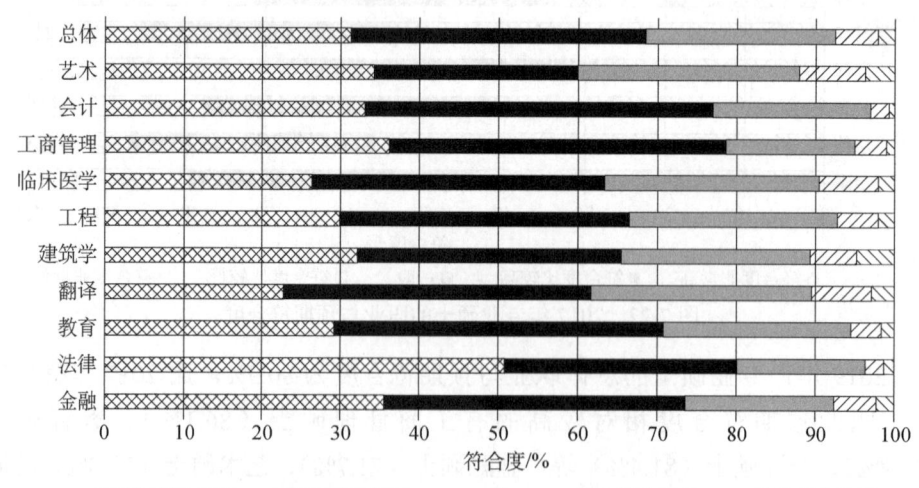

图 7-24 2017 年专业硕士的收入与预期符合度

2019年，专业硕士的总体收入与预期符合度为74.0%。收入与预期符合度相对较高的是工商管理硕士（79.7%）和工程硕士（76.1%）。收入与预期符合度相对较低的是金融硕士（64.9%）和临床医学硕士（67.6%）（图7-25）。

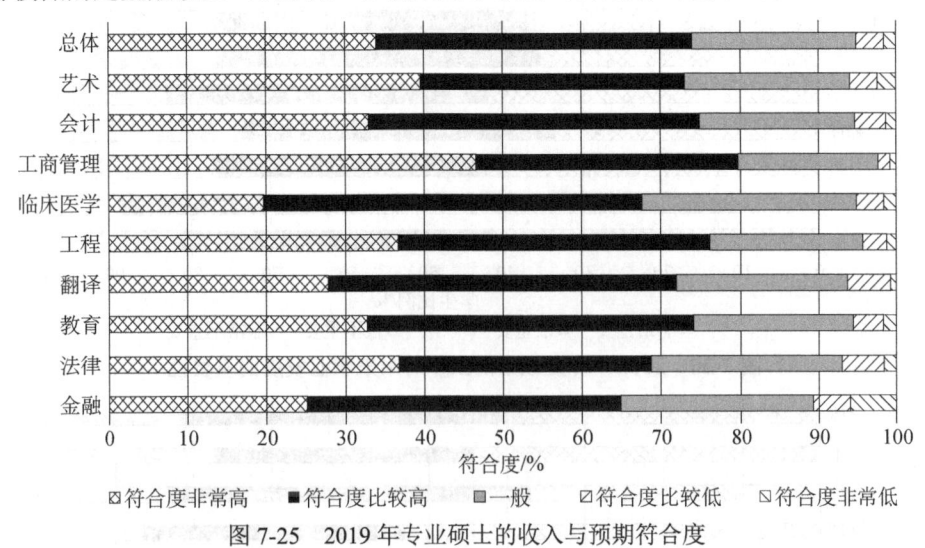

图7-25　2019年专业硕士的收入与预期符合度

（四）工作对未来职业发展的重要性

2015年，认为工作对未来职业发展重要（比较重要和非常重要）的专业硕士的总体比例为76.1%，其中比例最高的是建筑学硕士（91.7%），比例最低的是翻译硕士（63.2%）。

2017年，认为工作对未来职业发展重要的专业硕士的总体比例为78.2%。认为工作对未来职业发展重要的比例相对较高的有法律硕士（89.3%）和工商管理硕士（87.0%）。认为工作对未来职业发展重要的比例相对较低的有翻译硕士（73.4%）和艺术硕士（75.0%）（图7-26）。

2019年，认为工作对未来职业发展重要的专业硕士的总体比例为80.9%。认为工作对未来职业发展重要的比例相对较高的有工商管理硕士（86.4%）和工程硕士（82.7%）。认为工作对未来职业发展重要的比例最低的是金融硕士（71.7%）（图7-27）。

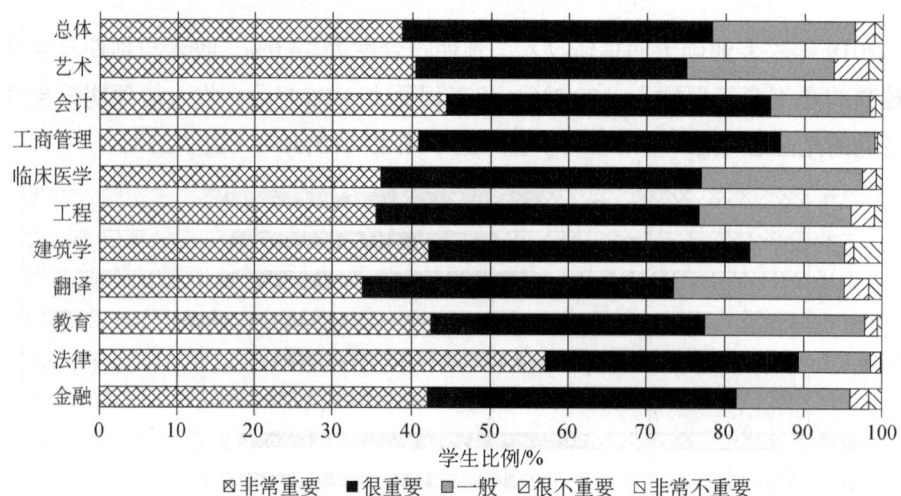

图 7-26　2017 年专业硕士的工作对未来职业发展的重要性

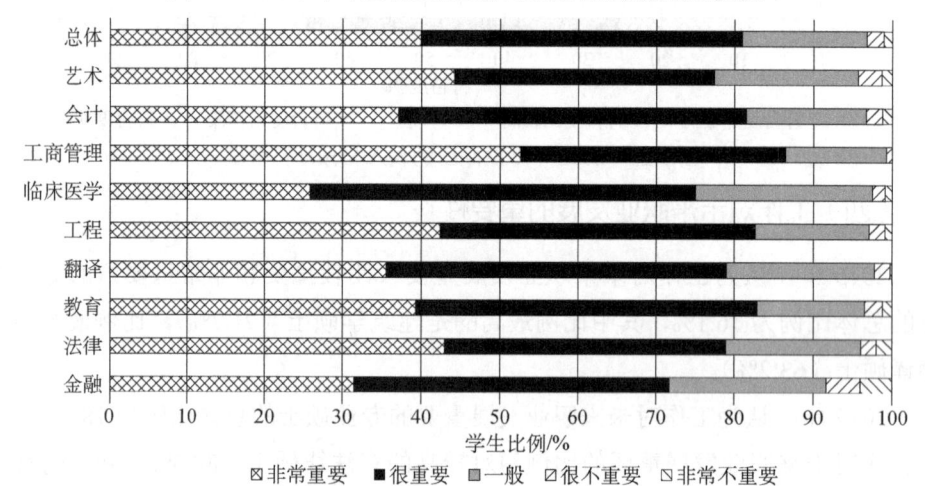

图 7-27　2019 年专业硕士的工作对未来职业发展的重要性

第三节　实现高质量就业的路径依赖

以学生视角的就业质量为切入点，将就业满意度和起始月薪作为衡量专业学位学生高就业质量的指标，考察培养路径、高校就业服务路径和社会需求路径对专业学位学生实现高质量就业的影响，构建专业学位学生高质量就业路径概念模型[①]

[①] 于苗苗，马永红，刘贤伟. 如何实现专业学位学生的高质量就业——基于全国高校抽样调查数据的实证分析. 高教探索，2018（2）：91-96.

（图 7-28）。培养路径包含课程训练、专业实践和导师指导与学位论文训练，高校就业服务路径包含开设就业和职业规划课程训练数量、开展校园招聘和就业信息发布数量，社会需求路径包含社会对本专业学位需求度、学生急需提升的能力（如职业素养、专业知识、职业实践能力、沟通能力、团队协助能力、创新能力）。

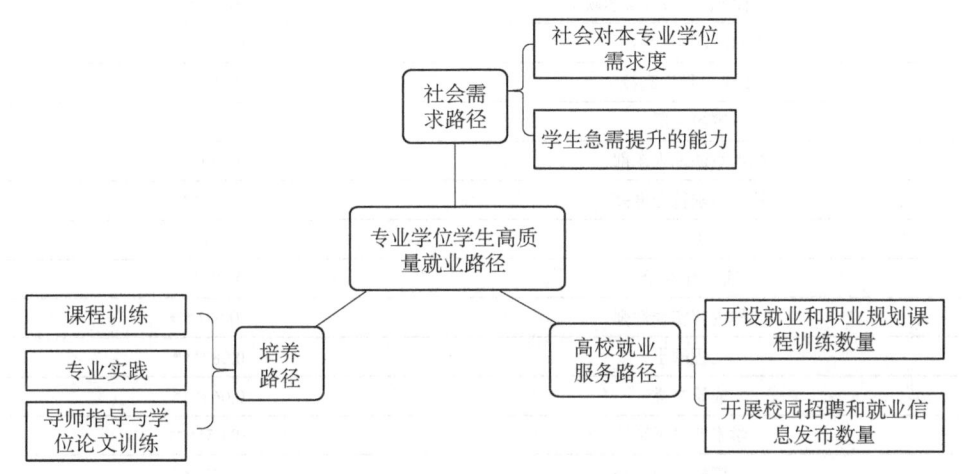

图 7-28 专业学位学生高质量就业路径概念模型

一、专业硕士起薪的影响因素模型

假设人口特征（性别、年龄）、家庭背景（父母受教育程度、家庭所在地行政级别）、教育背景（院校层次、专业类型、免试推荐录取、入学动机）、人力资本（入学前工作经验、出国学习交流、赛事锻炼、职业资格证书）、教学活动（导师配置、校内导师熟悉行业实际问题的有效研究和开发、专业实习形式、学位论文选题与行业实际相关、毕业成果有实际应用价值）、高校就业服务（就业和职业规划课程和训练、校园招聘和信息发布）、就业特征（就业方式、就职单位类型、一线城市就业、获得工作机会数量、获得第一份工作机会所花时间）显著影响专业硕士的起始月薪。以起始月薪对数为因变量构建的多元线性模型回归结果如表 7-12 所示。回归模型拟合程度较好（2015 年数据的拟合优度为 0.206，$F=84.866***$；2017 年数据的拟合优度为 0.399，$F=39.015***$；2019 年数据的拟合优度为 0.299，$F=39.519***$）。

以 2015 年专业硕士起始月薪对数作为因变量，构建多元线性回归模型，结果显示，参加专业实践、应用基础研究类或技术开发研究类论文、非论文类、毕业成果实际应用效果好、学校开展校园招聘和就业信息发布多、社会需求符合度高、创新能力提升程度大，这些因素显著正向影响起始月薪。其中，社会需求符合高是最重要的影响因素。

表 7-12 2015 年专业硕士起始月薪影响因素多元线性模型回归结果

变量	回归系数
教育/法律/会计/临床医学硕士	−0.151***
"985 工程"高校	0.221***
"211 工程"高校	0.119***
赛事经历	0.086***
高考生源地为东部	0.100***
社会需求符合度高	0.095***
男生	0.081***
有工作经验	0.109***
课程内容实践性强	−0.071***
工程硕士	0.082***
非论文类	0.063***
学术背景延续	−0.055***
国际经历	0.037***
学校开展校园招聘和就业信息发布多	0.035**
参加专业实践	0.055***
参加实践基地	−0.045***
毕业成果实际应用效果好	0.026*
创新能力提升程度大	0.031*
年龄	−0.030*
应用基础研究类或技术开发研究类论文	0.028*
（常量）	
调整 R^2	0.206
ΔR^2	0.001
F	84.866***

注：受篇幅所限，回归结果表仅列出检验结果为产生了显著影响的变量，下同。

2017 年专业硕士起始月薪影响因素的多元线性回归结果（表 7-13）显示，以下因素对专业硕士起始月薪有显著影响：性别、年龄、家庭所在地行政级别、院校层次、专业类型、免试推荐录取、入学动机、入学前工作经验、赛事锻炼、校内导师熟悉行业实际问题的有效研究和开发、专业实习形式、就业和职业规划课程和训练、就业方式、就职单位类型、一线城市就业、获得工作机会数量、获得第一份工作机会所花时间。

表7-13 2017年专业硕士起始月薪影响因素的多元线性回归结果

变量	标准系数	t	p
（常量）		150.894	0.000
女性	−0.082	−6.494	0.000
（对照组）年龄20—25岁			
年龄26—35岁	−0.049	−3.571	0.000
年龄36—45岁	0.057	4.406	0.000
（对照组）乡（村）			
地级市或县级市	0.032	2.060	0.039
直辖市	0.030	2.331	0.020
（对照组）一般高校			
一流学科建设高校	0.129	9.072	0.000
一流大学建设高校	0.185	13.058	0.000
（对照组）商务类专业			
公共服务类	−0.068	−5.556	0.000
工程类	−0.047	−2.762	0.006
法律类	−0.063	−4.397	0.000
教育文化类	−0.137	−8.337	0.000
医学类	−0.143	−5.761	0.000
免试推荐录取	0.032	2.562	0.010
（对照组）外部因素			
职业型动机	0.049	2.381	0.017
（对照组）硕士入学前无工作经验			
1—3年	0.042	3.475	0.001
3年以上	0.167	12.143	0.000
（对照组）没有专业相关大赛经历			
国内比赛	0.043	3.548	0.000
校内导师熟悉行业实际问题的有效研究和开发	−0.029	−2.324	0.020
（对照组）没有专业实习实践经验			
跟随导师课题在实验室视作实践	−0.039	−2.730	0.006
就业和职业规划的课程和训练	0.032	2.315	0.021
（对照组）机关			
科研设计	0.069	4.239	0.000
中初教育	0.038	2.097	0.036
医疗卫生	0.105	3.746	0.000
国有企业	0.149	6.379	0.000
三资企业	0.139	8.077	0.000
民营企业	0.198	8.961	0.000
其他企业	0.075	4.384	0.000
其他性质单位	0.035	2.687	0.007
（对照组）国内工作			
出国出境工作	0.060	5.217	0.000
自由职业	−0.037	−3.211	0.001
一线城市就业	0.314	23.061	0.000

续表

变量	标准系数	t	p
共获得的工作机会数量	0.048	4.081	0.000
获得第一份工作机会所花时间	−0.068	−5.820	0.000
调整后 R^2		0.399	
F		39.015***	

2019年，专业硕士起始月薪影响因素的多元线性回归结果（表7-14）显示，以下因素对专业硕士起薪有显著影响：性别、年龄、父母受教育程度、家庭所在地行政级别、院校层次、专业类型、免试推荐录取、入学动机、入学前工作经验、赛事锻炼、导师配置、校内导师熟悉行业实际问题的有效研究和开发、毕业成果有实际应用价值、校园招聘和信息发布、就业方式、就职单位类型、一线城市就业、获得工作机会数量、获得第一份工作机会所花时间。

表7-14 2019年专业硕士起始月薪影响因素的多元线性回归结果

变量	标准系数	t	p
（常量）		11.926	0.000
女性	−0.100	−8.889	0.000
（对照组）20—25 岁			
26—35 岁	−0.028	−2.515	0.012
36—45 岁	0.036	3.306	0.001
（对照组）父亲小学文化			
大学本科	0.043	2.275	0.023
（对照组）母亲小学文化			
高中	−0.043	−2.774	0.006
大学本科	−0.046	−2.721	0.007
博士研究生	0.030	2.396	0.017
（对照组）乡（村）			
地级或县级市	0.028	2.195	0.028
（对照组）其他高校			
一流学科建设高校	0.099	8.689	0.000
一流大学建设高校	0.204	17.620	0.000
（对照组）商务类专业			
公共服务类	−0.035	−3.361	0.001
法律类	−0.028	−2.448	0.014
教育文化类	−0.085	−4.747	0.000
农医类	−0.122	−7.142	0.000
（对照组）免试推荐录取			
第一志愿报考统考或联考	−0.037	−2.298	0.022
调剂录取（从学术型调剂）	−0.034	−2.442	0.015
调剂录取（从专业学位调剂）	−0.035	−2.354	0.019

续表

变量	标准系数	t	p
（对照组）读研作为人生目标			
专业兴趣追求	0.025	2.070	0.039
获得高起点工作岗位	0.034	2.762	0.006
想换个行业	0.020	2.009	0.045
（对照组）没有工作经验			
3年以上	0.074	6.500	0.000
（对照组）没有相关的赛事经历			
国内比赛	0.066	6.269	0.000
国际大赛	0.022	2.142	0.032
（对照组）只有校内导师			
校内外导师组	−0.078	−7.189	0.000
毕业成果的实际应用情况	0.028	2.611	0.009
学校开展校园招聘和就业信息发布	0.042	3.491	0.000
（对照组）机关			
科研设计	0.051	3.584	0.000
医疗卫生	0.123	7.418	0.000
国有企业	0.088	4.637	0.000
三资企业	0.127	9.765	0.000
民营企业	0.197	11.244	0.000
其他企业	0.093	7.302	0.000
（对照组）在国内工作			
出国出境工作	0.025	2.577	0.010
参加国家和地方的服务基层项目志愿者	−0.029	−2.985	0.003
自主创业	0.051	5.190	0.000
一线城市就业	0.226	21.197	0.000
获得工作机会数量	0.086	8.278	0.000
获得第一份工作机会所花时间	−0.031	−3.123	0.002
调整后 R^2		0.299	
F		39.519***	

二、专业硕士就业满意度的影响因素模型

假设人口特征（性别、年龄）、家庭背景（父母受教育程度、家庭所在地行政级别）、教育背景（院校层次、专业类型、免试推荐录取、入学动机）、人力资本（入学前工作经验、出国学习交流、赛事锻炼、职业资格证书）、教学活动（课程内容、导师配置、校内导师熟悉行业实际问题的有效研究和开发、专业实习形式、学位论文选题与行业实际相关、毕业成果有实际应用价值）、高校就业服务（就业和职业规划课程和训练、校园招聘和信息发布）、就业特征（就业方式、就职单位类型、一线城市就业、获得数量、获得第一份工作机会所花时间）

显著影响专业硕士的就业满意度。

以 2015 年专业硕士高就业满意度作为因变量构建 Logistic 模型，拟合后的模型系数综合检验卡方值为 9.866，-2 对数似然值为 7948.002，说明模型拟合良好。回归模型结果显示（表 7-15），课程内容职业性强、参加专业实践、有导师组指导、学位论文选题与社会实践或行业实际联系紧密、毕业成果实际应用效果好、学校开展校园招聘和就业信息发布多、社会需求符合度高、团队协作能力提升程度大显著正向影响就业满意度。其中，社会需求符合度高是最重要的影响因素。此外，有工作经验和赛事经历等人力资本因素也能够对就业满意度产生显著的正向促进作用。

表 7-15　2015 年专业硕士就业满意度影响因素的 Logistic 模型回归分析

影响因素名称	标准系数	SE	概率比
（对照组）高考生源地为中部			
高考生源地为东部	−0.252	0.082**	0.777
高考生源地为西部	−0.154	0.083	0.857
（对照组）外部因素			
职业型动机	−0.108	0.039**	0.898
有工作经验	0.206	0.062***	1.229
赛事经历	0.297	0.058***	1.346
（对照组）一般高校			
"211 工程"高校	−0.224	0.074**	0.799
"985 工程"高校	−0.139	0.085	0.871
课程内容职业性强	0.178	0.066**	1.195
参加专业实践	0.183	0.066**	1.201
有导师组指导	0.176	0.056**	1.192
学位论文选题与社会实践或行业实际联系紧密	0.256	0.058***	1.291
毕业成果实际应用效果好	0.341	0.067***	1.407
学校开展校园招聘和就业信息发布多	0.393	0.057***	1.481
社会需求符合度高	0.754	0.072***	2.126
团队协作能力提升程度大	0.311	0.079***	1.364
常量	−0.750	0.111***	0.472
模型系数综合检验卡方		9.866**	
-2 对数似然值		7948.002	
预测率		67.2%	

对 2017 年数据进行 Logistic 逻辑回归分析，综合检验卡方值为 780.202，-2 对数似然值为 8140.241（表 7-16），说明模型拟合良好。正确预测率为 63.1%，表明回归结果可信。对 2019 年数据进行多元线性回归分析，将因变量就业满意

度视作连续变量处理，模型拟合程度较好（拟合优度为 0.324，$F=44.350***$）。回归分析结果显示，以下因素对专业硕士就业满意度有显著影响：父亲受教育程度、母亲受教育程度、院校层次、专业类型、免试推荐录取、入学动机、硕士入学前工作经历、国际交流经历、赛事经历、职业资格证书、校内导师熟悉行业实际问题的有效研究和开发、专业实习形式、学位论文选题与行业实际相关、毕业成果有实际应用价值、就业和职业规划课程和训练、校园招聘和信息发布、就职单位类型、就业方式、一线城市就业。其中，父亲博士学历和校内固定实践基地实践对毕业生就业满意度的影响尤为显著。

表 7-16　2017 年专业硕士就业满意度影响因素的 Logistic 逻辑回归结果

变量	标准系数	SE	p	概率比
（对照组）父亲小学学历				
父亲博士学历	1.196	0.495	0.016	3.307
（对照组）母亲小学学历				
母亲本科学历	0.257	0.123	0.037	1.293
（对照组）一般高校				
一流学科建设高校	0.156	0.073	0.031	1.169
一流大学建设高校	0.318	0.083	0.000	1.374
（对照组）商务类专业				
法律类	−0.559	0.117	0.000	0.572
医学类	−0.446	0.175	0.011	0.640
免试推荐录取	0.200	0.088	0.023	1.221
（对照组）外部入学动机				
专业兴趣	0.346	0.087	0.000	1.413
（对照组）硕士入学前无工作经历				
三年以上	0.502	0.105	0.000	1.651
（对照组）没有国际交流经历				
国际比赛	−1.297	0.254	0.000	0.273
国外联合培养	−0.522	0.155	0.001	0.593
国内比赛	0.287	0.087	0.001	1.332
（对照组）没有赛事经历				
国际大赛	0.455	0.229	0.047	1.576
（对照组）没有职业资格证书				
职业资格证书与专业直接对应	0.395	0.080	0.000	1.485
职业资格证书与专业相关	0.194	0.073	0.007	1.214
校内导师熟悉行业实际问题的有效研究和开发	0.116	0.033	0.000	1.123
（对照组）未参加实习实践				
自己联系的与专业无关的实习	0.344	0.130	0.008	1.410
自己联系的与专业紧密相关的实习	0.196	0.082	0.017	1.216
跟随导师课题在实验室视作实践	0.429	0.115	0.000	1.536
导师项目合作企业实践	0.445	0.118	0.000	1.561
校内固定实践基地实践	0.584	0.129	0.000	1.794
学校联系或指定安排的校外实践基地实践	0.402	0.097	0.000	1.495

续表

变量	标准系数	SE	p	概率比
学位论文与行业或现实问题相关性	0.133	0.028	0.000	1.143
（对照组）毕业成果不适合实践应用				
已实施，效果不明显	−0.399	0.100	0.000	0.671
已实施，有一定效果和实践应用价值	−0.207	0.072	0.004	0.813
针对专业学位特点学校开展很多就业和职业规划的课程和训练	0.116	0.032	0.000	1.124
针对专业学位特点学校开展很多校园招聘和就业信息发布	0.257	0.032	0.000	1.293
（对照组）机关				
科研设计	−0.639	0.164	0.000	0.528
中初教育	−0.331	0.164	0.043	0.718
国有企业	−0.332	0.112	0.003	0.717
三资企业	−0.493	0.143	0.001	0.611
民营企业	−0.565	0.117	0.000	0.569
其他企业	−0.859	0.153	0.000	0.424
（对照组）国内就业				
自由职业	−1.407	0.402	0.000	0.245
一线城市就业	0.283	0.064	0.000	1.327
常量	−2.431	0.265	0.000	0.088
模型系数综合检验卡方		780.202***		
−2 对数似然值		8140.241		
预测率		63.1%		

2019 年数据的回归结果显示（表 7-17），以下因素对专业硕士就业满意度有显著影响：性别、父亲受教育程度、家庭所在地行政级别、专业类型、入学动机、入学前工作经历、导师配置、校内导师熟悉行业实际问题的有效研究和开发、专业实习形式、学位论文选题与"社会实践或行业实际问题"的相关性、毕业成果的实际应用情况、就职单位类型、获得工作机会数量。

表 7-17　2019 年专业硕士就业满意度影响因素的线性多元回归结果

类别	标准系数	t	p
（常量）		20.553	0
女性	−0.034	−3.122	0.002
（对照组）父亲小学文化　博士研究生	0.032	2.525	0.012
（对照组）乡（村）　地级或县级市	0.039	3.074	0.002
（对照组）商务类专业　工程类	0.05	2.728	0.006
（对照组）把读研作为人生的一个目标　对专业有兴趣追求	0.031	2.624	0.009

续表

类别	标准系数	t	p
（对照组）没有工作经验 1—3 年工作经验	0.022	2.216	0.027
（对照组）只有校内导师 只有校外导师	0.374	27.547	0
熟悉行业实际问题的有效研究和开发	0.615	43.658	0
（对照组）没有参加实践 跟随导师课题在实验室视作实践	−0.031	−2.033	0.042
学位论文等毕业考核的选题与"社会实践或行业实际问题"的相关性	0.035	3.337	0.001
毕业成果（论文、设计、报告、产品等）的实际应用情况	0.074	7.081	0
针对专业学位特点学校开展的就业和职业规划的课程和训练	0.089	7.506	0
针对专业学位特点学校开展校园招聘和就业信息发布	0.079	6.763	0
（对照组）在国内工作 自主创业	0.024	2.529	0.011
获得工作机会数量	0.029	2.845	0.004
调整后 R^2		0.324	
F		44.350***	

小 结

本章使用 2015 年、2017 年和 2019 年调研数据（表 7-18），分析了全日制（非定向）专业学位研究生的工作地域、就业地区经济发达程度、就职单位/行业/岗位性质、就职单位规模、起始月薪等就业去向，基于国家、社会、企业、高校、学生等五大利益相关者分别从宏观和微观层面评价高质量就业现状，进一步分析实现高质量就业的路径依赖，得出以下结论。

第一，专业硕士的就业去向呈现以下变化特征：①学校地省份对专业学位学生吸引力大于家乡，学校地省份就职比例呈现不断增长的趋势，而返乡率呈现降低的趋势。②根据 2015—2019 年数据，教育硕士和临床医学硕士毕业后主要流向二、三线城市，而集中在一线城市就业的是金融硕士、翻译硕士和法律硕士。③起始月薪逐年提升。④三大招聘主体单位对专业硕士的吸纳力逐年提升并趋于稳定。⑤主要就职单位规模一直集中于 5000 人以下。⑥2015—2019 年，临床医学硕士、教育硕士和金融硕士始终保持行业对口就业，而建筑学硕士和法律硕士从岗位对口就业发展为岗位不对口就业。⑦2015—2019 年，法律硕士、工程硕士、会计硕士始终保持岗位对口就业，教育硕士、临床医学硕士从 2017 年开始为岗位对口就业，建筑学硕士和工商管理硕士逐步发展为岗位不对口就业。⑧2015—2019 年，总体上专业硕士就职行业集中在制造业、金融业、信息技术，教育行业为 2017 年起新兴的专业硕士集中就业行业，卫生行业逐步发展为非集中就业行业。⑨2015—2019 年，总体上专业硕士就职岗位保持集中在研究及开发、销售/市场/品牌、财务/会计行业，行政管理岗位为 2019 年起新兴的专业硕士集中就业行业，信息系统岗位曾在 2017 年为非集中岗位，但在 2019 年再次成为集中岗位，而法律岗位、业务发展岗位逐步发展为非集中岗位。

表 7-18　2015—2019 年专业学位毕业生就业去向对比

类别	2015 年毕业生就业去向	2017 年毕业生就业去向	2019 年毕业生就业去向
上学地就职比例/%	56.1	55.8	66.6
返乡率/%	36	39	29.7
起始月薪/元	低于 5 000	6 900	8 400
三大招聘主体单位吸纳力/%	75.0	84.1	87.0
主要就职单位规模/人	小于 5 000	小于 5 000	小于 5 000
行业对口就业的专业	临床医学、金融、建筑学、法律	临床医学、金融、建筑学、教育	金融、教育、临床医学
岗位对口就业的专业	会计、法律、工程、建筑学、工商管理	会计、法律、工程、建筑学、教育、临床医学	法律、工程、教育、临床医学、会计
五大集中岗位	研究及开发、法律、销售/市场/品牌、财务/会计、信息系统	研究及开发、法律、销售/市场/品牌、财务/会计、业务发展	研究及开发、信息系统/技术管理、行政管理、财务/会计、销售/市场/品牌

第二，通过分析高质量就业现状可知：①在国家层面，专业硕士的直接就业率较高、提升幅度较大，创业率不佳。②在社会层面，社会需求符合度波动较大，先升后降，体现专业学位与社会需求的衔接存在波动。③在企业层面，入职匹配度波动较大，先升后降，体现出专业硕士对口就业存在困难。④在高校层面，学生的学校忠诚度和专业学位忠诚度有所波动。⑤在学生层面，就业满意度先下降后大幅上升，表明专业硕士对就业结果整体满意；职业与预期符合度、工作对未来职业发展的重要性逐年提高；收入与预期符合度增长后趋于稳定。

进一步通过实证分析专业学位高质量就业的路径依赖，得到以下研究结论：①总体而言，与培养路径和高校就业服务路径相比，社会需求路径是专业硕士高质量就业的最重要路径，社会需求符合度是就业质量的最重要影响因素。培养路径和高校就业服务对专业硕士高质量就业也发挥了非常重要的作用。②在培养路径中，课程内容职业性强、参加专业实践、由导师组指导、应用型学位论文训练（如论文类型为应用基础研究类或技术开发研究类论文或非论文类、选题与社会实践或行业实际联系紧密、毕业成果实际应用效果好），对就业满意度或起始月薪的提升有积极影响。③在高校就业服务路径中，学校开展校园招聘和就业信息发布多，可以显著提高专业硕士的就业满意度和起始月薪，有助于其高质量就业。④在社会需求路径中，社会需求符合度高、学生的团队协作能力和创新能力提升程度大，正向影响就业满意度或起始月薪。

第八章

总结与建议

第一节 研究结论

  本研究组依托北京航空航天大学高等教育研究院研究生教育研究中心，早在2011年就组织开展了全国专业学位硕士研究生教育质量预调研，迅速跟踪第一批毕业的全日制硕士研究生，当时共72所高校参加，同时，研究组开展了64所综合改革试点校调研。2014年，研究组分别针对有重要影响力的9所重点高校以及针对北京在职人员攻读非全日制专业学位开展调研和2015年后的深化专业学位改革成效追踪。在前期工作的基础上，在合作高校和北京上海等省市学位办的支持下，研究组先后于2015年、2017年和2019年开展了全国专业学位硕士研究生教育质量持续调研，并且很荣幸得到了国务院学位委员会办公室的认可、委托和支持，全面开展问卷调研、重点访谈和案例征集等一系列调研活动，以及多次会议研讨咨询，最终形成整体研究成果，以期为探索适应专业学位研究生教育发展的新路径、走上建设世界一流专业学位研究生教育的新征程提供发展依据。基于以上一系列研究工作，得出以下结论。

一、本书提出的多元教育质量观及所构建的教育质量研究框架能够反映专业学位研究生教育的特征并具有适用性

  本书从学生感知性评价的角度提出教育质量是基于学生对教育环境和教育效果的体验和感知后进行的一种满意度评价，教育质量研究框架通过培养过程的体验和培养目标达成的感知来反映。学生对培养过程的评价主要是对专业学位研究生教育环境关键要素的体验，因此体现在对培养过程中的课程教学、专业实习实践、导师指导、学位论文训练等教育环节的分类质量的体验上。基于知识生产新模式所构建的实践活动理论有效支持了对多元教育质量观的理解和实践要素的分析。此外，内部质量观要和外部质量观相结合，从专业学位研究生教育的外部治理出发，破解发展环境中存在的制度性障碍，理解专业学位研究生教育的开放性和跨界性。要理解实现专业学位的学术性实践性职业导向性的三合一，不仅要依靠教育机构本身，还要依靠校外机构来共同营造教育-社会大环境，以保证专业学位研究生教育的实施。因此，在培养过程分类质量中，我们设计了对合作培养

单位参与度的体验评价。同时，专业学位的外部质量观注重实效和实用，高校办学理念和方针正在或已经转向密切联系社会需求，分析和把握行业的发展方向，探索和思考实践引发的科学和技术前沿问题，与国家重大需求对接，与企业人才需求对接，提高人才培养质量。因此，专业学位培养目标的达成感知评价至少应从社会需求符合度的情况、专业学位人才能否对口就业、专业学位忠诚度、能力提升程度等维度来理解。所设计的教育质量研究框架具有良好的信效度，模型实用性强，很好地解释了专业学位研究生教育的质量。

以上调研中不同利益相关者普遍认同从这样的多角度的质量观和教育质量框架来审视专业学位研究生的教育质量：既要有静态的质量观，又要体现专业学位的动态性和调整性，有动态质量观；要采用单一教育机构的质量观或利益相关者的质量观，其中学生作为主要的利益相关者的体验质量观将深刻影响对教育质量的全面看法，学生的体验需要得到不断重视；还要从教育整体的输入—产出来观察教育内部和外部两类质量，即高校能直接控制的内部过程质量，以及专业学位教育不可分割的、高校难以直接控制的外部过程质量（如实践基地、校外导师的指导等）。目前，专业学位的设置中对培养目标的设定更多关注实践性和职业导向型，却容易将研究生层次对高深专业教育的"风向标"搁置。我们在培养目标达成感知性评价的学生自评就业能力中发现，2015—2019年，学生的能力自评价存在较大波动，创新能力和国际视野的排序处于低点，而用人单位早已开始重视创新能力。这说明我们对专业教育的高深要求上还有提升空间，在课程设置等方面知识的高深性不足，创新型课程和国际型课程的建设未受到重视。

二、专业学位研究生教育质量逐年提高，得到学生的普遍认可，培养成效基本符合培养目标

2015—2019年，各高校基本专业学位制度相对稳定，学生对专业学位教育的总体评价趋于稳定，普遍得到学生的认可（78.7%、82.9%、79.0%）。内部质量观和外部质量观下的培养过程分类质量评价获得稳定提升。以2015年各培养环节最低的评价指标为例，内部质量观下，课程教学满意度中课程内容实践性（62.3%）在2017年和2019年满意度分别提升到74.0%和72.2%，案例教学满意度中案例教学校外实践机会（56.6%）分别提升到69.9%和70.2%，学位论文满意度中学位论文的研究训练（73.2%）分别提升到80.9%和79.3%，支持体系满意度中国际交流合作（46.9%）分别提升到63.3%和64.1%。外部质量观下，实

践满意度中实习实践补助或津贴（51.5%）分别提升到 64.3%，实践基地满意度评价先涨后跌，2015 年为 51.0%—62.0%，在 2017 年和 2019 年分别提升到 72.9%—77%和 66.6%—70.7%，导师指导满意度中与校外导师或行业人员的日常交流沟通（64.7%）分别提升到 73.7%和 72.7%，同时在校内导师对行业熟悉度评价上，2017 年和 2019 年均保持在 80%以上。

在培养目标达成感知性评价上，学生的自我能力水平评价出现明显波动，评价水平先涨后降。职业发展评价整体提升幅度较大，从 2015 年的 64.9%—74.1%逐步提升到 2017 年的 69.9%—79.4%和 2019 年的在 80.0%—83.0%，工作对未来职业发展的重要性评价始终最高（74.1%、79.4%、83%），收入与预期匹配度上涨幅度最大（64.9%、69.9%、80.0%）；专业学位忠诚度（75.1%、75.8%、73.5%）虽超过学校忠诚度（69.7%、70.1%、73.3%），但是差距不断缩小，专业学位忠诚度趋于稳定，学校忠诚度有小幅提升趋势。

三、对专业学位研究生教育的基本认知已经形成，实践训练水平对专业学位教育水平起到信号作用且显著减小就业距离

专业实习实践是我国专业学位教育的最大特色，实践的质量多取决于校内外实践基地的发展建设。各高校基于对专业学位教育的不同理解会采取不同的模式，但是不同省份的高校之间、重点高校与普通高校之间、全日制教育与非全日制位教育之间，以及不同专业学位的教育中已形成对专业学位教育的基本认知，较为重视课程和专业实践的融合，对实践基地和校外人员参与必要性等外部过程质量观形成基本认同。实证研究表明，学位论文训练会对需求匹配程度和就业质量产生影响，学位论文的实用性会显著影响就业能力距离，并作为信号显著影响就业质量。目前考核评价机制方面多数以学位论文为主，尤其是应用基础类论文，但是不拘泥于学位论文的形式，出现了调研报告、案例撰写、产品技术说明书等多种形式，说明高校开始专业学位考核评价机制的探索。

实证研究验证了实践训练水平这一专业学位教育特性显著缩短就业能力距离，并对就业质量起到信号作用。实践能力的大小也被用人单位看重，一般在求职材料和面试中会受到用人单位关注，因此学校在培养专业学位研究生时实践训练水平或实践质量对学生有着非常大的影响。本书研究表明，专业实习实践确实会对社会需求符合度和就业质量产生影响，专业实习实践这一专业学位教育特性

显著影响就业能力距离，并起到教育的信号作用，显著影响就业质量，而就业能力距离反映了学生与企业需求的匹配程度。实践训练水平高，即进行有效实践的时间达到并超过培养方案要求的专业学位研究生的就业能力距离显著小于实践训练水平低的学生，且实践参与水平高的群体在用人单位最为看重的工具性能力和人际交往能力上均显著强于实践参与水平低的群体。这种差异也反映在了就业结果的差异上，实践训练水平高普遍对实践训练环节感到更满意，在工程硕士群体中，实践训练水平高且对实践训练环节感到满意的学生就业率高达72.6%，与此同时其他学生的就业率仅为56.0%。

四、专业学位教育环境关键要素特征存在一定波动

本书研究提供了全国专业学位教育环境的常模，教育环境的关键要素至少应包括课程总量、课程的改革力度、课程教学方式、实践教学、专业实习实践方式、参与实践的时间、导师指导方式、校内外导师合作形式、师生沟通频率、合作培养单位的参与、学位论文的类型、学位论文的实用性、与职业资格的衔接等，也包括学生的个人基本特征，如学生的入学动机、学习投入度等。研究发现，不同省份的高校之间，重点高校与普通高校之间，全日制专业学位教育与非全日制专业学位教育之间，以及不同专业学位的教育环境之间存在差异。重点高校的法律硕士和金融硕士校内外导师组的比例远高于普通高校，尤其是金融硕士，普通高校中80.0%均有校内外导师组，高于重点高校近37个百分点，而工程硕士的导师构成的结构在重点高校与普通高校中类似，没有明显差别。与工学硕士相比，工程硕士去校内或校外实践基地的比例更高，但工学硕士更多地跟随导师在实验室做实验。在课程教学上，上海、北京和天津的课程改革力度相对较大。全日制非定向的专业学位研究生教育在课程教学中，课程实践性、前沿性强，职业性和综合性更强。非全日制专业学位近几年来采取了更为灵活多样的授课形式，如讲授加研讨、案例教学、实验教学、团队合作训练等，以保持课堂的活跃度。

五、专业学位研究生教育的健康发展离不开毕业生的高质量就业，不同专业学位类别的高质量就业受多重因素影响

就业质量是对教育质量的反馈和评价标准之一。专业学位研究生教育区别于学术型研究生教育的特性之一是职业性，专业学位研究生毕业后绝大部分将直接进入非学术性劳动力市场，其就业质量将直接影响公众对研究生教育质量的评

价，专业学位教育这一基本特性和不断涌现的各方利益主体对学生高质量就业的需求驱动力之间相互作用。因此，对专业学位研究生教育而言，学生的高质量就业是专业学位研究生教育需要达成的培养目标之一，是教育机构和用人单位等利益相关者检验教育效果的关键指标，也是学生、家庭、教育机构和社会的共同追求。集学术性、职业性、应用性为一体的专业学位研究生，其培养环境需要多方参与。专业学位毕业生的高质量就业不仅能够提高学生的教育忠诚度，对校外人员、合作培养单位、用人单位来说也起到信号的作用，提升他们对2009年以来我国开展的全日制专业学位研究生教育这一新生事物的认可度，以吸引更多用人单位对专业学位研究生的需求。同时，本书研究已经证明社会需求路径是影响专业学位研究生高质量就业的最主要路径，社会需求的增加会刺激专业学位研究生高质量就业，并反过来影响社会企业主动参与到专业学位教育当中，形成一个多方参与、信息共享、合作共赢的专业学位教育发展链，共同营造不断良性循环的专业学位研究生教育环境。因此，本书研究提出的专业学位毕业生高质量就业多塔结构理论框架涵盖了从国家到个体的多方诉求，既应回应教育目标的达成程度，也要回应作为教育培养对象和高质量就业受益主体"二重身份"的学生个体追求和实现其个人理想的达成度，递进式体现学生个体走向社会的愿望和信心。国家、社会、用人单位、高校、学生各方利益相关者约束或控制了高校毕业生高质量就业状况。只有在真正重视并尽力满足利益相关者诉求、形成协同性高质量就业文化的前提下，毕业生高质量就业才能获得长期、可持续的维系和发展。因此，要树立专业学位毕业生高质量就业的多元质量观，依据多元指标分布状况分析判断各利益相关者在促进高质量就业中所处的治理阶段和表现特征，以寻求促进高质量就业的解决方案，并倒逼专业学位研究生教育的高质量发展。

  总体上，专业学位研究生教育已基本实现了高质量就业，但是不同专业能否实现高质量就业既受研究生教育内部因素影响，如教育与职业资格衔接及相应课程设置和专业实践安排等，又同时受到外部环境因素影响，如职业的专业化程度大小、职业胜任力难度强弱、人才需求旺盛与否、行业待遇高低等较为突出的因素影响。至少存在以下几种影响方式：第一，教育与职业资格衔接程度高时，人才需求旺盛、行业待遇高，易出现就业涨推型，如金融硕士、建筑学硕士、会计硕士均在多视角实现了高质量就业；而人才需求尚可，但胜任力难度高、行业待遇低，易出现就业疲软型，如临床医学硕士未能实现高质量就业；第二，教育与职业资格衔接存在弹性多元选择时，人才需求旺盛、行业待遇高，创业机会大，易出现就业主动可选型，如工商管理硕士可在多视角实现高质量就业；而人才需求不旺、行业待遇低、灵活就业空间大，易出现就业被动选择型，如教育硕士和艺术硕士，体现在创业率高但是高质量就业其他指标表现一般。第三，教育与职业资格衔接程度不高且多元、人才需求多元、行业待遇一般，易出现就业适应型，如工程硕士、翻译硕士，虽然国家视角就业率尚可，但其他视角指标稍逊，未能全面体现高质量就业。

六、专业学位教育中利益相关者的作用尚待加强，校外人员的参与暂未显现"内生变量"功能

知识的高深性和创新性在用人单位需求与高校培养之间存在能力距离。本书研究表明，用人单位需求的能力与高校培养的能力之间存在距离，在"专业知识水平"方面，学校培养出的专业学位人才与用人单位的要求之间也存在很大差距，在专业知识的理论性和实践性上均有所不足。学校作为学生专业知识的传授主体，应该更多地与企业进行交流，了解企业所需求的知识架构和深度。在进行课程改革时，不应放弃专业理论知识的教学，同时兼顾课程的实践性和前沿性，积极构建实践教学体系，设计多样化的案例教学和实践教学课程。课程改革要做到有针对性及有效性。

实行产学研合作教育是解决上述教育问题的重要实施路径，主要的表现形式之一是校外人员参与到培养过程中，即校外人员参与应该是培养过程中的内生变量，但研究发现此假设尚未得到验证。这说明校外人员参与度的评价尚未成长为一个内生变量，不能显著影响培养目标的达成。进一步的研究证实校外人员的参与度暂时只能发挥外生变量的作用，而学生对课程学习、实践训练和导师指导的满意度可以作为中介将校外人员参与度与培养目标有效连接起来，2019年，校外人员或合作培养单位参与课程环节和论文环节达到80%，对学习过程环境感知各维度，更多地起到"调整"作用，但是校内外导师组和有效实习实践更能体现校外人员参与的教育价值。校内外导师组和有效的实习实践活动对学生能力提升的作用显著，这既体现了专业学位实践性的渗透作用，又体现了校外人员参与的教育价值。在高校建立合作培养基地等活动中，校外人员参与越多越深入，实际的实践训练对论文的指导作用就越大，实践训练对能力提升的作用的满意率高达72.0%。在产学研合作教育下，学生真正进入校外实践基地实践的比例在2019年仅为17.1%，虽较2015年（11.11%）和2017年（16.5%）相比有小幅提升，但基地实践落实率整体依然偏低，未充分发挥基地的育人作用，产教融合仍不足。

第二节 发展建议

一、进一步明确专业学位研究生教育的定位，加强教育机构对主体性地位的认知，构建内部质量保障体系

专业学位具有相对独立的教育模式，以产教融合培养为鲜明特征，是职业性与学术性的高度统一，国内外的需求变化表明，专业学位研究生教育地位日益重要，必须加快发展。建议充分明确专业学位教育的培养目标与方式、区分其与原有学术型硕士教育的教育重点以及厘清专业学位与职业资格教育与认证的整合等，以准确定位，这也是专业学位可持续发展的重要前提。①培养模式定位：培养学生了解学科发展动态、学会用理论指导实践的能力，成为各行业的国际型和领导型的中高端人才。②培养成果定位：专业学位教育不是一种职业任职资格认证，但是应该与职业任职资格紧密相关，获得职业认证体系的认可，才能避免"专业学位获得者最终能否成为该职业领域的从业者还需要以后的实践检验"的尴尬。③特色定位：适应社会需要，打破专业限制，以新型硕士学位类型（或者专业学位的新型培养模式）培养具有跨学科、交叉学科特点的实践型、复合型、国际化等特色的职业型、应用型专门人才，例如工商管理、行政管理和法律硕士复合人才的培养。④品牌教育：只要具备相当的实力，就应当鼓励发展专业学位研究生教育，在坚持规范性（基本的准入条件）的基础上，充分发挥学校的办学主动性和能动性，呈现学校自身纵向多样性和不同地区及院校之间横向多样化发展，形成不同类型的、不同层次的各具特色的专业学位教育品牌。

加强教育机构的主体性地位的认知，高等教育机构"向内看"，构建内部质量保障体系。作为专业学位教育的决策者，教育机构应该明确自己的主体性地位，做到既不闭关自守也不外推责任，要坚守和发展高深的专业教育本质。同时，校内资源的重新配置也是需要考量的问题。

首先，课程设置的科学合理的问题。在这方面，教育机构应该注意课程设置的科学性、合理性、有效性及跨学科性的综合考量。其次，如何更好地设计专业学位的教育培养方案。在实践环节的设计上，要适度适当和多样化，要以合理的逻辑为出发点。本书研究表明，实践时间与学生的实践满意度之间存在一个饱和点。实践时间过长会导致学生产生厌烦情绪，降低对实践的满意度。同时，教育

机构和各高校应该积极构建实践教学体系，设计多样化的专业实践，如融合课程讲授和教学方式、设计特定课程、构建综合实验平台、选择更适合的实践基地、"田野调查"等，要做到有针对性、有效性以及实践时间的有效性。最后，培养目标中高深专业教育的基本标准的重申。专业学位的设置中对于培养目标的设定，之前大家更多关注了实践性和职业导向性，却容易将研究生层次对高深专业教育的"风向标"搁置。我们在能力提升的维度研究中发现，团队合作和职业实践类显性能力提升较大，但创新能力和国际视野处于最低点。这说明我们对专业教育的高深要求做得不够，在课程设置等方面需要更多地注意高深性。

二、建立和完善专业认证制度，推进专业学位教育和职业资格衔接，构建治理理念下的外部质量保障体系

美国不仅设有一套规范的高等教育评价体系，专业学位教育评价也纳入高等教育评价体系中，包括高等教育评估认可委员会、私人团体、新闻媒体等评估机构的评估。例如，20世纪80年代后期，《美国新闻与世界报道》周刊的评估深得社会认可，而且已建立一套成熟、完善、可靠的专业认证制度。英国专业学位教育除了高校内部质量保证机制实施自我监控外，还有外部保证机制，即通常由教育、专业界及其他相关方面专家共同组成的对口专业或职业团体或其授权的专业评估机构来负责。相比较而言，印度由于没有制定严格的高等学校或专业的质量标准，专业学位持有者培养质量无法得到保障，导致培养出来的人才不能适应社会发展的实际需要，最终出现上百万学生"毕业即失业"的表面人才过剩的危机。基于专业学位研究生教育质量发展理念，与国际接轨，构建专业学位研究生教育外部质量保障体系，尤其是不同的专业学位，与不同职业或行业存在不同的职业导向连接方式。有些专业学位会与对应职业的资格认证体系产生直接的联系，有些则不然。学校教育中要区别不同专业学位的职业特性，培养不同的职业思维。对于那些存在直接联系的专业学位，要考虑不同主管机关职能和利益，考察如何影响到二者衔接的可行性，以及可否参考国际同行业的认证制度并紧密结合我国的实际情况：首先，进一步协调并明确二者的管理体系；其次，逐步实现两者课程体系与考核评价体系的全面对接；最后，分领域逐步建立并完善国家职业教育制度，探索与职业任职资格有效衔接的可操作模式。

应逐步推进专业学位教育的专业认证工作。早在2012年，以MBA专业为起点，我国开始了国内第一项针对专业学位教育的认证——中国高质量MBA教

育认证。该认证工作由中国学位与研究生教育发展中心和全国工商管理硕士教育指导委员会联合组织开展，截至 2024 年 7 月，共 22 家 MBA 办学院校通过了该项认证。中国高质量 MBA 教育认证为推动中国工商管理教育质量持续提升做出了有益的尝试，并为推进国内其他专业学位教育项目的认证积累了经验。

专业学位教育的发展应与社会职业资格认证制度相结合，逐渐将专业学位与任职资格紧密联系起来。从发达国家专业学位教育发展的经验来看，不少国家把专业学位与任职资格紧密联系，将获取专业学位作为从事某种职业的必备条件或先决条件，形成了专业学位和职业资格相互衔接的机制。借鉴发达国家一些先进的经验，在实际工作中尽快建立和完善各行各业岗位资格要求，完善职业准入制度，对提高职业的专业化水平，推动专业学位教育的发展具有重要意义。我国专业学位教育与职业资格的衔接之所以迟迟没有得到很好解决，既有工作机制、部门分割等方面的问题，同时我们也应该认识到，并不是所有的职业领域都必须取得职业资格，或者说，并不是每一种专业学位获得者都一定会从事有职业资格要求的职业。诚如前面所提到的，美国专业学位中既有属于从业资格性质的专业学位，也有与毕业后从业紧密结合的专业学位和面向应用领域的专业学位。其中，属于从业资格性质的专业学位，往往限定在那些事关社会秩序、人类健康等必须设置职业门槛的领域，而不是在所有专业领域全面开花。从这个角度来看，某些专业学位根本就不可能实现与职业资格的衔接，或者说不存在和职业资格衔接的必要。因此，我们认为，当下要解决专业学位教育与职业资格的衔接问题，出路在于对不同专业学位（领域）按照对应的职业领域，进行强制性职业资格准入专业（领域）和非强制性职业资格准入专业（领域）的划分。否则，笼统来谈专业学位与职业资格的衔接，既不利于推进重点问题的解决，也容易模糊社会、用人单位对专业学位的总体认识和评价。

以职业资格认证标准为基础，以行业协会为桥梁建立起教育管理部门、高等学校、人事部门与用人单位之间的关联，构建出专业学位与职业资格认证的对接模式。这个对接模式应当包括三个层次的内容：第一，在专业学位设置中，建立教育与行业的衔接。对新设专业学位，由行业主管部门或行业协会会同相关教育部门提出标准条件，并由行业与教育主管部门共同组织对申请设置该专业学位的高校资质进行评审；对已设专业学位，由教育部门评定学校的基本培养条件，由行业组织对已有该专业学位授权的高校及其教学计划逐一进行认证；对通过评估的高校开展的相应专业学位的培养方案予以认证或给予该学位获得者职业资格认证的优惠条件，如减免笔试部分内容。第二，学习国外的先进经验，构建完整的职业教育体系。这需要教育主管部门与人事部门及相关行业主管部门密切合作，完善我国的职业分类及各行各业、各级各类岗位的标准、从业条件。在此基础上，以职业为导向，明确各级各类学校包括各类高等学校的办学定位，从而构建从初等教育到高等教育直至研究生教育的一系列完整的职业教育体系和职业资格认证体系，使专业学位研究生教育与相应的职业岗位之间建立对应关系，从而建立学历学位证书与职业资格证书之间的密切关联。第三，重视职业资格认证的国际互认，提高我国专业学位和职业资格认证的认可度与层次。职业是无国界的，特别是当前社会经济领域越来越多的国际合作与交流，迫切要求国与国之间的学历互认、学位互认、职业资格互认，自然涉及专业学位研究生教育与国际职业资格之间的互认关系，这也是《华盛顿公约》规定的内容。因此，在专业学位与职业资格认证对接过程中，不仅要依据国内现有职业的发展状况和人力资源基础，还要主动研究国外相关职业的发展状况和水平，提升我国专业学位研究生教育水平和国际认可度。

三、从知识生产模式的角度重新认识专业学位研究生教育的实践，深化产教融合培养模式改革

将专业学位研究生教育的实践活动作为一个整体进行研究，基于知识生产模式理论重新认识专业学位研究生教育的实践活动。从国外、国内实践内涵的演变过程出发，结合专业学位教育的特性，将专业学位研究生教育的实践活动定义为：在特定的情境下通过载体进行的、以学生为主体的、体现研究性和批判性思维教育活动，不是从理论到应用的简单的单向过程，而是在问题与解决之间、理论与应用之间反复交替的过程。结合人类的认知维度分类理论，提出专业学位教育的实践活动可分为认知实践、操作实践和反思实践。从知识生产的条件出发，如应用情境、跨学科、参与者、场地范围、组织形式、质量控制、集群和网络等要素，探究知识在不同的专业学位教育实践活动当中如何传播、应用与创造，为当前学位与研究生教育研究提供了新的视角和方法。本书研究已证明，校外人员或合作培养单位参与能够提升学生的实践训练水平，促进校外人员作为内生变量的价值实现是达成专业学位研究生教育培养目标的重要标识。

深化产教融合专业学位研究生培养模式改革已成为促进校外人员转化为专业学位研究生教育的内生变量，提升实践训练水平进而提高专业学位教育质量的有效路径，需要从制度上将产教融合培养研究生成效纳入专业学位建设的评估指标

体系。坚持正确育人导向，加强专业学位研究生思想政治教育，加强学术道德和职业伦理教育，提升实践创新能力和未来职业发展能力，促进专业学位研究生德智体美劳全面发展。实施专业学位和学术学位研究生招生分类选拔，进一步完善博士申请考核制选拔方式。推进培养单位与行业企业共同制定培养方案，共同开设实践课程，共同编写精品教材。鼓励有条件的行业企业制定专业技术能力标准，推进课程设置与专业技术能力考核的有机衔接。推进设立用人单位"定制化人才培养项目"，将人才培养与用人需求紧密对接。实施"国家产教融合研究生联合培养基地"建设计划，重点依托产教融合型企业和产教融合型城市，大力开展研究生联合培养基地建设。鼓励行业企业、培养单位探索建立产教融合育人联盟，制定标准，交流经验，分享资源。将创新创业教育融入产教融合育人体系，支持有条件的高校在具备较高创新创业潜质的应届本科毕业生中，推荐免试（初试）招收专业学位研究生。支持培养单位联合行业企业探索实施"专业学位+能力拓展"育人模式，使专业学位研究生在获得学历学位的同时，取得相关行业企业从业资质或实践经验，提升职业胜任能力。

四、建立不同专业学位类别高质量就业的动态反馈机制，加强就业指导和就业服务，实行专业学位类别退出机制

建立需求与就业动态反馈机制应遵循"谁提出、谁负责"的原则，根据不同专业学位类别，设置行业产业部门人才需求和就业状况动态监测机制，每年发布人才需求和就业状况报告。依托用人单位调查、毕业生追踪调查等，对各单位人才培养质量进行真实反映。从专业学位应届毕业生的就业情况来看，工程硕士、工商管理硕士、会计硕士等热门专业学位就业情况非常好，而艺术硕士、翻译硕士、教育硕士等较为冷门的专业学位就业情况都不太理想。专业学位是以就业为导向的，因此高校和行业协会应该对目前就业较为困难的专业学位进行更多的就业指导和帮助，例如引导他们更多地去二、三线城市工作，为他们提供更多的学校现场招聘会等就业资源，以及合作培养单位等方式，有效地帮助他们就业。对需求萎缩、培养质量低下的专业学位类别，实行退出机制。

五、增加专业学位授权审核的灵活性。专业学位授权审核方面，应给予高校更多的发展弹性并适时评估授权点

专业学位授权是专业学位发展的源头，国外在设置专业学位的学位授权上，

非常看重学校整体开展专业学位教育的实力，对于整体实力强的学校，基本上采取自然沿袭模式来发展专业学位教育。建议我国专业学位授予审核应将重点放在开展专业学位教育的学校整体实力的审核上，在充分尊重学校的办学自主权基础上，充分考虑不同因素的交叉影响，如整体实力强的学校有良好的办学基础、雄厚的师资力量、较高的社会声誉，对申请攻读专业学位的学生有很大吸引力，对于专业学位的容纳量也比较大，目前我国已允许符合条件的高校自行设置学术型硕士、博士学位，专业学位学校授权也应及时跟进。建议应秉承专业学位开放的理念，逐步构建依据社会发展和需求进行专业学位项目授权的项目设置和项目退出机制，保持专业学位教育的弹性和灵活性，为社会经济提供有效的人才供给，为其长远发展注入活力。专业学位授权可以更加倾向于在本科教育方面体现出职业教育实力强、市场需求大的一些学校，提高这些学校的办学积极性，鼓励它们发挥特色优势，尤其是那些本科教育及相关专业已获得专业领域职业认证的高校，可以借鉴按学校类型指定专业学位授权的模式，实现专业学位的多元发展路径，进一步释放专业学位发展的空间。建立专业学位接受第三方专业认证机构评估的制度，在有些领域可以直接通过第三方专业认证机构的评估，落实专业学位授权的再次评估授权，建立专业学位的准入和退出机制，保证专业学位的质量。我国部分省市在充分尊重高校办学自主权的基础上，强化了对区域内学位授权点的评估，进行动态调整。上海市在推进学位点动态调整过程中，确立了"单位自主调整和市级统筹调整相结合""需求导向和质量导向相结合""特色发展和总体布局相结合"的三结合原则。

六、增加专业学位教育的动态性、探索性和引领性。增加专业学位教育的动态性，专业学位研究生教育向国际趋势靠拢及思考

当前各国在专业学位研究生教育方面呈现出一些新的良好趋势，如将"学生发展为本"作为基点下的多样化；项目对象的多样化；选择和发展空间的多样化；真题牵引，包括跨学科、超学科、PBL、情境研究、田野调查等方式；教学模式的多样化，即从网络到校园，场所多样；实践时间更简约有效；等等。这些良好的趋势都是值得我们学习和研究的宝贵经验，希望我们能去粗取精，为我国的专业学位研究生教育提供好的国际化思想。更重要的是要了解这种趋势的深层次和背后的故事与理念。创造引领专业学位研究生教育新业态。发挥专业学位的

动态、试错、调整的特点，引领创新创业和新兴产业（大数据、网络前沿技术、智能技术）等发展趋势，推进校外人员和学生共同成长的专业学位研究生教育新业态。在前沿科技和产业快速发展之时，基于需求发展起来的专业学位必然首当其冲，同样面临着不断更新换代和推陈出新的动态选择。其中以校外人员和学生共同成长为标志的专业学位研究生新业态值得关注。以大数据方向的各种专业学位研究生教育为例，很多专业学位下设了大数据培养方向。实际上，一切都是空白，一切都是新的，在这个方向上，学生和校外人员以及企业可以一起成长。

七、进一步加强在职人员的招生考核方式改革

2016年，国家发布了非全日制和全日制招生并轨改革政策，何为合理的在职人员的招生考核方式一直是高等教育领域讨论的话题。在人才选拔方面，实践型人才的选拔标准和考查方式应不同于学术型人才，如何在笔试与面试关系的把握、选拔环节的调整等方面根据实际的培养需要进行科学化改进，对提升培养效果也会有显著作用。国家每年统一组织入学考试，应体现基本入学标准和各高校自主考核相结合的原则，在入学考试时间、考试性质等大的原则上保持一致，而在具体的考核内容、合格标准、学习方式、培养规格和管理模式等方面应体现出学校的学科特色与培养重点。可以根据学校与专业学位点的实际情况，鼓励开展"全年申请，常年面试，联考底线"的准申请制，也可以尝试本科生保研"2+2"计划，允许大四本科生提前申请，通过入学面试，在被录取后工作2年再免试入学，学校为入选学生提供免费职业咨询和就业资源，同时用人企业提前介入招生面试过程。

八、改革和完善专业学位研究生教育质量评价机制

今后对一个专业学位研究生的评价中，第三方机构的评价方式与教育机构的自律自评估如何相得益彰？随着实践环节更多地与校外机构相合作，谁又将应该成为被评估的对象？……这些都是引发争议的问题。具有一套独特、完善的专业学位研究生质量评价机制是保证其良性、快速发展的必要措施。重点包括以下方面的工作：一是要改革和完善指导教师评价制度。全日制专业学位研究生培养模式改革的关键在于导师队伍的建设。双导师制有利于弥补现有学校导师实践背景不足的问题，但双导师制的缺点却也是显然的，虚化、沟通不畅。因而根本解决办法在于"双师型"导师队伍建设，把教师培训为工程师，把企业的工程师培养

成高校教师，这需要学校内部改革教师聘任、职称晋升的评价体系。同时，教师考核、评聘应纳入教学案例编写、行业企业服务等教学、实践、服务成果等指标。同时，要建立导师组制，带动导师队伍水平的整体提高。二是要改革和完善实践环节标准。加强实践训练是全日制专业学位研究生教育改革的核心，但目前的问题是，国家政策虽然强调实践，但具体到各个高校、各个领域，实践环节如何实施、实践内容如何确定、实践效果如何评价值得进一步研究与探索。总的原则是，实践效果应当以学生切实提高了职业能力和素养为标准。三是要完善学位论文考评制度。强化专业学位论文应用导向，鼓励多种论文形式。完善专业学位论文评审和抽检办法，推动专业学位论文与学术学位论文分类评价。